学ぶ人は、
変えて
ゆく人だ。

目の前にある問題はもちろん、
人生の問いや、
社会の課題を自ら見つけ、
挑み続けるために、人は学ぶ。
「学び」で、
少しずつ世界は変えてゆける。
いつでも、どこでも、誰でも、
学ぶことができる世の中へ。

旺文社

大学入学
共通テスト

世界史 集中講義
［歴史総合，世界史探究］

河合塾講師
大野聡之 著

旺文社

大学入学共通テストの特徴

「大学入学共通テスト」とは？

「大学入学共通テスト」(以下「共通テスト」)とは、2021年1月から「大学入試センター試験」(以下「センター試験」)に代わって実施されている、各大学の個別試験に先立って行われる全国共通の試験です。
ほぼすべての国公立大学志望者、私立大学志望者の多くがこの試験を受験し、大学教育を受けるための基礎的な学習の達成度を判定されます。

共通テストの特徴は？

単純な知識を問うだけの問題ではなく、**「知識の理解の質を問う問題」「思考力、判断力、表現力を発揮して解くことが求められる問題」を重視する**とされています。
「歴史総合、世界史探究」では、文章や資料を読み解きながら基礎的な概念・理論・考え方を活用して考察する問題や、多様な図・表を活用して、データに基づいた考察・判断を行う資料問題などが出題されます。

「歴史総合、世界史探究」の出題の特徴は？

「歴史総合」は、主に18世紀以降の世界とその中における日本の歴史を「近代化」「大衆化」「グローバル化」の３つの柱から考察する科目です。
「世界史探究」は、世界の歴史の大きな枠組と展開について、地理的条件や日本の歴史と関連づけて広く深く探究する科目です。
共通テストの「歴史総合、世界史探究」では、「歴史総合」と「世界史探究」を総合した範囲から出題されます。ただし、「歴史総合」の配点は、全体の25%程度、それ以外の75%が「世界史探究」からの出題になります。
いずれの科目の出題範囲においても、単なる選択問題や正誤問題だけではなく、複数の資料を読解のうえ比較・検討のうえ判断する問題などが多く含まれます。

どのように対策すればいい？

まずは、知識のインプットが必要です。その上で、共通テストで狙われる重要事項を定着させ、さらに問題演習で知識活用の道筋を学び、アウトプットのトレーニングを行うとよいでしょう。
本書では、共通テストの対策に必要な学習を１冊で完成することができます。本書を使い、知識のインプットからアウトプットまで、効率的に学習を行ってください。

本書の利用法

本書の特長

●「歴史総合」の厳選された12テーマの整理

「歴史総合」の厳選された12テーマを年表形式で整理しています。年表は、4つの分野に分けて、重要な出来事などを整理しています。また、年表の下には、年表の範囲内の重要事項をわかりやすく説明しています。

●「世界史探究」の必修48テーマと厳選された学習項目

「世界史探究」必修の48テーマと重要な学習項目を厳選し、掲載しています。要点が凝縮され、情報が無駄なく詰まっているため、最短距離で理解を深めることができます。

●出題頻度によるテーマ・学習項目のランク付け

過去11年分（2014～2024年）のセンター試験、共通テスト「世界史B」を分析し、「どのような問題がよく出題されるか（頻度）」「その問題は、どのレベルまで理解が必要か（深度）」ということをRANKや★で示しています。出題頻度を参考にして、さらに効率のよい学習が可能です。

●取り組みやすいコンパクトな構成

1テーマ4～8ページを基本とし、効率的かつ短期間での学習が可能です。「歴史総合、世界史探究」をこの本ではじめて勉強する人でも、無理なく取り組むことができます。

●豊富な演習問題（チャレンジテスト）

各テーマの最後に設けてある「チャレンジテスト」は、共通テストの実戦演習としてすぐに取り組んでみましょう。

●別冊「必携一問一答問題集」

「第2部 世界史探究」に対応した一問一答形式の問題集が付属しています。テーマごとに過去のセンター試験、共通テスト問題などを一問一答で答える形式になっています。正誤判定形式・並べ替え形式・組合せ形式などがあり、受験生が間違えやすい問題を掲載しています。

本書を使った学習方法

共通テスト「歴史総合、世界史探究」対策の学習には、2つの重要な柱があります。

1	必要な学習内容を覚え、理解する …………………………	インプット
2	共通テストレベルの問題を解き、知識の運用力を高める ………	アウトプット

赤セルシートを使って、基本的な学習内容を覚え、理解できたと思ったら（＝**1**）、演習で解答を導き出せるかどうかを試します（＝**2**）。
そこで解けなかった問題は理解があいまいということなので、解けなかった問題の解説を読み、さらに**1**に戻り、あいまいな知識を定着させましょう。

一見難しそうな問題も、必ず基礎知識に基づいてつくられているので、**1**⇄**2**の学習サイクルを確立すれば、難問にも対応できるようになります。知識を確実に定着し、活用できるようになるまで、何度もくり返し学習を行ってください。

本書の構成

**「歴史総合」
1テーマの構成**

歴史総合 1 近代化と私たち(1)

1 18世紀の世界と日本

☞ 欧米［第2部 34,35,37,38］ アジア・アフリカなど［第2部 34〜36］ 世界における日本［第2部 34］

第1部 歴史総合 1 近代化と私たち(1)

❶

欧米	アジア・アフリカなど	世界における日本	日本国内
1733 （英）ジョン＝ケイ、飛び杼（梭）発明（産業革命の出発点） 1740 オーストリア継承戦争（〜48） 1756 七年戦争（〜63） 1769 ワットが蒸気機関を改良 1775 アメリカ独立戦争（〜83） 1783 パリ条約でアメリカ独立 1789 フランス革命（〜99） 1792 （仏）第一共和政	1757 （印）プラッシーの戦い （中）清、ヨーロッパ船の来航を広州に限定 1793 （英）マカートニー、中国に至る 1796 （中）白蓮教徒の乱（〜1804） （イラン）ガージャール朝成立	1720 漢訳洋書輸入制限の緩和 1792 ラクスマン（露）、根室来航	1716 享保の改革（〜45） 1772 田沼時代（〜86） 1787 寛政の改革（〜93） 1798 近藤重蔵・最上徳内、択捉島探検

❷

概観

1 欧米

大航海時代の開幕以降、ヨーロッパ主導の「世界の一体化」が進んだ。大航海時代の初期の主役はポルトガルとスペインだったが、その後オランダ・イギリス・フランスが海外進出を進めた。イギリスとフランスは北米とインドで植民地戦争を展開し、イギリスはこれに勝利して広大な植民地を得た。しかし、イギリスは植民地戦争以降、財政難に陥った。財政難を解消するため、北米13植民地に対して重商主義政策をとったことがアメリカ独立戦争を招き、1783年のパリ条約でアメリカ合衆国の独立が承認された〔☞p.210〕。また、植民地戦争に敗れたフランスも財政難に陥り、それを一因とするフランス革命を招き、国王ルイ16世が処刑され第一共和政が成立した。

東欧では、オーストリアとプロイセンがオーストリア継承戦争と七年戦争で戦い、プロイセンがオーストリアからシュレジエンを獲得した〔☞p.193〕。また、18世紀のイギリスではジョン＝ケイの飛び杼の発明以降、産業革命が展開し、資本家が労働者を雇って利潤を追求する資本主義体制が確立した〔☞p.209〕。

2 アジア・アフリカ

中国では、漢民族が建てた明が17世紀半ばに滅び、その後、中国東北部から起こった満洲人の清が中国に進出し、中国支配を開始した。そして、18世紀半ばの乾隆帝の時代に、清は最大の領域を誇るに至った。乾隆帝はヨーロッパ船の来航を広州に限定し、行商（公行）に貿易を独占させたため、イギリスは貿易港の増加と行商廃止を求めてマカートニーを清に派遣したが、交渉は不調に終わった〔☞p.266〕。

3 世界における日本

大航海時代の波を受け、日本では鉄砲伝来を経て全国統一が促進された。16世紀末に全国を統一した豊臣秀吉は朝鮮出兵を行い〔☞p.111、112〕、朝鮮に派遣された明の援軍に苦しめられた。続く江戸幕府が朝鮮との関係を修復した結果、朝鮮から日本に定期的に朝鮮通信使が派遣されるようになった。また、鉄砲と同時期に日本に流入したキリスト教は、幕藩体制の確立の過程で禁圧され、江戸幕府による貿易の独占とともに、幕府が鎖国体制を敷く要因となった。その鎖国体制も、ラクスマンが根室に来港する〔☞p.194〕など、列強の日本接近によって18世紀末頃から動揺し始めた。

4 日本の動向

豊臣秀吉死後、徳川家康が関ヶ原の戦いで勝利し、江戸幕府を開いた。18世紀に幕府の財政が悪化すると、徳川吉宗が享保の改革、松平定信が寛政の改革を行い、幕府の財政再建をめざした。また幕府は、近藤重蔵・最上徳内に命じて択捉島を探検させた。

| 10 |　　　　1 18世紀の世界と日本 | 11 |

❶ 年表

「歴史総合」で重要な出来事などを4つの分野に分けて整理しています。

❷ 概要

年表の4つの分野それぞれにおける特に重要な事項を解説しています。

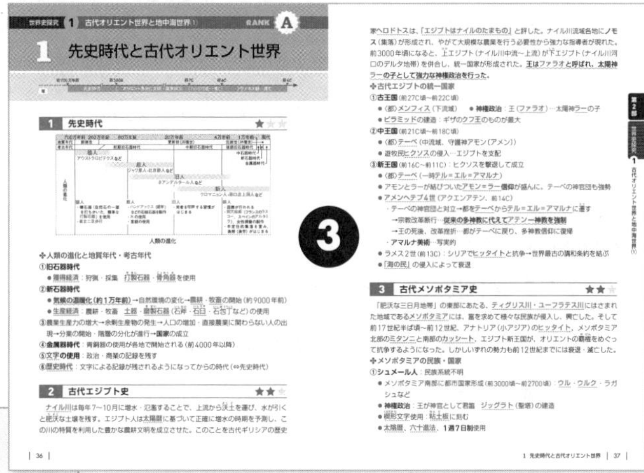

「世界史探究」
1テーマの構成

❸ テーマの要点整理

必要かつ十分な要点を厳選しまとめた学習項目を、出題頻度とともに掲載しています。

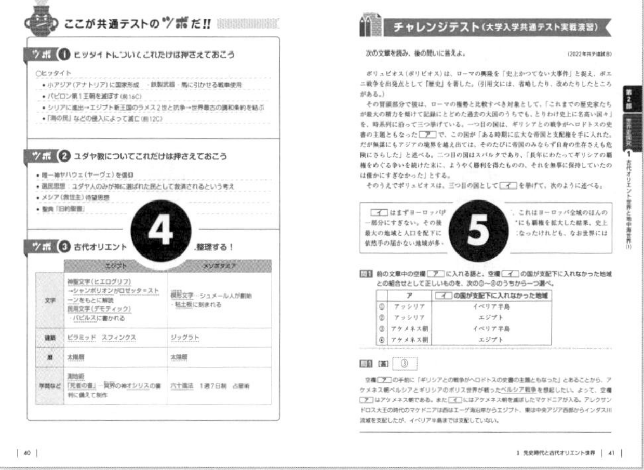

❹ ここが共通テストのツボだ！

各テーマで、「ここだけ覚えておけば確実に得点できる！」というポイントや、受験生が苦手とするポイントを解説しています。直前期にこのページだけ読むのも効果的です。

❺ チャレンジテスト

共通テストの問題などで構成されています。解いたあとは必ず解説を読み、共通テストを解くための視点や考え方を確認しましょう。

索　引	巻末に、重要用語・欧文略語をまとめた索引をつけています。

もくじ

【9】世界大戦の時代

【10】現代の世界

〔編集協力〕株式会社 友人社
〔装丁デザイン〕内津 剛（及川真咲デザイン事務所）〔本文デザイン〕伊藤 幸恵
〔校閲・校正〕稲葉 友子、株式会社 東京出版サービスセンター、株式会社 友人社、エデュ・プラニング 合同会社、株式会社 ぷれす
〔イラスト〕川上 潤
〔本文組版所・図版作成〕幸和印刷株式会社
〔写真提供〕アフロ The Bridgeman Art Library / アフロ、akg-images / アフロ、ALBUM / アフロ、Bridgeman Images / アフロ、YONHAP NEWS / アフロ、GRANGER.COM / アフロ、大阪府立中央図書館、京都大学附属図書館、金印「漢委奴国王」: 福岡市博物館 / DNPartcom、金印「漢委奴国王」/ 金印弁・金印弁或問（部分）: 福岡市博物館 / DNPartcom

第1部 歴史総合

まずは「歴史総合」について学びます。

「歴史総合」は、先史時代から現代までの世界の歴史を学ぶ「世界史探究」とは異なり、主に18世紀以降の世界と日本の歴史の内容や展開を理解したうえで、さらに、日本の歴史が世界の歴史とどのように関連しているのかを学ぶ科目です。

ですので、細かい用語の暗記よりも、おおまかな時代の特徴や歴史の流れを押さえることを重視してください。具体的には、最初に世界の歴史を学習し、その時代の特徴を押さえましょう。そして世界の出来事や欧米の、アジア・アフリカなどへの動きが日本にどのような影響を与えていったのか、その結果、日本がどのような歴史を歩んでいったのかを学んでいきます。特に、日本以外のアジアやアフリカと日本の動きの類似点・相違点を重視して学習してください。

日本も含めた世界を横断して学びますので、年表部分では、それぞれの地域の歴史を別個のものととらえるのではなく、ヨコのつながりを重視して学習してください。そのために多くの地域を同時に学習できるよう、各年代の区切りごとに見開きページで完結するようにしてあります。年表を確認したら、その下に書かれている解説文を読み、世界と日本の歴史、世界と日本のかかわりについて理解をより深めましょう。

1 18世紀の世界と日本

欧米	アジア・アフリカなど
1733 〈英〉ジョン＝ケイ、飛び杼（梭）発明（産業革命の出発点）	
1740 オーストリア継承戦争（~48）	
1756 七年戦争（~63）	1757 〈印〉プラッシーの戦い 〈中〉清、ヨーロッパ船の来航を広州に限定
1769 ワットが蒸気機関を改良	
1775 アメリカ独立戦争（~83）	
1783 パリ条約でアメリカ独立	
1789 フランス革命（~99）	
1792 〈仏〉第一共和政	1793 〈英〉マカートニー、中国に至る
	1796 〈中〉白蓮教徒の乱（~1804） 〈イラン〉ガージャール朝成立

概観

1 欧米

大航海時代の開幕以降、ヨーロッパ主導の「世界の一体化」が進んだ。大航海時代の初期の主役はポルトガルとスペインだったが、その後オランダ・イギリス・フランスが海外進出を進めた。イギリスとフランスは北米とインドで植民地戦争を展開し、イギリスはこれに勝利して広大な植民地を得た。しかし、イギリスは植民地戦争以降、財政難に陥った。財政難を解消するため、北米13植民地に対して重商主義政策をとったことが**アメリカ独立戦争**を招き、1783年の**パリ条約**でアメリカ合衆国の独立が承認された[☞p.210]。また、植民地戦争に敗れたフランスも財政難に陥り、それを一因とする**フランス革命**を招き、国王ルイ16世が処刑され第一共和政が成立した。

東欧では、オーストリアとプロイセンが**オーストリア継承戦争**と**七年戦争**で戦い、プロイセンがオーストリアから**シュレジエン**を獲得した[☞p.193]。また、18世紀のイギリスでは**ジョン＝ケイ**の飛び杼の発明以降、産業革命が展開し、資本家が労働者を雇って利潤を追求する資本主義体制が確立した[☞p.209]。

2 アジア・アフリカ

中国では、漢民族が建てた**明**が17世紀半ばに滅び、その後、中国東北部から起こった満洲人の**清**が中国に進出し、中国支配を開始した。そして、18世紀半ばの**乾隆帝**の

世界における日本	日本国内
	1716 享保の改革（〜45）
1720 漢訳洋書輸入制限の緩和	
	1772 田沼時代（〜86）
	1787 寛政の改革（〜93）
1792 ラクスマン（露）、根室来航	
	1798 近藤重蔵・最上徳内、択捉島探検

時代に、清は最大の領域を誇るに至った。乾隆帝はヨーロッパ船の来航を**広州**に限定し、**行商（公行）**に貿易を独占させたため、イギリスは貿易港の増加と行商廃止を求めて**マカートニー**を清に派遣したが、交渉は不調に終わった［☞p.266］。

3 世界における日本

大航海時代の波を受け、日本では**鉄砲**伝来を経て全国統一が促進された。16世紀末に全国を統一した**豊臣秀吉**は朝鮮出兵を行い［☞p.111、112］、朝鮮に派遣された明の援軍に苦しめられた。続く江戸幕府が朝鮮との関係を修復した結果、朝鮮から日本に定期的に**朝鮮通信使**が派遣されるようになった。また、鉄砲と同時期に日本に流入した**キリスト教**は、幕藩体制の確立の過程で禁圧され、江戸幕府による貿易の独占とともに、幕府が**鎖国**体制を敷く要因となった。その鎖国体制も、**ラクスマン**が根室に来港する［☞p.194］など、列強の日本接近によって18世紀末頃から動揺し始めた。

4 日本の動向

豊臣秀吉死後、**徳川家康**が関ヶ原の戦いで勝利し、江戸幕府を開いた。18世紀に幕府の財政が悪化すると、徳川吉宗が享保の改革、松平定信が寛政の改革を行い、幕府の財政再建をめざした。また幕府は、近藤重蔵・最上徳内に命じて択捉島を探検させた。

2 19世紀の世界と日本①(1800年代〜)

欧米	アジア・アフリカなど
1804 ハイチがフランスから独立 〈仏〉ナポレオン、皇帝に即位	1805 ムハンマド=アリー、エジプト総督就任
1812 〈仏〉ロシア(モスクワ)遠征	
1814 ウィーン会議(〜15)	
1821 ギリシア独立戦争(〜29)	
1830 〈仏〉七月革命	1828 〈露・イラン〉トルコマンチャーイ条約
1834 〈独〉ドイツ関税同盟発足	
1837 〈英〉ヴィクトリア女王即位	1839 〈土〉タンジマート開始
	1840 〈中・英〉アヘン戦争(〜42)
	1842 〈中・英〉南京(なんきん)条約
1845 〈アイルランド〉ジャガイモ飢饉(ききん)(〜49)	1844 〈中・米〉望厦(ぼうか)条約 〈中・仏〉黄埔(こうほ)条約
1848 〈仏〉二月革命 〈独・墺〉三月革命	
1852 〈仏〉第二帝政開始	1851 〈中〉太平天国(たいへいてんごく)の乱(〜64)

概観

1 欧米

フランスのナポレオンが皇帝に即位し、ヨーロッパ各地に勢力を拡大したが、ロシア(モスクワ)遠征失敗後、失脚した[☞p.216]。その後、オーストリアのメッテルニヒの主導で、大国の協調によって革命・戦争の再発を防止する保守反動体制のウィーン体制が成立した[☞p.220]。しかし、ウィーン体制に対して、各地で自由主義・ナショナリズム運動が起こり、ラテンアメリカ諸国の独立やギリシアの独立によって、ウィーン体制はしだいに動揺した。そして、フランスの二月革命後、その影響下に起こったウィーンの三月革命で、メッテルニヒが亡命してウィーン体制は崩壊した。

その後、フランスでは、ルイ=ナポレオンが国民投票で皇帝に即位し(ナポレオン3世)、第二帝政が成立した[☞p.223]。また、世界に先駆けて産業革命を達成したイギリスは、「世界の工場」と呼ばれ、ヴィクトリア女王のもと「パクス=ブリタニカ」と呼ばれる繁栄期を迎えた[☞p.228]。一方、ドイツではプロイセンを中心とするドイツ関税同盟が結成され、経済的統一が進んだ[☞p.230]。

2 アジア・アフリカ

エジプトのムハンマド=アリーの自立や、ギリシアの独立などで領土を縮小させてい

☞ 欧米［第2部 28〜30］ アジア・アフリカなど［第2部 34〜36］

世界における日本	日本国内
1804 レザノフ(露)、長崎来航	
1808 間宮林蔵、樺太を探検	
フェートン号事件	
1811 ゴローウニン事件	
1825 異国船(無二念)打払令	
1828 シーボルト事件	
	1833 天保の飢饉(〜39)
1839 蛮社の獄	1837 大塩の乱
1842 天保の薪水給与令	1841 天保の改革(〜43)
1846 ビッドル(米)、浦賀に来航	

ったオスマン帝国は、**タンジマート**を開始し近代化を進めた［☞p.254］。一方、清は、**アヘン戦争**敗北後、イギリスと**南京条約**を結ぶなど欧米諸国との間に不平等な条約を結び、自由貿易体制に組み込まれていった。また、(拝)上帝会の**洪秀全**が指導した**太平天国の乱**などによって、清国内は混乱に陥った［☞p.268］。

3 世界における日本

ロシアのレザノフやアメリカのビッドルが来航し、江戸幕府に対し通商を要求したが、幕府は鎖国を理由に拒絶した。また、フェートン号事件などを背景に、幕府は異国船(無二念)打払令を出し、これを批判した洋学者たちを弾圧した(蛮社の獄)。その後、アヘン戦争での清の敗北を受けて、幕府は対外方針を変更し、天保の薪水給与令を出し、異国船打払令を緩和した。

4 日本の動向

天保の飢饉の際に貧民救済を行った大塩平八郎が大坂町奉行所の無策に反発し、乱を起こしたことは、幕府に危機感を与えた。その後、老中の水野忠邦が行った天保の改革は失敗に終わり、幕府の権威は低下した。

3　19世紀の世界と日本②（1850年代～）

欧米	アジア・アフリカなど
1853　クリミア戦争（～56）	
	1856　〈中〉第2次アヘン戦争（～60）
	1857　〈印〉インド大反乱（～59）
	1858　〈中・露〉アイグン条約
1861　〈露〉農奴解放令 〈伊〉イタリア王国成立 〈米〉南北戦争（～65）	1860　〈中・英仏〉〈中・露〉北京条約 1860頃～　〈中〉洋務運動開始
1863　〈米〉奴隷解放宣言	
1866　プロイセン＝オーストリア（普墺）戦争	
1867　〈独〉北ドイツ連邦成立	
1870　ドイツ＝フランス（プロイセン＝フランス）戦争（～71）	1869　〈エジプト〉スエズ運河開通
1871　ドイツ帝国成立	

概観

1　欧米

クリミア戦争によって、欧州の強国間の協調体制が崩壊したことが、イタリア・ドイツの統一に有利な情勢を生んだ。イタリアでは、サルデーニャによって**イタリア王国**が成立し、ドイツでは、プロイセンがプロイセン＝オーストリア戦争・ドイツ＝フランス戦争に勝利して**ドイツ帝国**が成立した。一方、クリミア戦争に敗北して、自国の後進性を痛感したロシアの**アレクサンドル2世**は、近代化を進めるため**農奴解放令**を出し、これがロシアの資本主義発展の出発点となった[☞p.237]。また、アメリカ合衆国では、奴隷制をめぐる対立から南北が対立し、南部が独立を宣言すると**南北戦争**が起こった。この戦争は北部の勝利に終わり、アメリカ合衆国の分裂は阻止された[☞p.235]。

2　アジア・アフリカ

イギリスによる植民地化が進むインドでは、**インド大反乱**が起こったが鎮圧されてムガル帝国が滅亡した。インド統治を担っていたイギリス東インド会社が解散したことによって、イギリスによるインドの直接統治が始まった[☞p.261]。清は、イギリス・フランスとの**第2次アヘン（アロー）戦争**に敗北し、**北京条約**を結んで開港場が増加し、列強の経済進出が進む一方、外国公使の北京駐在が認められたことによって、伝統的な冊封体制は動揺し、結果的に主権国家体制に組み込まれていった[☞p.267]。その後、

世界における日本	日本国内
1853 ペリー、浦賀に来航 1854 日米和親条約 1858 日米修好通商条約 1863 薩英戦争 1864 四国艦隊下関砲撃事件 1871 岩倉使節団派遣（〜73）	 1858 安政の大獄（〜59） 1860 桜田門外の変 1866 薩長連合（薩長同盟） 1867 大政奉還 王政復古の大号令 1868 戊辰戦争（〜69） 五箇条の誓文

清は**洋務運動**を開始して西洋の技術を導入したが、政治改革を伴わない表面的な近代化であり、のちの清仏戦争と日清戦争の敗北でその限界を露呈した。

3 世界における日本

ペリーが**浦賀に来航**し、翌年、幕府は**日米和親条約**を結んで下田と箱館の2港を開港し、その後の**日米修好通商条約**でアメリカに対する自由貿易を認めた［☞p.268］。こうして日本は自由貿易体制に組み込まれた。明治維新後、条約改正準備のため、欧米に岩倉使節団が派遣された。

4 日本の動向

勅許を得ずに通商条約に調印した井伊直弼に対する尊王攘夷派などからの反発が高まると、井伊は**安政の大獄**を断行したが、桜田門外の変で暗殺された。その後、薩英戦争と、四国艦隊下関砲撃事件で、ともに打撃を受けた薩摩藩と長州藩は倒幕をめざして接近し、**薩長連合(同盟)**を成立させた。一方、将軍徳川慶喜は**大政奉還**を行って政権を朝廷に返還し、天皇のもとに有力大名の連合政権をつくろうとした。しかし、薩長両藩が、王政復古の大号令によって徳川氏を排除した新政府を発足させたため、新政府と旧幕府勢力との間で**戊辰戦争**が起こり、旧幕府勢力が敗れて慶喜は引退した。

4　19世紀の世界と日本③（1870年代～）

欧米	アジア・アフリカなど
1873 〈独・墺・露〉三帝同盟	
	1875 〈英〉スエズ運河会社株買収
1877 ロシア＝トルコ（露土）戦争（～78）	1877 〈印〉英領インド帝国成立
1878 ベルリン会議	
1882 〈独・墺・伊〉三国同盟	1881 〈エジプト〉ウラービー運動（～82） 〈スーダン〉マフディー運動（～98）
	1884 清仏（しんふつ）戦争（～85）
	1886 〈英〉ビルマをインド帝国に編入
1887 （独露）再保障（さいほしょう）条約	1887 〈仏〉仏領インドシナ連邦の形成
1890 〈独〉再保障条約更新拒否	1891 〈イラン〉タバコ＝ボイコット運動（～92）
1894 露仏（ろふつ）同盟完成	1895 〈英〉マレー連合州成立
1898 アメリカ＝スペイン（米西（べいせい））戦争 〈米〉ハワイ併合	1898 〈中〉戊戌（ぼじゅつ）の変法（へんぽう） 〈英・仏〉ファショダ事件
1899 〈米〉中国の門戸開放（もんこかいほう）を主張	1899 〈英〉南アフリカ戦争（～1902）

概観

1 欧米

独仏（普仏（ふふつ））戦争敗北後、対独復讐熱が高まるフランスに対し、ドイツの**ビスマルク**は**三帝同盟**・**三国同盟**・**再保障条約**によってフランスを孤立させ、国際秩序の安定を図る外交を展開した。ビスマルク引退後、新皇帝**ヴィルヘルム2世**は、**「世界政策」**と呼ばれる積極的対外膨張政策をとってイギリスと対立した。また、バルカン半島方面への進出をめざし、ロシアとの**再保障条約更新**を拒否した。そのため、露仏が接近して**露仏同盟**を結び、以降、ロシアはフランス資本を導入し、**シベリア鉄道**を建設して東アジア方面に進出するなど対外膨張を進めた［☞p.274］。1890年にフロンティアの消滅を発表したアメリカ合衆国は、対外政策に転じて**米西戦争**を起こし、スペインを破ってキューバを事実上の保護国とした。また、列強の中国分割に出遅れたため、**門戸開放宣言**を出した［☞p.249］。

2 アジア・アフリカ

列強による帝国主義政策が推進され、アジア・アフリカの植民地化が進んだ。これに対して、エジプトの**ウラービー運動**、スーダンのマフディー運動、イランの**タバコ＝ボイコット運動**といった抵抗運動も起こり、アフリカで縦断政策をとるイギリスと横断政策をとるフランスがスーダンで衝突（しょうとつ）する**ファショダ事件**も起こった。日清戦争に敗北

世界における日本	日本国内
1874 台湾出兵	1874 民撰議院設立の建白書提出
1875 〈日・露〉樺太・千島交換条約	
江華島事件	
1876 日朝修好条規	
	1877 西南戦争
	1879 琉球処分（沖縄県の設置）
	1881 国会開設の勅諭
1882 壬午軍乱	1882 渋沢栄一が大阪紡績会社を設立
1884 甲申政変	
1885 〈中・日〉天津条約	1885 内閣制度発足
	1889 大日本帝国憲法（明治憲法）発布
	1890 国会（帝国議会）の開会
1894 日清戦争（〜95）	
1895 〈中・日〉下関条約	
〈露・仏・独〉三国干渉	
	1899 北海道旧土人保護法

した清は、政治改革をめざす**戊戌の変法**を開始したが、保守派の反発により挫折した。

3 世界における日本

日本が**閔氏**政権と**日朝修好条規**を結んで朝鮮を開国させると、朝鮮の宗主権を主張する清との対立が生じた。開国後の近代化政策に不満をもつ朝鮮の兵士が暴動を起こした（**壬午軍乱**）が、これを清軍が鎮圧して朝鮮への影響力を強めた。その後、日本の支援を受けた**金玉均**が閔氏に対しクーデタを起こしたが、清軍の介入で失敗し（**甲申政変**）、日清は**天津条約**で朝鮮からの撤兵と出兵の際の事前通告を約束した。

しかし、朝鮮で**甲午農民戦争**が起こると、両国が出兵し、**日清戦争**が起こった。勝利した日本は、**下関条約**で清に朝鮮の宗主権を放棄させ、清から**遼東半島**などを得た。これに対し、ロシアなどが日本に**三国干渉**を行い、遼東半島を清に返還させたため、日露間の対立が生じた［☞p.269］。

4 日本の動向

板垣退助らが**民撰議院設立の建白書**を政府に提出し、国会開設を求める自由民権運動が始まった。これに対し政府は、1889年に、天皇を元首かつ主権者とする**大日本帝国憲法**を発布し、翌年帝国議会が開催された。また、**樺太・千島交換条約**や**琉球処分**による沖縄県設置などで自国の主権の及ぶ範囲を画定させていった。

歴史総合 2 国際秩序の変化や大衆化と私たち(1)

5 20世紀の世界と日本①（1900年代～）

欧米	アジア・アフリカなど
	1900 〈中〉義和団戦争（～01）
1904 英仏協商	
1905 〈露〉血の日曜日事件	1905 〈中〉孫文、中国同盟会結成
	〈越〉ドンズー（東遊）運動開始
	〈イラン〉イラン立憲革命（～11）
1907 英露協商	1906 〈印〉国民会議カルカッタ大会
	1908 〈土〉青年トルコ革命
	1911 〈中〉辛亥革命（～12）
1912 第1次バルカン戦争（～13）	1912 〈中〉中華民国成立。清滅亡
1913 第2次バルカン戦争	
1914 第一次世界大戦開始	1915 フセイン・マクマホン協定
	1916 サイクス・ピコ協定
1917 〈米〉第一次世界大戦に参戦	1917 バルフォア宣言
〈露〉「平和に関する布告」	
1918 〈米〉「十四カ条」（十四カ条の平和原則）	

概観

1 欧米

英仏露は、ドイツの対外進出に対抗するため、**英仏協商**や**英露協商**を結び、すでに結ばれていた露仏同盟とあわせて**三国協商**が形成された。2次にわたる**バルカン戦争**を経て勃発した**第一次世界大戦**は、機関銃と塹壕戦によって戦線が膠着したが、アメリカの参戦以降、戦況は協商（連合）国側に傾き、最終的に、ドイツが降伏して同盟国側の敗北に終わった。この戦争中、**ロシア革命**が起こって社会主義のソヴィエト政権が成立し、無併合・無償金・民族自決による即時講和を求める**「平和に関する布告」**を出した[☞p.278]。翌年、アメリカ大統領ウィルソンも民族自決などを含む**「十四カ条」（十四カ条の平和原則）**を発表した[☞p.276]。

2 アジア・アフリカ

列強の進出が進む中国では、**「扶清滅洋」**を掲げる**義和団戦争**が起こったが、列強によって鎮圧され、中国の半植民地化が決定的となった[☞p.269]。**日露戦争**での日本の勝利はアジアの民族運動に刺激を与え、**青年トルコ革命**ではミドハト憲法が復活し、清では**中国同盟会**が結成され、**辛亥革命**の結果、清は滅亡した。また、第一次世界大戦中

世界における日本		日本国内	
		1900	立憲政友会の結成
1902	日英同盟	1901	八幡製鉄所の操業開始
1904	日露戦争（～05）		
1905	桂・タフト協定	1905	日比谷焼打ち事件
	ポーツマス条約		
	第2次日韓協約		
1910	韓国併合、朝鮮総督府設置	1910	大逆事件
		1911	工場法成立（16施行）
		1912	第1次護憲運動
1914	第一次世界大戦に参戦		
1915	中国に対し二十一カ条の要求		
1917	石井・ランシング協定	1917	金輸出禁止（～30）
1918	シベリア出兵（～22）	1918	米騒動

にイギリスが展開した秘密外交は、後のパレスチナ問題につながった[☞p.296]。

3 世界における日本

義和団戦争鎮圧後、ロシアが中国東北地方に進出すると、これを警戒した日本とイギリスの利害が一致し、**日英同盟**が結ばれた。**日露戦争**を戦った両国は**ポーツマス条約**を結び、日本は韓国の保護権を得、その後の**第2次日韓協約**で韓国の外交権を奪って保護国化した。伊藤博文の暗殺を機に、日本は**韓国を併合**し、**朝鮮総督府**を設置した[☞p.270]。また、**日英同盟**を口実に、日本は**第一次世界大戦**に参戦して大陸に進出し、中国に対して**二十一カ条の要求**を出した。これに対して、欧米は日本への警戒を強めた。

4 日本の動向

日清戦争後、日本は軍拡・製鋼業振興政策を進め、官営の八幡製鉄所を操業し、工場労働者保護のため工場法を制定した。また、桂太郎の組閣に対して、尾崎行雄や犬養毅らが憲政擁護会を組織して、倒閣運動を展開した（**第1次護憲運動**）。

6 20世紀の世界と日本②（1910年代末～）

欧米	アジア・アフリカなど
1919 パリ講和会議	1919 〈印〉非暴力・不服従運動開始 〈中〉中国国民党結成
1920 国際連盟設立	1920 〈土〉セーヴル条約 1921 〈中〉中国共産党結成
1922 ソ連邦の成立 〈独ソ〉ラパロ条約 〈伊〉「ローマ進軍」	1922 〈土〉ムスタファ＝ケマルがスルタン制廃止（オスマン帝国滅亡）
1923 〈仏・ベルギー〉ルール占領（～25）	1923 〈土〉ローザンヌ条約 〈土〉トルコ共和国成立
1924 〈米〉ドーズ案発表 1925 ロカルノ条約 1926 ドイツの国際連盟加盟	1924 〈中〉第1次国共合作 1925 〈イラン〉パフレヴィー朝成立（～79） 1926 〈中〉北伐開始（～28） 1927 〈中〉上海クーデタ
1928 不戦条約（ブリアン・ケロッグ条約）	

概観

1 欧米

第一次世界大戦後のパリ講和会議で成立したヴェルサイユ体制は、史上初の集団的国際安全保障機構である国際連盟を発足させるなど、国際協調主義をめざしたが、アメリカ合衆国が国際連盟に加盟せず、ドイツなどの敗戦国を犠牲にするなど不安定要因をはらむものであった。ヨーロッパでは、ドイツの賠償金支払いの遅延を理由に、フランスなどによりルール占領が行われるなど不安定な情勢が続いた。しかし、ロカルノ条約締結後、ドイツの国際連盟加盟が認められ、1928年には不戦条約が結ばれるなど、ヴェルサイユ体制は相対的安定期に入った［☞p.284］。一方、イタリアでは、ムッソリーニ率いるファシスト党が「ローマ進軍」を経て独裁体制を構築し、ファシズム政権を成立させた［☞p.285］。

2 アジア・アフリカ

第一次世界大戦に敗北したオスマン帝国は、連合国側と亡国的な内容のセーヴル条約を結んだが、ムスタファ＝ケマルがスルタン制を廃止して、オスマン帝国は滅んだ。ケマルは、新たにローザンヌ条約を結んで主権を回復し、トルコ共和国が成立した。インドでは、イギリスがインドに戦後自治を約束したが守らなかったため、ガンディーによる非暴力・不服従運動が開始された［☞p.298］。中国では、中国国民党と中国共産党の

☞ 欧米［第2部 37,38］ アジア・アフリカなど［第2部 40,41］ 世界における日本［第2部 38,41］

世界における日本	日本国内
1919 〈朝〉三・一独立運動 〈中〉五・四運動	
1920 国際連盟に加盟	1920 新婦人協会設立 戦後恐慌
1921 ワシントン会議（～22）	1922 全国水平社結成
	1923 関東大震災
1924 〈米〉移民法（排日移民法）制定	1924 第2次護憲運動
1925 〈中〉五・三〇運動	1925 普通選挙法、治安維持法
	1926 昭和時代（～89）
1927 山東出兵（～29）	1927 金融恐慌
1928 〈中〉張作霖爆殺事件	

第1次国共合作が成立し、軍閥政権打倒をめざす北伐が開始された。しかし、その最中の上海クーデタによって国共合作は崩壊し、北伐は国民党単独で完成した［☞p.303］。

3 世界における日本

日本は国際連盟に加盟し常任理事国となった。ウィルソンが「十四カ条」で提唱した民族自決主義に期待し、朝鮮では、三・一独立運動が起こり、中国では、パリ講和会議で二十一カ条の要求の取り消しが無視されたことから五・四運動が起こった。第一次世界大戦中の日本の中国進出に危機感を抱いたアメリカ合衆国は、ワシントン会議を開催し、日本の中国進出を抑制したため、日米間の対立が生じた。中国で北伐が展開すると、日本は山東出兵を行って北伐に干渉した。北伐軍が北京を占領すると、満洲へと逃亡した張作霖を日本の関東軍が爆殺し、満洲の直接占領をめざした。しかし、この謀略は失敗し、息子の張学良が国民党の蔣介石に帰順して国民政府が全国を統一した［☞p.303］。

4 日本の動向

1920年に新婦人協会が設立され、女性の政治活動を禁止した治安警察法第5条撤廃をめざした。1925年には、普通選挙法が制定されたが、同年に治安維持法が制定されて、天皇制廃止や私有財産制否認を目的とする結社を政府が取り締まった。1927年には、閣僚の失言がきっかけとなり、全国の銀行の休業が相次ぐ金融恐慌が起こった。

7 20世紀の世界と日本③(1920年代末～)

欧米	アジア・アフリカなど
1929 世界恐慌	1929 〈印〉ネルーらが完全独立(プールナ＝スワラージ)を要求
	1930 〈印〉ガンディー、「塩の行進」
1932 〈英〉オタワ連邦会議	1932 サウジアラビア王国成立
1933 〈独〉ヒトラー内閣成立 〈米〉ニューディール開始 〈独〉国際連盟脱退	1934 〈中〉中国共産党軍の長征(～36)
1935 〈独〉再軍備宣言	1935 〈印〉1935年インド統治法発布
1936 〈西〉スペイン内戦(～39) 〈独・伊〉ベルリン＝ローマ枢軸	1936 〈中〉西安事件 1937 〈中〉第2次国共合作成立
1938 〈独〉オーストリア併合 〈英・仏・独・伊〉ミュンヘン会談	1938 〈中〉国民政府、重慶移転
1939 独ソ不可侵条約 第二次世界大戦(～45)	

概観

1 欧米

世界恐慌発生後、イギリスは**オタワ連邦会議**でブロック経済政策をとり、アメリカでは、**フランクリン＝ローズヴェルト**大統領が恐慌対策の**ニューディール**を行った[☞p.290、291]。ドイツでは、ヴェルサイユ体制打破を唱える**ヒトラー**による内閣が成立し、**国際連盟を脱退**し**再軍備宣言**を行った。**スペイン内戦**を契機に、ヒトラーとイタリアの**ムッソリーニ**が接近し、ベルリン＝ローマ枢軸が結ばれた。

ヒトラーが1938年に**オーストリア**を併合し、さらにチェコスロヴァキアの**ズデーテン地方**の併合を要求すると、英仏独伊による**ミュンヘン会談**が開催され、英仏はドイツに対し**宥和政策**をとり、ズデーテン地方の併合を承認した。1939年、英仏とソ連の挟撃を避けたいドイツは、英仏の対独宥和政策に不信を強めたソ連との間に**独ソ不可侵条約**を結び、ドイツのポーランド侵攻から**第二次世界大戦**が勃発した[☞p.306]。

2 アジア・アフリカ

インドでは、国民会議派の**ネルー**らが**完全独立(プールナ＝スワラージ)**を要求し、**ガンディー**による「塩の行進」が行われるなど民族運動が高揚した。しかし、**1935年インド統治法**発布後に行われた州選挙で国民会議派が圧勝したことが、イスラーム教徒の**全インド＝ムスリム連盟**の不満を高め、のちの印パの分離独立につながった[☞p.298]。

世界における日本	日本国内
	1930 昭和恐慌
1931 柳条湖事件（満洲事変開始）	1931 金輸出再禁止
1932 満洲国建国	1932 五・一五事件
1933 国際連盟脱退通告	
1936 日独防共協定	1936 二・二六事件
1937 盧溝橋事件（日中戦争開始、～45） 日独伊防共協定	1938 近衛声明 国家総動員法
1939 ノモンハン事件	

中国では、国共内戦が続いたが、張学良が蔣介石を監禁し、国民党と共産党の抗日民族統一戦線の結成を要求する西安事件が起こり、日中戦争勃発後に第2次国共合作が成立した［☞p.304］。

3 日本と世界

柳条湖事件から満洲事変が始まり、日本は、清朝最後の皇帝であった溥儀を執政（のち皇帝）とする傀儡国家である満洲国を建てた。国際連盟総会で、日本軍の満洲撤兵などの勧告案が採択されたことを不服とした日本は、国際連盟脱退を通告した。また日本は、共産主義の拡大に対処するためドイツと日独防共協定を結んだ。その後、盧溝橋事件から日中戦争が開始された［☞p.304］。

4 日本の動向

世界恐慌の波及と金解禁の断行の結果、昭和恐慌が起こり、国内の社会的緊張が高まった。五・一五事件で犬養毅首相が暗殺されて政党内閣が終わり、日本陸軍の皇道派が閣僚・重臣を暗殺して軍部政権の設立をめざす二・二六事件が鎮圧された結果、統制派主流の軍部の発言権が増大した。日中戦争開戦後、近衛声明により、中国の国民政府との和平の道を閉ざしたことから、戦争は長期戦に突入し、同年の国家総動員法で総力戦体制を構築した。

8 20世紀の世界と日本④（1930年代末～）

欧米	アジア・アフリカなど
1939 第二次世界大戦（～45）	
1940 〈伊〉第二次世界大戦に参戦 〈独〉フランスを降伏させる	
1941 〈米〉武器貸与法 独ソ戦開始 〈米・英〉大西洋上会談	
1942 〈独・ソ〉スターリングラード攻防戦（～43）	
1943 イタリア、降伏	1943 〈米・英・中〉カイロ会談 〈米・英・ソ〉テヘラン会談
1944 ノルマンディー上陸作戦	
1945 〈米・英・ソ〉ヤルタ会談 ドイツ、降伏 〈米・英・ソ〉ポツダム会談 国際連合発足	1945 アラブ連盟成立 ホー＝チ＝ミンがベトナム民主共和国の建国を宣言

概観

1 欧米

第二次世界大戦が勃発し、ドイツは、フランスを降伏させるなど欧州各国を占領した。これに対して、アメリカ合衆国は武器貸与法を制定し、事実上連合国側の一員となって、ドイツ・イタリアなどの枢軸国側に対抗する姿勢を明確にした。1941年、ドイツは独ソ戦を開始し、米英は大西洋上会談を開催して戦後世界の構想を打ち出した。ドイツは、1942年からのスターリングラード攻防戦敗北後、劣勢となり、ソ連が反撃に転じた。イタリア降伏後連合国軍は、ノルマンディー上陸作戦を行ってパリを解放し、1945年のヤルタ会談では、秘密協定でドイツ降伏後3カ月以内のソ連の対日参戦が決定された。ヒトラーが自殺してドイツが降伏すると、ソ連は日ソ中立条約を破棄して対日参戦した[☞p.307、308]。また、大西洋上会談などに基づき、戦後に国際連合が成立した[☞p.312]。

2 アジア・アフリカ

米英中によるカイロ会談で対日処理方針が決定し、米英ソによるテヘラン会談で連合国軍の北フランス上陸作戦が協議された。また、大戦中に日本に占領されていたベトナムでは、戦後、ホー＝チ＝ミンがベトナム民主共和国の建国を宣言した[☞p.343]。

世界における日本		日本国内	
1940	フランス領インドシナ北部に進駐 日独伊三国同盟	1940	東京オリンピック中止 大政翼賛会発足
1941	日ソ中立条約 フランス領インドシナ南部に進駐 真珠湾攻撃（太平洋戦争開始、~45）		
1942	東南アジア各地を占領 ミッドウェー海戦に敗北		
1943	大東亜会議（大東亜共同宣言）	1943	学徒出陣開始
		1944	学童疎開始まる
1945	沖縄戦 〈米〉広島・長崎に原爆投下 〈ソ〉対日参戦 日本、降伏	1945	五大改革指令 衆議院議員選挙法改正 労働組合法成立

3 世界における日本

南方進出を目的に、日本軍は**北部仏印**に進駐し、ドイツの軍事的成功を受けて**日独伊三国同盟**を結んだ結果、米英との対立が決定的となった。日本は、南進策を進めるため**日ソ中立条約**を結び、**南部仏印**に進駐してアメリカと全面的に対立した。日本の**真珠湾攻撃**から**太平洋戦争**が始まり、日本は東南アジア各地を占領した。太平洋戦争は、当初は日本が優勢であったが、**ミッドウェー海戦**の大敗以後日本は守勢に回った。その後、アメリカによる**広島・長崎への原爆投下**、**ソ連の対日参戦**を受け、日本はポツダム宣言を受諾して降伏し、連合国軍による占領下に入った［☞p.308］。

4 日本の動向

近衛文麿首相のもと、全体主義的な政治体制をめざす新体制運動が展開され、すべての政党が解散して大政翼賛会が結成された。敗戦後にGHQ（連合国軍最高司令官総司令部）が治安維持法の廃止などを指令し、五大改革指令を出した。また、衆議院議員選挙法改正によって、選挙資格が20歳以上に引き下げられ、女性参政権も認められるようになった。さらに、労働者の権利拡大も図られ、労働組合法が成立した。

9 20世紀の世界と日本⑤（1940年代半ば～）

欧米	アジア・アフリカなど
1946 「鉄のカーテン」演説	1946 インドシナ戦争（～54）
1947 〈米〉トルーマン＝ドクトリン 〈米〉マーシャル＝プラン 〈ソ〉コミンフォルム結成（～56）	1947 インド・パキスタン分離独立
1948 ベルリン封鎖（～49）	1948 第1次中東戦争（～49）
1949 経済相互援助会議（COMECON）成立 北大西洋条約機構（NATO）成立	1949 中華人民共和国成立
1952 ヨーロッパ石炭鉄鋼共同体（ECSC）発足	1950 中ソ友好同盟相互援助条約 朝鮮戦争（～53）
1953 〈ソ〉スターリン死去	1953 〈朝〉朝鮮休戦協定 1954 〈中・印〉平和五原則 〈越〉ジュネーヴ休戦協定
1955 ワルシャワ条約機構成立 ジュネーヴ4巨頭会談	1955 アジア＝アフリカ会議

概観

1 欧米

第二次世界大戦後に、アメリカを中心とする西側（資本主義陣営）とソ連を中心とする東側（社会主義陣営）との間で、冷戦と呼ばれる対立が生じた。アメリカ合衆国がトルーマン＝ドクトリンでギリシア・トルコへの援助を表明し、マーシャル＝プランでヨーロッパ諸国への経済援助を打ち出した。これに対し、ソ連と東側諸国はマーシャル＝プランを拒否し、コミンフォルム（共産党情報局）を結成して各国共産党の結束を強化した。また、米英仏ソによる分割占領下にあったドイツは、ベルリン封鎖を経て分断国家となった。ベルリン封鎖中に、東側諸国は経済協力機構の経済相互援助会議（COMECON）を結成し、一方の西側諸国は北大西洋条約機構（NATO）を結成し、冷戦構造は固定化した[☞p.314]。その後、フランス外相シューマンの提唱によって、ヨーロッパ石炭鉄鋼共同体（ECSC）が成立し、西ヨーロッパ諸国の統合が進んだ。また、スターリン死去以降東西の「雪どけ」が進み、ジュネーヴ4巨頭会談が開催された[☞p.321]。

2 アジア・アフリカ

中国では、国共内戦に勝利した共産党によって中華人民共和国が成立し、ソ連と中ソ友好同盟相互援助条約を締結した。米ソ対立を背景として、インドシナ戦争、朝鮮戦争が起こったが、スターリン死去を機に休戦協定が結ばれた[☞p.314、317]。1954年に行われたネルー・周恩来会談では、領土の保全・主権の尊重や相互不侵略を内容とする

世界における日本	日本国内
1946 東京裁判（極東国際軍事裁判）（～48）	1946 日本国憲法公布（47施行） 1947 労働基準法成立、労働省設置
	1948 経済安定九原則
1949 ドッジ＝ライン シャウプ勧告	1950 警察予備隊新設 朝鮮（戦争）特需始まる
1951 サンフランシスコ平和条約 日米安全保障条約	1952 日米行政協定
1954 第五福竜丸事件 MSA協定（日米相互防衛援助協定）	1954 防衛庁、自衛隊発足
1955 第1回原水爆禁止世界大会	1955 神武景気（高度経済成長開始）（～57） 55年体制成立

平和五原則が確認された。この平和五原則はその後のアジア・アフリカを中心とする第三世界の協力に影響を与え、1955年には、反植民地主義・平和共存を基調とする**アジア＝アフリカ会議**が開催され、「平和十原則」が打ち出された［☞p.320］。

3 世界における日本

東京裁判（極東国際軍事裁判）によって、東条英機らが戦争犯罪者として裁かれた。GHQの占領を経て、1951年の**サンフランシスコ平和条約**によって、日本の独立が認められたが、同年の**日米安全保障条約**により、日本は米軍の駐留を認めた［☞p.313］。日本の漁船がアメリカの水爆実験によって被曝する**第五福竜丸事件**が起こると、原水爆禁止運動が始まり［☞p.347］、**第1回原水爆禁止世界大会**が広島で開催された。

4 日本の動向

1946年に、GHQ（連合国軍最高司令官総司令部）の草案に基づき、主権在民・象徴天皇制・平和主義・基本的人権の尊重が定められた**日本国憲法**が公布されて、民主化が進められた。また、日本は、GHQの占領のもと非武装化が進められたが、朝鮮戦争勃発後、軍事的空白を埋めるために**警察予備隊**が新設され、戦争終了後、防衛庁と**自衛隊**が発足した。1955年から日本は高度経済成長に入り、同年には日本社会党の再統一と自由党・日本民主党合同による自由民主党結成により、55年体制が成立した。

10 20世紀の世界と日本⑥（1950年代半ば～）

欧米	アジア・アフリカなど
1956 〈ソ〉フルシチョフのスターリン批判、平和共存	1956 第2次中東戦争（～57）
1958 EEC、EURATOM発足	1957 ガーナ独立
1959 〈ソ〉フルシチョフ訪米	1958 〈中〉「大躍進」政策、人民公社設立
1961 〈東独〉ベルリンの壁建設	1960 「アフリカの年」
1962 〈米・ソ〉キューバ危機	1962 中印国境紛争
1963 〈米・英・ソ〉部分的核実験禁止条約	1963 アフリカ統一機構（OAU）成立
1964 〈米〉公民権法成立	1965 〈米〉北ベトナム爆撃開始
	1966 〈中〉プロレタリア文化大革命（～77）
1967 ヨーロッパ共同体（EC）発足	1967 第3次中東戦争 東南アジア諸国連合（ASEAN）発足
1968 核拡散防止条約（NPT）調印 ソ連が「プラハの春」を弾圧	1969 中ソ国境紛争
1970 ソ連＝西ドイツ武力不行使条約 〈チリ〉アジェンデ大統領就任	

概観

1 欧米

ソ連の第一書記フルシチョフは、スターリン批判を行い、西側との平和共存を唱えた。この後、フルシチョフが訪米し米ソ協調の気運が高まったが、ベルリンの壁が建設されるなど再び緊張が高まり、キューバ危機で緊張は頂点に達した。しかし、核戦争は回避され、その後の部分的核実験禁止条約や核拡散防止条約によって核管理が進んだ[☞p.321、346]。一方、西ヨーロッパでは、ヨーロッパ経済共同体（EEC）やヨーロッパ原子力共同体（EURATOM）が発足し、1967年にはこれらとECSCが統合してヨーロッパ共同体（EC）が発足するなど、西ヨーロッパの統合がさらに進んだ[☞p.326]。また、アメリカ合衆国では、黒人差別撤廃を求める公民権運動が盛んになり、ジョンソン政権のもと公民権法が制定された。

2 アジア・アフリカ

アフリカでは、サハラ以南のブラック＝アフリカ初の独立であるガーナ独立が実現し、1960年の「アフリカの年」には17カ国が独立した[☞p.336]。中東では、第3次中東戦争でイスラエルがアラブ諸国に勝利し、シナイ半島やヨルダン川西岸などを獲得し、領土を大きく拡大させた[☞p.334]。中国では、「大躍進」政策の失敗後権力を失っ

世界における日本	日本国内
1956 日ソ共同宣言 日本、国際連合に加盟	
1960 日米安保条約改定（新安保条約）	
1963 GATT11条国移行	
1964 IMF8条国移行	1964 東海道新幹線開通 東京オリンピック・パラリンピック開催
1965 日韓基本条約調印	
	1967 公害対策基本法成立
1968 小笠原諸島返還	
	1969 東名高速道路全通
1970 新安保条約自動延長	1970 日本万国博覧会（大阪）開催 減反政策開始

ていた毛沢東が、（プロレタリア）文化大革命によって権力の座に返り咲いた［☞p.340］。その一方、ソ連との対立が深刻化し、中ソ国境紛争が起こった。また、アメリカ合衆国は、北ベトナム爆撃（北爆）を開始し、ベトナム戦争が本格化したが、国内外で反戦運動が起こり、アメリカ合衆国の権威は低下した。

3 世界における日本

日ソ共同宣言によって日ソ間の戦争終結が宣言された結果、日本の国際連合加盟が認められた。また、日韓基本条約によって日韓の外交関係が再開された［☞p.342］。1960年に日米安保条約が改定され、日米の軍事同盟の側面が強化されると、国民的な反対運動が起こり、その時の岸信介内閣は新条約発効直後に総辞職した。

4 日本の動向

日中戦争の泥沼化によって中止されていた東京オリンピックが1964年に開催され、これにあわせて東海道新幹線も開通した。また、1970年には、日本万国博覧会が大阪で開催され、日本の高度経済成長が世界へとアピールされた。一方、生活の洋風化によって米消費量が減少して米価が低迷したことから、政府は減反政策を行って、農業従事者に対して作付面積を強制的に縮小させた。

11 20世紀の世界と日本⑦（1970年代初め～）

欧米	アジア・アフリカなど
1971 〈米〉ドル＝ショック	1971 〈中〉台湾から国連代表権交替
1972 〈米・ソ〉SALT Ⅰ（第1次戦略兵器制限交渉）調印	1972 〈米〉ニクソン訪中
1973 〈英〉ヨーロッパ共同体（EC）加盟 第1次石油危機	1973 ベトナム（パリ）和平協定 第4次中東戦争
1975 全欧安全保障協力会議（ヘルシンキ）	1976 ベトナム社会主義共和国成立 1978 〈中〉改革開放政策
1979 〈米・ソ〉SALT Ⅱ（第2次戦略兵器制限交渉）調印	1979 イラン＝イスラーム革命 〈ソ〉アフガニスタン侵攻
1981 〈米〉レーガン、大統領就任	1980 イラン＝イラク戦争（～88）
1985 〈ソ〉ゴルバチョフ、書記長就任 ペレストロイカ、「新思考外交」	
1987 〈米・ソ〉中距離核戦力全廃条約	
1989 〈独〉ベルリンの壁開放 〈米・ソ〉マルタ会談	1989 〈中〉天安門事件
1990 〈独〉東西ドイツ統一	

概観

1 欧米

アメリカ合衆国は、**ベトナム戦争**によって国際収支が悪化したことから、金とドルの交換を停止（**ドル＝ショック**）して、**ブレトン＝ウッズ体制**が崩壊した[☞p.322]。また、軍事費の増大に苦しむ米ソ間で**SALT Ⅰ**が調印され、全欧安全保障協力会議では欧州の緊張緩和が促進された。しかし、ソ連の**アフガニスタン侵攻**を受けてアメリカがSALT Ⅱの批准を拒否したことから**新冷戦**が開始され、アメリカ合衆国大統領に就任した**レーガン**は「強いアメリカ」をうたい、軍備を増強した。その後、ソ連で**ゴルバチョフ**が書記長に就任して**「新思考外交」**を推進すると、東西の緊張は緩和し、米ソ間初の核兵器削減である**中距離核戦力（INF）全廃条約**が結ばれた[☞p.323]。1989年、**東欧革命**によって東欧の民主化が進むなか、**ベルリンの壁が開放**され、**マルタ会談**で冷戦終結が宣言された。そして、翌年**東西ドイツ統一**が実現した。

2 アジア・アフリカ

ベトナム戦争に苦しむアメリカと、ソ連との対立が深刻化した中国が接近し、台湾から中国への**国連代表権交替**後、**ニクソン訪中**が実現した。その後、中国は**改革開放政策**を

世界における日本	日本国内
1972 沖縄の日本復帰 日中国交正常化（日中共同声明） 1973 円の変動為替相場制移行	
	1974 戦後初のマイナス成長
1975 サミットに参加	
1978 日中平和友好条約調印	1978 成田空港（新東京国際空港）開港
1985 プラザ合意	1985 電電公社・専売公社の民営化 男女雇用機会均等法
	1987 国鉄の分割民営化
	1989 平成時代（～2019） 消費税導入（3%）

推進したが、**天安門事件**で民主化運動を弾圧した結果、国際的に孤立した[☞p.341]。ベトナムでは、アメリカ軍撤退後、**ベトナム戦争**が終結し、南北ベトナムが統一されて**ベトナム社会主義共和国**が成立した。中東では、イランで**イラン＝イスラーム革命**が起こり、シーア派のウラマーである**ホメイニ**がイランの最高指導者に就任すると、革命の影響の波及を恐れたイラクの**サダム＝フセイン**は、**イラン＝イラク戦争**を開始した[☞p.335]。

3 世界における日本

1972年に、沖縄返還協定によって**沖縄が日本に復帰**したが、協定で米軍基地の存続が認められたため、国民のあいだに反対の声があがった。また、米中接近を背景に田中角栄首相が訪中して**日中共同声明**が出されて**日中国交が正常化**し、日本は中華民国（台湾）と断交した。また、福田赳夫内閣の時には、**日中平和友好条約**が結ばれた[☞p.341]。

4 日本の動向

1973年の石油危機（オイル＝ショック）によって、高度経済成長が終わった。1980年代には、中曽根康弘内閣のもとで電電公社・専売公社の民営化や国鉄の分割民営化が行われた。1989年には、竹下登内閣のもとで3%の消費税が導入された。

12 20世紀の世界と日本⑧(1990年代初め～)・21世紀の世界と日本

欧米	アジア・アフリカなど
1991 ユーゴスラヴィア内戦勃発 ソ連崩壊	1991 湾岸戦争 〈南ア〉アパルトヘイト廃止
1993 ヨーロッパ連合(EU)発足	1993 パレスチナ暫定自治協定調印
1994 〈ロ〉チェチェン紛争開始	1994 ルワンダ虐殺 〈南ア〉マンデラ政権成立
1995 世界貿易機関(WTO)発足	
	1997 〈英〉香港を中国に返還
	1998 インド・パキスタン核実験
2000 〈ロ〉プーチン、大統領に就任	2000 〈朝〉南北首脳会談
2001 〈米〉同時多発テロ事件	2001 〈米〉アフガニスタン攻撃
2002 〈EU〉通貨ユーロ流通開始	2002 東ティモール独立
	2003 〈米・英〉イラク戦争
2008 リーマン=ショック	
2009 〈米〉オバマ、大統領就任	2010 「アラブの春」始まる(～12)
2014 〈ロ〉クリミア半島併合	
	2019 〈中〉新型コロナウイルスの感染者確認
2020 〈英〉EU離脱	
2022 〈ロ〉ウクライナ侵攻	

概観

1 欧米

1991年に、独立国家共同体(CIS)が成立してソ連が崩壊した。また、冷戦終結後に地域紛争が激化し、ユーゴスラヴィア内戦やチェチェン紛争が起こった[☞p.347]。2001年には、同時多発テロ事件を受けて、アメリカのブッシュ(子)大統領が対テロ戦争に踏み切った[☞p.330、336]。ヨーロッパでは、EU(ヨーロッパ連合)が発足し、2002年からは統一通貨ユーロの流通が始まった。EUは、発足以降、東欧諸国へ加盟の輪が広がったが、2020年にイギリスが離脱した。

2 アジア・アフリカ

イラン=イラク戦争後の財政難を打開するために、イラクのサダム=フセインはクウェートを占領したが、これに対して、アメリカ合衆国を中心とする多国籍軍が、湾岸戦争でイラクをクウェートから撤退させた。アメリカ合衆国で同時多発テロ事件が起こると、ブッシュ(子)大統領は、テロの首謀者をかくまったとして、アフガニスタン攻撃によってターリバーン政権を崩壊させた。さらに、大量破壊兵器保有を口実にイラク戦争

世界における日本	日本国内
1991 自衛隊、初の海外派遣 牛肉・オレンジ輸入自由化	1991 バブル経済崩壊
1992 PKO協力法成立 自衛隊、カンボジア派遣	
	1994 衆議院、小選挙区比例代表並立制導入
	1995 阪神・淡路大震災
1997 京都議定書	
	1999 男女共同参画社会基本法施行
2000 沖縄サミット	2000 介護保険制度開始
2002 北朝鮮と初の首脳会談	
2003 有事関連三法成立	
2004 自衛隊、イラクに派遣	2008 新テロ対策特別措置法成立
	2011 東日本大震災
2015 安全保障関連法成立	2015 改正公職選挙法成立
2018 TPP11発効	2019 アイヌ施策推進法(「アイヌ新法」)成立
	2021 東京オリンピック・パラリンピック

を行い、サダム＝フセイン政権を崩壊させた［☞p.336］。また、南アフリカ共和国では、1991年にアパルトヘイト諸法が廃止され、人種平等の選挙の結果、マンデラが初の黒人大統領に就任した［☞p.337］。

3 世界における日本

湾岸戦争の際、日本は多国籍軍に多額の資金を提供したが、国際社会からの評価は低かった。そのため、湾岸戦争終了後に海上自衛隊をペルシア湾に派遣して機雷除去を行わせ、翌1992年のPKO協力法で自衛隊の海外派遣が可能となった。安倍晋三内閣での安全保障関連法によって、憲法解釈の変更による集団的自衛権の行使が認められるようになった。

4 日本の動向

地価と株価の異常高騰によるバブル経済が崩壊し、日本は長期の不況に入った。また、阪神・淡路大震災や東日本大震災などにより、多くの犠牲者が出た。

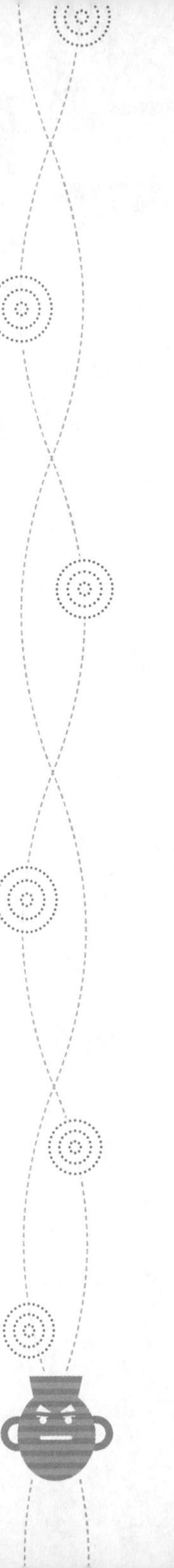

第2部　世界史探究

ここからは世界史探究に入ります。

世界史学習の最重要ポイントは、歴史用語とその意味・内容を結びつけることです。ただ単にその用語を知っているだけでは意味がありません。その歴史用語の意味・内容まで説明できて初めて「覚えた」ことになることを肝に銘じてください。

続いて重要なのは「空間」と「時間」を押さえることです。「空間」は地域、「時間」は世紀や時代のことです。世界史は日本史と比べて、はるかに多くの国・地域を扱います。そのため、ただ単に人物・出来事・国家を覚えるだけではなく、例えばそれがどこの地域、いつの時代の人物・出来事・国家なのかまで結びつけて押さえていなければ歴史の理解は深まらないどころか、「世界史という名の迷路」の中で迷子になってしまうでしょう。

ですので、学習を進める際には、常に「空間」と「時間」を意識する、つまり「今、私はこの地域の学習をしている」「今、学習している出来事は○○世紀のことだ」などと考えながら学習する習慣をつけてください。その際には、各講のタイトルの下にある時代スケール（「時間」）や本書に豊富に掲載されている地図（「空間」）をぜひ活用してください。

1 先史時代と古代オリエント世界

年	約700万年前	前3000	前7C	前6C	前4C
	先史時代	オリエント各地に文明・国家成立	アッシリアの統一・滅亡	アケメネス朝→滅亡	

1 先史時代

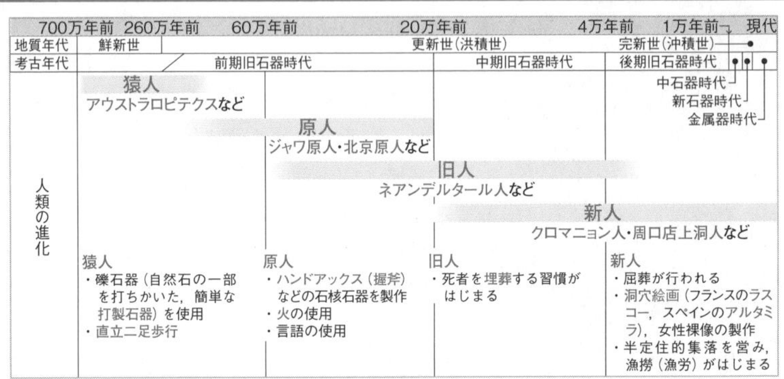

人類の進化

✤人類の進化と地質年代・考古年代

①旧石器時代

● **獲得経済**:狩猟・採集　**打製石器**・**骨角器**を使用

②新石器時代

● **気候の温暖化(約1万年前)**→自然環境の変化→**農耕**・**牧畜**の開始(約9000年前)

● **生産経済**:農耕・牧畜　**土器**・**磨製石器**(石斧・**石臼**・石包丁など)の使用

③農業生産力の増大→余剰生産物の発生→人口の増加・直接農業に関わらない人の出現→分業の開始・階層の分化が進行→**国家**の成立

④**金属器時代**:青銅器の使用が各地で開始される(前4000年以降)

⑤**文字の使用**:政治・商業の記録を残す

⑥**歴史時代**:文字による記録が残されるようになってからの時代(⇔先史時代)

2 古代エジプト史

ナイル川は毎年7〜10月に増水・氾濫することで、上流から沃土を運び、水が引くと肥沃な土壌を残す。エジプト人は**太陽暦**に基づいて正確に増水の時期を予測し、この川の特質を利用した豊かな農耕文明を成立させた。このことを古代ギリシアの歴史

家ヘロドトスは、「エジプトはナイルのたまもの」と評した。ナイル川流域各地に**ノモス**（集落）が形成され、やがて大規模な農業を行う必要性から強力な指導者が現れた。前3000年頃になると、上エジプト（ナイル川中流〜上流）が下エジプト（ナイル川河口のデルタ地帯）を併合し、統一国家が形成された。**王はファラオと呼ばれ、太陽神ラーの子として強力な神権政治を行った。**

✤古代エジプトの統一国家

①**古王国**（前27C頃〜前22C頃）

- 〈都〉メンフィス（下流域）　● **神権政治**：王（ファラオ）…太陽神ラーの子
- ピラミッドの建造：ギザのクフ王のものが最大

②**中王国**（前21C頃〜前18C頃）

- 〈都〉テーベ（中流域、守護神アモン〔アメン〕）
- 遊牧民ヒクソスの侵入…エジプトを支配

③**新王国**（前16C〜前11C）：ヒクソスを撃退して成立

- 〈都〉テーベ（一時テル＝エル＝アマルナ）
- アモンとラーが結びついたアモン＝ラー**信仰**が盛んに。テーベの神官団も強勢
- アメンヘテプ4世（アクエンアテン、前14C）
  - ・テーベの神官団と対立→都をテーベからテル＝エル＝アマルナに遷す
    →宗教改革断行…**従来の多神教に代えてアテン一神教を強制**
    →王の死後、改革挫折…都がテーベに戻り、多神教信仰に復帰
  - ・**アマルナ美術**…写実的
- ラメス2世（前13C）：シリアでヒッタイトと抗争→世界最古の講和条約を結ぶ
- 「海の民」の侵入によって衰退

3　古代メソポタミア史 

「肥沃な三日月地帯」の東部にあたる、ティグリス川・ユーフラテス川にはさまれた地域であるメソポタミアには、富を求めて様々な民族が侵入し、興亡した。そして前17世紀半ば頃〜前12世紀、アナトリア（小アジア）のヒッタイト、メソポタミア北部のミタンニと南部のカッシート、エジプト新王国が、オリエントの覇権をめぐって抗争するようになった。しかしいずれの勢力も前12世紀までには衰退・滅亡した。

✤メソポタミアの民族・国家

①**シュメール人**：民族系統不明

- メソポタミア南部に都市国家形成（前3000頃〜前2700頃）：ウル・ウルク・ラガシュなど
- **神権政治**：王が神官として君臨　ジッグラト（聖塔）の建造
- 楔形文字使用：粘土板に刻む
- 太陰暦、六十進法、**1週7日制**使用

②**アッカド人**（セム語系）：サルゴン（1世）がシュメール人都市国家を征服してメソポタミアを統一（前24C）→崩壊（前22C）

③**バビロン第1王朝**（古バビロニア王国、前19C～前16C）

- **アムル人**（アモリ人、セム語系）が建国 〈都〉**バビロン**
- **ハンムラビ王**がメソポタミア統一（前18C頃）
  - ・**ハンムラビ法典**：**同害復讐法**（「**目には目を、歯には歯を**」）・**身分法**（身分によって刑罰に差を設ける）を特徴とする
- **ヒッタイト**［☞p.40 ツボ❶］の侵入によって滅亡（前16C）

④**ミタンニ王国**（北部）→**ヒッタイト**に敗れ衰退（前14C）

⑤**カッシート人**（南部〔バビロニア〕支配）→エラム人により滅亡（前12C）

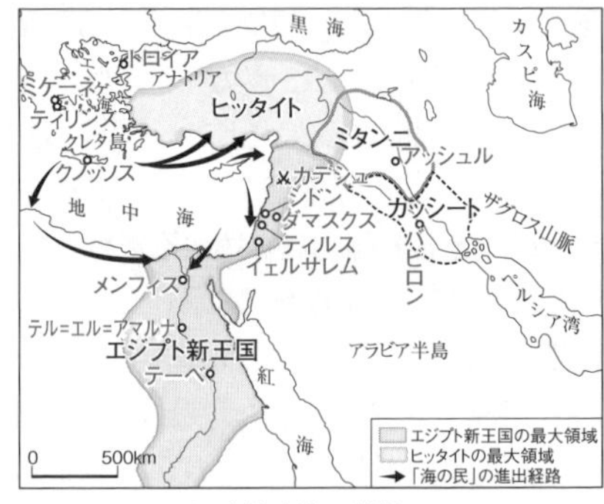

東地中海の情勢

4 地中海東岸のセム語系民族の活動

地中海東岸地域に「海の民」が侵入し、ヒッタイトを滅亡に追い込みエジプトを衰退させると、新たに**アラム人**、**フェニキア人**、**ヘブライ人**といったセム語系の民族の活動が活発化した。

アラム人は、シリアの**ダマスクスを拠点に内陸貿易で活躍した**。彼らの用いた**アラム語は国際商業語**となり、**アラム文字**はユーラシア諸民族の文字の原型となった。**フェニキア人**は**シドン**や**ティルス**を**拠点に地中海貿易で活躍した**。彼らの用いた**フェニキア文字はギリシア人に伝わりアルファベットの起源となった**。また、ティルスは北アフリカに植民都市の**カルタゴ**を建設した。

ヘブライ人（**イスラエル人**）は、パレスチナに定住し、その一部はエジプトに移住した。その後エジプトの圧政を受けると、彼らは**モーセ**の指導のもとエジプトを脱出した（「**出**(しゅつ)**エジプト**」）。ヘブライ人はパレスチナに統一王国を建て、王**ダヴィデ**と**ソロモン**のもと**イェルサレム**を中心に繁栄したが、ソロモンの死後、王国は北の**イスラエル王国**と南の**ユダ王国**に分裂した。**イスラエル王国はアッシリアに滅ぼされ、ユダ王国は新バビロニア（カルデア）に滅ぼされたのち、ユダ王国の住民はバビロンに連行された**（**バビロン捕囚**(ほしゅう)）（前586～前538）。このような民族的苦難を経て、ユダ王国の住民はバビロン捕囚からの解放後、イェルサレムに**ヤハウェ**の神殿を再建し、**ユダヤ教**［☞p.40 ツボ❷］を確立させた。

前10～前6世紀のパレスチナ

5 アッシリアの統一と4王国分立時代

前2000年紀初めにメソポタミア北部に興った(前2000初～前7C後)**アッシリア**は、一時は**ミタンニ王国に服属したが、自立後に鉄製の武器と戦車・騎兵隊を用いて勢力を拡大し、前7世紀前半に初のオリエント統一を実現した**。アッシリアは全国を州に分けて総督を派遣して支配し、駅伝制を整備して中央集権化を進めた。また都**ニネヴェ**には**アッシュルバニパル**によって大図書館が建設された。しかし、**被征服民族に対して強制移住や重税などの過酷な統治を行った**ため反発を招き、前7世紀後半にメディア・新バビロニア連合軍に敗れて滅亡した。

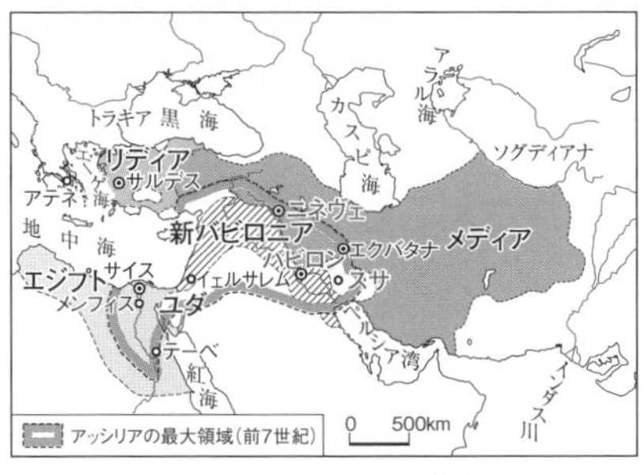

アッシリアと4王国分立

その後、オリエント世界はイランの**メディア**、アナトリアの**リディア**、メソポタミアの**新バビロニア(カルデア)**、エジプトの4王国に分立した。

新バビロニアは、前6世紀にユダ王国を滅ぼし、住民を都のバビロンに連行した(**バビロン捕囚**)。またリディアでは、**世界最古の金属貨幣**が用いられた。

6 アケメネス朝ペルシア

前550年、初代の**キュロス2世**はメディアを滅ぼして自立し、**スサ**を都とする(前550～前330)**アケメネス朝ペルシア**を建てた。キュロス2世は次いでリディア、新バビロニアを滅ぼし、バビロン捕囚中のユダヤ人を解放した。第2代の王の時、アケメネス朝はエジプトを併合してオリエント世界を再統一した。そして**第3代の**(位前522～前486)**ダレイオス1世の時に、西はエーゲ海沿岸からエジプト、東は中央アジア西部からインダス川流域にいたる大帝国を形成**した。ダレイオス1世は**各州にサトラップと呼ばれる知事を置き、「王の目」「王の耳」と呼ばれる監察官を派遣して監視させ中央集権化を進めた**。また、広大な領土の支配を確実にするために、行政の中心であるスサとサルデスを結ぶ**「王の道」**を建設し、**駅伝制**を整備した。また、祭儀を行う都として**ペルセポリス**を造営した。しかし、前5世紀前半のギリシア遠征(**ペルシア戦争**)は失敗に終わった。

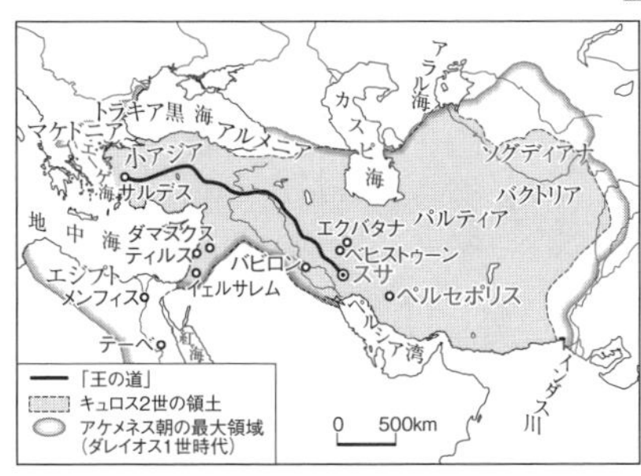

アケメネス朝ペルシア

アケメネス朝は、宗教面では、イランの宗教である**ゾロアスター教(拝火教)**を保護した。**また被支配民族に対して寛容な政策をとったことから、支配は長期間持続した**。しかし前4世紀後半にマケドニアの**アレクサンドロス大王**の遠征を受け、最後の王**ダレイオス3世**が逃亡中部下に暗殺され、前330年に滅亡した。

ここが共通テストのツボだ!!

ツボ 1 ヒッタイトについてこれだけは押さえておこう

○ヒッタイト

- 小アジア（アナトリア）に国家形成　・**鉄製武器**・馬に引かせる戦車使用
- バビロン第１王朝を滅ぼす（前16C）
- シリアに進出→エジプト新王国のラメス２世と抗争→世界最古の講和条約を結ぶ
- **「海の民」**などの侵入によって滅亡（前12C）

ツボ 2 ユダヤ教についてこれだけは押さえておこう

- 唯一神ヤハウェ（ヤーヴェ）を信仰
- **選民思想**：ユダヤ人のみが神に選ばれた民として救済されるという考え
- **メシア（救世主）**待望思想
- 聖典**『旧約聖書』**

ツボ 3 古代オリエントの文化を分野ごとに整理する！

	エジプト	メソポタミア
文字	**神聖文字（ヒエログリフ）** →**シャンポリオン**が**ロゼッタ＝ストーン**をもとに解読 **民用文字（デモティック）** ・**パピルス**に書かれる	**楔形文字**（くさびがた）…シュメール人が創始 ・**粘土板**に刻まれる
建築	**ピラミッド**　**スフィンクス**	**ジッグラト**
暦	**太陽暦**	**太陰暦**
学問など	**測地術** **「死者の書」**…冥界（めいかい）の神**オシリス**の審判に備えて制作	**六十進法**　1週7日制　占星術

チャレンジテスト（大学入学共通テスト実戦演習）

次の文章を読み、後の問いに答えよ。　(2022年共テ追試B)

ポリュビオス(ポリビオス)は、ローマの興隆を「史上かつてない大事件」と捉え、ポエニ戦争を出発点として『歴史』を著した。(引用文には、省略したり、改めたりしたところがある。)

その冒頭部分で彼は、ローマの権勢と比較すべき対象として、「これまでの歴史家たちが最大の精力を傾けて記録にとどめた過去の大国のうちでも、とりわけ史上に名高い国々」を、時系列に沿って三つ挙げている。一つ目の国は、ギリシアとの戦争がヘロドトスの史書の主題ともなった［ア］で、この国が「ある時期に広大な帝国と支配権を手に入れた。だが無謀にもアジアの境界を越え出ては、そのたびに帝国のみならず自身の生存さえも危険にさらした」と述べる。二つ目の国はスパルタであり、「長年にわたってギリシアの覇権をめぐる争いを続けた末に、ようやく勝利を得たものの、それを無事に保持していたのは僅かにすぎなかった」とする。

そのうえでポリュビオスは、三つ目の国として［イ］を挙げて、次のように述べる。

> ［イ］はまずヨーロッパ内の支配領域を広げたが、これはヨーロッパ全域のほんの一部分にすぎない。その後、［ア］を滅ぼしてアジアにも覇権を拡大した結果、史上最大の地域と人口を配下に従えたと称賛されるようになったけれども、なお世界には依然手の届かない地域が多く残されていた。

問1 前の文章中の空欄［ア］に入れる語と、空欄［イ］の国が支配下に入れなかった地域との組合せとして正しいものを、次の①～④のうちから一つ選べ。

	ア	［イ］の国が支配下に入れなかった地域
①	アッシリア	イベリア半島
②	アッシリア	エジプト
③	アケメネス朝	イベリア半島
④	アケメネス朝	エジプト

問1 ［答］ ③

空欄［ア］の手前に「ギリシアとの戦争がヘロドトスの史書の主題ともなった」とあることから、アケメネス朝ペルシアとギリシアのポリス世界が戦った**ペルシア戦争**を想起したい。よって、空欄［ア］はアケメネス朝である。また［イ］にはアケメネス朝を滅ぼしたマケドニアが入る。アレクサンドロス大王の時代のマケドニアは西はエーゲ海沿岸からエジプト、東は中央アジア西部からインダス川流域を支配したが、イベリア半島までは支配していない。

2 古代ギリシアとヘレニズム世界

前3000頃	前12C	前8C	前5C	前4C	前3C
エーゲ文明	暗黒時代	ポリス世界の形成	ポリス世界の崩壊	アレクサンドロスの帝国	帝国の分裂

年

1 エーゲ文明

前3000年頃、エーゲ海地域に、**オリエント文明の影響を受けた青銅器文明である**エーゲ文明が成立した。前2000年頃からクレタ島でクレタ文明（ミノア文明）が、前1600年頃からギリシア本土でミケーネ文明が栄えた。

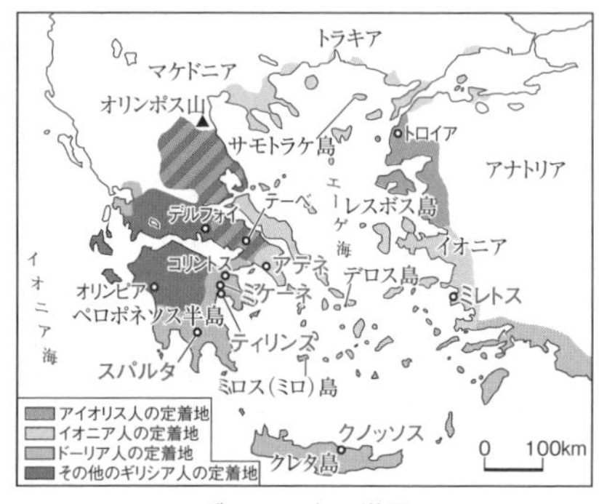

ギリシア人の世界

✤エーゲ文明

	クレタ文明（前2000頃～前1400頃）	ミケーネ文明（前1600頃～前1200頃）
発掘者	〈英〉エヴァンズ	〈独〉シュリーマン　※トロイア遺跡も発掘
中心地	クノッソス（クレタ島）	ミケーネ・ティリンス（ギリシア本土）
特徴	平和的（城壁不在）・海洋的	戦闘的（城壁が存在）　貢納(こうのう)王政
文字	線文字A（未解読）	線文字B（〈英〉ヴェントリスが解読）

ミケーネ文明崩壊後、ギリシアは文字史料不在の**暗黒時代**と呼ばれる混乱期に入った。この時期、アイオリス人・イオニア人・ドーリア人といった方言群が形成され、また鉄器が広く利用されるようになった。

2 ポリスの成立

前8世紀頃、ギリシア各地では有力貴族の指導のもと、アクロポリス（城山）とアゴラ（広場）を中心に集住（シノイキスモス）が行われ、数多くのポリス（都市国家）が形成された。各**ポリスの人口が増加すると、ポリスの人々は地中海や黒海沿岸地域に植民市を建設し、交易活動を活発化させた**。この時期、地中海沿岸のフェニキア人との交流が進み、**フェニキア文字をもとにつくられたアルファベット**が用いられるようになった。

各ポリスは互いに対立・抗争し、統一国家が形成されることはなかった。しかし

彼らは同一民族としての意識を失うことはなく、自民族を**ヘレネス**、異民族を**バルバロイ**と呼んで区別した。また、**オリンピアの祭典**や**デルフォイの神託**などを通じて自民族間の結びつきを保った。

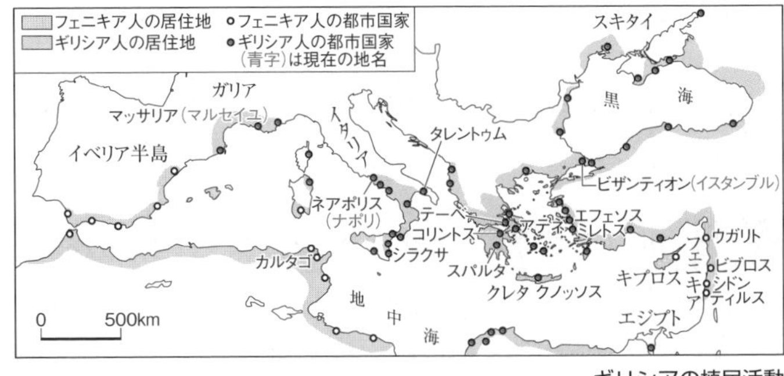

ギリシアの植民活動

3 平民の台頭とアテネ民主政の発展

ポリスの住民は、**市民**と**奴隷**からなり、市民は**貴族**と**平民**に分かれていた。**多くのポリスでは、富裕者である貴族が政治を独占する貴族政がとられた。**しかし、前7世紀頃から**交易活動の活発化によって商工業が発達すると富裕な平民が現れ**、また**金属が輸入できるようになると武器価格が低下**したため、**武具を購入して重装歩兵となりポリスの防衛に活躍する平民が現れた。**こうして平民が経済・軍事両面で力をもつようになると、彼らは貴族の政治独占に反発しだし、貴族政から民主政への移行が始まった。

✤アテネ民主政の発展

①**ドラコン**（前7C後半）：**慣習法の成文化**→法による秩序維持を図る

②**ソロン**（前6C初め）

- **財産政治**：血統ではなく財産額によって市民の参政権を定める
- **負債の帳消し・債務奴隷禁止**：平民を保護

③**ペイシストラトス**（前6C半ば）

- **僭主政**：**僭主**（非合法な独裁者）となり**貴族を抑圧、中小農民を保護**、商工業奨励→ペイシストラトス死後、息子が暴政に転じて打倒される

④**クレイステネス**（前6C末）

- **陶片追放（オストラキスモス）**：僭主の出現防止
- **部族制再編**：血縁的4部族制を地縁的10部族制に→10部族から抽選で50人ずつ評議員を選んで設立された五百人評議会が行政を担当

クレイステネスの改革により、民主政の制度的な基盤が形成されたが**無産市民が政治に不参加だったため、この段階では民主政は完成せず、民主政の基礎確立にとどまった。**

4 ペルシア戦争とアテネの台頭

前500年、**ポリスの一つであるミレトスを中心とするイオニア植民市の対アケメネス朝ペルシア反乱**を契機として、アケメネス朝とポリス世界との間で**ペルシア戦争**

[☞p.45 ツボ②]が起こった。ポリス世界はアケメネス朝を撃退し、前478年頃、アケメネス朝の再来に備えて、アテネを盟主とする**デロス同盟**が結成された。また、**アテネではペルシア戦争で三段櫂船の漕ぎ手として活躍した無産市民も国政に参加するようになり、政治家ペリクレスのもとでアテネ民主政が完成した** [☞p.45 ツボ③]。

5 ポリス世界の崩壊とヘレニズム世界の成立

デロス同盟の盟主として台頭したアテネと、**ペロポネソス同盟**の盟主であったスパルタが対立し、前431年に**ペロポネソス戦争**が勃発した。**この戦争中にアテネのペリクレスが病死し、その後デマゴーゴス(煽動政治家)が出現した結果、アテネは衆愚政治に陥り、ペルシアの支援を受けたスパルタが勝利した。**しかしその後スパルタも**テーベ**に敗れるなど、ポリス間の抗争が続いた。**長期にわたる抗争によって、ギリシアの農地は荒廃し、多くの市民が土地を失って没落するなど、ポリス社会は変容した。**

前4世紀後半、ギリシア人の一派がギリシア北方に建てた**マケドニア王国**が**フィリッポス2世**(位前359～前336)のもとで強国化し、前338年の**カイロネイアの戦い**でアテネ・テーベ連合軍を破った。**フィリッポス2世はスパルタを除く全ポリスにコリントス同盟(ヘラス同盟)を結成させ、その盟主となってギリシアの覇権を握った。**

フィリッポス2世の暗殺後、その子である**アレクサンドロス大王**(位前336～前323)がアケメネス朝ペルシアを討伐するための**東方遠征**を開始した。大王は**イッソスの戦い**でダレイオス3世を破ってエジプトを征服し、次いでアルベラの戦いで再度アケメネス朝を破り滅亡に追い込んだ。さらに**大王は遠征を続け、西はマケドニア・エジプト、東は中央アジア西部からインダス川流域に至る大帝国を形成した。**帝国各地には大王の名を冠した都市**アレクサンドリア**が建設され、ここに多くのギリシア人が入植したことから**ギリシア文化が東方に普及し、オリエント文化と融合してヘレニズム文化が生み出された。**また、帝国内ではギリシア語の一つである**コイネー**が共通語となった。

大王の急死後、部下たちによる後継者(**ディアドコイ**)争いが起こり、その結果帝国は**アンティゴノス朝マケドニア**(前276～前168)・**プトレマイオス朝エジプト**(前304～前30)・**セレウコス朝シリア**(前312～前64)に分割された。セレウコス朝シリアの東方では、ギリシア系の国家である**バクトリア**やイラン系の**パルティア**が独立した。アレクサンドロス大王の遠征からプトレマイオス朝エジプトの滅亡までの約300年間を**ヘレニズム時代**という。

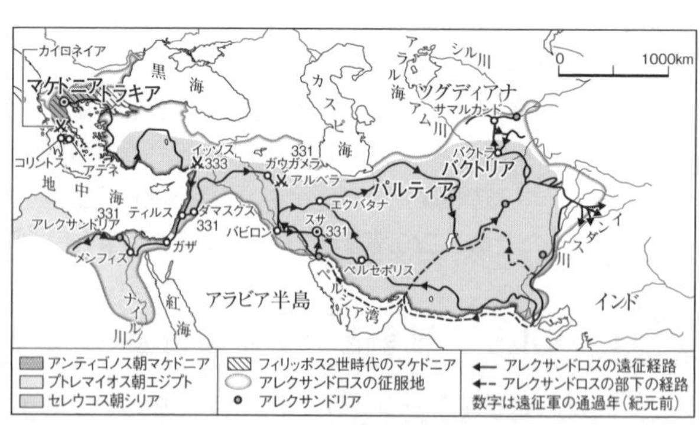

アレクサンドロス大王の大帝国とヘレニズム世界

ここが共通テストのツボだ!!

ツボ 1 アテネとスパルタの特徴を比較して押さえる！

アテネ	スパルタ
イオニア人	ドーリア人
集住(シノイキスモス)によって成立	征服によって成立
王政→貴族政→僭主政→民主政→衆愚政	リュクルゴスの国制 ・軍国主義体制 ・市民の平等徹底　2人の王のもと、市民による民主政
市民(貴族・平民) 奴隷 在留外人(メトイコイ)	スパルタ市民 ペリオイコイ：劣格市民、商工業 ヘイロータイ(ヘロット)：隷属農民
デロス同盟の盟主	ペロポネソス同盟の盟主

ツボ 2 ペルシア戦争(第1〜3回)の重要な出来事

○ペルシア戦争

- 第1回：ペルシア艦隊が嵐に遭い難破
- **第2回**：**マラトンの戦い**(前490)…アテネ軍がペルシア軍に勝利
- **第3回**：**サラミスの海戦**(前480)…**テミストクレス**率いるアテネ海軍がペルシア艦隊に勝利
  プラタイア(プラタイアイ)の戦い(前479)…アテネ・スパルタ連合軍がペルシア軍に勝利

ツボ 3 アテネ民主政の押さえておきたい背景と特色

①**成立の背景**：ペルシア戦争で無産市民が**三段櫂船**の漕ぎ手として活躍
→国政に参加するようになる
→**ペリクレス**のもとでアテネ民主政が完成

②**特色**

- **直接民主政**：成年男性市民が最高決定機関の**民会**に参加
- **将軍などを除くほとんどの役職や陪審員は抽選で選ばれる**
- **女性・奴隷・在留外人に参政権なし**

チャレンジテスト（大学入学共通テスト実戦演習）

世界史上の政治思想について述べた次の文章を読み、下の問いに答えよ。　（2018年試行調査）

ギリシア人ポリュビオスは、著書『歴史』の中で、ローマ共和政の国制（政治体制）を優れたものと評価している。彼によれば、その国制には、コンスルという王制的要素、元老院という［ア］制的要素、民衆という民主制的要素が存在しており、これら三者が互いに協調や牽制（けんせい）をしあって均衡しているというのである。ローマ人はこの政治体制を誇りとしており、それは、彼らが自らの国家を指して呼んだ「ローマの元老院と民衆」という名称からも読み取ることができる。共和政期末の内戦を勝ち抜いたかに見えた［イ］でさえも、この体制を壊そうとしているという疑いをかけられ、暗殺されてしまった。

こうしたローマ国制についての理解は、以後のローマ人著作家を経由して、近世以降のヨーロッパ知識人層にも受け継がれていった。その影響は、モンテスキューらが唱え、アメリカ合衆国憲法をはじめとする近代憲法にも定められている［ウ］という考え方にも見ることができる。

ポリュビオスはまた、ギリシアのポリスの国制についても詳しく述べている。ただし、アテネについては「幾度か繁栄のときを迎え、とくにテミストクレスの活躍と時を同じくして最高度の輝きを放ったけれども、その浮（うわ）ついた国民性のゆえにたちまち逆境の淵（ふち）に突き落とされた」と述べ、例外的な存在と位置づけている。

問1 文章中の空欄［ア］と［イ］に入れる語の組合せとして正しいものを、次の①～④のうちから一つ選べ。

① **ア**－貴族　**イ**－カエサル
② **ア**－貴族　**イ**－オクタウィアヌス
③ **ア**－僭主　**イ**－カエサル
④ **ア**－僭主　**イ**－オクタウィアヌス

問1［答］ ①

①**ア**．空欄［ア］を含む前後が「元老院という［ア］制的要素」とあることから、元老院が**貴族**による立法・諮問機関であることを想起する。**イ**．空欄の後ろの部分に「この体制を壊そうとしているという疑いをかけられ、暗殺されてしまった」とあることから、共和派によって暗殺された**カエサル**を想起する。③④**ア**の僭主は、古代ギリシアにおける非合法な独裁者で、**ペイシストラトス**がその代表的人物である。②④**イ**の**オクタウィアヌス**はカエサルの養子で、第2回三頭政治を経て前1世紀後半に**元首政（プリンキパトゥス）**を開始した人物である。

問2 文章中の空欄 ウ に入れる語句として最も適当なものを、次の①～④のうちから一つ選べ。

① 最大多数の最大幸福
② 君主の権力は神によって授けられた
③ 立法・司法・行政をそれぞれ異なる機関に委ね、権力の均衡を図る
④ 王は君臨すれども統治せず

問3 ポリュビオスが言う「最高度の輝きを放った」時期のアテネについて説明している文として最も適当なものを、次の①～④のうちから一つ選べ。

① 国を二分した内戦の中で、奴隷解放宣言が出された。
② 市民を債務奴隷にすることが禁じられるとともに、財産政治が導入された。
③ 戦車と鉄製の武器を用いて、オリエントを統一した。
④ 軍船の漕ぎ手として活躍した下層市民が、政治的発言力を強めた。

問2 ［答］ ③

③空欄 ウ の手前の文に、「モンテスキューらが唱え、アメリカ合衆国憲法をはじめとする近代憲法にも定められている」とあることから、**三権分立**を想起すれば③が正答であることが導き出せる。**モンテスキュー**は『法の精神』のなかで、三権分立を提唱している。①イギリスの功利主義哲学者**ベンサム**の言葉なので不適当。②**王権神授説**についての記述で、絶対王政を支える思想となった。④議会政治や責任内閣制が発達していった時期のイギリスの国王の政治的立場を象徴した言葉なので不適当。

問3 ［答］ ④

④問題文の下から3行目に「テミストクレスの活躍と時を同じくして最高度の輝きを放った」とあり、テミストクレスは前5世紀のペルシア戦争における**サラミスの海戦**で三段櫂船と呼ばれる軍船を使用して勝利したことを想起すれば、正答が④であることを導き出せる。その後、④の文にもあるように軍船の漕ぎ手として活躍した無産市民が政治的発言力を強めたことから彼らの政治参加が実現し、ペリクレスの時代にアテネ民主政が完成した。①奴隷解放宣言は、南北戦争中の1863年にアメリカ合衆国大統領**リンカン**が出したものなので不適当。②アテネの**ソロン**の改革のことであるが、これは前6世紀初めに行われたものである。③アッシリアについての説明。アテネはオリエント世界を統一していない。

3 古代ローマ史とキリスト教

前8C	前509	前27	後284	395
王政	共和政～内乱の1世紀	元首政	専制君主政	ローマ帝国の東西分裂

年

1 共和政の成立と身分闘争

前8世紀頃、イタリア人の一派である**ラテン人**がイタリア半島の**ティベル川**河畔に都市国家ローマを建設したとされる。その後、ローマは、イタリア半島の先住民の**エトルリア人**による支配を受けたが、**前6世紀末にエトルリア人の王を追放して共和政が成立した**。

✤共和政の役職・機関

①**コンスル**(**執政官**・**統領**(とうりょう))…最高政務官。定員2名、任期1年

②**ディクタトル**(**独裁官**)…非常時にコンスル2名中1名が任命される。任期半年

③**元老院**…最高立法・諮問(しもん)機関。コンスル経験者などで構成

> 以上の役職・機関のメンバーは、当初はすべて貴族(**パトリキ**)が独占した(貴族共和政)。しかし、平民(**プレブス**)が**重装歩兵**(じゅうそう)として国防の中心となり地位を高めると、貴族に対して自分たちの政治参加を求めるようになり、両者の間で**身分闘争**と呼ばれる対立が生じた。この闘争を経て、平民の政治参加が進んだ。

✤身分闘争

①**護民官**の設置(前5C前半)…平民保護のための役職。元老院の決定に拒否権をもつ

②**平民会**の設置(前5C前半)…平民で構成される民会。議決内容は平民にのみ有効

③**十二表法**(前5C半ば)…慣習法の成文化

④**リキニウス・セクスティウス法**(前367)

- **コンスル2名中1名を平民から選出**。**公有地占有面積の制限(大土地所有制限)⇒ノビレスの形成**

⑤**ホルテンシウス法**(前287)

- **平民会の決定が元老院の承認なしに国法となる**→貴族と平民の法的平等達成

> ◯ **ノビレス(新貴族)**
>
> リキニウス・セクスティウス法以降形成された新支配層。貴族と富裕な平民によって形成され、官職を独占→**民主化は不徹底**

2 ローマの対外進出と社会の変質 

前3世紀前半、ローマはイタリア半島統一を達成した。**支配した都市の待遇に差を設ける分割統治を行い、都市が団結して反乱を起こすのを防ごうとした。また、アッピア街道などの街道を整備した。**半島統一後、ローマは北アフリカのフェニキア人植民市**カルタゴ**と3次にわたる**ポエニ戦争**(前264〜前146)を戦った。勝利したローマは西地中海世界の覇権を握り、同時期に東地中海方面に進出してマケドニアやギリシアを支配した。こうしてローマは地中海世界の大部分を支配したが、その一方国内では、長期にわたる戦争の影響で社会に大きな変化が生じた。

✤ポエニ戦争

①第1次(前3C半ば)…勝利したローマが**シチリア島**を属州化(ローマ最初の**属州**)

※**属州**…イタリア半島以外のローマの支配地。総督と軍を派遣して統治

②第2次(前3C後半)

- カルタゴの将軍**ハンニバル**がイタリア半島侵入→ローマ軍を撃破
- ローマの将軍**スキピオ**がカルタゴ方面に進出→ハンニバルの軍を撃破

③第3次(前2C半ば)…ローマがカルタゴを滅ぼす

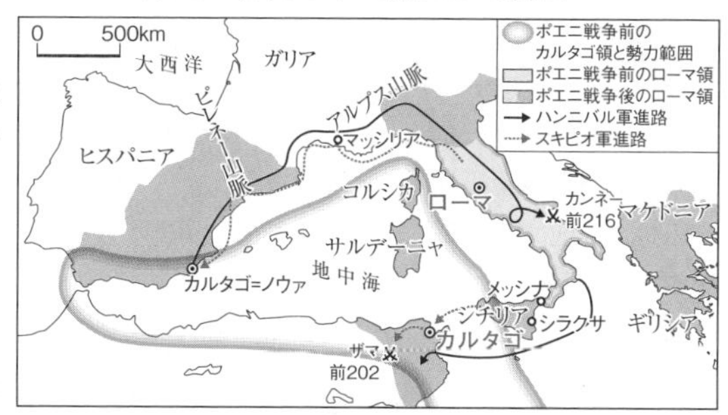

ポエニ戦争

✤ローマ社会の変質

①**長期の戦争による疲弊・属州からの安価な穀物流入→中小農民が没落**、無産市民になる→都市に流入し**「パンと見世物」を求める**→重装歩兵軍の弱体化

②有力者(元老院議員・**エクイテス**〈**騎士**、属州の徴税請負などで巨富〉)の土地集中→**ラティフンディア**(**ラティフンディウム**、奴隷(どれい)制大農場)を経営

3 「内乱の1世紀」 

前2世紀後半、護民官の**グラックス兄弟は、大土地所有制限と中小農民への土地分配によって中小農民の復活を目指す改革を行ったが、元老院議員らの反発を受け失敗した。**その後、**マリウスが兵制改革によって傭兵制を導入**すると、財力のある有力者らによる私兵化が進行し、彼らは対外戦争・反乱鎮圧に活躍し戦功を競った[☞p.52 ツボ❶]。彼らは**平民派**・**閥族(ばつぞく)派**などに分かれて抗争し、この抗争を経て2回にわたる**三頭(さんとう)政治**が行われ、その後、ローマは帝政へと移行した。

✤平民派と閥族派

①**平民派**…平民会を基盤。**マリウス**など　②**閥族派**…元老院を基盤。**スラ**など

✤三頭政治

①**第1回三頭政治**（前1C前半）…ポンペイウス・クラッスス・カエサル（平民派）

- カエサル…ガリア遠征で台頭
- クラッスス…パルティアとの抗争で戦死→ポンペイウスとカエサルが対立
  →カエサル勝利…事実上の独裁者に。ユリウス暦制定
  →**ブルートゥスら共和派によるカエサル暗殺**

②**第2回三頭政治**（前1C後半）…オクタウィアヌス・アントニウス・レピドゥス

- レピドゥス失脚→オクタウィアヌスとアントニウスが対立
  →アクティウムの海戦（前31）
  - オクタウィアヌスがアントニウス・クレオパトラ（プトレマイオス朝）連合軍を撃破→**プトレマイオス朝**滅亡（前30）…「内乱の1世紀」が終結

4 プリンキパトゥス（元首政）

アクティウムの海戦に勝利し実質的に権力を握ったオクタウィアヌス（前63〜後14）は前1世紀後半、元老院から「アウグストゥス」（尊厳者）の称号を受け、自らを「プリンケプス」（市民のなかの第一人者）とし、**元老院など共和政の形式を尊重した事実上の独裁を行った。このような統治をプリンキパトゥス（元首政）という**。その後、ローマは後1世紀末から2世紀後半の五賢帝時代［☞p.52 ツボ❷］に最盛期を迎えた。中でも、**アウグストゥスの元首政開始から五賢帝時代終了までの約200年間を「パクス＝ロマーナ」（「ローマの平和」）という**。しかしその後、ローマは**「3世紀の危機」**と呼ばれる混乱期を迎えた。

ローマ帝国の領域

✤3世紀のローマ帝国

①**カラカラ帝**：帝国内の全自由民にローマ市民権を拡大（3C前半）

②**「3世紀の危機」**

- **軍人皇帝時代**…各属州の軍団が皇帝を擁立→多数の皇帝が乱立して抗争
- ゲルマン人・ササン朝の侵入→軍人皇帝**ウァレリアヌス**がササン朝のシャープー

ル1世に捕らえられる

③コロナトゥスの普及…小作人(コロヌス)を用いた大土地経営

5 ドミナトゥス(専制君主政) ★★☆

軍人皇帝時代を収拾したディオクレティアヌス帝(位284～305)は、それまでの**共和政の伝統を無視した東方的専制政治であるドミナトゥス(専制君主政)を開始**して皇帝崇拝を強制し、これに従わないキリスト教徒を迫害した。しかし、続くコンスタンティヌス帝(位306～337)**はキリスト教を公認し、これ以後ローマ帝国はキリスト教保護へと政策を転じた。**

✤ドミナトゥス(専制君主政)時代の皇帝・東西ローマ帝国

①**ディオクレティアヌス帝**(3C後半～4C初め)
- 四帝分治制(テトラルキア)…2正帝と2副帝による統治
- **皇帝崇拝強制→キリスト教徒の大迫害**

②**コンスタンティヌス帝**(4C前半)
- ミラノ勅令(313)…**キリスト教公認**
- ニケーア公会議(325)…アタナシウス派を正統、アリウス派を異端とする
- ビザンティウムに遷都→コンスタンティノープルと改称
- ソリドゥス金貨の発行

③テオドシウス帝(4C後半)…**キリスト教国教化**(392)　死後、帝国東西分裂(395)

④**西ローマ帝国滅亡**(476)…ゲルマン人傭兵隊長オドアケルによって滅亡

⑤**東ローマ(ビザンツ)帝国滅亡**(1453)…オスマン帝国のメフメト2世によって滅亡

6 キリスト教の成立と発展

後1世紀、ローマの属州ユダヤでイエスは、**神の絶対愛**と**隣人愛**を唱え、ユダヤ教の形式主義を批判した。そのため、ユダヤ教の一派である**パリサイ派**の反発を受け、イエスはローマの総督ピラトゥス(ピラト)によって十字架刑に処された。その後、イエスの弟子たちの間でイエスの復活信仰が生まれ、イエスこそが救世主(ギリシア語でキリスト、ヘブライ語でメシア)であるというキリスト教が発展していった。

✤キリスト教の布教と迫害

①ペテロ(第一の使徒)・パウロ(「異邦人(いほうじん)の使徒」)による布教(1C)
→ローマ皇帝ネロの迫害を受け殉教(じゅんきょう)したとされる

②『新約聖書』の成立…『旧約聖書』と並ぶキリスト教の経典。コイネー[☞p.44]で書かれる

③ローマ皇帝による迫害…ネロ帝～ディオクレティアヌス帝：キリスト教徒の皇帝崇拝拒否が要因

④カタコンベ…地下墓所兼礼拝所。キリスト教徒たちがここで信仰を守る

ここが共通テストのツボだ!!

ツボ 1 「内乱の1世紀」の時期の押さえておきたい対外戦争と反乱

①**同盟市戦争**（前1C前半）
- イタリア半島内の同盟市の反乱→**スラ**が鎮圧→イタリア半島内の全自由民に市民権付与

②**スパルタクスの乱**（前1C前半）
- 剣闘士（剣奴（けんど））の反乱→**ポンペイウス**・**クラッスス**が鎮圧

③**ポンペイウス**が**セレウコス朝シリア**を滅ぼす（前1C）

ツボ 2 五賢帝時代の皇帝とそれぞれの大事なポイント

①**ネルウァ帝**（位96～98）

②**トラヤヌス帝**（位98～117）
- ダキア（現在のルーマニア）属州化→**ローマ帝国領が最大に**

③**ハドリアヌス帝**（位117～138）
- ブリタニアに長城建設（ハドリアヌスの長城）

④**アントニヌス＝ピウス帝**（位138～161）

⑤**マルクス＝アウレリウス＝アントニヌス帝**（位161～180）
- 「哲人皇帝」（ストア派哲学者、『**自省録**（じせいろく）』）

ツボ 3 キリスト教の発展の流れを押さえる！

①**ミラノ勅令**（313）：コンスタンティヌス帝期…キリスト教公認

②**ニケーア公会議**（325）
- コンスタンティヌス帝期：**アタナシウス派**を正統、**アリウス派**を異端とする
- アタナシウス派：**父なる神と子なるイエスは同一。のち三位一体説（さんみいったいせつ）に発展**
- **三位一体説**：父なる神、子なるイエス、聖霊を同一とする
- アリウス派：**イエスの人性のみを認める**

③**ユリアヌス帝**：古来の多神教の復活を企てる→失敗

④**キリスト教国教化**（392）：テオドシウス帝期

⑤**アウグスティヌス**（4C～5C）：古代末期最大の教父。『告白録』『**神の国**（**神国論**）』

⑥**エフェソス公会議**（431）：**ネストリウス派**（**イエスの神性と人性を分離**）を異端とする

⑦カルケドン公会議（451）：単性論派（**イエスの神性のみを認める**）を異端とする

チャレンジテスト（大学入学共通テスト実戦演習）

次の資料は、ある人物が１世紀前半、死去の直前に自身の功績を記したものである。（引用文には、省略したり、改めたりしたところがある。）これを読み、後の問いに答えよ。

（2021年共テＢ第２日程）

私は19歳の時、国家を自由へと解放した。私の父（養父）を殺害した者たちを追放し、法律に則った裁きによって、復讐した。

マルケルスとアルンティウスがコンスルの年、国民と元老院から独裁官職を提供されたが、私は受けなかった。

元老院とローマの民衆は、私を、法律と道徳についての、最高権限を持つ単独の監督者に選ぶことで一致した。しかし、先祖の慣習に反して提供された公職については、私は何も受けなかった。

我々の先祖は、ローマ国民の領土全体にわたり、陸と海において勝利により平和がもたらされた時はいつも、ヤヌス神殿の扉を閉じることを命じていた。この扉は、私の生まれる前では、ローマ創建以来2回だけ閉じられたと伝えられているが、私が元首である時に、元老院は3回閉じることを決議した。

11度目のコンスルであった時、私は自身の負担で食糧を買い、12回配給した。私の名前で3回、私の息子たちと孫たちの名前で5回、剣闘士試合を催した。

私の命令で、二つの軍がほぼ同時期にⓐエチオピアとアラビア半島南部へ遠征した。

ローマ国民の領土にエジプトを付け加えた。私が元首となる前には、ローマ国民の軍隊が侵入したことのなかったパンノニアの人々を、ローマ国民の支配下に置き、イリュリクムの境界を［ア］川の岸辺まで延ばした。この川を越えてこちら側に侵入してきたダキア人の軍は敗れ、壊滅した。

内乱を終わらせた後に全ての人の同意で全権を握っていた私は、国家を、私の権限から元老院とローマ国民の指導の下に移した。以後、私は権威では全ての人に優っても、権限では、公職の同僚である他のどの人を越えることもなかった。

問１ 上の資料の著者の事績について述べた文として正しいものを、次の①～④のうちから一つ選べ。

① 帝国領の全自由民にローマ市民権を与えた。
② 独裁官として国政を掌握した。
③ 「パンとサーカス（見世物）」を提供した。
④ 帝国領をローマ史上最大とした。

問2 上の資料中の空欄 ア に入れる語**あ**・**い**と、資料引用部分において著者が業績として誇っている事柄X・Yとの組合せとして正しいものを、下の①～④のうちから一つ選べ。

ア に入れる語

あ　ドナウ　　**い**　ユーフラテス

著者が業績として誇っている事柄

X　自分が政治を主導して、前よりも多く、平和な時期をもたらした。

Y　諸改革を行い、それまでのローマ人の慣習や組織を打破した。

①　**あ**－X　　②　**あ**－Y

③　**い**－X　　④　**い**－Y

問1 [答] ③

③資料の12～13行目に、「私は自身の負担で食糧を買い、12回配給した。私の名前で3回、私の息子たちと孫たちの名前で5回、剣闘士試合を催した」とあることから正答である。①④問題文に「次の資料は、ある人物が1世紀前半、死去の直前に自身の功績を記したもの」とあることからこの人物とはオクタウィアヌス（アウグストゥス）であると考える。①帝国領の全自由民にローマ市民権を与えたのは、3世紀前半の皇帝である**カラカラ帝**の事績（アントニヌス勅令、212年）なので誤り。④帝国領をローマ史上最大としたのは、1世紀末～2世紀前半の皇帝である**トラヤヌス帝**の事績なので誤り。②資料の3～4行目に、「国民と元老院から独裁官職を提供されたが、私は受けなかった」とあるため誤り。

問2 [答] ①

あ．資料の15～18行目に「私が元首となる前には、ローマ国民の軍隊が侵入したことのなかったパンノニアの人々を、ローマ国民の支配下に置き、イリュリクムの境界を ア 川の岸辺まで延ばした。この川を越えてこちら側に侵入してきたダキア人の軍は敗れ、壊滅した」とある。パンノニアは現在のハンガリー、ダキアは現在のルーマニアであることは知っておきたい。 ア にはこの地域を流れる「ドナウ」川が当てはまる。**い**．「ユーフラテス」川は今日のイラクを流れる川である。**X**．資料の8～11行目に「我々の先祖は、ローマ国民の領土全体にわたり、陸と海において勝利により平和がもたらされた時はいつも、ヤヌス神殿の扉を閉じることを命じていた。この扉は、私の生まれる前では、ローマ創建以来2回だけ閉じられたと伝えられているが、私が元首である時に、元老院は3回閉じることを決議した」とあることから、この人物の治世は平和な時期であったことが読み取れるため、正しい。**Y**．資料の6～7行目に「先祖の慣習に反して提供された公職については、私は何も受けなかった」とあることから、それまでのローマ人の慣習や組織を打破したとはいえないため誤りである。よって、①**あ**－**X**が正答である。

問3 下線部ⓐで言及されている地域の当時の状況について述べた文として最も適当なものを、次の①～④のうちから一つ選べ。

① 絹織物が、この地域の特産品として交易に用いられていた。
② スワヒリ語が、共通語として用いられていた。
③ 季節風を利用した航海が行われていた。
④ アクスム王国が、キリスト教を受容した。

問3 [答] ③

③帝政ローマ期頃から、インド洋を吹く季節風を利用した**季節風（モンスーン）貿易**が盛んに行われたので、これが正答。①絹織物はエチオピアやアラビア半島南部ではなく、中国の特産品なので不適当。②スワヒリ語は、アフリカ東岸にムスリムが来航した結果、現地のバントゥー諸語がアラビア語を取り入れて形成された言語である。この資料の書かれた１世紀前半には、まだムスリム商人のアフリカ東岸への進出は行われていないので不適当。④アクスム王国がキリスト教を受容したのは４世紀頃であるため、資料の書かれた１世紀前半と時期が合わないので不適当。

4 古代ギリシア・ローマ文化

年	前8C	前6C	前4C	前1C	前27	後284	後395
ギリシア・ヘレニズム	ポリス世界（ギリシア）		ヘレニズム世界				
ローマ	王政	共和政～内乱の1世紀			元首政	専制君主制	ローマ帝国の東西分裂

1 古代ギリシア文化

✤**特色**…オリエント文明の影響　人間中心的　合理的

宗教	オリンポス12神	ゼウス（主神）　アポロン（太陽神）など
文学	ホメロス	『イリアス』『オデュッセイア』
	ヘシオドス	『労働と日々』『神統記』
	サッフォー	女流詩人
	アイスキュロス	三大悲劇詩人の一人　『アガメムノン』
	ソフォクレス	三大悲劇詩人の一人　『オイディプス王』
	エウリピデス	三大悲劇詩人の一人　『メデイア』
	アリストファネス	喜劇詩人　『女の平和』
自然哲学	タレス	万物の根源は水　「イオニア学派の祖」
	ピタゴラス	万物の根源は数
	ヘラクレイトス	変化自体が万物の根源　「万物は流転(るてん)する」　火が変化の象徴
	デモクリトス	万物の根源は原子（アトム）
ソフィスト	プロタゴラス	ソフィスト（弁論・修辞を教える職業教師） 「万物の尺度(しゃくど)は人間」（普遍的真理の存在を否定）
三大哲学者	ソクラテス	客観的真理の存在を主張　「無知の知」　問答法 民衆裁判によって刑死
	プラトン	イデア論　「哲人政治」主張
	アリストテレス	アレクサンドロス大王の師　「万学の祖」
歴史	ヘロドトス	『歴史』（ペルシア戦争史）「歴史の父」
	トゥキディデス	『歴史』（ペロポネソス戦争史）
彫刻	フェイディアス	アテネのパルテノン神殿の工事監督　「アテナ女神像」
建築	列柱様式：ドーリア式（荘重、パルテノン神殿）・イオニア式（優雅） コリント式（華麗）	
医学	ヒッポクラテス	「西洋医学の祖」

2 ヘレニズム文化

✤**特色**：ギリシア文化とオリエント文化の融合　共通語はギリシア語の**コイネー**
世界市民主義（コスモポリタニズム）…ポリスの枠にとらわれない生き方を理想とするが、その一方で個人主義的な風潮も高まる
自然科学の発達…**ムセイオン**（アレクサンドリアの王立研究所）

哲学	エピクロス	**精神的快楽を重視**　エピクロス派を創始
	ゼノン	**禁欲を重視**　ストア派を創始
自然科学	エラトステネス	地球球体説　地球の周囲の長さを測定
	アリスタルコス	太陽中心説　地動説　地球の公転・自転
	エウクレイデス	平面幾何学（きかがく）を大成
	アルキメデス	浮力（ふりょく）の原理　てこの原理　円周率の計算 ポエニ戦争中にローマ兵に殺害される
彫刻	「ミロのヴィーナス」　「ラオコーン」	

3 ローマ文化

✤**特色**：ラテン語　使用　実践・実用に優れる（法・土木建築など）

文学	ウェルギリウス	**『アエネイス』**
	ホラティウス	『叙情（じょじょう）詩集』
	オウィディウス	『転身譜（てんしんふ）』
哲学	セネカ	**ストア派哲学者　『幸福論』**
	エピクテトス	**ストア派哲学者　奴隷（どれい）出身**
	マルクス＝アウレリウス＝アントニヌス	**ストア派哲学者（「哲人皇帝」）**　『自省録（じせいろく）』（ギリシア語）
	キケロ	弁論家・哲学者　『国家論』
歴史・地理	ポリビオス	『歴史』　政体循環（じゅんかん）史観
	リウィウス	**『ローマ建国史』**
	カエサル	『ガリア戦記』
	タキトゥス	『ゲルマニア』　『年代記』
	プルタルコス	『対比列伝（英雄伝）』
	ストラボン	**『地理誌』**
自然科学	**プリニウス**	**『博物誌』**
	プトレマイオス	『天文学大全』　**天動説**を唱える
ローマ法	十二表法（ローマ最古の成文法）→『ローマ法大全』（ローマ法の集大成、ビザンツ帝国）	
土木建築	浴場（カラカラ帝など）　コロッセウム（円形闘技場）　凱旋門（がいせんもん） **パンテオン**（万神殿）　アッピア街道　ガール水道橋（南フランス）	
暦	**ユリウス暦**	カエサルが制定した太陽暦

ここが共通テストのツボだ!!

ツボ 1 ローマ法についてこれだけは押さえておこう

①ローマ法

- ローマで作成された法の総称。当初はローマ市民にのみ通用する**市民法**であったが、しだいにローマ市民権が拡大し、**3世紀前半にカラカラ帝によって帝国内の全自由民に市民権が拡大された**結果、すべての人に対して通用する**万民法**としての性格をもつようになった。

②前5C　**十二表法**：ローマ最古の成文法

③後6C　**『ローマ法大全』**：ローマ法の集大成　ビザンツ帝国（東ローマ帝国）の**ユスティニアヌス帝**期

ツボ 2 ローマの土木建築を具体的に整理する！

①浴場　　　　：**カラカラ帝**のものが有名

②コロッセウム：円形闘技場　剣闘士（けんとうし）の戦いなどが行われる

③凱旋門　　　：**コンスタンティヌス帝**のものが有名

④**パンテオン**　：万神殿

⑤アッピア街道：軍道　ローマと南イタリアを結ぶ

⑥ガール水道橋：南フランス

これらの建築物などは、教科書や資料集の写真も用いて学習するとさらに効果的！

ツボ 3 ヘレニズムとローマの天文学者とその事績

①**ヘレニズム時代**

- アリスタルコス：太陽中心説　地動説　地球の公転・自転

②**ローマ時代**

- プトレマイオス：**『天文学大全』**　天動説を唱える

チャレンジテスト（大学入学共通テスト実戦演習）

次の文章を読み、後の問いに答えよ。　（2023年共テ本試B）

あるクラスで、資料を用いた古代ギリシアについての授業が行われている。（引用文には、省略したり、改めたりしたところがある。）

先生：陸上競技のマラソンという種目名が、マラトンの戦いに由来しているという話を聞いたことがある人もいるかもしれません。その話を伝えている次の**資料1・2**を読んで、何か気付いたことはありますか。

資料1

> ヘラクレイデスは、テルシッポスがマラトンの戦いについて知らせに戻ったと記している。しかし、今の多くの人々は、戦場から走ってきたのはエウクレスだと言っている。エウクレスは到着してすぐ、「喜べ、私たちが勝利した」とだけ言って、息絶えた。

資料2

> 言われているところでは、長距離走者のフィリッピデスがマラトンから走ってきて、勝敗についての知らせを待っていた役人に、「喜べ、私たちが勝利した」と言った後、息絶えた。

松山：**資料1**と**資料2**では、使者の名前が違っています。なぜでしょうか。
先生：明確な理由は分かりませんが、資料が書かれた時代が手掛かりになります。**資料1**を書いたのは『対比列伝』を著した人物で、**資料2**は別の文人によるものです。二人とも、五賢帝の時代を中心に活躍しました。
松山：**資料1**と**資料2**は、いずれもマラトンの戦いからかなり後になって書かれたので、正確な情報が伝わっていなかったのかもしれませんね。
先生：その可能性はあるでしょう。ただし、**資料1**で紹介されているヘラクレイデスはアリストテレスの下で学んでいた人物だと言われています。
松山：ということは、［ア］ことになりますね。マラトンの戦いに時代が近い人物が信頼できるとしたら、使者の名前は［イ］というのが、この中では一番あり得そうだと思います。
先生：その考え方は、筋が通っていますね。
竹中：でも、もっと古い資料はないのでしょうか。

先生：同じ内容を伝える資料は**資料1・2**のほかに知られていません。 マラトンの戦いを含む[ウ]を主題とした紀元前5世紀の歴史家の著作には、**資料2**にあるフィリッピデスという名前が、マラトンの戦いの後ではなく、その前にスパルタに派遣された使者として言及されています。

竹中：もしかしたら、勝利を伝えるために使者が走って戻ってきたという話は史実ではなく、後世に作られた可能性があるんじゃないでしょうか。

先生：鋭い指摘ですね。現存する資料から分かるのは、五賢帝の時代よりも前のある段階でその話が成立していたということです。

問1 文章中の空欄[ア]に入れる語句**あ**・**い**と、空欄[イ]に入れる人物の名X～Zとの組合せとして正しいものを、後の①～⑥のうちから一つ選べ。

[ア]に入れる語句

あ **資料1・2**の著者は二人とも、ヘラクレイデスよりもマラトンの戦いに近い時代に生きていた

い ヘラクレイデスは、**資料1・2**の著者たちよりもマラトンの戦いに近い時代に生きていた

[イ]に入れる人物の名

X エウクレス　Y テルシッポス　Z フィリッピデス

① **あ**－X　② **あ**－Y　③ **あ**－Z
④ **い**－X　⑤ **い**－Y　⑥ **い**－Z

問1 [答] ⑤

⑤**い**．マラトンの戦いは前490年に行われた。アリストテレスは前4世紀のギリシアの哲学者であり、ヘラクレイデスが彼のもとで学んだとするならば同時期の人物であると推定できる。会話文の中に**資料1**と**資料2**の人物は「五賢帝の時代を中心に活躍」したとあり、五賢帝時代は1世紀末～2世紀後半なので、いずれもヘラクレイデスの後の時代の人物であり、ヘラクレイデスのほうがマラトンの戦いに近い時代に生きていたことが分かる。Y．空欄[イ]の手前に「マラトンの戦いに時代が近い人物が信頼できるとしたら」とあるため、ヘラクレイデスが記したテルシッポスが正しいことが分かる。

問2 文章中の空欄 ウ の戦争について述べた文として最も適当なものを、次の①〜④のうちから一つ選べ。

① イオニア地方のギリシア人の反乱が、この戦争のきっかけとなった。
② この戦争でギリシア人と戦った王朝は、エフタルを滅ぼした。
③ この戦争の後に、アテネを盟主としてコリントス同盟（ヘラス同盟）が結成された。
④ ギリシア軍が、この戦争中にプラタイアイの戦いで敗北した。

問3 前の文章を参考にしつつ、マラトンの戦いの勝利をアテネに伝えた使者について述べた文として最も適当なものを、次の①〜④のうちから一つ選べ。

① アテネで僭主となったペイシストラトスは、使者の話を知っていた可能性がある。
② 使者の話は、トゥキディデス（トゥキュディデス）の『歴史』に記されている。
③ プルタルコスは、使者の名前について異なる説を併記している。
④ 使者についての**資料2**の記述は、ヘロドトスの『歴史』を正確に反映している。

問2 [答] ①

①**ウ**に当てはまる戦いは**ペルシア戦争**である。この戦争で戦ったのは、アケメネス朝ペルシアとギリシアのポリス世界である。②エフタルを滅ぼしたのはアケメネス朝ペルシアではなく**ササン朝ペルシア**であるため、不適当。③アケメネス朝ペルシアの再来に備えて、アテネを盟主として結成されたのはコリントス同盟ではなく**デロス同盟**であるため、不適当。④ギリシア軍は、ペルシア戦争中の**プラタイアイ（プラタイア）の戦い**で、敗北ではなく勝利した。

問3 [答] ③

③**プルタルコス**は**『対比列伝』**の著者であり、会話文から彼は**資料1**の著者であることが分かる。**資料1**にはテルシッポスとエウクレスの2人が併記されているので、③が正答と分かる。①**ペイシストラトス**は前6世紀に活躍したアテネの僭主であるため、前5世紀のペルシア戦争中の戦いであるマラトンの戦いを知っている可能性はない。②トゥキディデスの著作である『歴史』では**ペロポネソス戦争**が扱われており、ペルシア戦争のことは書かれていない。④会話文の中に「マラトンの戦いを含む ウ を主題とした紀元前5世紀の歴史家の著作」とあり、これは**ヘロドトス**の**『歴史』**を指している。その直後を読むと、この著作には「**資料2**にあるフィリッピデス」という名前がマラトンの戦いの後ではなく、その前に「スパルタに派遣された使者として言及されてい」るとあるため、**資料2**はヘロドトスの『歴史』を正確に反映しているとはいえない。

5 イラン世界とインド世界

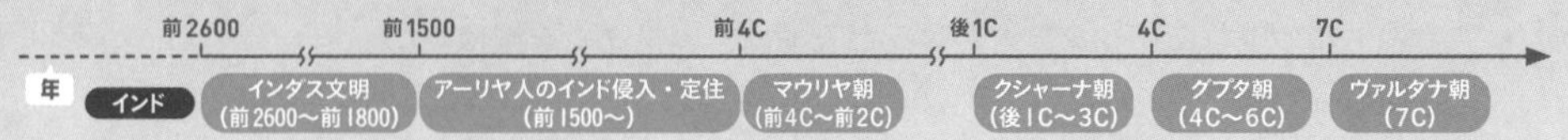

1 パルティアとササン朝ペルシア

前3世紀半ばのイランでは、イラン系遊牧民が族長**アルサケス**のもとでセレウコス朝から自立し、**パルティア(アルサケス朝)**(前248頃～後224)を建てた。パルティアは、創始者の名**アルサケス**の音訳から中国では**安息**(あんそく)と呼ばれた。パルティアはメソポタミアに勢力を伸ばして新都**クテシフォン**を建て、前1世紀にはローマの将軍**クラッスス**を敗死させた。またパルティアは東西交易の利を得て繁栄し、文化面では、初期はヘレニズム文化を継承してギリシア語が用いられたが、のちにペルシア語が公用語とされ、イラン土着の文化を重視するようになった。

224年、**アルダシール1世**がパルティアを滅ぼし、**クテシフォン**を都とする**ササン朝ペルシア**(224～651)が建てられた。続く王**シャープール1世**(位241頃～272頃)は、西方ではローマの軍人皇帝**ウァレリアヌス**との戦いに勝利してウァレリアヌスを捕虜とし、東方では**クシャーナ朝**を攻撃して衰退させた。6世紀の王**ホスロー1世**(位531～579)は、西方ではビザンツ(東ローマ)帝国の**ユスティニアヌス帝**と戦って優位に立ち、東方では**突厥**(とっけつ)と結んで**エフタル**を滅ぼした。しかしササン朝はホスロー1世の死後しだいに衰退し、642年の**ニハーヴァンドの戦い**で正統カリフ時代のイスラーム勢力に敗れ、651年に滅亡した。

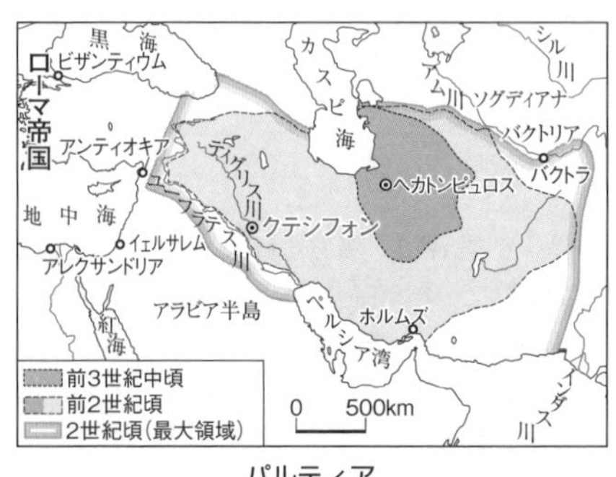

パルティア

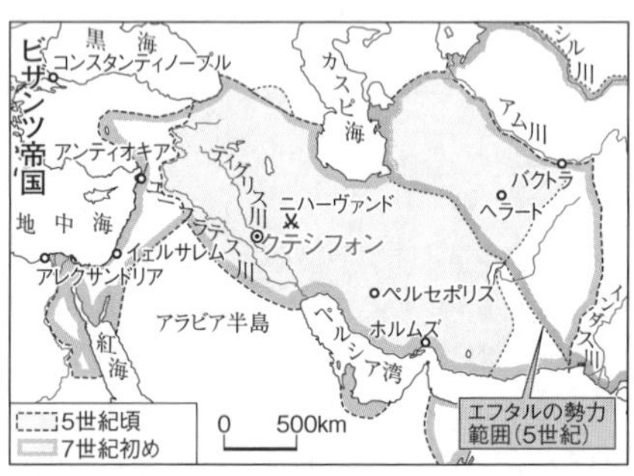

ササン朝ペルシア

2 インダス文明

インダス文明

前2600年頃、インダス川流域に**青銅器文明**である**インダス文明**が成立した。文明の担い手は**ドラヴィダ人**とされており、**中流域のパンジャーブ地方からはハラッパー、下流域のシンド地方からはモエンジョ＝ダーロ(モヘンジョ＝ダロ)**といった都市遺跡が発掘されている。この文明では排水溝・沐浴場を備えた**計画的な都市建設**が行われ、**強大な権力者の存在を示す王宮・王墓などは存在しない**。また、象形文字である**インダス文字**が刻まれた**印章**が発掘されているが、**インダス文字は今現在未解読**である。また、インダス文明は前1800年頃までには衰退したが、その原因は未だ不明である。

3 アーリヤ人のインド進出

前1500年頃、インド＝ヨーロッパ語系の**アーリヤ人**が、カイバル峠を通ってパンジャーブ地方に進入した。彼らは火や雷などの自然神を崇拝し、その賛歌は**『リグ＝ヴェーダ』**にまとめられ、その後も祭式や詠法が新たな**ヴェーダ**(宗教的文献)として編纂された。前1000年頃、アーリヤ人は**ガンジス川**流域に進出し、それまでの**青銅器に代えて鉄器を用いて森林を切り開き、定住農耕生活を始めた**。生産力の増加によって生産に従事しない階層が生まれて、**バラモン**(司祭)・**クシャトリヤ**(武士)・**ヴァイシャ**(農民・牧畜民・商人)・**シュードラ**(隷属民)からなる**ヴァルナ制**が成立した。ヴァルナ制はのちの**カースト制**(ポルトガル語のカスタ〔血統〕に由来)の基礎となった。ヴェーダを根本聖典とし、バラモンがつかさどる宗教を**バラモン教**といい、バラモンは自身を最高の身分とした。

4 都市国家の成長

前6世紀頃、ガンジス川流域には城壁をもつ都市国家が数多く成立し、中でも**マガダ国**とコーサラ国が有力となり、前5世紀にマガダ国はコーサラ国を滅ぼした。この時期、**各地との遠隔地交易が発達する中でクシャトリヤやヴァイシャに属する階層の人々が台頭し、祭式至上主義をとるバラモン教を批判し、内面の思索を重視する思想・宗教運動が起こった。**

5 インドの諸王朝

前4世紀後半、**アレクサンドロス大王**の遠征軍がインダス川流域に進出し、北西イ

ンドは一時彼の大帝国に組み込まれた。この混乱の中、マガダ国の**チャンドラグプタ**が**パータリプトラ**を都とする**マウリヤ朝**(前317頃～前180頃)を建てた。マウリヤ朝は第3代の**アショーカ王**の時代に最盛期を迎え、南端部を除く全インドを支配した。アショーカ王は征服活動によって多くの犠牲者を出したことを悔いて**仏教に深く帰依**(きえ)**するようになり、仏典の編纂（仏典結集**(けつじゅう)**）やスリランカへの布教を援助した。また、人々が守るべき社会倫理であるダルマ（法）を理念とした統治をめざし、領内の各地にダルマの大切さを説く詔勅**(しょうちょく)**を刻んだ磨崖碑**(まがいひ)**・石柱碑をつくらせた**。しかし、アショーカ王の死後、仏教優遇政策に対するバラモンの反発などから、マウリヤ朝は衰退した。

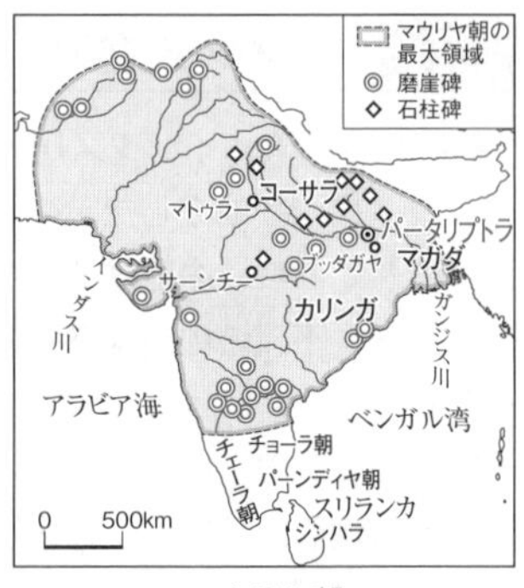

マウリヤ朝

前2世紀、**マウリヤ朝が衰退すると、インド北西部にバクトリアのギリシア人が進出し、この地にヘレニズム文化をもたらした**。後1世紀には、バクトリア地方から進出したイラン系とみられるクシャーン人がインド北西部に**クシャーナ朝**(1C～3C)を建て、**2世紀のカニシカ王の時代にはプルシャプラを都として中央アジア西部からガンジス川中流域を支配し、東西交易によって栄えた**。カニシカ王は**仏教**を保護し、また彼の時代には**ガンダーラ美術が栄え、ヘレニズム文化の影響を受けた仏像が制作された**。一方、同時期のデカン高原では**サータヴァーハナ朝**(前1C～後3C)（**アーンドラ朝**）が**季節風貿易で栄え**、ドラヴィダ語系のタミル語による文化が花開いた。

クシャーナ朝とサータヴァーハナ朝

3世紀、クシャーナ朝がササン朝の侵攻を受けて衰亡したのち、4世紀にはチャンドラグプタ1世が**パータリプトラ**を都とする**グプタ朝**(320頃～550頃)を建てた。グプタ朝は**チャンドラグプタ2世の時代に北インドの大半を支配して最盛期**を迎えたが、その後中央アジアの遊牧民**エフタル**の攻撃を受けて衰退した。またグプタ朝期に、**ヒンドゥー教**[☞p.66 ツボ③]が社会に定着していった。7世紀には北インドに**ハルシャ王**（**ハルシャ＝ヴァルダナ**）が**ヴァルダナ朝**(606～647)を建てたが、王の死後、王朝は崩壊した。その後、北インドは8世紀から13世紀まで、ヒンドゥー国家が抗争する**ラージプート時代**を迎えた。また、この時期南インドでは**チョーラ朝**(前3C頃～後4C、9～13C)が台頭し、セイロン島やスマトラ島への遠征を行った。

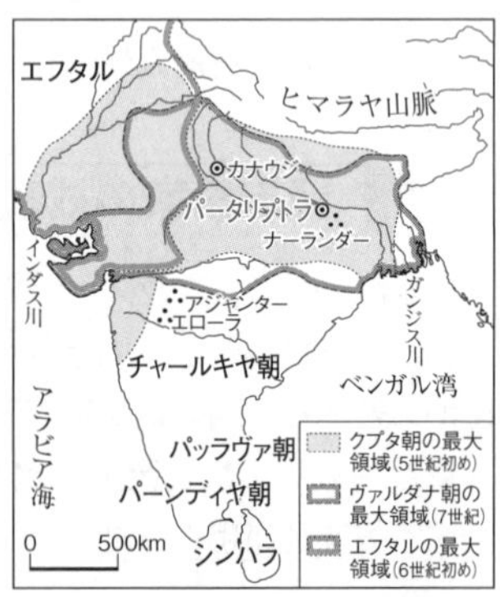

グプタ朝とヴァルダナ朝

ここが共通テストのツボだ!!

ツボ 1 ササン朝ペルシアの文化の特徴を具合的に整理する！

○ゾロアスター教（拝火教）
- 聖典『アヴェスター』
- 善悪二元論：世界をアフラ＝マズダ（光明・善の神）とアンラ＝マンユ（アーリマン）（暗黒・悪の神）の対立とする
- ユダヤ教・キリスト教に影響：**最後の審判**、天使と悪魔の思想
- 中国に伝わる（祆教）

○マニ教
- **マニ**が創始：**ゾロアスター教**にキリスト教・仏教の要素を融合
- **シャープール1世**期に流行→弾圧・マニ処刑

○ネストリウス派キリスト教が伝わる
→中国に伝わる（景教）

○**ササン朝美術**
- 東方に伝播→日本に伝来
- 飛鳥文化…獅子狩文錦（法隆寺）　天平文化…漆胡瓶（正倉院）

ササン朝では多くの宗教が登場するので、特徴も含め整理しておこう。また、ササン朝美術が日本の美術に影響を与えたことも押さえておくこと！

ツボ 2 グプタ朝の文化を分野別に整理する！

①ナーランダー僧院：仏教教学の中心
②グプタ様式（グプタ美術）：純インド的　アジャンター石窟寺院
③**サンスクリット文学**：二大叙事詩完成…『マハーバーラタ』・『ラーマーヤナ』
カーリダーサ…〈戯曲〉『**シャクンタラー**』
④『マヌ法典』：各ヴァルナの宗教的・社会的義務、生活規範
⑤ゼロの概念・**十進法**：イスラーム文化に影響

グプタ朝は文化が特に重要。その中でもグプタ様式は、ガンダーラ美術との違いをしっかり押さえておきたい。

ツボ ③ 古代インドの５つの宗教・哲学の特徴を押さえておこう

①バラモン教：**ヴェーダ**が根本聖典　祭式至上主義

②ウパニシャッド哲学：**ウパニシャッド**（奥義書）

- バラモン教より派生→バラモン教の祭式至上主義を批判
- 梵我一如により、業（カルマ）に決定づけられた**輪廻転生**からの**解脱**を説く
  - ・**梵我一如**：**梵（ブラフマン）**と**我（アートマン）**が一つであることを悟ること

③ジャイナ教：〈開祖〉ヴァルダマーナ（**マハーヴィーラ**、クシャトリヤ出身）

- ヴァルナ制否定
- **禁欲**・**苦行**・**不殺生**の実践による解脱→ヴァイシャの支持

④**仏教**：〈開祖〉**ガウタマ＝シッダールタ**（尊称ブッダ、クシャトリヤ出身）

- ヴァルナ制否定
- 無常観、八正道の実践→輪廻からの解脱→クシャトリヤ・ヴァイシャの支持
- **上座部仏教**（小乗仏教）：修行による解脱をめざす
- **大乗仏教**：大衆の救済をめざす。２世紀頃、竜樹（ナーガールジュナ）が理論化
- **ストゥーパ**（仏塔）：ガウタマの遺骨をおさめるための建造物

⑤ヒンドゥー教：**バラモン教**に民間信仰が融合して成立

- **シヴァ神**（破壊・創造）・**ヴィシュヌ神**（世界維持）など

※**バクティ運動**：シヴァ神やヴィシュヌ神に対する帰依を重視、南インドで体系化

古代インドは多くの宗教・哲学が登場するが、最終的にインドに定着するのはヒンドゥー教であったことを覚えておこう。

ツボ ④ インドを訪れた中国僧を整理しておこう

名	経路	当時のインドの王朝・王	著作
法顕（東晋）	〈往路〉陸・〈復路〉海	**グプタ朝（チャンドラグプタ２世）**	**『仏国記』**
玄奘（唐）	〈往路〉陸・〈復路〉陸	**ヴァルダナ朝（ハルシャ王）**	**『大唐西域記』**
義浄（唐）	〈往路〉海・〈復路〉海	分裂時代	**『南海寄帰内法伝』**

法顕・玄奘・義浄は、著作もセットで覚えよう。

チャレンジテスト（大学入学共通テスト実戦演習）

次の文章を読み、後の問いに答えよ。　（2024年共テ本試B）

インド亜大陸における交通の歴史について、陸路をテーマに、ゼミで学生と教授が会話をしている。（図には、省略したり、加工したりしたところがある。）

図1

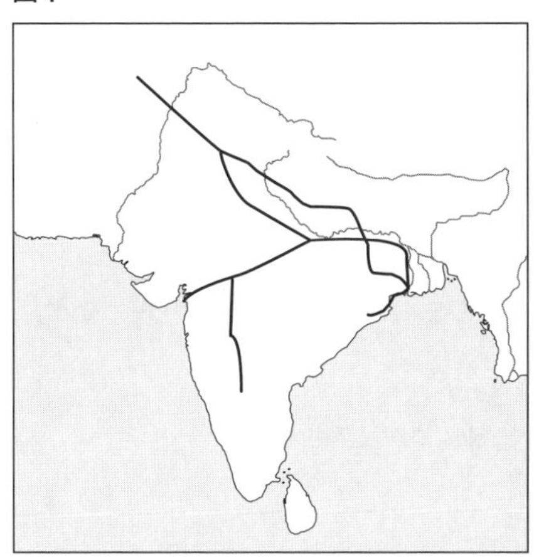

図2

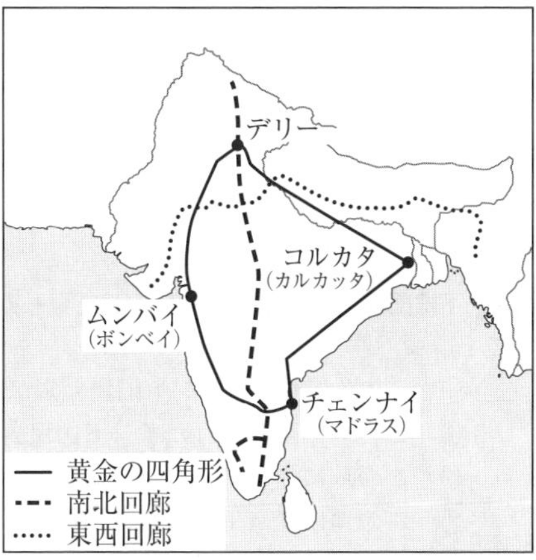

教授：**図1**はマウリヤ朝の［ア］治世下における主要道を再現した略図です。何か気付くことはありますか。

本間：北インドと南インドは歴史や文化面で違いがあると高校の時に学びました。すでにこの時代に両地域を結ぶ陸路があったのですね。

石塚：農業生産性の高い北インドの平原を結ぶ道は、ここからさらに中央アジアまで延びていましたよね。

教授：二人とも良い着眼点です。**図1**で示した主要道は当時のマウリヤ朝のおおよその範囲を表しています。［ア］は自らの統治理念を刻ませた磨崖碑や石柱碑の多くを、主要道の終点付近の境界域や主要道沿いの重要拠点に置きました。

池野：なるほど、人の目に付くところに碑文があったのですね。ところで、古代の主要道はそのまま現在も使われているのでしょうか。

教授：参考に、現在のインドの主要な高速道路網を描いた**図2**と見比べてみましょう。

本間：**図1**と異なって、**図2**の高速道路網は、インド亜大陸を囲んでいるように見えます。

教授：「黄金の四角形」と呼ばれる高速道路で、主要な大都市圏を結んでいます。

池野：内陸のⓐ<u>デリー</u>は13世紀頃から近世にかけての中心都市でしたが、その後、新たに開発された沿岸の都市の方が重要になりましたよね。確か沿岸の都市を起点に鉄道が内陸に延びていきました。

石塚：港や鉄道や道路が発展する背景に、物量が格段に増えたこともありますよね。デリーが再びインドの中心になったのは、内陸の交通網の整備が進んだことも関係しているように思います。

教授：1911年以降デリーがインド帝国の首都になったことで、政治的な重要性を増しました。さて、今日の話の内容をまとめてみましょう。

問1 文章中の空欄［ア］の人物の治世に起こった出来事について述べた文として最も適当なものを、次の①～④のうちから一つ選べ。

① デカン高原に成立したサータヴァーハナ朝と交流した。
② 中央アジアから遊牧民エフタルの侵入があった。
③ 仏典結集が行われた。
④ 東晋から法顕が訪れた。

問2 下線部ⓐについて述べた文として最も適当なものを、次の①～④のうちから一つ選べ。

① この地で第1回インド国民会議が開催された。
② この地で開催されたインド国民会議で、4綱領が決議された。
③ この地にタージ＝マハルが建造された。
④ この地に奴隷王朝の首都が置かれた。

問1 ［答］ ③

空欄［ア］の人物は、空欄の手前にある「マウリヤ朝」と、空欄のあとにある「自らの統治理念を刻ませた磨崖碑や石柱碑」から、**アショーカ王**と判断できる。彼は仏典の結集（編纂）や各地への仏教の布教を行った。よって、③が正答。①サータヴァーハナ朝（前1C～後3C）と、マウリヤ朝（前4C後半～前2C前半）は、存在した時期が異なるので、不適当。②遊牧民エフタルの侵入を受けて衰退したのは、マウリヤ朝ではなくグプタ朝なので、不適当。④東晋から法顕がインドを訪れたのは、グプタ朝の時代なので、不適当。

問2 ［答］ ④

奴隷王朝に始まる**デリー＝スルタン朝**の5王朝は、いずれもデリーに都をおいた。よって、④が正答。①ボンベイのことなので、不適当。②カルカッタのことなので、不適当。③アグラのことなので、不適当。

問3 学生たちがまとめた次の**メモ1・2**の正誤について述べた文として最も適当なものを、後の①〜④のうちから一つ選べ。

メモ1
　図1の南部に延びる主要道をたどっていくと、マウリヤ朝の支配領域がインド亜大陸の南端にまで及んでいたことが分かる。

メモ2
　図2に見られる「黄金の四角形」は、かつてのイギリス植民地の拠点として発展した沿岸の大都市をつないでいることが分かる。

① **メモ1**のみ正しい。　② **メモ2**のみ正しい。
③ 二つとも正しい。　④ 二つとも誤っている。

問3 [答] ②

メモ1. **図1**の南部に延びる主要道は、インド亜大陸の南端までは延びておらず、マウリヤ朝の支配領域がインド亜大陸の南端まで及んでいたことは読み取れないため**メモ1**は誤り。**メモ2**. **図2**のコルカタ（カルカッタ）・チェンナイ（マドラス）・ムンバイ（ボンベイ）はいずれもイギリス植民地の拠点として発展した沿岸の大都市であるため、**メモ2**は正しい。以上より、②が正答と判断できる。

6 東南アジア史(前近代)

1 東南アジア各地の王朝・国家

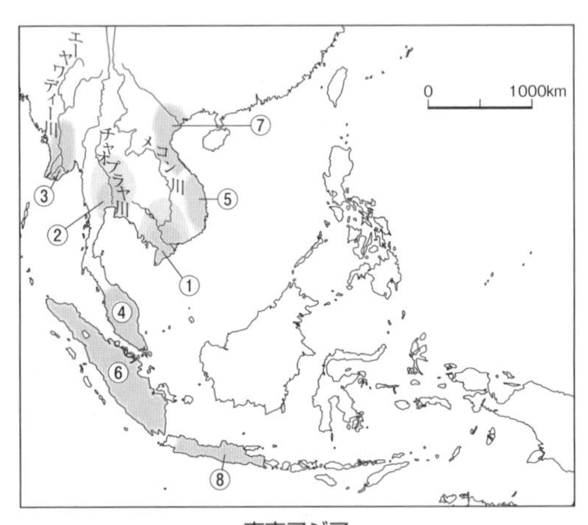

東南アジア

※①〜⑧は、p.70-71の①〜⑧にそれぞれ対応している。

①カンボジア(メコン川下流域)

- ○**扶南**(1C末〜7C):外港**オケオ**
- ○**真臘**(6C〜15C)
  - ●**クメール人**が建国→扶南を滅ぼす
  - ○**アンコール朝**(9C〜15C)
    - ●陸真臘(北)・水真臘(南)を統一
    - ●アンコール=トム(13C):王都の遺跡
    - ●**アンコール=ワット**(12C)
      - ●**ヒンドゥー寺院→仏教寺院**
    - ●衰退:**アユタヤ朝**の圧迫

②タイ(チャオプラヤ〔メナム〕川流域)

- ○**スコータイ朝**(13C〜15C)
  - ●インドシナ半島初のタイ人王朝
  - ●**上座部仏教**、タイ文字の制定
- ○**アユタヤ朝**(14C〜18C)
  - ●**スコータイ朝**征服
  - ●**日本町**発展:山田長政活躍(17C)
  - ●**コンバウン朝**により滅亡
- ○**ラタナコーシン朝**(**チャクリ朝**、18C〜)
  - ●**東南アジアで唯一独立維持**

③ビルマ（エーヤワディー〔イラワディ〕川流域）

○パガン朝（11C～13C）
- ビルマ初の統一王朝
- **上座部仏教**
- **元の攻撃→滅亡**

○タウングー（トゥングー）朝（16C～18C）

○コンバウン朝（アラウンパヤー朝、18C～19C）
- **アユタヤ朝**を滅ぼす
- 3回の**ビルマ戦争（対英）により滅亡** →インド帝国に併合

④マレー半島

○マラッカ王国（14C末～1511）
- **鄭和**の南海遠征→明に朝貢
- **東南アジア初の本格的イスラーム教国**
- 海上交易で栄える
- **ポルトガルにより滅亡**

⑤ベトナム中部

○チャンパー（2C末～17C、中南部）
- **チャム人**が後漢から独立し建国
- 中国名：**林邑**（後漢～唐初）

⑥スマトラ島

○シュリーヴィジャヤ（7C～8C）
- 中心都市パレンバン　**大乗仏教**
- 海上貿易で栄える
- **義浄**が滞在（7C後半）

○アチェ王国（15C末～20C初）
- スマトラ北西部の**イスラーム教国**
- **オランダにより滅亡**

⑦ベトナム北部　※外部勢力の支配

○**ドンソン文化**（前4C頃～紀元前）
- 青銅器・鉄器文化　**銅鼓**

※**秦の始皇帝**の支配（前3C末）

○**南越**（前3C～前2C）
- 現在のベトナム北部･中国南部を支配

※**南海9郡**（前2C）：**前漢の武帝**が設置
- **南海郡**・**日南郡**（現フエ〈ユエ〉中心）など

※**安南都護府**（7C）：唐が設置

○**大越国**：〈都〉ハノイ
- **李朝**（11C～13C）：国号を**大越**とする
- **陳朝**（13C～14C）
  - ・**モンゴル軍の侵攻を撃退**
  - ・**チュノム（字喃）**制定（漢字母体）

※明の支配（15C、**永楽帝**期）
- **黎朝**（15C～18C）
  - ・**チャンパー**を圧迫
  - ・**西山（タイソン）の乱**で滅亡
- 西山（タイソン）政権（18C後半～1802）

○**越南国**（1802～1945）：〈都〉フエ
- **阮朝**：**阮福暎**が創始

※**仏領インドシナ連邦に編入**（1887）

⑧ジャワ島：**ワヤン（影絵芝居）が行われる**

○**シャイレンドラ朝**（8C～9C）
- **大乗仏教**
- **ボロブドゥール**：**大乗仏教遺跡**

○マタラム朝（8C～13C）：ヒンドゥー教

○**マジャパヒト王国**（1293～1527頃）
- **ヒンドゥー教**
- ほぼ現インドネシア領を支配
- 衰退：イスラーム勢力の進出

○バンテン王国（16C～19C）
- ジャワ西部の**イスラーム王朝**
- **オランダにより滅亡**

○**マタラム王国**（16C～18C）
- ジャワ東部の**イスラーム王朝**
- **オランダにより滅亡**

ここが共通テストのツボだ!!

ツボ　東南アジア各地の王朝・国家の世紀ごとの変遷を地図で確認！

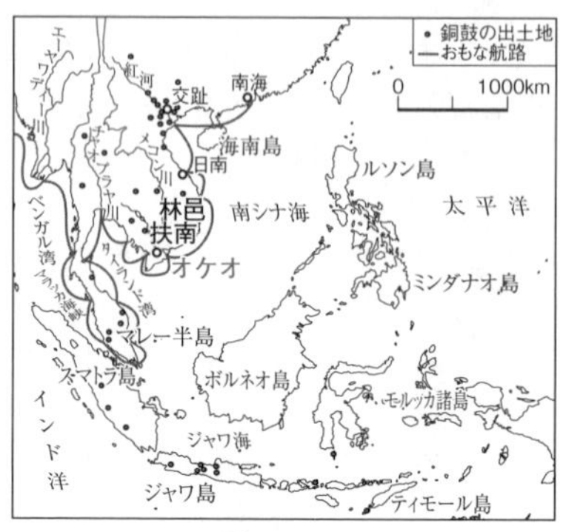

2～3世紀の東南アジア

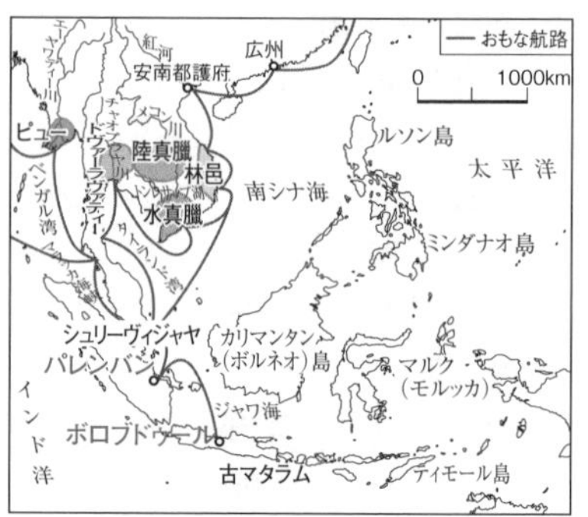

7～8世紀の東南アジア

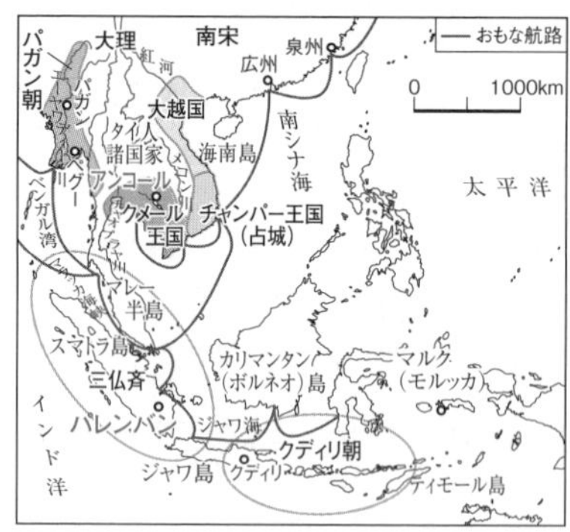

12世紀の東南アジア

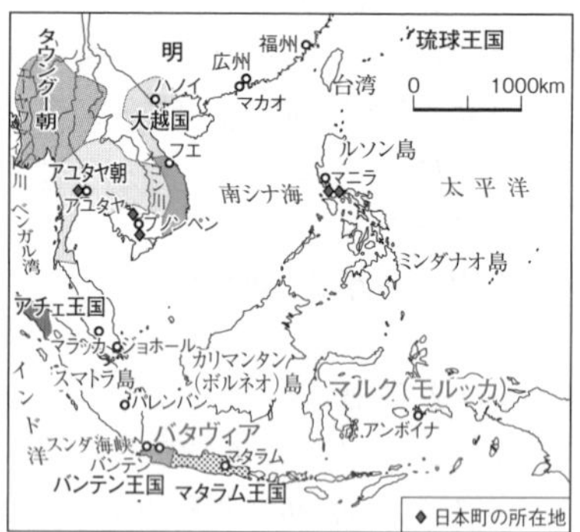

16世紀頃の東南アジア

前近代の東南アジア攻略のポイントは、タテとヨコで学習すること。タテとは、現在の国・地域とかつての国・王朝を結び付けること。p.70-71でそれを勉強したら、このページで各世紀ごとの地図を見て、ヨコからの学習を進めよう。

チャレンジテスト（大学入学共通テスト実戦演習）

次の文章を読み、後の問いに答えよ。　(2023年共テ本試A)

次の**図1〜3**は、トンチャイ＝ウィニッチャクンの『地図がつくったタイ』に掲載されたタイの地図である。

図1

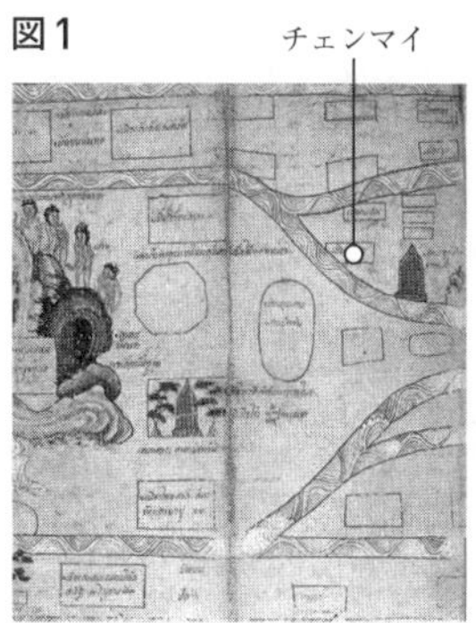

アユタヤ朝の歴代の王は[ア]を奉じており、地図はその世界観に基づいて描かれた。**図1**は、18世紀の地図であるが、ブッダの説話に基づくシンボルと、チェンマイ、アユタヤといったタイの実際の地名が一連の地図の中に描かれている。

19世紀になると、西洋の地理学の影響を受け、地図は地球を一定の縮尺で描く図面となった。陸地が複数の国家に分かれることが前提とされ、地図に国境線が引かれるようになった。東南アジアに進出したヨーロッパ人が測量に基づく地図作成を進めると、西洋の技術を取り入れて近代化を進めたタイも対抗して地図を作った。**図2**は、1893年にヨーロッパ人が作成した地図であるが、タイの東側に3本の線が引かれている。これらは、タイの東側の地域の植民地化を進めた[イ]とタイの複数の測量隊による国境線であった。タイとの領土的主張がぶつかり合った結果、タイが大きく譲歩する形で国境線が決定された。

地図により、国家・国民の境界線が明確になると、その外側は異質な他者として認識された。タイで発行された**図3**では、冷戦を背景として、タイの領土の東に鎌と槌(つち)で表象される社会主義国の軍人が政治的なシンボルとして描かれている。

地図上の線で区切られた領域には様々な意味が込められ、その中で国民という観念が形成されたのである。

図2

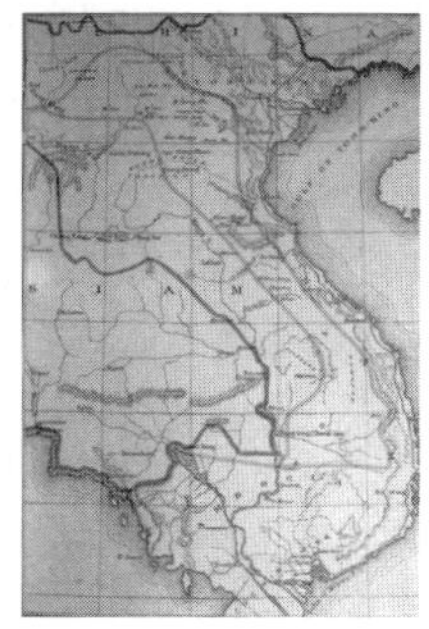

図3

問1 文章中の空欄［ア］に入れる語あ・いと、［ア］のタイへの伝播に関する説明として最も適当な文X・Yとの組合せとして正しいものを、後の①～④のうちから一つ選べ。

［ア］に入れる語
あ　上座仏教（上座部仏教）　　**い**　大乗仏教

タイへの伝播に関する説明
X　インドから、中央アジアと中国を経由して、タイに伝わった。
Y　インドから、セイロン（スリランカ）を経由して、タイに伝わった。

①　**あ**－X　　②　**あ**－Y
③　**い**－X　　④　**い**－Y

問2 文章中の空欄［イ］の国の対外進出の歴史について述べた文として最も適当なものを、次の①～④のうちから一つ選べ。

①　アンボイナ事件（アンボン事件）を起こし、モルッカ諸島（マルク諸島）に進出した。
②　南アフリカ戦争を起こし、勝利した。
③　ポトシ銀山を開発した。
④　タヒチを獲得した。

問1 ［答］　②

②**あ**．Y．ビルマ・タイなどの東南アジア半島部では、インドから、セイロン（スリランカ）を経由して伝わった**上座部仏教**が受容された。そのため、上座部仏教は南伝仏教とも呼ばれる。**い**．X．**大乗仏教**は北伝仏教とも呼ばれ、おもにインドから中央アジアを経由して中国、朝鮮、日本へと伝わった。

問2 ［答］　④

④問題文に「タイの東側の地域の植民地化を進めた［イ］」とあることから、［イ］はベトナム・カンボジア・ラオスを植民地化したフランスであることが分かる。①オランダについての記述。オランダは17世紀前半の**アンボイナ事件**でイギリスを駆逐し、マルク諸島（モルッカ諸島）を支配下においた。②イギリスについての記述。イギリスは19世紀末～20世紀初めの**南アフリカ戦争**に勝利し、ブール人国家のトランスヴァール共和国やオレンジ自由国を併合した。③現在のボリビアにある**ポトシ銀山**を開発したのはスペインである。

問3 前の文章を参考にしつつ、タイの地図とその歴史的変化について述べた文として最も適当なものを、次の①～④のうちから一つ選べ。

① 18世紀の地図では、説話的な仏教世界と実際のタイの国家が、国境線を挟んで隣接していた。

② ラタナコーシン朝の下で、タイは西洋の地理学を受容し、測量に基づく地図が作成された。

③ 19世紀末にタイは植民地化され、地図はヨーロッパ人の領土的主張を反映したものとなった。

④ 冷戦期のタイでは、隣接する社会主義国との同質性を強調する地図が作られた。

問3 [答] ②

②問題文の2段落目に「東南アジアに進出したヨーロッパ人が測量に基づく地図作成を進めると、西洋の技術を取り入れて近代化を進めたタイも対抗して地図を作った」とあることから、正答と判断できる。①問題文の1段落目に「ブッダの説話に基づくシンボルと、チェンマイ、アユタヤといったタイの実際の地名が一連の地図の中に描かれている」とあることから、国境線が引かれているわけではないので誤文である。③タイは、帝国主義時代の列強の進出に対して独立を維持した。④問題文の3段落目に「地図により、国家・国民の境界線が明確になると、その外側は異質な他者として認識された。タイで発行された**図3**では、冷戦を背景として、タイの領土の東に鎌と槌(つち)で表象される社会主義国の軍人が政治的なシンボルとして描かれている」とあり、社会主義国との同質性を強調しているとはいえないので、誤文である。

7 中国史①
黄河文明～殷・周、秦・漢

1 黄河文明

前6000年頃、**黄河流域にアワやキビを栽培し、豚や犬を家畜とする新石器文化である黄河文明**がおこった。前5000年頃には、**黄河中流域に彩陶を用いる仰韶文化**(前5000頃)が、前3000年頃には、**黄河下流域に黒陶や灰陶を用いる竜山文化**(前3000頃)が形成された。この頃から大規模な集落が現れ、これが邑(都市国家)へと発展した。一方**長江中・下流域には、稲作を中心とする新石器文化である長江文明**がおこった。

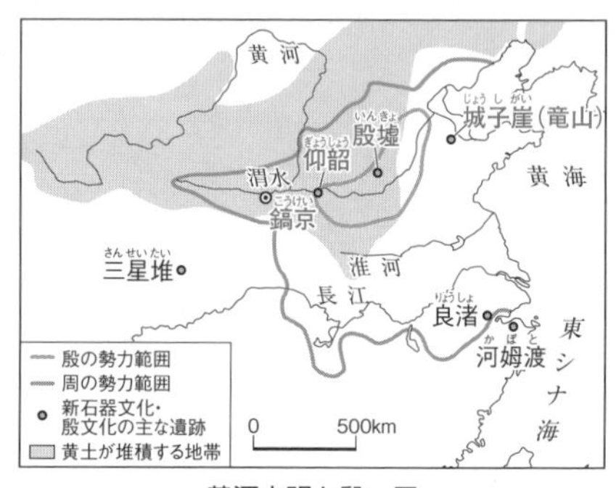

黄河文明と殷・周

2 殷・周

前16世紀頃、現在確認できる最古の王朝である殷(商)(前16C頃～前11C頃)が成立した。これは都の遺跡である殷墟の発掘によって存在が確認された。**殷は邑の連合体であり、殷王は重要事項を神意を占って決定し、それに基づいて政治を行う祭政一致の神権政治を行うことで、宗教的権威で多数の邑を支配した**。占いの結果は漢字の原型である甲骨文字によって記録された。また高度に発達した**青銅器は、祭祀での道具や武器に用いられた**。

渭水盆地におこった周王朝(前11C頃～前256)は、前11世紀頃に殷を滅ぼし、鎬京を都として新たな邑連合の盟主となった。**周王は一族・功臣に封土を与えて世襲の諸侯とし、彼らに軍役・貢納の義務を課した。また、周王とその諸侯は自分たちの世襲の家臣である卿・大夫・士に封土を与え、軍役・貢納の義務を課した。この支配体制を封建制という**。封建制のもとでは、親族(宗族)の結束が重視されたため、親族関係の維持を目的とする規範である宗法が定められた。しかし、周王と諸侯の連帯はしだいに緩み、諸侯の自立化が進んだ。

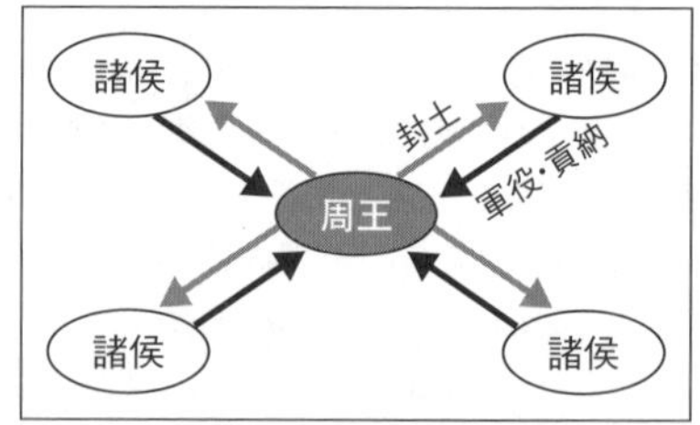

周の封建制のイメージ図

3 春秋・戦国時代

周は王朝の都である鎬京を西方の異民族の犬戎に攻略され、前770年、都を東方の洛邑に遷した。これ以前の周を西周(前11C頃〜前770)、これ以後の周を東周(前770〜前256)といい、**東周時代の前半を春秋時代(前770〜前403)、後半を戦国時代(前403〜前221)と呼ぶ。**

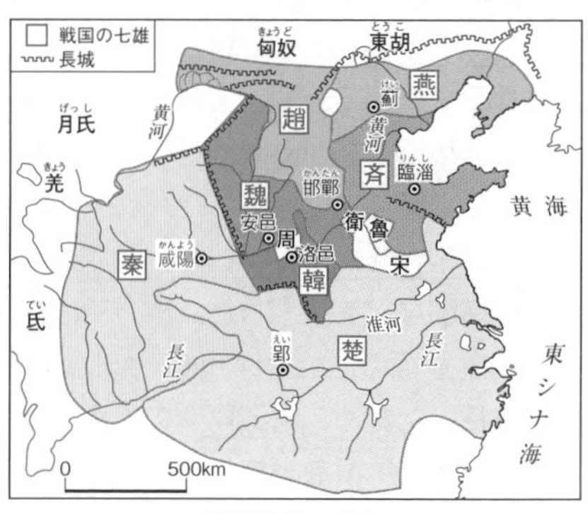

戦国時代の中国

春秋時代に周王の権威は急速に衰え、斉の桓公や晋の文公といった覇者と呼ばれる有力諸侯が、「尊王攘夷」を唱えて諸侯を束ねた。前403年、晋が趙・魏・韓に分裂して以降を戦国時代といい、それぞれの諸侯は周王を無視して自らを王と称し、斉・楚・秦・燕・韓・魏・趙の七大国(戦国の七雄)が覇権を争った。

春秋時代末期以降、鉄製農具と牛耕農法が普及した結果、農業生産力が向上し生産物に余剰が出るようになった。余剰生産物の交換から商工業が発達し、各国で商取引を仲立ちするための青銅貨幣(刀銭・布銭・円銭・蟻鼻銭など)が普及した。

4 秦

戦国の七雄の一つである秦(前8C頃〜前206)は、前4世紀に行われた法家の商鞅による富国強兵策(変法)によって急速に勢力を伸ばした。秦王政(位前247〜前221)が他の6国を滅ぼして前221年に中国を統一し、「王」の上となる「皇帝」の称号を自らに用いるようになり、のちに始皇帝(位前221〜前210)と呼ばれるようになった。始皇帝は様々な政策や対外遠征を実施した[☞p.79 ツボ❶]。しかし、**急激な統一政策や大土木事業は人々の反発を招き、始皇帝の死後に農民反乱である陳勝・呉広の乱が起こった**。この乱の際、陳勝が唱えた**「王侯将相いずくんぞ種あらんや」**という言葉は、当時の風潮を表している。乱は鎮圧されたが、その後も反乱は各地に広がり、農民出身の劉邦と楚の名門出身の項羽に都の咸陽を相次いで占領され、秦は滅亡した(前206)。

5 前漢

★★★

秦滅亡後、項羽と劉邦が争い、勝利した劉邦が前202年に皇帝(高祖(位前202〜前195))となり、前漢(前202〜後8)を建て、長安を都とした。**高祖は、直轄地には郡県制、東方には一族・功臣に統治を委ねる封建制を併用する郡国制を採用した**。一方、高祖はモンゴル高原の匈奴の首長である冒頓単于に大敗を喫し、事実上の従属下におかれた。

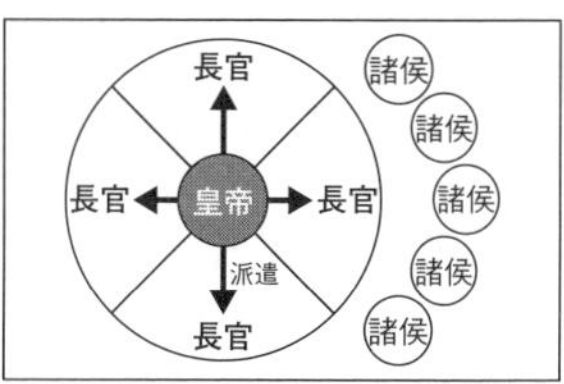

郡国制のイメージ図

前漢は前2世紀半ばに諸王の反乱である**呉楚七国の乱**を鎮圧し、**第7代皇帝武帝(位前141〜前87)の時代には事実上の郡県制に移行し、中央集権化を進めた。武帝は董仲舒の献策を受けて儒学を官学化**し、また、**官吏任用制度として儒学的な有徳者を選び、地方長官に中央に推薦させる郷挙里選を実施**したが、この結果、**地方有力者である豪族の中央進出が進んだ。**

武帝は積極的な対外政策を行い、**匈奴**挟撃のための同盟を結ぶため**張騫**を**大月氏**に派遣した。同盟には失敗したが、張騫によって西域の情報がもたらされた。武帝は自国の軍で匈奴を北方に撃退し、西域に**敦煌郡**などを設置した。南方では、**南越**を滅ぼし、**日南郡**などを設置した。東方では**衛氏朝鮮**を滅ぼし、**楽浪郡**などを設置した。また汗血馬獲得のため、大宛(フェルガナ)への遠征を行った。**積極的な対外政策が財政難を招いたため、財政再建のために塩・鉄・酒の専売や物資の流通と物価の安定をはかる均輸・平準を実施**し、新たに青銅貨幣の**五銖銭**を鋳造した。

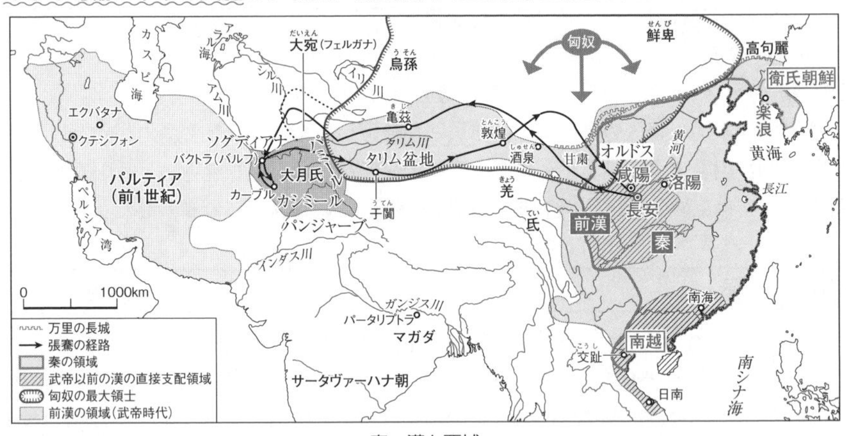

秦・漢と西域

6 新と後漢

武帝の死後、**外戚**と**宦官**の抗争が激化し、後8年、外戚の**王莽**(位8〜23)が前漢の皇帝の位を奪って帝位につき、**新**(8〜23)を建てた。しかし**王莽の周代を理想とする復古的政治は人々の反発を招き、農民反乱の赤眉の乱や各地の豪族の挙兵が起こり、23年に新は滅亡した。**

25年、豪族の反乱軍の中から**劉秀**が帝位につき(**光武帝**(位25〜57))、漢を再興(**後漢**(25〜220))し**洛陽**を都とした。光武帝の治世に、倭の奴国の使いが後漢に朝貢し、これに対し光武帝は「**漢委奴国王**」と刻まれた**金印**を授けた。西域方面では、武将の**班超**が西域都護としてタリム盆地を支配下におき、部下の**甘英**のローマ派遣を試みた。この派遣は失敗したが、166年、**大秦王安敦**の使者と称するものが**日南郡**を訪問した。**この大秦王安敦は、ローマ皇帝マルクス=アウレリウス=アントニヌスとされている。**

後漢末期、**外戚**・**宦官**・**官僚**の抗争が激化し、166・169年、**宦官が官僚を弾圧する党錮の禁が起こった。**184年には**太平道**の教祖である**張角**が率いる農民反乱の**黄巾の乱**が起こった。**乱後、中国は群雄割拠の状態となり、220年に後漢は滅亡した。**

ここが共通テストのツボだ!!

ツボ 1 始皇帝の5つの政策を押さえておこう

①郡県制

- 全国を郡・県に分け、中央から官吏を派遣して統治させる

②焚書・坑儒

- 思想統制。実用書（農業・医薬・占い）以外の書物を焼き、儒家を穴埋めにして処刑

③度量衡・文字・貨幣（半両銭）の統一

④モンゴル高原の匈奴討伐→万里の長城を修築

華南進出→南海郡設置

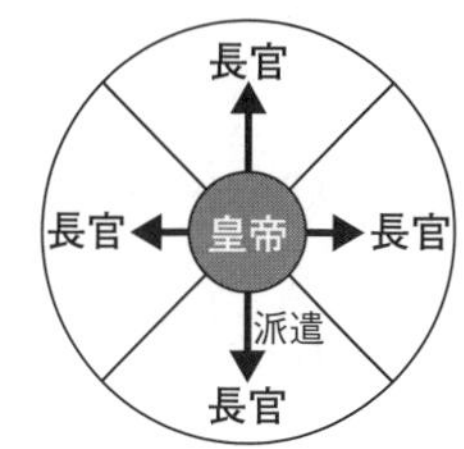

郡県制のイメージ図

⑤大土木事業：陵墓から兵馬俑（人馬をかたどった陶製の像）が発見される

ツボ 2 中国王朝の特徴を時代別に整理する！

	建国者など	都	支配の特徴	反乱（農民反乱）
殷（商） （前16C頃～前11C頃）		商	祭政一致の神権政治	
西周 （前11C頃～前770）		鎬京	封建制 →しだいに動揺	
東周 （前770～前256）		洛邑	諸侯の自立化	
秦 （前8C頃～前221（中国統一）～前206）	秦王政（始皇帝）が中国統一	咸陽	郡県制	陳勝・呉広の乱 （前209～前208）
前漢 （前202～後8）	劉邦（高祖）	長安	郡国制 →事実上の郡県制	呉楚七国の乱 （前154）
新 （8～23）	王莽	長安		赤眉の乱 （18～27）
後漢 （25～220）	劉秀（光武帝）	洛陽		黄巾の乱 （184）

チャレンジテスト（大学入学共通テスト実戦演習）

次の文章を読み、後の問いに答えよ。 （2017年試行調査）

エリさんは、1世紀に中国からもたらされた金印について、パネルを用意して発表した。

金印は、1784年に、現在の福岡市に属する志賀島の土中から発見された。印文は「漢委奴国王」の5文字。
金印に関係する『後漢書』東夷伝の記事：

建武中元二年(57年)、倭奴国が貢ぎ物を奉じ、朝賀してきた。使者は大夫であると自称した。(その国は)倭国の極南の界にある。光武帝は印と綬*とを賜った。

＊綬：印を身に帯びる際に用いた組みひも。

当時、倭には多くの国があり、それぞれ世襲の王がいた。①『後漢書』は楽浪郡からの距離や方角によって、倭人の居住地の位置を示している。
「倭奴国が貢ぎ物を奉じ、朝賀してきた」という記述は、倭奴国が光武帝に対して朝貢したことを示している。また、「印と綬とを賜った」ことから、［ア］という関係があったことがわかる。漢王朝は、内陸部の諸国とも同様の関係を結ぶことがあった。

建太：金印の印文は「漢委奴国王」ですが、『後漢書』の記事には「倭奴国」とありますね。「委」と「倭」と文字が違っているのはなぜですか？

エリ：「倭」の文字の省略形が「委」だとする説があります。『三国志』の倭人についての記述には「奴国」という国名が見えることから、『後漢書』の「倭の奴国」が金印の「委奴国」と同一だと考えるわけです。この説は、『後漢書』のような中国の正史の記述が正しいとするのですが、現在見ることのできる『後漢書』は宋代以降に印刷されたものです。②出土した金印の文字そのままに読むべきだとする説では、この金印を授けられたのは、『三国志』に見える「伊都国」だと考えられているようです。

問1 下線部①は、金印がもたらされた当時の東アジアの状況を反映していると考えられる。その状況を述べた文として適当なものを、次の①～④のうちから一つ選べ。

① 当時、倭の諸国が中国に往来するには、朝鮮半島を経由することが多かった。
② 光武帝は、外交交渉を担当させる組織として楽浪郡を設置した。
③ 当時、倭国は、百済と結んで朝鮮半島に出兵するなどしていた。

④　当時の朝鮮半島における倭人の活動が、「好太王碑」（「広開土王碑」）に記されている。

問2 文章中の空欄［ア］に入れる文として適当なものを、次の①～④のうちから一つ選べ。

①　貢ぎ物の代価として、金と絹とを支払う
②　皇帝が、外国の王を臣下として冊封する
③　皇帝から、属州の総督に任命される
④　郡国制の中に、倭の地域を取り込む

問3 下線部②の説について、どのような根拠が想定できるか。想定できる根拠として適当でないものを、次の①～④のうちから一つ選べ。

①　印刷が普及するまで書物は手書きで伝えられたため、その過程で文字が変わることがあった。
②　『後漢書』は当時の記録そのものではなく、編纂（へんさん）されたものであるため、編者が文字を改めることがあった。
③　使者が口頭で伝えた国名が、中国では異なる漢字によって表記されることがあった。
④　当時、倭国は卑弥呼によって統一されていたため、「倭の奴国」という国名はありえない。

問1 ［答］　①

②**楽浪郡**は、衛氏朝鮮を滅ぼした前漢の武帝が現在の平壌付近に設置した郡であるため適当でない。③**百済**が建国されたのは4世紀であり、金印がもたらされた1世紀と時期が合わない。④**広開土王碑（好太王碑）**は、4～5世紀に活躍した高句麗の広開土王（好太王）の事績を記した碑文であり、金印がもたらされた1世紀と時期が合わない。

問2 ［答］　②

①空欄［ア］の直前に「印と綬とを賜った」とあり、印は金印を、綬はパネルの＊にあるように組みひもであるため、ここからは貢ぎ物の代価として金と絹を支払ったことが読み取れない。③属州は、古代ローマのイタリア半島以外の領土で、総督を派遣して統治したものであるため、適当でない。④**郡国制**は、中国内の地方行政制度であるため適当でない。

問3 ［答］　④

④卑弥呼は3世紀の邪馬台国の女王であり、金印がもたらされた1世紀と時期が合わない。

RANK 

8 中国史② 魏晋南北朝時代～隋・唐

220	589	618	907
魏晋南北朝時代	隋	唐	

年

1 魏晋南北朝時代(220～589)

✤三国時代(220～280)

2世紀末の黄巾の乱後の混乱の中から、華北の**曹操**、四川の**劉備**、江南の**孫権**が台頭した。220年、曹操の子である**曹丕(文帝)**が後漢の皇帝から禅譲を受けて**魏**(220～265)を建てると、次いで劉備が**蜀**(221～263)を、孫権が**呉**(222～280)を建てた(**三国時代**(220～280))。3世紀前半、魏は邪馬台国の卑弥呼を冊封し、「親魏倭王」の称号を与えた。3世紀後半、魏は蜀を滅ぼした。その後、265年に魏の将軍**司馬炎(武帝)**(位265～290)が魏の禅譲を受けて、新たに**晋**(**西晋**)(265～316)を建てた。さらに、280年に呉を滅ぼして中国を統一した。

三国時代(3世紀)

✤晋(西晋・東晋)と五胡十六国時代

290年、晋(西晋)の一族が反乱を起こし(**八王の乱**)、この混乱の中で自立した**南匈奴**によって晋は滅亡した。これ以後、華北は**五胡**(**匈奴**・**羯**・**鮮卑**・**氐**・**羌**)と総称される遊牧民を中心とした諸国家が興亡するようになった(**五胡十六国時代**、304～439)。一方、晋の一族の**司馬睿(元帝)**(位317～322)は、江南に**建康**を都とする**東晋**(317～420)を建てた。**東晋には、華北から多くの貴族や農民が移住したため、江南地域の開発が進んだ。**

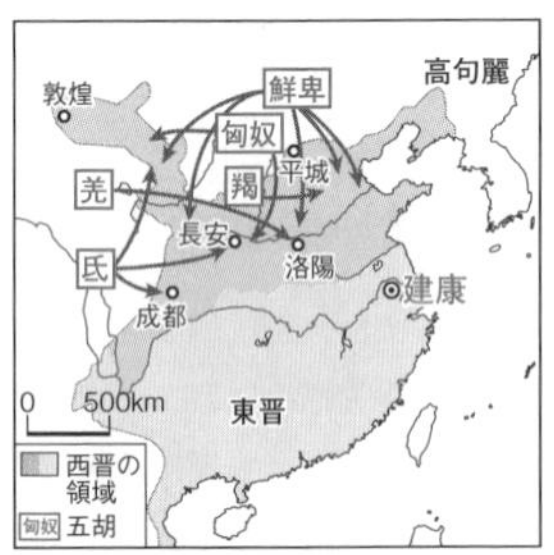

五胡十六国時代と東晋(4世紀)

✤南北朝時代(439～589)

439年、**鮮卑**の**拓跋氏**が建国した**北魏**(386～534)が、第3代の**太武帝**の時に華北を統一した。第6代の**孝文帝**は**平城**から**洛陽**に遷都し、**鮮卑の制度や習俗を中国的なものに改める漢化政策**を実施した。しかし、これらの政策に反発する人々の反乱によって北魏は**東魏**と**西魏**に分裂した。さらにそれぞれが**北斉**と**北周**に代わり、北周が北斉を滅ぼして華北を統一した。これらの華北の諸王朝を**北朝**と呼

南北朝時代(5世紀)

ぶ。一方、江南の東晋は**宋**にとって代わられ、以後**斉**→**梁**→**陳**が興亡した。宋・斉・梁・陳の4王朝を**南朝**といい、これらと北朝が対立した時代を**南北朝時代**(439~589)という。

581年、北周の外戚であった**楊堅(文帝)**(位581~604)が帝位について、**大興城**を都として**隋**(581~618)を建て、589年に南朝の陳を滅ぼして中国を統一した。魏の建国から隋による中国統一までの約370年間を**魏晋南北朝時代**(220~589)という。

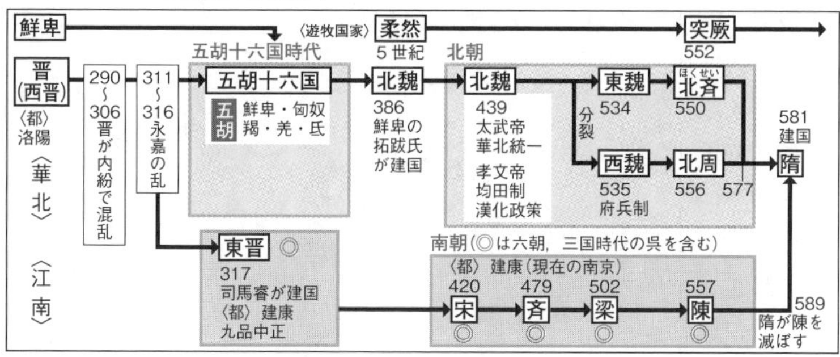

魏晋南北朝時代の王朝の変遷

2 隋(581~618)

隋を建てた楊堅(文帝)は、律令を制定し、**均田制**・**租調庸制**・**府兵制**を実施した。官吏任用制度では、推薦制の九品中正に代わって学科試験の**科挙**を実施した。

第2代の**煬帝**(位604~618)は、政治の中心である華北と開発の進んでいた江南を結ぶ政治・経済的大動脈となる**大運河**を完成させた。しかし、**3度にわたる高句麗遠征に失敗すると、これをきっかけに各地で反乱が起こり、混乱の中で隋は滅亡した**。

隋の領域と大運河

3 唐(618~907)

隋末の混乱に乗じ、北周・隋と同じく拓跋氏出身の**李淵(高祖)**(位618~626)が挙兵し、**長安**を都とする**唐**(618~907)を建国した。第2代の**李世民(太宗)**(位626~649)は中国を再統一するとともに、モンゴル高原の**東突厥**を征服した。太宗は**律令体制**など諸制度を整備し、その治世は「貞観の治」と呼ばれた。また第3代の高宗(在位649~683)は中央アジアの西突厥を服属させ、**新羅**と結んで**百済**・**高句麗**を破り、大帝国を形成した。

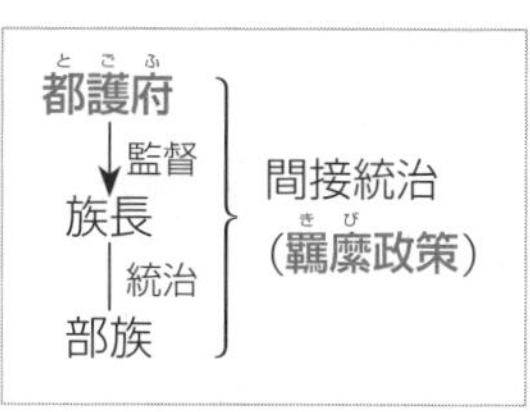

唐の諸民族支配

唐は、辺境に**都護府**をおき、**周辺諸民族を間接統治する羈縻政策**を行った。また、**律**(刑法)・**令**(民法・行政法)・**格**(臨時法)・**式**(施行細則)を整備し、中央に**三省・六部**を設けて統治し、地方では**州県制**をしいた。また北魏の**均田制**を受け継いで民衆に均等に土地を支給し、均等な租税・労役(**租調庸制**、租…穀物　調…布　庸…中央での力役　その他**雑徭**〔地方での力役〕)と兵役(**府兵制**、兵農一致の徴兵制)を課し、**土地制・税制・兵制を一体化した体制をしいた**。

唐の都**長安**は、**ソグド人**の商人など東西の商人や使節の集まる国際都市として繁栄した。**広州**・**揚州**などの海港都市も**ムスリム商人**が来港するなど繁栄し、広州には貿易管理を行う**市舶司**がおかれた。

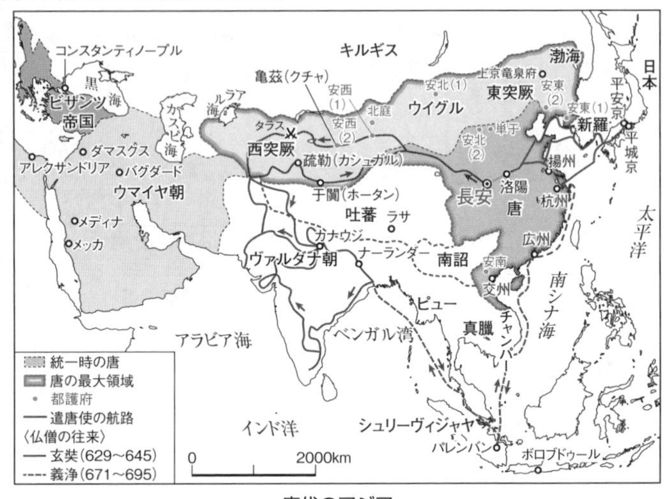

唐代のアジア

高宗の死後、高宗の皇后である**則天武后(武則天)**が帝位につき、国号を**周**(690〜705)とした。則天武后が科挙官僚を積極的に用いたことから、政治の担い手は貴族から科挙官僚へと移行し始めた。則天武后の死後の混乱を収拾して即位した**玄宗**(位712〜756)の治世には、**租税・労役や兵役の負担のために没落する農民が増加した。土地を捨てて逃亡する農民が多く現れた**一方、**土地の兼併によって有力者の荘園は拡大し、有力者は隷属的な農民に耕作させて経済的な基盤を固めた**。こうして**均田制の継続が困難となり、土地制・税制・兵制を一体化した体制が崩れることになった**。玄宗はこれまでの府兵制を、**傭兵を採用する募兵制**に切り替え、**辺境防備の司令官として節度使**をおいた。

玄宗は晩年に**楊貴妃**を寵愛し、楊貴妃の一族が実権を握るようになった。これに反発したソグド系の節度使である**安禄山**は、部下の**史思明**とともに反乱を起こし(**安史の乱**(755〜763))、長安を占領した。**乱はウイグルの援助などによって鎮圧された**が、**安史の乱後に節度使は治安維持のために内地にも設置されるようになり、軍事権だけでなく行政権・財政権も保有して半独立勢力である藩鎮となって各地を支配するようになった**。

780年、唐は宰相楊炎の進言を受け、租調庸制に代わり、**現住地の土地・資産に応じて夏秋2回徴収する新税制の両税法**を施行し、財政再建のために**塩の専売**を行った。875年、**塩の密売商人の黄巣**が指導する農民反乱が起こり(**黄巣の乱**(875〜884))、唐の衰退は決定的となった。そして907年、節度使の**朱全忠**によって、唐は滅亡に至った。

ここが共通テストのツボだ!!

ツボ ① 魏晋南北朝時代の国家の諸制度と政策を整理する！

○**魏**：**屯田制**：屯田民に官有地を耕作させる

：**九品中正（九品官人法）**：中正官が人物を9等級に分け中央に推薦

→豪族の子弟が中央政界に進出→豪族の**門閥貴族**化が進む

「上品に寒門なく下品に勢族なし」

○**晋（西晋）**：占田・課田法：大土地所有の制限と土地の分配

○**北魏**

①**太武帝**

- 道士の**寇謙之**を信任→**道教**を国教化、仏教を弾圧

②**孝文帝**

- **均田制**：国家が農民に土地を配分（給田）し、租税・力役を徴収し、老年になると土地を回収する。北魏では、女性・奴婢・耕牛にも給田された
- 三長制：5家→隣　5隣→里　5里→党とし、隣・里・党それぞれに長をおく

○**西魏**：府兵制：農民に兵役を課す

ツボ ② 唐の中央官制について整理して理解しよう

皇帝 ──→ **中書省**（詔勅の起草）

（皇帝の下に）**御史台**（官吏の監察）

中書省（詔勅の起草）
↓
門下省（詔勅の審議）
↓
尚書省（詔勅の実施）
｜
六部…尚書省に属する
- **吏部**（官吏の任免）・**戸部**（財政）・**礼部**（教育・科挙）
- **兵部**（軍事）・**刑部**（司法）・**工部**（土木事務）

ツボ ③ 唐の支配階層・制度についての変化に注意！

〈支配階層〉 **貴族** ──→ **新興地主**

〈土地制〉 **均田制** ──→ **荘園制**

〈税制〉 **租調庸制** ──→ **両税法**

〈兵制〉 **府兵制** ──→ **募兵制**

〈辺境対策〉 **都護府** ──→ **節度使** ──→ 節度使を内地にも設置（藩鎮）

第2部 世界史探究 3 東アジア世界(2)

チャレンジテスト（大学入学共通テスト実戦演習）

次の文章を読み、後の問いに答えよ。 （2023年共テ本試B）

ある大学のゼミで、学生たちが、「中国史の中の女性」というテーマで議論をしている。（引用文には、省略したり、改めたりしたところがある。）

藤田：次の**資料**は、顔之推（がんしすい）が6世紀後半に著した『顔氏家訓（がんしかくん）』という書物の一節で、彼が見た分裂時代の女性の境遇について述べています。

資料

> 南方の女性は、ほとんど社交をしない。婚姻を結んだ家同士なのに、十数年経っても互いに顔を合わせたことがなく、ただ使者を送って贈り物をし、挨拶を交わすだけで済ませるということさえある。
>
> これに対し、北方の習慣では、家はもっぱら女性によって維持される。彼女らは訴訟を起こして是非を争い、有力者の家を訪れては頼み込みをする。街路は彼女たちが乗った車であふれ、役所は着飾った彼女たちで混雑する。こうして彼女たちは息子に代わって官職を求め、夫のためにその不遇を訴える。これらは、平城に都が置かれていた時代からの習わしであろうか。

山口：中国には、「牝鶏（めんどり）が朝（あした）に鳴く」ということわざがあり、女性が国や家の事に口出しするのは禁忌であったと聞きます。**資料**の後半に書かれているように、女性が活発な状況が現れた背景は、いったい何でしょうか。

藤田：著者の推測に基づくなら、［ア］に由来すると考えられます。

中村：あっ！　ひょっとして、この時代の北方の状況が、中国に女性皇帝が出現する背景となったのでしょうか。

教授：中村さんがそのように考える根拠は何ですか。

中村：ええと、それは［イ］からです。

教授：ほう、よく知っていますね。

山口：**資料**にあるような女性の活発さが、後に失われてしまうのはなぜでしょうか。

藤田：ⓐこの時代以降の儒学の普及とともに、**資料**中の南方の女性のような振る舞いが模範的とされていったためと考えられます。

問1 文章中の空欄［ア］に入れる語句として最も適当なものを、次の①～④のうちから一つ選べ。

① 西晋を滅ぼした匈奴の風習
② 北魏を建国した鮮卑の風習
③ 貴族が主導した六朝文化
④ 隋による南北統一

問2 文章中の空欄 イ に入れる文として最も適当なものを、次の①～④のうちから一つ選べ。

① 唐を建てた一族が、北朝の出身であった
② 唐で、政治の担い手が、古い家柄の貴族から科挙官僚へ移った
③ 隋の大運河の完成によって、江南が華北に結び付けられた
④ 北魏で、都が洛陽へと移され、漢化政策が実施された

問3 下線部ⓐについて述べた文として最も適当なものを、次の①～④のうちから一つ選べ。

① 世俗を超越した清談が流行した。
② 董仲舒の提案により、儒学が官学とされた。
③ 寇謙之が教団を作り、仏教に対抗した。
④ 『五経正義』が編纂(へんさん)された。

問1 [答] ②

②資料の最後の文に、「これらは、平城に都が置かれていた時代からの習わしであろうか」とあることから、平城に都をおき、のちに洛陽に遷都した北魏を建国した**鮮卑**の風習であると判断できる。①③④匈奴・六朝・隋は平城に都をおいていない。なお、六朝の呉の都は**建業**、東晋・宋・斉・梁・陳の都は**建康**で、建業の名称が変更されたものである。隋の都は**大興城**におかれた。

問2 [答] ①

①唐の建国者の李淵(高祖)は、北魏を建国した鮮卑の**拓跋氏**出身である。中国では北魏から唐まで、拓跋部出身者が中心となり、これと結びついた漢人貴族が支配者層を形成し、多様な人々を統治した(胡漢(こかん)融合国家)。よって、これが正答。②唐で政治の担い手が古い家柄の貴族から科挙官僚に移ったのは、中国唯一の女帝である**則天武后**の時代以降のことであり、女性皇帝が出現する背景ではないので、不適当。③「江南が華北に結び付けられた」とあるが、江南は長江下流域のことであり、これによって北方の習慣が導入されることはないので、不適当。④漢化政策は、北魏の**孝文帝**が北方遊牧民の鮮卑の制度や習俗を中国的なものに改める政策であり、北方の習慣を導入するものではないので、不適当。

問3 [答] ④

下線部ⓐの「この時代以降」は顔之推が『顔氏家訓』を著した6世紀後半以降を指す。④唐の**太宗(李世民)**の命により、孔穎達(くようだつ)が儒学の五経の注釈書である『五経正義』を編纂したので、これが正答。これにより五経の解釈が統一され、科挙の基準となった。①清談は老荘思想の影響を受けた哲学的談義であり、**魏晋南北朝**時代に流行したものなので、不適当。②董仲舒(とうちゅうじょ)の提案により、儒学が官学とされたのは前漢の**武帝**の時なので、不適当。③**寇謙之**は道士であり、道教教団を作って仏教に対抗した。時代も異なり、道教についての記述なので不適当。

9 中国周辺地域史① モンゴル高原・中央アジア・チベット・雲南

年	前3C後半				後2C		5C	6C	8C
モンゴル高原	匈奴				鮮卑		柔然	突厥	ウイグル
中国	戦国時代〜秦の統一	前漢	新	後漢	魏晋南北朝時代		隋	唐	

1 中国周辺史

※①〜④は、p.88-89の①〜④にそれぞれ対応している。

中国と内陸アジア

①中央アジア

- ○ソグド人
  - ●内陸中継貿易に活躍(サマルカンドを拠点)
- ○バクトリア(前3C〜前2C)
  - ●アム川流域に成立、ギリシア系
  - ●セレウコス朝シリアから独立
  - ●**西北インド進出→ヘレニズム文化が伝播**
- ○エフタル(後5C〜6C半ば)
  - ●騎馬遊牧民
  - ●グプタ朝を攻撃→衰亡させる
  - ●ササン朝(ホスロー1世)と突厥(とっけつ)の攻撃を受ける→滅亡

②チベット

- ○吐蕃(とばん)(7C〜9C):〈都〉**ラサ**
  - ●ソンツェン=ガンポが建国
  - ●チベット文字制定:**インド文字の影響**
  - ●チベット仏教(ラマ教)を国教化
  - ●安史(あんし)の乱の際、一時長安占領
- ●チベット仏教(ラマ教)
  - ·〈教主〉ダライ=ラマ
    - ·ポタラ宮殿:歴代ダライ=ラマの宮殿
  - ·**ツォンカパ**(14C〜15C)
    - ·黄帽派(こうぼうは)(ゲルク派)を創始

③モンゴル高原の騎馬遊牧民

○匈奴（前3C後半）
- スキタイ（黒海北岸の騎馬遊牧民）の影響を受ける
- 冒頓単于
  - 前漢の高祖（劉邦）・月氏を破る
- 前漢の武帝の討伐
  →北方に追われる
- 東西分裂（前1C）
- 東匈奴が南北に分裂（後1C）
  →北匈奴が西走…のちのフン人？

○鮮卑（後2C～4C）
- 五胡のひとつ　● 中国に進出→拓跋氏が北魏建国

○柔然（5C～6C）：モンゴル系
- 可汗の称号使用

○突厥（6C～8C）：トルコ系
- 柔然を滅ぼす
- ササン朝（ホスロー1世）と結んでエフタルを滅ぼす
- 突厥文字：**北方遊牧民最初の文字**
- 隋の離間策→東西分裂
- 東突厥：唐（太宗期）に服属→のち自立　● **西突厥**：唐（高宗期）に服属

○ウイグル（8C～9C）：トルコ系
- 東突厥を滅ぼす
- **安史の乱に際して唐を援助**
- ウイグル文字
- キルギスにより滅亡→**ウイグルは中央アジアへ流入→中央アジアのトルコ化**

④雲南

○南詔（？～10C初め）
- 唐の冊封を受ける

○大理国（10C～13C）
- **大モンゴル国（モンゴル帝国）**のクビライ（フビライ）により滅亡

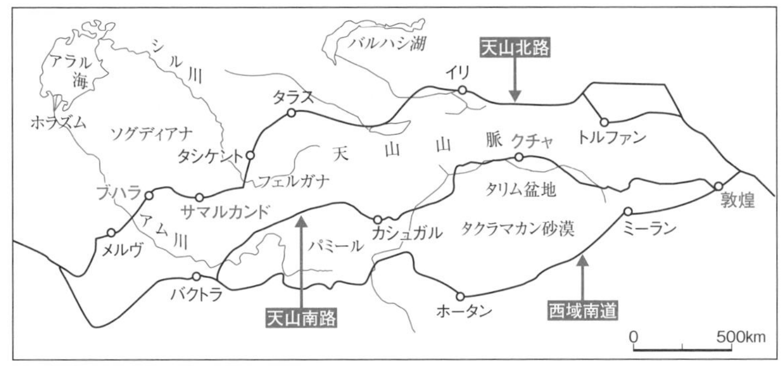

中央アジアの地勢と交通路

第2部 世界史探究 3 東アジア世界(3)

チャレンジテスト（大学入学共通テスト実戦演習）

次の文章を読み、後の問いに答えよ。 （2022年共テ追試B）

次の**資料1**は、あるトルコ系の国家［ア］について述べた中国の史書の一節である。（引用文には、省略したり、改めたりしたところがある。）また、**資料2**は、［ア］と東ローマ帝国との間で行われた交渉について、東ローマ帝国の歴史家が残した記録の概略である。なお、**資料1・2**は、どちらも同じ世紀に起こった事柄について述べている。

資料1

［ア］は富強となり、中国を軽んずるようになった。北周は［ア］と和親を結び、毎年、十万段もの絹を贈った。北斉もまた、［ア］からの侵略を恐れ、宮中の倉にある限りの財物を贈った。［ア］の君主は、配下の者たちにこの状況を例えて言った。「我々に南方の二人の孝行息子がいる限り、何の憂いもない。」

資料2

568年の初め、［ア］の使節たちがコンスタンティノープルに到着した。

この時、勢力が増大した［ア］に従属していたソグド人は、「ペルシアへ使節を派遣し、自分たちがペルシアで絹を売る許可を得て欲しい」と、［ア］の君主ディザブロスに請願した。彼はこれを承諾してソグド人を使節として派遣した。ところが、ペルシア王は、彼らが領内で絹を売ることを許可しなかった。

そこでソグド人の首領マニアクは、ディザブロスに次のように進言した。「東ローマと友好関係を築き、彼らに絹を売る方が良い。彼らほど多くの絹を使う人たちはいないからである。」ディザブロスはこの提案に賛成し、マニアクほか数名を使者としてコンスタンティノープルの皇帝のもとに派遣した。マニアクたちは皇帝への挨拶と、高価な生糸の贈り物と手紙を携えていった。この結果、東ローマと［ア］との間に攻守同盟が結成された。

問1 前の文章中の空欄［ア］に入れる語あ～うと、**資料1・2**から読み取れるソグド人と中央アジアの遊牧国家との関係について述べた文X・Yとの組合せとして正しいものを、後の①～⑥のうちから一つ選べ。

［ア］に入れる語

あ 突　厥

い セルジューク朝

う ウイグル

資料1・2から読み取れるソグド人と中央アジアの遊牧国家との関係について述べた文
X　ソグド人が、遊牧国家の外交を担っている。
Y　ソグド人が、遊牧国家を従属させて、勢力の拡大を図っている。

① **あ**－X　② **あ**－Y　③ **い**－X
④ **い**－Y　⑤ **う**－X　⑥ **う**－Y

問2 前の資料2の、ソグド人に領内で絹を売ることを許可しなかった王朝の歴史について述べた文として最も適当なものを、次の①～④のうちから一つ選べ。

① 『アヴェスター』が編纂(へんさん)された。
② アルダシール1世に滅ぼされた。
③ パルティアに滅ぼされた。
④ サーマーン朝を滅ぼした。

問1 [答] ①

［ア］に入れる語は、**資料1**の「北周」や「北斉」から、これらの王朝と同時期に活躍した国家であること、**資料2**の「568年」から、この時期に活躍した国家であること、などから考えて、6世紀~8世紀に存在した**あ**の突厥が正しいと判断できる。**い**のセルジューク朝は11世紀にトゥグリル＝ベクによって建てられた王朝で、**う**のウイグルは東突厥を破って8世紀に成立した国家であるため、時期が合わない。**資料1・2**から読み取れるソグド人と中央アジアの遊牧国家との関係について述べた文として正しいものは、**資料2**の第2段落から［ア］の君主ディザブロス（［ア］には突厥が入る）がソグド人をペルシアに使節として派遣したこと、さらに第3段落からディザブロスがソグド人の首領の提案に賛成し、ソグド人の首領マニアクほか数名をコンスタンティノープルの皇帝のもとに派遣したことが読み取れるため、Xが正しいと判断できる。以上のことから、①が正答である。

問2 [答] ①

問題文の「ソグド人に領内で絹を売ることを許可しなかった王朝」は、**資料2**の「568年」とペルシアの王朝であることから、**ササン朝**（224～651）と判断できる。①ササン朝で、ゾロアスター教の経典である『アヴェスター』が編纂されたので、これが正答。②アルダシール1世はササン朝の建国者である。ササン朝を滅ぼしたのは、正統カリフ時代のイスラーム勢力なので不適当。③ササン朝は、パルティアに滅ぼされたのではなく、パルティアを滅ぼして成立したので不適当。④サーマーン朝を滅ぼしたのはササン朝ではなくカラハン朝なので不適当。

10 中国史③ 宋

1 五代十国時代

907年、唐の節度使である**朱全忠**は唐を滅ぼし、**後梁**(907~923)を建国した。これ以後、中国は華北では**後梁→後唐**(923~936) → **後晋**(936~946) → **後漢**(947~950) → **後周**(951~960)が交替し、各地で10あまりの政権が割拠する**五代十国時代**となった。この時代の混乱によって、従来の門閥貴族は武人勢力に追い落とされた上、経済的基盤である荘園を失って没落し、代わって節度使や武人が権力を得るようになり、彼らと結んだ新興地主層が台頭した。

2 北宋(960~1127)

960年、後周の武将**趙匡胤(太祖)**(位960~976)によって**開封**(汴州、「**清明上河図**」に様子が描かれる)を都とする**北宋**(960~1127)が建国され、第2代の**太宗**の時代に中国が統一された。北宋は、乱世を終わらせて節度使(藩鎮)の割拠と武人優位の風潮を改めるために**文人官僚を起用する文治主義(文人政治)を行い、君主独裁体制を強化した。**

✤文治主義

- 節度使の欠員を文人官僚で補充→禁軍(中央の軍)を強化
- **科挙**の整備:皇帝自らが試験官となる最終試験の**殿試**を設置

しかし、軍隊や官僚組織を維持するための経費で国家財政は逼迫した。さらに、北宋は周辺民族の圧迫を受け、**キタイ(契丹、遼)**との間には11世紀初めに**澶淵の盟**を、同世紀半ばには**西夏**との間に慶暦の和約を結び、**それぞれの国に多くの銀と絹を贈った。**

この状況下で、宰相の**王安石**は第6代**神宗**のもとで、**富国強兵・財政再建・中小農民や商人の保護を目的とする新法を実施した。**

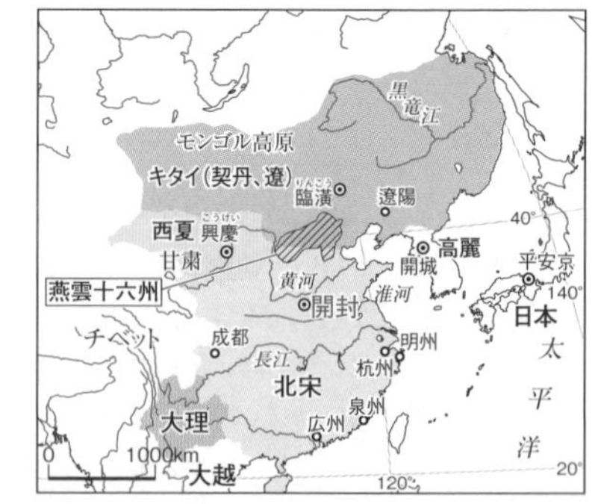

北宋

✤王安石の新法(11世紀後半)

〈富国策〉

- **青苗法**:低利融資による中小農民の救済
- **市易法**:低利融資による中小商人の救済
- **均輸法**:各地の特産品を不足地で売却
- **募役法**:免役銭の徴収と労役希望者への雇銭支給

〈強兵策〉

- **保甲法**：兵農一致の民兵養成制度
- 保馬法：軍馬の民間育成

しかし、**王安石の新法は大地主・大商人の利益を削ぐものであったため、彼らを代表する政治グループである司馬光ら旧法党の反発を受け、王安石は失脚した。**その後も新法党と旧法党の対立が続き、北宋は衰退した。

12世紀前半、北宋は中国東北地方の金と同盟を結び、共同で遼を攻撃してこれを滅ぼした。しかし、北宋は金に対して銀や絹を贈る約束を破るなどの背信行為を重ねたため、**金は北宋の都である開封を占領して北宋を滅ぼし、上皇の徽宗と皇帝の欽宗を北方に連行した（靖康の変(1126～27)）**。

3 南宋（1127～1276／79）

北宋滅亡後、欽宗の弟である高宗(位1127～62)が臨安（杭州）を都とする南宋(1127～1276／79)を建国した。南宋では、金に対する抗戦を唱える主戦派の**岳飛**と、和平派の秦檜が対立した。この対立では最終的に和平派が主戦派を退け、**南宋は淮河を境界とし、金を君主、南宋を家臣とする屈辱的な和約を結ぶことになり、多額の銀と絹を贈った。**

12世紀のユーラシア東方の多国家体制

南宋の時代には江南の開発が進展して経済が発展したが、13世紀後半にモンゴルの元によって南宋は滅亡した。

✤宋代の社会・経済

①社会：地主（**形勢戸**）出身の官僚（**士大夫**）が新支配層に

- **形勢戸**：有力地主層
- 官戸：科挙官僚を出した家。様々な特権をもつ
- **佃戸**：小作人

②農業

- 江南開発進展（囲田など）…「**蘇湖（江浙）熟すれば天下足る**」
- 稲作発展：**占城稲**伝来…日照りに強い早熟の稲

③手工業：**景徳鎮**（江西省）…陶磁器生産　宋磁（**青磁**・**白磁**）

④都市の発達

- **草市**が**鎮**・**市**に発展、営業時間制限も撤廃　同業組合…**行**（商人）・**作**（手工業者）

⑤紙幣の普及（銅銭の不足が背景）：〔北宋〕**交子**（世界最古の紙幣）　〔南宋〕**会子**

⑥外国貿易

- 港市発達…**広州**・**泉州**・**明州（寧波）**・**臨安（杭州）**などに**市舶司**設置
- 中国商人もインド洋方面に進出（**ジャンク船**・羅針盤使用）

ここが共通テストのツボだ!!

ツボ 1 五代十国～宋代の北方民族を分野別に整理する！

国名・建国者	民族	中国との関係	諸制度・経済	文化
キタイ(遼) (10～12C) ・耶律阿保機	契丹 (モンゴル系)	**後晋の建国援助** →燕雲十六州を得る 澶淵の盟 (1004、宋兄、遼弟) ・北宋から**銀**・**絹**を得る	**二重統治体制** ・遊牧民…部族制 ・農耕民…州県制	契丹文字 (漢字・ウイグル文字が母体)
西夏 (11～13C) ・李元昊	タングート(党項) (チベット系)	慶暦の和約 (1044、宋君、西夏臣) ・北宋から**銀**・**絹**・**茶**を得る	内陸中継貿易で繁栄	西夏文字 (漢字が母体)
金 (12～13C) ・完顔阿骨打	女真 (ツングース系)	靖康の変 (1126～27) →和議 (1142、金君宋臣) ・淮河以北を支配 ・南宋から**銀**・**絹**を得る	**二重統治体制** ・女真など…猛安・謀克 ・農耕民…州県制	女真文字 (契丹文字・漢字が母体)

ツボ 2 中国の官吏任用制度について押さえておきたい特徴

①**郷挙里選**(前漢〈武帝〉)

- 地方長官が儒学的な有徳者を推薦→豪族が中央進出

②**九品中正**(**九品官人法**)(魏〈文帝〉)

- 中央任命の中正官が地方の人材を9等級に評定して推薦
  →豪族の子弟が上品を得て政界進出
  →(門閥)貴族形成 「上品に寒門なく下品に勢族なし」

③**科挙**(隋～清):学科試験

- 科挙整備(北宋)
  →**殿試**の設置:**殿試**…皇帝自らが試験官となる最終試験

チャレンジテスト（大学入学共通テスト実戦演習）

次の文章を読み、後の問いに答えよ。　　(2022年試作問題「歴史総合、世界史探究」)

ある日の授業では、先生が、1123年に高麗に派遣された宋の使節員が記した見聞録に基づき、宋の使節がたどった海上航路を資料として示した(**図**)。その上で、移動ルートの特徴と背景について、生徒が意見を出し合った。

図

ア
黄河
宋
高麗
淮河
長江
明州
0　200km
■国都
……海上航路
ш運河

あつし：宋の都から高麗の都へ向かうには、北回りで陸路をたどった方が近くて簡単そうに見えます。しかし宋の使節は、遠回りをして、中国南部の明州から船を出し、東シナ海を渡ったわけですね。

すみれ：当初から両国の使者が陸路で行き来することはなかったようですが、それはⓐ<u>建国以来の宋の北方情勢が関連しているのではないでしょうか</u>。

スンヒ：宋の都と明州は大運河で結ばれていたので、大量の荷物を運ぶ外交使節にとっては内陸水運を利用する方が好都合だったかもしれません。

すみれ：以前の授業で、大運河は［　イ　］の時代に完成し、その工事の負担が［　イ　］の滅亡の一因になったと学びました。しかし大運河自体は、その後の時代にも利用されていたのですね。

みのる：当時、宋の使節が高麗に向かう航海で使用した船に関して、宋側の記録である**資料1**と**資料2**を見つけました。海上交通の安全性や安定性は、どのような人々が運航を担っていたかが重要であると思います。

資料1

> 従来、朝廷が高麗に使者を送る際には、出立日に先立ち、福建・両浙(注)の長官に委託して、現地の商人の商船を募集して雇い入れてきた。
>
> (注)　両浙：おおむね現在の浙江省と江蘇省南部に相当する地域。

資料2

> 皇帝より詔があり、「高麗王の逝去を弔問する使節の船を運行した船主・船頭であった商人に対し、褒美としてそれぞれ下級の官職を与える」とのことであった。

先生：皆さんよい着眼点ですね。様々な要因が重なり合って利用ルートが決まっていくと考えられそうです。

問1 図中の［ア］に入る都市の名あ～うと、文章中の空欄［イ］に入る王朝について述べた文X・Yとの組合せとして正しいものを、後の①～⑥のうちから一つ選べ。

［ア］に入る都市の名

あ 漢城　**い** 開城　**う** 開封

［イ］に入る王朝について述べた文

X　土地税、人頭税、労役などを一括して銀で納める税制を導入した。

Y　地方に置かれた推薦担当官が人材を推薦する制度を廃止し、試験による人材選抜方式を創設した。

① あ－X　② あ－Y　③ い－X

④ い－Y　⑤ う－X　⑥ う－Y

問2 すみれさんが下線部ⓐのように考えた根拠として最も適当なものを、次の①～④のうちから一つ選べ。

① 宋と高麗の間の地域は、スキタイの活動範囲に入っていた。

② 宋と高麗の間の地域には、フラグの率いる遠征軍が侵入していた。

③ 宋と高麗の間の地域では、契丹（キタイ）が勢力を広げていた。

④ 宋と高麗の間の地域には、西夏の支配が及んでいた。

問3 資料1・2を踏まえ、宋が高麗に使節を送る際、船舶がどのように運航されていたかについて述べた文として最も適当なものを、次の①～④のうちから一つ選べ。

① 貿易商人の中には倭寇として知られる者もいたため、彼らの護衛を受けて使節が派遣されたと考えられる。

② 皇帝直属の軍隊が強化されたため、その軍船と軍人が使節の派遣に利用されたと考えられる。

③ 軍艦の漕ぎ手として活躍していた都市国家の下層市民が、使節の船にも動員されていたと考えられる。

④ 民間商人の海外渡航が広く許され、彼らの貿易活動が活性化していたので、航海に習熟した商船とその船乗りが使節の派遣に利用されたと考えられる。

問1 ［答］ ④

ア に入る都市は、高麗の都なので**い**の開城である。**あ**の漢城は朝鮮王朝の都、**う**の開封は後唐(こうとう)以外の五代の王朝と北宋の都である。 イ に入る王朝は、前後の「大運河は イ の時代に完成し」から、隋であることが分かるので、隋で開始された科挙の説明である**Y**が入る。**X**は明の後期から開始された一条鞭法(いちじょうべんぽう)の説明である。

問2 ［答］ ③

①スキタイは、前7世紀～前3世紀頃に黒海北岸で活躍した遊牧民なので、地域や問題文にある「1123年」と時期が異なる。②フレグ（フラグ）はチンギス＝カン（ハン）の孫であり、13世紀に活躍した人物なので、問題文にある「1123年」と時期が異なる。④西夏は中国西北部の国家なので、宋と高麗の間の地域とは位置が合わない。

問3 ［答］ ④

資料1に「朝廷が高麗に使者を送る際には～中略～現地の商人の商船を募集して雇い入れてきた」とあること、**資料2**に「高麗王の逝去を弔問する使節の船を運行した船主・船頭であった商人に対し」とあることから、④が正答と読み取れる。

11 中国史④ モンゴル帝国・元

1 大モンゴル国(モンゴル帝国)

キタイ(契丹・遼)滅亡後、モンゴル高原では諸部族が割拠していたが、その中でモンゴル部の**テムジン**が台頭して諸部族を統合した。1206年、テムジンは**クリルタイ(部族長会議)**で**チンギス=カン(ハン)**(位1206~27)として即位し、**大モンゴル国(モンゴル帝国)**(1206~1388)を建て、服属した諸部族を千戸単位に組織した**千戸制**をしいた。チンギス=カンはカラキタイ(西遼)を乗っ取っていたナイマンを滅ぼし、次いで中央アジア西部・イラン方面の**ホラズム=シャー朝**と中国西北部の**西夏**を滅ぼした。

第2代の**オゴデイ(オゴタイ)**(位1229~41)は1234年に**金**を滅ぼし、**カラコルム(和林)**に都をおいた。また**バトゥ**に西方への遠征を行わせた。バトゥは**キエフ公国**を滅ぼしたのち、1241年の**ワールシュタットの戦い**でドイツ・ポーランド連合軍を破った。その後バトゥは南ロシアに**キプチャク=ハン国(ジョチ=ウルス)**を建てた。

第4代の**モンケ**(位1251~59)は、弟の**クビライ(フビライ)**と**フレグ(フラグ)**に対外遠征を行わせた。クビライは雲南の**大理**を滅ぼした。一方フレグは1258年にバグダードを占領して**アッバース朝**を滅ぼし、**イル=ハン国(フレグ=ウルス)**を建てた。なお、のちに中央アジアにはチャガタイ家が**チャガタイ=ハン国(チャガタイ=ウルス)**を建てた。またモンケは**高麗**を属国化した。

モンケの急死後、弟のクビライ(在位1260~94)が第5代の皇帝位についた。しかしこれに反発したオゴデイの孫がキプチャク・チャガタイ両ハン国と組んで乱を起こした(**カイドゥ〔ハイドゥ〕の乱**)。この乱は約40年続いたが、最終的に鎮圧された。

2 元(1271~1368)

クビライ(フビライ)(世祖)は、都を**大都**(カンバリク、現在の北京)に遷し、国号を中国風に**元(大元)**としたことから、ユーラシア東方を支配するこのクビライの帝国を**元(大元ウルス)**(1271~1368)という。各ハン国はそれぞれ自国の領土を支配しつつ、クビライ家の元朝皇帝を全体の大カーン(ハーン)として戴き、緩やかに連合した。クビライは**南宋**を滅ぼして中国を統一し、ビルマの**パガン朝**を滅亡に追い込んだ。しかしベトナムの**陳朝**、ジャワ、そして鎌倉幕府それぞれへの遠征(元寇、文永の役・弘安の

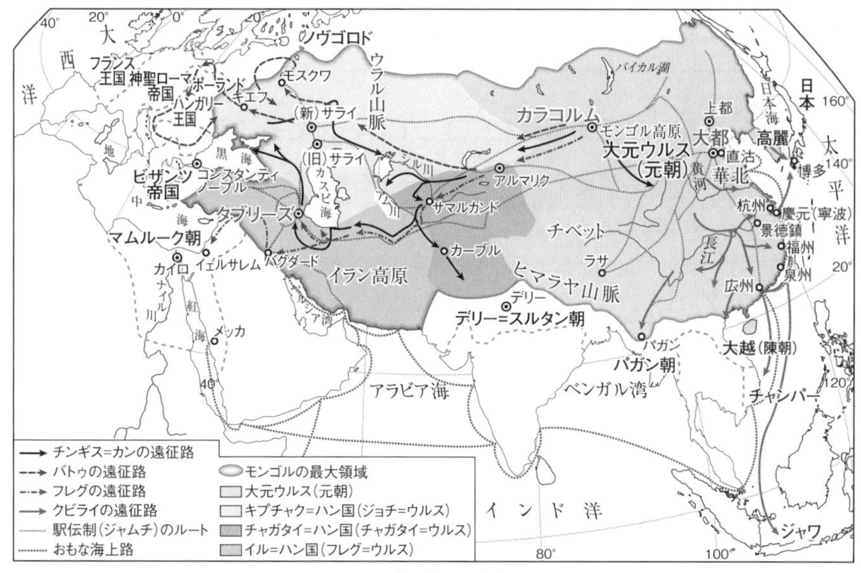

モンゴル帝国の領域

役）は失敗した。

✤**元の中国支配**：征服王朝…全土支配

①元朝治下の諸集団

- 支配層　：**モンゴル人**…軍事・行政の要職独占
  色目人（おもに中央アジア・西アジアの人々）…財務官僚に
- 被支配層：**漢人**（旧金支配下の人々。女真人・契丹人・漢族など）
  南人（旧南宋支配下の人々）
- 儒者（士大夫）・漢族冷遇：**科挙**一時廃止（14世紀初めに復活）

②公用語：**モンゴル語**

公文書：**パクパ（パスパ）文字**（チベット仏教の僧**パクパ**が作成）、**ウイグル文字**

③交通：**ジャムチ**（站赤）…駅伝制　牌符（牌子）…証明書

大運河補修・新運河建設・海運整備…南北間の輸送発達

港市…**泉州**（ザイトン）・**杭州**（キンザイ）

④経済：**交鈔**（紙幣）　宋代以来の大土地所有制（地主・佃戸制）進展　**両税法**継承

14世紀になると世界的な寒冷化が進み、疫病が流行してモンゴル帝国は急速に衰退した。元も飢饉や疫病に苦しみ、さらにチベット仏教の保護（寺院の建設など）などによって財政難に陥り、財政を立て直すために交鈔の濫発や塩の専売を強化すると経済が混乱した。1351年、群雄の一人である韓林児らの指導する農民反乱の**紅巾の乱（白蓮教徒の乱）**（1351～66）が起こった。この乱の中から農民出身の**朱元璋**が台頭し、大都を占領して元を北方へ追いやった。北方に移ったこれ以降の元を「北元」という。

ここが共通テストのツボだ!!

ツボ 1 諸ハン国の特徴を整理して押さえておこう

国名	建国者	地域(都)	その他
キプチャク=ハン国 (ジョチ=ウルス 1243〜16C初)	バトゥ	南ロシア (サライ)	のちイスラーム化 ※**モスクワ大公国(イヴァン3世)** 自立(1480)後崩壊
イル=ハン国 (フレグ=ウルス 1258〜14C半ば)	**フレグ** **(フラグ)**	イラン・イラク (**タブリーズ**)	**ガザン=ハン**(位1295〜1304) …イスラーム教国教化 宰相**ラシード=ア(ウ)ッディーン** …『**集史**』
チャガタイ=ハン国 (チャガタイ=ウルス 1306〜46)	—	中央アジア (アルマリク)	のちイスラーム化 東西分裂(14C中頃) ※西チャガタイ=ハン国から ティムールが台頭

ツボ 2 モンゴル帝国・元を訪れた旅行者について整理する!

時代	人名	来訪した都	交通路	その他
13C	〔伊〕プラノ=カルピニ	**カラコルム**	草原の道	フランチェスコ会修道士 教皇の命 グユクに謁見(えっけん)
13C	〔仏〕ルブルック	**カラコルム**	草原の道	フランチェスコ会修道士 仏王**ルイ9世**の命 **モンケ**に謁見
13C	〔伊〕マルコ=ポーロ	**大都**	絹の道→ 海の道	ヴェネツィアの商人 **クビライ**に仕える 『**世界の記述(東方見聞録(けんぶんろく))**』
13C	〔伊〕モンテ=コルヴィノ	**大都**	海の道	フランチェスコ会修道士 **中国で初めてローマ=カトリック布教**
14C	イブン=バットゥータ	**大都**	海の道	モロッコ出身の旅行家 『**大旅行記(三大陸周遊記)**』

チャレンジテスト（大学入学共通テスト実戦演習）

1 次の文章を読み、後の問いに答えよ。 （2022年共テ本試B）

次の**資料**は、近代中国の学者である王国維が著した論文の一部である。（引用文には、省略したり、改めたりしたところがある。）

資料

> およそ歴史を研究する際、ある民族の歴史を知るためには、別の民族によって書かれた記録に頼らないわけにはいかない。例えば、塞外（さいがい）(注)の民族である匈奴や鮮卑、西域の諸国については、中国の正史に記載があるほかには、信頼できる歴史記録はほとんどない。
>
> その後、契丹と［ア］の文化が発展したが、彼ら独自の文字は既に使われなくなり、それぞれの民族について、漢語で編纂された『遼史』と『金史』があるほかには、やはり信頼できる歴史記録はほとんどない。
>
> モンゴルについて言えば、今日でも広大な土地と独自の文字を有しているが、人々はⓐ宗教に夢中となり、学問を重視しなかったため、古い時代の史書の原本は元のままでは残っておらず、むしろ漢語やペルシア語の文献によって伝わっている。
>
> （注） 塞外－長城の外側。

モンゴルが学問を重視しなかったという説明は乱暴に過ぎるが、史料が様々な理由で失われうることは事実である。一方、残された史料の方も鵜呑み（うのみ）にしてよいとは限らない。王国維は上の文章に続けて、モンゴルについて記すある漢語史料の信頼性に問題があることを論じている。

問1 前の資料中の空欄［ア］の民族の歴史について述べた文として最も適当なものを、次の①～④のうちから一つ選べ。

① 猛安・謀克という軍事・社会制度を用いた。
② ソンツェン＝ガンポが、統一国家を建てた。
③ テムジンが、クリルタイでハンとなった。
④ 冒頓単于の下で強大化した。

問2 下線部ⓐのような王国維の理解は、モンゴル人がチベット仏教を篤く（あつく）信仰したことを踏まえたものと考えられる。チベット仏教の歴史について述べた文として最も適当なものを、次の①～④のうちから一つ選べ。

① ワッハーブ派が、改革運動を起こした。
② ガザン＝ハンが、黄帽派（ゲルク派）に改宗した。
③ ダライ＝ラマ14世が、インドに亡命した。
④ 北魏による手厚い保護を受けた。

問3 前の文章が述べるように、ある民族や集団について研究する際に、別の民族や集団が残した記録を史料とする例は少なくない。次の研究**あ**・**い**が、その例に当てはまるか当てはまらないかについて述べた文として最も適当なものを、後の①～④のうちから一つ選べ。

研究

あ 『三国志』魏書東夷伝倭人条（魏志倭人伝）を用いた、邪馬台国についての研究

い パスパ文字（パクパ文字）で書かれたフビライの命令文書を用いた、元朝についての研究

① **あ**のみ当てはまる。　② **い**のみ当てはまる。
③ 両方とも当てはまる。　④ 両方とも当てはまらない。

問1 [答] ①

資料の6行目に「漢語で編纂された『遼史』と『金史』」とあることから、 ア に入る民族は金を建国した**女真**が入るので、金についての説明である①が正答である。②は吐蕃（とばん）、③はモンゴル帝国、④は匈奴（きょうど）の説明。

問2 [答] ③

ダライ＝ラマは黄帽派（こうぼう）チベット仏教の最高権威者で、**ダライ＝ラマ14世**は、1959年のチベット反乱（反中国運動）の際、インドに亡命した。よって、③はチベット（仏教）の歴史について述べているので、正答。①ワッハーブ派は、18世紀に成立したムハンマドの時代への回帰を唱えるイスラーム教の改革派なので不適当。②ガザン＝ハンではなくタタール（韃靼）の**アルタン＝ハーン**が、黄帽派（ゲルク派）に改宗した。ガザン＝ハンはイル＝ハン国の君主で、イスラーム教を国教化した。④北魏は、仏教や、一時道教を保護した。チベット仏教についての記述ではないので不適当。

問3 [答] ①

あ．『三国志（さんごくし）』魏書東夷伝倭人条（ぎしょとういでんわじんじょう）（魏志倭人伝）は中国人の残した史料であり、邪馬台国（やまたいこく）は日本の国家であるため、問われている「別の民族や集団が残した記録」に当てはまる。**い**．**パスパ文字（パクパ文字）**は元朝の公文書に使われた文字である。よって「パスパ文字（パクパ文字）で書かれたフビライの命令文書」はモンゴル人自身の史料であるため、問われている「別の民族や集団が残した記録」に当てはまらないので不適当。よって①が正答。

2 次の文章を読み、後の問いに答えよ。 (2022年共テ追試A)

右の**写真**は、中国北京市の南西にある永定河に架かる橋を撮影したものである。

この橋は、1189年に建設が始まり、南方から金の都へと至る途上に架けられた。ヴェネツィアの商人マルコ＝ポーロは［ア］代の中国を訪れたとされるが、その旅行記『世界の記述』には、「世界に匹敵するものはないほどの見事な石橋」と記されている。

写真

今日見る姿は後に修復されたもので、欄干に数百体もの獅子(しし)の像があり、その豪華な造りが多くの詩にうたわれた。また、この橋は古来、月見の名所としても知られ、［イ］の乾隆帝は橋のたもとに碑を建て、その美しさを讃(たた)えた。

問1 前の文章中の空欄［ア］の王朝の拡大について述べた文として最も適当なものを、次の①～④のうちから一つ選べ。

① 南宋を滅ぼした。　② 渤海を滅ぼした。
③ 遼を滅ぼした。　④ ジャワを征服した。

問2 前の文章中の空欄［イ］の王朝が実施した政策について述べた文として最も適当なものを、次の①～④のうちから一つ選べ。

① 文字の獄による思想統制を行った。
② 農民に土地を割り当てる均田制を実施した。
③ 郡国制を採用して地方を統治した。
④ 交鈔と呼ばれる紙幣を発行した。

問1 [答] ①

ヴェネツィアの商人**マルコ＝ポーロ**は、**クビライ(フビライ)**治世の元を訪れた。クビライは、13世紀後半に南宋を滅ぼし、中国を統一した。よって、①が正答。②渤海(ぼっかい)を滅ぼしたのは、キタイ(遼)なので、不適当。③遼(キタイ)を滅ぼしたのは、北宋と金の連合軍なので、不適当。④クビライは、ジャワに遠征軍を派遣したが、征服には失敗したので、不適当。

問2 [答] ①

乾隆帝(けんりゅうてい)は、18世紀の**清**(しん)の皇帝である。清は、反清・反満思想に対して**文字の獄**(もんじのごく)や**禁書**といった思想統制を行った。よって、①が正答。②均田制(きんでんせい)は、魏晋南北朝(ぎしんなんぼくちょう)時代の北魏(ほくぎ)や隋(ずい)・唐(とう)などで行われた土地制度なので、不適当。③封建(ほうけん)制と郡県制の併用である郡国制は、前漢(ぜんかん)で行われたので、不適当。④紙幣である交鈔は、おもに金や元で流通したので、不適当。

12 中国史⑤ 明・清

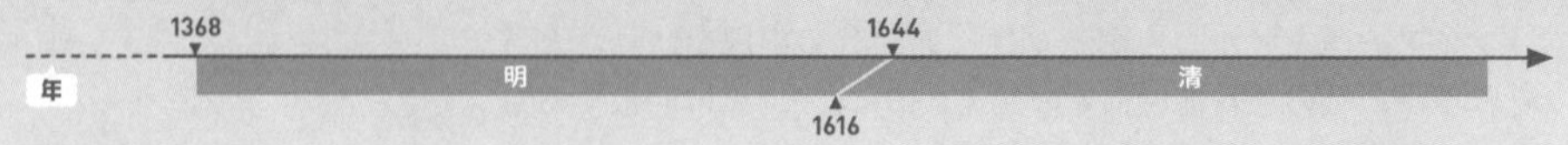

1 明(1368～1644)

元末の紅巾の乱から台頭した農民出身の**朱元璋(洪武帝)**(位1368～98)は、**南京(金陵)**を都とする**明**(1368～1644)を建て、大都を占領して元を北方に退かせた。洪武帝は、元代の行政の中心であった**中書省とその長官である宰相(丞相)を廃止して六部を皇帝直属とし、皇帝独裁体制を確立**させ、農村・軍政・法制にわたる様々な政策を実施した。

✤明の洪武帝(朱元璋)の業績

- **中書省**廃止(**宰相**廃止)
- **衛所制**：兵農一致。**軍戸**が軍役に服す
- **里甲制**：徴税・治安維持が目的。**民戸**110戸で1里を編成
- **六諭**：儒教的教訓(民衆教化が目的)　※里老人…里内の民衆教化担当
- 土地・税制：**魚鱗図冊**(土地台帳)・**賦役黄冊**(戸籍兼租税台帳)
- **海禁**政策：民間人の貿易を禁止。朝貢貿易のみを認める　※16世紀中頃に緩和
- その他：**朱子学**を官学化。**科挙**実施。**明律・明令**　**一世一元の制**

洪武帝の死後、彼の孫にあたる**建文帝**(位1398～1402)が第2代皇帝として即位した。**建文帝が一族の領地没収を強行すると、洪武帝の第4子の燕王(朱棣)がこれに反発して挙兵し、南**

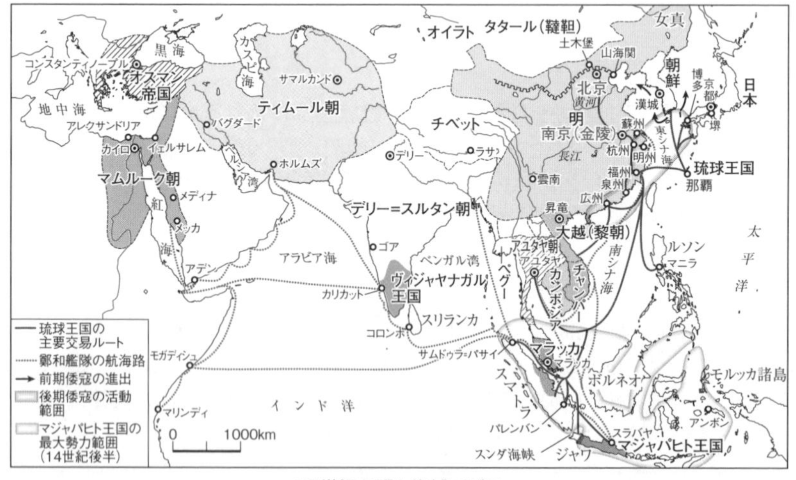

15世紀の明と海域アジア

京を占領して第3代**永楽帝**(位1402～24)として即位した(**靖難の役**(1399～1402))。

永楽帝は自身の本拠地である**北京**に遷都して**紫禁城**を建設し、宦官を重用した。対外的にはモンゴル高原に親征してタタールに打撃を与え、一時ベトナムを併合した。そして**朝貢貿易促進を目的として、ムスリムで宦官である鄭和に南海諸国遠征を行わせた**。鄭和の分隊は、**メッカ**やアフリカ東岸の**マリンディ**に到達した。内政面では、内閣大学士に皇帝親政体制を補佐させた。

永楽帝死後、明の朝貢貿易の回数・品目に不満をもっていた北方民族がしばしば明に侵入した。これに対して明は長城を改修し、北方民族の侵入に備えた。また、明の海禁政策に不満をもつ中国人たちによる密貿易や海賊行為が激化した(**後期倭寇**)。これらの**明に対する南北からの圧力を北虜南倭という**。

✤北虜南倭(15世紀半ば～16世紀中心)

①**北虜**:北方民族

- **オイラト**(瓦剌):**土木の変**(1449)…**エセン**が正統帝(英宗)を捕らえる
- **タタール**(韃靼):元朝の末裔にあたるモンゴル勢力
  - ・**アルタン=ハーン**:**北京**包囲(1550)→和議
    チベット仏教(黄帽派)をモンゴルに導入

②**南倭**:**倭寇**

- **前期倭寇**(14C中心):日本人中心。朝鮮沿岸から中国沿岸に拡大
- **後期倭寇**(16C中心):貿易統制に不満をもつ中国人が中心(王直など)
  →**海禁**緩和(1567頃)→国際交易の活発化

明では万暦帝(位1572～1620)期に宰相**張居正**による財政再建が行われ、土地税・人頭税・労役などを一括して銀納させる**一条鞭法**が普及した。しかし、張居正死後、明は**豊臣秀吉の朝鮮出兵**に対する朝鮮への援軍や、中国東北地方の**女真**との抗争で軍事費が増大して財政が悪化した。また東林書院を設立して政府批判を行った顧憲成らの郷紳集団(**東林派**)と、宦官勢力と結託した集団(**非東林派**)の抗争によって政治が混乱した。そして明が軍事費などの調達のために農民に重税を課すと、農民反乱が頻発し、農民出身の**李自成**が主導した**李自成の乱**(17C半)によって北京が陥落し、明は滅亡した。

2 清(1616/36～1912)※乾隆帝期まで 

中国東北地方で農牧・狩猟生活を営む**女真人**は、明の富裕層間で需要が高まった毛皮や薬用人参の交易で台頭した。その後交易の利権をめぐって女真人の間で抗争が起こると、建州女真の**ヌルハチ**(位1616～26)(太祖)が女真人を統一し、中国東北地方に**後金**(アイシン)を建てた。ヌルハチは女真人独自の軍事・社会組織の**八旗**を編制し、**満洲文字**を制定した。第2代の**ホンタイジ**(位1626～43)(太宗)は内モンゴルの**チャハル**を征服した後に、民族名を女真から満洲に改め、支配下の満洲人・漢人・モンゴル人に推挙されて自らを皇帝と称し、国号を**清**とした。その後**朝鮮王朝**[☞p.111]を属国化し、モンゴル人・漢人による**蒙古八旗**と**漢軍八旗**を編制した。

李自成の乱による明の滅亡後、山海関を守備していた明の呉三桂の先導で清が中国に侵入した。清は李自成を倒して北京に遷都して中国支配を開始し、漢人による緑営を組織して八旗の補助軍とし、おもに中国全土の治安維持を行わせた。**清の皇帝は中国の皇帝であると同時に、北方遊牧民にとってはモンゴル帝国の伝統を継ぐ遊牧社会の君主でもあった。**そして清は第4代の康熙帝(位1661～1722)、第5代の雍正帝(位1722～35)、第6代の乾隆帝(位1735～95)の時代に最盛期を迎えた。

✤康熙帝・雍正帝・乾隆帝の業績

①**康熙帝**(聖祖、位1661～1722)

- 三藩の乱(1673～81)：藩王**呉三桂**らの乱→鎮圧
- 鄭氏台湾平定(1683)：遷界令(沿海住民を内陸部に強制移住)→制圧・直轄領に
- ネルチンスク条約(1689)：〈露〉ピョートル1世と締結
  →アルグン川・外興安嶺を国境
- 地丁銀制：**人頭税を土地税に繰り入れ一括して銀納させる→人頭税の事実上の廃止**
- ジュンガルに親征→外モンゴル・チベットを服属させる
- **典礼問題**→イエズス会以外の布教を禁止

②**雍正帝**(世宗、位1722～35)

- **地丁銀制**がほぼ全国で実施される
- キャフタ条約(1727)：ロシアとの間で外モンゴルでの国境を画定、国境貿易
- 軍機処：**ジュンガル**討伐に際し設置→のち内閣に代わる政務の最高機関に
- **キリスト教布教を全面禁止**(1724)

③**乾隆帝**(高宗、位1735～95)

- **最大領土実現**：ジュンガル・回部平定→のち新疆と改称
- ヨーロッパ船の来航を広州一港に限定(1757)、行商(公行)(特許商人組合)による貿易独占

清の領域と周辺諸地域

- 直轄領：中国、東北地方、台湾
- 藩部：**大幅な自治が認められた地域**。理藩院が管理
  - ・内・外モンゴル、チベット、青海、新疆
  - ・モンゴルではモンゴル王侯、チベットではダライ=ラマ、新疆ではウイグル人有力者(**ベグ**)が支配者として存続
- 属国：朝鮮、ベトナム、タイ、ビルマ、琉球

ここが共通テストのツボだ!!

ツボ 1 明代の社会・経済について整理して押さえておこう

①社会

- **郷紳**(きょうしん):科挙合格者・官僚経験者など地方社会の有力者
- 抗租(こうそ)運動:佃戸(でんこ)が地主に対して起こした地代闘争

②農業

- **トウモロコシ**・**サツマイモ**の栽培(明末〜)
- 稲作中心地移動(明末〜)
  ・江南(こうなん)→長江(ちょうこう)中流域(湖北(こほく)・湖南(こなん)省)へ…「**湖広(ここう)熟すれば天下足る**」
- 江南:商品作物栽培(**綿花**・桑など)

③産業

- 江南で絹織物・綿織物の家内制手工業普及　陶磁器…**景徳鎮**(けいとくちん)

④商業

- **山西商人**(さんせい)(山西省出身)・**徽州商人**(きしゅう)(**新安商人**(しんあん)、安徽(あんき)省出身)の活躍…特権商人
- **会館**・**公所**:同郷者・同業者の互助施設
- ポルトガル商人が**マカオ**の居住権を得る(1557)
  →日中貿易参入(中国…生糸　日本…銀)
- 貿易の発達:海禁政策緩和(16世紀中頃)後
- **生糸**・**陶磁器**輸出→**日本銀**・**メキシコ銀**の流入
- 中国人の東南アジアへの移住(**華僑**(かきょう))

ツボ 2 清の中国支配について押さえておきたい特徴

○**清の中国支配**:懐柔(かいじゅう)策と強硬(きょうこう)策の併用

①懐柔策

- **満漢併用制**:要職に満人・漢人併用(科挙(かきょ)実施)
- **大編纂**(へんさん)**事業**:中国の伝統文化や漢人学者尊重

②強硬策

- **辮髪**(べんぱつ)を漢人男性に強制:民族意識弾圧
- **文字の獄**(もんじのごく)、**禁書**

チャレンジテスト（大学入学共通テスト実戦演習）

次の文章を読み、後の問いに答えよ。　　（2021年B共テ第1日程）

博物館に展示されたアジアの貨幣を見ながら、先生と小林さん、トルコから来たユルマズさんが会話をしている。

先生：これは丁銀（ちょうぎん）というもので、読んで字のごとく、銀で作られています。銀は、様々な目的で、広く使われました。16世紀に、[ア]ことは授業で習いましたね。
小林：はい、覚えています。銀以外にも、いろいろな物がお金の材料になっていますよね。
先生：そのとおりです。この半両銭の材料は[イ]です。[ウ]が、このお金で全国の貨幣を統一しようとしたことも習ったと思います。
小林：へえ、これが半両銭ですか。初めて本物を見ました。そう言えば、元代に使用された交鈔の材料は[エ]ですよね。
先生：そのとおりです。ユルマズさんの国ではどんなお金が使われていますか。
ユルマズ：トルコ共和国の紙幣の多くには、「父なるトルコ人」や「トルコ人の父」と呼ばれている[オ]の肖像が印刷されてきました。
小林：お金の材料やデザインは、時代や地域によっていろいろなんですね。

問1 上の会話文中の空欄[ア]に入れる文として最も適当なものを、次の①～④のうちから一つ選べ。

① 中国産の銀が、大量に日本に流入した
② 中国で、地丁銀制が導入された
③ 中国で、各種の税や徭役（ようえき）を銀に一本化して納入させるようになった
④ アヘンの密貿易によって、大量の銀が中国から流出した

問1 [答] ③

16世紀に中国で導入されたのは一条鞭法なので、③が正答である。①中国産の銀が、大量に日本に流入したのではなく、16世紀後半の海禁緩和以降、日本産の銀が、大量に中国に流入したので不適当。②18世紀の清代に導入された地丁銀制の説明なので不適当。④アヘンの密貿易がイギリスによって行われたのは、19世紀のことなので不適当。

問2 左ページの会話文中の空欄［イ］～［エ］に入れる語の組合せとして正しいものを、下の①～⑥のうちから一つ選べ。

	①	②	③	④	⑤	⑥
イ	金	青銅	青銅	金	青銅	青銅
ウ	秦	宋	秦	宋	秦	宋
エ	紙	金	紙	紙	金	紙

問3 左ページの会話文中の空欄［オ］の人物の事績について述べた文として誤っているものを、次の①～④のうちから一つ選べ。

① トルコ大国民議会を組織した。
② ギリシア軍を撃退した。
③ カリフ制を廃止した。
④ トルコ語の表記にアラビア文字を採用した。

問2 ［答］ ③

イ・ウ．半両銭(はんりょうせん)は秦の**始皇帝**(しこうてい)が導入した青銅貨幣であり、中国初の統一通貨である。また、**エ**．元代に使用された**交鈔**(こうしょう)は紙幣であるため、③が正答となる。

問3 ［答］ ④

空欄［オ］の人物は、空欄手前の「「父なるトルコ人」や「トルコ人の父」と呼ばれている」から考えて、トルコ共和国の初代大統領**ムスタファ＝ケマル**（ケマル＝パシャ、ケマル＝アタテュルク）である。④ムスタファ＝ケマルはアラビア文字を廃止し、トルコ語の表記にローマ字を採用したので、これが正答。

13 中国周辺地域史② 朝鮮・中国東北地方・琉球・日本

年	前2C			後4C		7C		10C				15C
朝鮮	衛氏朝鮮	朝鮮4郡(楽浪郡など)		高句麗・百済・新羅の抗争		新羅		高麗				朝鮮(李朝)
中国	前漢	新	後漢	魏晋南北朝	隋	唐	五代十国	北宋	南宋	元		明

1 朝鮮半島・中国東北地方史(新羅の朝鮮半島統一・渤海まで) ★★☆

前2世紀初め、戦国時代の燕に仕えていた衛満によって**衛氏朝鮮**(前2C)が朝鮮西北部に建てられ、都を王険城(現在の平壌)においた。前2世紀の末、衛氏朝鮮は前漢の武帝によって滅ぼされ、武帝は朝鮮に**楽浪郡**をはじめとする朝鮮4郡を設置した。のち楽浪郡の南部が分割され、新たに帯方郡が設置された。

前1世紀頃、中国東北地方南部に狩猟系民族の**高句麗**(前1C頃〜668)が建国され、都を丸都においた。後4世紀初めに高句麗は楽浪郡を滅ぼし、朝鮮半島北部を支配してのちに**平壌**に都をおいた。高句麗は**広開土王(好太王)**の治世に勢力を拡大し、その事績は**広開土王碑(好太王碑)**に刻まれている。

一方、朝鮮半島南部では農耕民である韓族が馬韓・辰韓・弁韓と呼ばれる小国家群をおこした。のち馬韓の地に**百済**(4C半〜660)、辰韓の地に**新羅**(4C半〜935)が成立し、弁韓の地は統一されず**加耶**(**加羅**、**任那**)諸国が散在した。高句麗・百済・新羅が並び立った時代を三国時代という。高句麗・百済・新羅は中国王朝の権威を借りて国力を高めようとし、中国の南朝や北朝、隋・唐に対して朝貢して冊封を受けた。**高句麗の拡大を恐れた隋の煬帝や唐の太宗は軍を派遣したが**、ともに撃退された。

新羅は加耶諸国を征服し、7世紀後半に高宗治世下の唐と結んで百済を滅ぼした。唐・新羅連合軍は日本と百済の亡命軍を**白村江の戦い**(663)で撃退し、さらに高句麗を滅ぼした。その後唐と新羅が抗争し、新羅は唐を追い払い朝鮮半島の大半を支配した。

7世紀末、中国の東北地方では、大祚栄がツングース系靺鞨人と高句麗の遺民を率

5世紀の朝鮮半島と日本列島

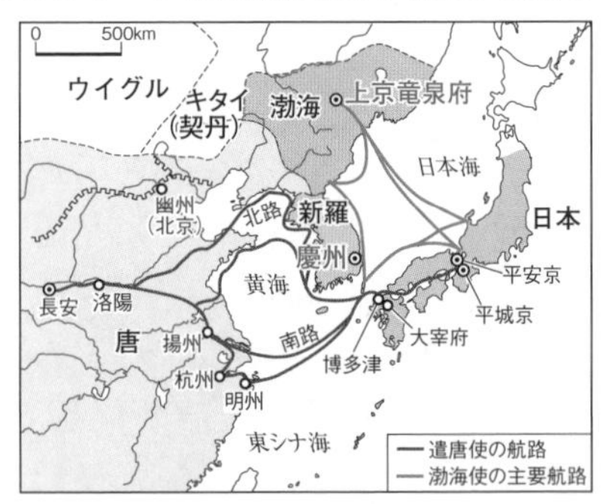

8〜9世紀の東アジア

いて渤海(698~926)を建てた。渤海は唐の冊封を受けて中華文明を積極的に摂取し、都を上京竜泉府においた。渤海は日本とも盛んに交流し、「海東の盛国」と呼ばれ栄えたが、10世紀前半にキタイ（契丹）の耶律阿保機によって滅亡した。

2 朝鮮各国史

新羅は、唐と同盟を結び百済・高句麗を滅ぼした後、唐軍を排除し、7世紀後半に朝鮮半島の大半を支配した。**唐の冊封を受けた新羅は唐の制度・文物を導入した**。新羅では仏教が隆盛し、都の金城（慶州）には仏国寺が建てられた。また、骨品制によって出身氏族に基づいて身分を分け官位・官職・婚姻などを規制した。

918年、地方豪族の王建(位918~943)が高麗(918~1392)を建てて開城を都とし、935年に新羅を滅ぼし翌年朝鮮を統一した。**高麗は五代の各王朝やその後の宋の冊封を受け、科挙や官僚制といった制度や文物を導入し、その一方でキタイや金の冊封を受けた。**

高麗の官僚を両班といい、文官（文班）と武官（武班）に分かれ特権階層を形成した。12世紀の末、文官優位の風潮に反発した武官の崔氏がクーデタを起こし、政権を掌握して武人政権を成立させた。

13世紀になると、モンゴルの侵入によって武人政権が崩壊し、**高麗はモンゴルに降伏し、冊封を受ける形でモンゴルの属国となった**。高麗は、モンゴルに受けた打撃によって衰退し、14世紀半ば以降は倭寇の侵入に苦しんだ。

1392年、倭寇討伐で名声を高めていた武将の李成桂(1335~1408)が高麗を滅ぼして朝鮮王朝(1392~1910)（李朝）を建て、漢城（現在のソウル）を都とした。**朝鮮は明から冊封を受け、朱子学を官学化し科挙を実施した**。また、室町幕府や諸大名・商人たちと盛んに交易を行い、15世紀以降には対馬の宗氏を通じて日本と交易を行った。

16世紀以降、朝鮮では両班が官僚の大半を占めるようになり、彼らの権力争いによって政治が混乱した。また、16世紀末には豊臣秀吉の朝鮮侵略（壬辰・丁酉の倭乱）を受けた。この際、朝鮮の将軍李舜臣が亀船（亀甲船）を使用して日本軍に打撃を与えたが、朝鮮は大きな被害を受けた。その後、17世紀の初めには**日本の江戸幕府と国交を回復し、朝鮮通信使を派遣するなど対等な外交関係を結んだ**。17世紀前半、朝鮮は清のホンタイジの侵攻を受け、その朝貢国となった。そして**清が中国を支配すると、朝鮮の両班たちは清の支配によって中国が「夷狄化」したと考え、朝鮮こそが中国文明の正統な後継者と考える「小中華」の意識を高め、儒教の儀礼を厳格に守るようになった。**

3 琉球

琉球は14世紀に北山・中山・南山の小王国に分かれていたが、15世紀前半に中山王の尚巴志によって統一されて琉球王国(1429~1879)が成立し、都を首里においた。**琉球王国は明の冊封を受け朝貢貿易を行い**、明から得た物品を用いて各地と交易を行った。17世紀初め、**琉球は日本の薩摩の島津氏の攻撃を受け、実質的にその支配下に入ったが、**

中国との朝貢貿易は継続した（両属体制）。

4 日本

弥生時代（前5C頃～後3C頃）	1C半ば	倭の**奴国**が後漢（光武帝）に朝貢→冊封を受け**漢委奴国王印**（**金印**）を授かる
	3C前半	**邪馬台国**の**卑弥呼**が魏に朝貢→冊封を受け「親魏倭王」の称号を授かる（『**魏志**』**倭人伝**の記述）
古墳時代（3C中頃～7C頃）	4C	**ヤマト政権**による統一が進む
	5C	**倭の五王**が中国の南朝（宋）から冊封を受ける
飛鳥時代（6C末頃～7C）	6C末	厩戸王（聖徳太子）、摂政となる（～7C前半）
	7C初め	**遣隋使**の派遣
	7C前半	**遣唐使**の派遣（第1回）
	7C半ば	大化改新
	7C後半	**白村江の戦い**で唐・新羅連合軍に敗れる
	8C初め	大宝律令
奈良時代（8C） ・**天平文化** …国際色豊か	8C前半	**平城京**に遷都
平安時代（8C末～12C末） ・**国風文化**	8C末	**平安京**に遷都
	9C末	**遣唐使の派遣を停止**
	12C後半	平氏政権（平清盛）
		日宋貿易（10C後半～13C半ば）：陶磁器・**宋銭**流入
鎌倉時代（12C末～14C前半）	12C末	**鎌倉幕府**の成立（源頼朝）
	13C後半	**元寇**（文永の役・弘安の役）
室町時代（14C前半～16C後半）	14C前半	**室町幕府**の成立（足利尊氏）
		南北朝の争乱（～14C末）
	15C初	**足利義満**、明の冊封を受ける
	15C前半	明との**勘合貿易**開始：銅・硫黄を輸出、銅銭・生糸を輸入
	15C後半	応仁の乱→戦国時代に入る
	16C半ば	種子島に**鉄砲**伝来
		フランシスコ＝ザビエルがキリスト教（カトリック）を伝える
安土・桃山時代（16C後半）	16C後半	**織田信長**が室町幕府を滅ぼす
	16C末	**豊臣秀吉**の天下統一
		朝鮮出兵（**文禄・慶長の役** ※朝鮮側では**壬辰・丁酉の倭乱**）
江戸時代（17C初め～19C後半）	17C初め	**江戸幕府**の成立（**徳川家康**）
		朱印船貿易が促進される→東南アジアに**日本町**形成
		対馬（宗氏）：対朝鮮貿易独占
	17C前半	ポルトガル船の来航禁止
		オランダ商館を**長崎**の出島に移す（**「鎖国」**）

ここが共通テストのツボだ!!

ツボ 1 朝鮮・中国東北地方の国家の特徴を分野別に整理する！

○朝鮮

国家・建国者	都	身分制度など	文化など
新羅 (4C半ば～935)	金城（慶州）	骨品制（身分制度）	仏国寺（慶州）
高麗 (918～1392) ・王建	**開城**	両班（特権階層）	高麗版大蔵経（こうらいばんだいぞうきょう） 高麗青磁（せいじ） **金属活字**（世界最古）
朝鮮王朝（李朝） (1392～1910) ・李成桂（りせいけい）	**漢城**（かんじょう）	両班（特権階層）	朱子学官学化 鋳字所設置→**銅活字**実用化 訓民正音（くんみんせいおん）（ハングル、世宗（せいそう）期〈15C〉）

○中国東北地方

国家・建国者	都	文化など
高句麗 (前1C頃～668)	丸都→平壌	**広開土王碑（好太王碑）** ・**広開土王（好太王）**の事績
渤海 (698～926) ・大祚栄	上京竜泉府 ※長安（ちょうあん）を模す	唐の冊封を受ける →律令国家、仏教文化

ツボ 2 冊封体制を地図とともに押さえておこう

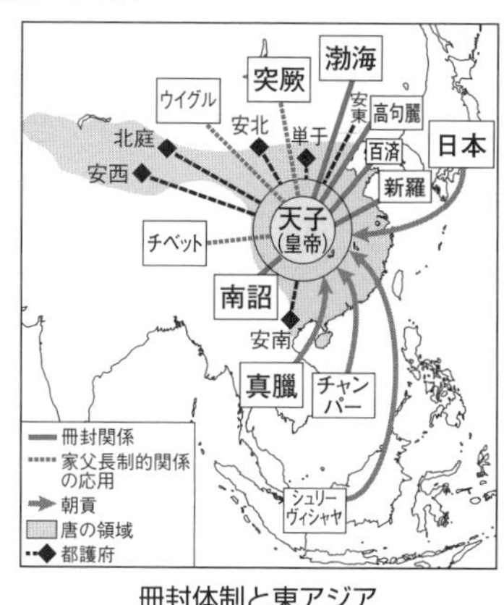

冊封体制と東アジア

○冊封体制

- **中国の皇帝と周辺諸国の首長との間で形成された東アジアの国際体制**を**冊封体制**という。**周辺諸国が中国に貢物を送り（朝貢）、中国の皇帝が返礼品や王などの官爵を与えて君臣関係を結ぶ（冊封）**ことによって形成された。なお、交易のみを望む遠隔地の諸国とは朝貢貿易のみを行い、強国とは、婚姻関係を結んだりした。

チャレンジテスト（大学入学共通テスト実戦演習）

次の文章を読み、後の問いに答えよ。　（2021年共テB第2日程）

朝鮮王朝の第4代国王である世宗は、独自の文字である［ア］を制定し、数年後、その解説を記した冊子を頒布した。冊子の序文には、次のように述べられている。(引用文には、省略したり、改めたりしたところがある。)

> 朝鮮国の言葉はⓐ中国と異なるため、漢字と相通じない。それゆえに愚かな民衆たちは、言いたいことがあっても、ついにそのことを文字を用いて述べることができない者が多い。予はこれを憐(あわ)れに思い、新たに28個の字を制定した。これを使う人々にとって習いやすく、日々用いるのに便利であることを望むばかりである。

世宗が新たな文字を制定したことに対し、臣下からは激しい反発が起こった。当時の著名な知識人である崔万里は、世宗に対して次のように意見を述べた。

> 古(いにしえ)より九州（天下）の内で、風土が異なるからと言って、方言（その地域の言葉）に基づいて別の文字を作ったものは未(いま)だありません。ただ蒙古・［イ］・女真・日本・西蕃にはそれぞれ独自の文字がありますが、これらは皆、夷狄(いてき)ばかりであって、取るに足らないことです。（中略）いま別に粗雑な文字を作ることは、中国を捨てることであり、私たちは夷狄と同じになってしまいます。

このような激しい反対意見の中でも、世宗は［ア］の普及を諦めなかった。今日、大韓民国と朝鮮民主主義人民共和国では、この文字を正式な国字に定めている。

問1　上の文章中の空欄［ア］に入れる語あ・いと、上の文章から読み取れる事柄X・Yとの組合せとして正しいものを、下の①～④のうちから一つ選べ。

［ア］に入れる語

あ　字喃（チュノム）　　**い**　訓民正音（ハングル）

読み取れる事柄

X　世宗は、女真の文字を下敷きとして新しい文字を作った。

Y　崔万里は、新しい文字を作ることは夷狄がすることだと主張した。

①　**あ**－X　　②　**あ**－Y　　③　**い**－X　　④　**い**－Y

問2 下線部ⓐの文化について述べた文として最も適当なものを、次の①～④のうちから一つ選べ。

① 四六駢儷体の復興が、柳宗元によって主張された。
② 授時暦は、イエズス会士の指導によって作成された。
③ 景徳鎮は、石炭の代表的な生産地であった。
④ 陳独秀が、『新青年』を刊行し、儒教道徳を批判した。

問3 次の図を見て、左ページの文章中の空欄 イ の国家について述べた文として正しいものを、下の①～④のうちから一つ選べ。

図　12世紀頃の東アジア

① チベット系のタングートが建国し、図中のaの地域を支配した。
② チベット系のタングートが建国し、図中のbの地域を支配した。
③ トルコ系のタングートが建国し、図中のaの地域を支配した。
④ トルコ系のタングートが建国し、図中のbの地域を支配した。

問1 [答] ④

1つめの1行目にある空欄 ア の手前の部分に、「朝鮮王朝の第4代国王である世宗は、独自の文字である」とあり、当てはまるのは朝鮮の文字である**い**の訓民正音（ハングル）だと判断できる。**あ**の字喃（チュノム）は、ベトナムの文字で、陳朝で制定・使用された。2つ目の史料にある崔万里の意見に「いま別に粗雑な文字を作ることは、中国を捨てることであり、私たちは夷狄と同じになってしまいます」とあり、ここから読み取れるのはYの内容である。Xの内容は史料から読み取ることができない。したがって、正答は④**い**－Yである。

問2 [答] ④

①柳宗元は、韓愈とともに四六駢儷体を批判し、古文の復興を主張したので不適当。②授時暦は、元代に郭守敬がイスラーム天文学の影響を受けて作成した暦なので不適当。イエズス会の設立は16世紀であり、元代にはまだ設立されていない。③景徳鎮は、陶磁器の代表的な生産地である。

問3 [答] ①

図の12世紀頃の東アジアでaの位置に存在していたのは、チベット系のタングートが建国した西夏であるため、①が正答となる。bの位置は雲南を指しており、12世紀にこの地域には大理が存在した。

14 中国の文化

前770	前221	前202	後8	25	220	589	618	907	960	1127	1276	1368	1644

年：春秋・戦国｜秦｜前漢｜新｜後漢｜魏晋南北朝｜隋｜唐｜五代十国｜北宋｜南宋｜元｜明｜清

1 諸子百家と春秋・戦国時代の文学

✤諸子百家

儒家	孔子	仁(他者への親愛の情)を説く　徳治主義を主張　『論語』(言行録)
	孟子	性善説・仁義を唱える
	荀子	性悪説・**礼**による教化を唱える
道家	老子	無為自然(自然に逆らわずに生きる)
	荘子	老子の思想を継承・発展
法家	商鞅	秦の孝公に仕えて富国強兵策を行う(**郡県制**など)
	韓非子	秦の始皇帝に仕える→法家思想を大成
	李斯	秦の始皇帝に仕える→韓非を死に追い込む
墨家	墨子	**兼愛**(無差別平等の愛)　非攻(侵略戦争の否定)
陰陽家	**鄒衍**	陰陽五行説を説く
兵家	**孫子**	戦略・戦術・国家運営を説く
縦横家	**蘇秦**	**合従策**…6国の連合による秦への対抗
	張儀	**連衡策**…秦が6国各国と同盟を結んで合従策を崩す

文学	『詩経』	中国最古の詩集　戦国時代に儒家が編纂
	『楚辞』	戦国時代の楚の韻文集　屈原らの詩を収める

2 漢代の文化

儒教・儒学	儒学の官学化	董仲舒が前漢の武帝に進言
	五経	『詩経』『書経』『易経』『春秋』(春秋時代の魯の年代記〔編年体…年代順に記述〕。孔子の編とされる)『礼記』
	訓詁学	経書の字句解釈を行う。**鄭玄**が大成
歴史	司馬遷	『史記』(紀伝体…本紀〔帝王の歴史〕と列伝〔帝王以外の人物の伝記〕を中心とする)
	班固	『漢書』(紀伝体)
技術	蔡倫	製紙法の改良

3 魏晋南北朝時代の文化 

✣**特色**：江南で貴族文化が隆盛(**六朝文化**…建康を中心とした貴族文化)。華北では、質実剛健な遊牧民政権のもとで、仏教などの外来文化が漢代までの文化と融合

文学	陶潜(陶淵明)	東晋の田園詩人。『帰去来辞』
	謝霊運	宋の詩人。山水の美を題材とする。『山居賦』など
	昭明太子	梁の皇族。『文選』の編纂
	四六駢儷体	対句や押韻を駆使する華麗な文体。南朝で盛んとなる
書	王羲之	東晋。「書聖」と称される
画	顧愷之	東晋。「画聖」と称される。「女史箴図」
仏教	仏図澄(ブドチンガ)	亀茲(クチャ)出身。4C初めに洛陽に
	鳩摩羅什(クマラジーヴァ)	亀茲(クチャ)出身。5C初めに長安に。仏典の漢訳
	法顕	東晋の僧。グプタ朝期のインドを訪問。『仏国記』
	石窟寺院	敦煌・雲崗(平城近郊)・竜門(洛陽近郊)
道教	寇謙之	道教教団の確立。北魏の太武帝の保護を受ける
思想	清談	老荘思想の影響を受けた哲学的談義

4 隋・唐の文化 

✣**特色**：六朝文化を継承した貴族文化。国際的文化

文学	唐詩：李白(「詩仙」)・杜甫(「詩聖」)・**王維** 白居易(白楽天、『長恨歌』…玄宗と楊貴妃の愛)	
	韓愈(韓退之)・柳宗元	古文の復興を主張
書	顔真卿	力強い書風。安史の乱に対し義勇軍を率いて抵抗
画	呉道玄	人物画
仏教	浄土宗	官僚層から民衆にまで幅広く受け入れられる
	禅宗	禅(座禅)による修行。宋代には士大夫層が受容
	玄奘	唐僧。ヴァルダナ朝期のインドを訪問 『大唐西域記』
	義浄	唐僧。ヴァルダナ朝崩壊後のインドを訪問 『南海寄帰内法伝』
外来宗教	マニ教・**ゾロアスター教**(祆教)・**ネストリウス派キリスト教**(景教)…三夷教 **イスラーム教**(回教)	
儒学	孔穎達	『五経正義』…五経の解釈の統一
工芸	唐三彩	緑・褐色・白などの彩色を施した陶器

5 宋代の文化

✤特色：士大夫・庶民が文化の担い手

文学	詞	歌唱文学
歴史	**司馬光**	『資治通鑑』（**編年体**…年代順に記述）
絵画	院体画（**北画**）	宮廷の画院（絵画制作機関）で描かれる 写実的・装飾的。色彩重視
	文人画（**南画**）	士大夫らが描く。水墨・淡彩
技術	火薬・羅針盤の実用化・木版印刷の普及。陶磁器（景徳鎮）	
儒学	宋学（朱子学）	哲学的な新しい儒学 万物生成の理法や人間の本性を論理的に究明 〈北宋〉周敦頤…宋学の祖　〈南宋〉朱熹（朱子）…宋学を大成 華夷の区別・**大義名分論**（中華と夷狄、君臣間の区別を強調） 四書を重視：『大学』『中庸』『論語』『孟子』
		陸九淵（陸象山）：実践を重視。「心即理」。明代の陽明学に影響
宗教	**仏教**	禅宗、浄土宗
	道教	全真教…王重陽が金代に成立させる

6 モンゴル時代の文化

✤特色：イスラーム文化との交流→影響を受ける
　　　宋代以降の庶民文化の発展…元曲・小説の原型

文学	元曲	雑劇（歌劇）の台本。『西廂記』・『**琵琶記**』・『漢宮秋』
	小説	『**水滸伝**』『**三国志演義**』『**西遊記**』の原型が成立
実学	郭守敬	授時暦…イスラーム天文学の影響を受ける
工芸	染付（青花）：白地にイラン周辺で産出されるコバルト顔料で絵付け	

7 明代の文化

編纂事業	**永楽帝期**：『四書大全』（四書の注釈書）・『五経大全』（五経の注釈書）・『**永楽大典**』（百科事典）

実用書	『本草綱目』	李時珍（薬学・医学解説書）
	『天工開物』	宋応星（産業技術解説書）
	『農政全書』	徐光啓（農業書）
庶民文学	四大奇書：『西遊記』（玄奘の訪印が題材）・『水滸伝』（宋代の豪傑を描く）・『金瓶梅』（市井の生活を描く）・『三国志演義』（後漢・三国時代が題材）	
儒学	王守仁（王陽明）	陽明学を確立。「心即理」**「知行合一」**「致良知」
工芸	染付、赤絵（一度焼いた磁器に多色の顔料で絵付け）	

8 清代の文化 

編纂事業	『康熙字典』	漢字字書
	『古今図書集成』	類書（百科事典）
	『四庫全書』	叢書（書物の集大成…経〔儒教〕・史〔歴史など〕・子〔思想など〕・集〔文学〕）
文学	『紅楼夢』	曹雪芹（貴族の栄枯盛衰を描く）
	『儒林外史』	呉敬梓（科挙と知識人の社会を風刺）
考証学	黄宗羲	明末清初　『明夷待訪録』（専制政治を批判）
	顧炎武	明末清初　『日知録』（実践的な社会批評）
	銭大昕	歴史の実証的研究

9 訪中したイエズス会宣教師 

明	マテオ＝リッチ（イタリア、利瑪竇）	「坤輿万国全図」（中国最初の世界地図） 『幾何原本』（エウクレイデスの著作の漢訳書。徐光啓との共訳）
明〜清	アダム＝シャール（ドイツ、湯若望）	『崇禎暦書』、大砲の鋳造
清	**フェルビースト**（ベルギー、南懐仁）	アダム＝シャールを補佐。大砲の鋳造
	ブーヴェ（フランス、白進）	**「皇輿全覧図」**（初の中国の実測地図）
	カスティリオーネ（イタリア、郎世寧）	西洋画法の紹介。円明園の設計

ここが共通テストのツボだ!!

ツボ 1 唐代までの中国の思想・宗教のポイント

〈**春秋・戦国**〉**諸子百家**の活躍：儒家（仁）・法家・墨家（**兼愛**・非攻）・道家（無為自然）など

〈　秦　〉　法家思想：**焚書・坑儒**…実用書以外を焼き（焚書）、儒家を弾圧（坑儒）

〈**前　漢**〉　**儒学の官学化**：武帝期…**董仲舒**の献策→五経博士設置
五経…儒学の経典『**詩経**』『書経』『易経』『**春秋**』『礼記』

〈　新　〉　**王莽**：周代を理想とする儒家思想に基づく復古的政治→社会の混乱

〈**後　漢**〉　訓詁学：古典の注釈。**鄭玄**ら

〈**魏晋南北朝**〉清談の流行：老荘思想の影響を受けた哲学的談義
〈北〉北魏：**太武帝**が道士の**寇謙之**を信任→**道教**の国教化、仏教を弾圧
石窟寺院：敦煌・**雲崗**（平城近郊）・**竜門**（洛陽近郊）
〈南〉南朝で仏教・道教が儒学と並ぶ重要な教養となる

〈　唐　〉　科挙の実施
● 『**五経正義**』（孔穎達）…五経の解釈統一→儒学の固定化・形式化
仏教：禅宗・浄土宗

　前漢で官学化された**儒学**は、仁（他者への親愛の情）や礼（礼儀作法・社会規範）を重視した。そのため、乱世となった魏晋南北朝時代に儒学は受け入れられず不振になり、**清談**の流行や**仏教**の受容がみられた。魏晋南北朝時代後の隋・唐では、儒学的教養を問う官吏任用制度である**科挙**が導入されたことから、儒学は再び広まりをみせた。一方、科挙のために五経の解釈の統一をする必要から、唐の**太宗**（**李世民**）は**孔穎達**に命じて『**五経正義**』を編纂させたが、儒学の固定化・形式化を招き、儒学は学問的に停滞した。

ここでは特に、儒家・法家・墨家・道家の考え方の違いに注目したい。また、魏晋南北朝時代の石窟寺院は、p.82の地図で場所を確認しておきたい。また、教科書・資料集の写真も確認しておこう。

ツボ 2 宋代以降の中国の儒学の流れ

〈北　宋〉　宋学：周敦頤が創始

〈南　宋〉　朱熹（朱子）…宋学の大成 ←（批判）― 陸九淵（陸象山）

〈　元　〉　士大夫（儒者）を冷遇…**科挙を一時廃止**

〈　明　〉　洪武帝：**朱子学官学化**

永楽帝：『四書大全』『五経大全』などを編纂

（陸九淵 ～影響→）陽明学：王守仁（王陽明）

〈明末～清〉　考証学（こうしょう）―（批判）→ ※空理空論に陥る

〈清　末〉　公羊学（くよう）（康有為（こうゆうい）など）

宋学が比較的知識・教養を重視したのに対し、南宋の陸九淵は実践を重視し、明の王守仁（王陽明）に影響を与えた。王守仁によって唱えられた陽明学**は、個人の心情を重んじ実践を重視する「知行合一」を説いて人々の支持を集めた。**陽明学が空理空論に陥ると、これを批判し、**古典を実証的に研究することで現実に役立つ知識を見いだそうとする**考証学が発達した。清末になると、**政治的実践を重視する**公羊学が考証学に代わって思想界に多大な影響を及ぼし、公羊学派の康有為は清末の政治改革である戊戌（ぼじゅつ）の変法[☞p.269]を指導した。

ツボ 3 典礼問題と押さえておきたい清のキリスト教への対応

○典礼（てんれい）問題：典礼（孔子崇拝や先祖祭祀などの中国の伝統儀礼）を信者に認めるか否かの論争

- イエズス会、中国人のキリスト教徒に典礼を認める

→教皇、イエズス会の布教法を非とする

→**康熙帝、イエズス会以外のキリスト教布教を禁止**

→**雍正（ようせい）帝、キリスト教の布教を全面禁止（1724）**

チャレンジテスト（大学入学共通テスト実戦演習）

次の文章を読み、後の問いに答えよ。　（2023年共テ本試B）

中国における書籍分類の歴史について、大学生と教授が話をしている。

内藤：18世紀の中国で編纂された［ア］の「四」という数字はどういう意味ですか。高校では用語として覚えただけで、深く考えませんでした。

教授：［ア］に収められた書籍が、四つに分類されているためです。これを四部分類と言い、経部・史部・子部・集部からなります。

内藤：なるほど、例えば儒学の経典なら経部に、歴史書なら史部に分類されているという具合でしょうか。

教授：そのとおりです。史部について少し具体的に見てみましょう。**資料1**は、7世紀に編纂された『隋書』経籍志という書籍目録からの抜粋です。

資料1　『隋書』経籍志で史部に掲載されている書籍の一部

『史記』『漢書』『後漢書』『三国志』

内藤：挙げられたのはいずれも、紀伝体の歴史書ですね。

教授：よく知っていますね。このうち、『漢書』は1世紀にできた歴史書ですが、その中にも芸文志という書籍目録があります。そこから、儒学の経典を主に収める分類である六芸略の書籍を抜粋したのが**資料2**です。

資料2　『漢書』芸文志で六芸略に掲載されている書籍の一部

『易経』『尚書（書経）』『春秋』『太史公』

内藤：高校で習った五経が含まれていますね。最後の太史公は、人名ですか。

教授：これは司馬遷のことで、ここでは彼が編纂した『史記』を指します。

内藤：『史記』は**資料1**では史部なのに、**資料2**では違いますね。分類の名前も違います。もしかして1世紀にはまだ四部分類がなかったのですか。

教授：そのとおりです。当時は史部という分類自体、存在しませんでした。この分類が独立し、定着していくのは、歴史書の数が増加した3世紀から6世紀にかけてのことです。

問1　文章中の空欄［ア］に入れる語と、［ア］を編纂した王朝について述べた文との組合せとして正しいものを、次の①～④のうちから一つ選べ。

① 『四書大全』－皇帝に権力を集中させるため、中書省を廃止した。
② 『四書大全』－漢人男性に辮髪を強制した。
③ 『四庫全書』－皇帝に権力を集中させるため、中書省を廃止した。
④ 『四庫全書』－漢人男性に辮髪を強制した。

問2 次の書籍**あ**・**い**が『漢書』芸文志の六芸略に掲載されているかどうかについて述べた文として最も適当なものを、後の①～④のうちから一つ選べ。

あ『詩経』　**い**『資治通鑑』

① **あ**のみ掲載されている。　② **い**のみ掲載されている。
③ 両方とも掲載されている。　④ 両方とも掲載されていない。

問3 前の文章を参考にしつつ、中国における書籍分類の歴史について述べた文として最も適当なものを、次の①～④のうちから一つ選べ。

① 1世紀には『史記』や『漢書』のような歴史書が既に存在し、史部という分類も定着していた。
② 3世紀から6世紀にかけて、木版印刷の技術が普及したことで、史部に含まれる歴史書の数が増加した。
③ 7世紀の書籍目録において、『史記』と同じ分類に、本紀と列伝を主体とする形式の書籍が収められた。
④ 18世紀までには、宣教師の活動によって西洋の学術が中国に伝わり、四部分類は用いられなくなっていた。

第2部 世界史探究 3 東アジア世界(8)

問1 [答] ④

ア に入れる語は、直前の「18世紀の中国で編纂された」から考えて、清の乾隆帝期に編纂された叢書（そうしょ）(書物の集大成)の**『四庫全書』**が適切である。また清では、漢人男性に満洲人の風習である**辮髪**を強制し、服従のしるしとした。『四書大全』は明の永楽帝の時代に編纂された四書の注釈書。また皇帝に権力を集中させるため、中書省を廃止したのは明の洪武帝(朱元璋)。したがって、正答は④である。

問2 [答] ①

会話文中に、「『漢書』は1世紀にできた歴史書」「五経が含まれています」とあることから考える。**あ**の**『詩経』**は『易経』『春秋』と同じ五経の一つで、戦国時代(前403～前221)に編纂されたもの、**い**の**『資治通鑑』**は北宋(960～1127)の司馬光によって編纂されたものであるため、①が正答と導き出せる。

問3 [答] ③

③**資料1**に挙げられている4つの書物は、文章中にあるようにすべて**紀伝体**の歴史書である。紀伝体は本紀と列伝を主体とする形式なので、正文である。①会話文の下から4行目以降に「もしかして1世紀にはまだ四部分類がなかったのですか」「そのとおりです。当時は史部という分類自体、存在しませんでした」とあるので、選択肢の文の「史部という分類も定着していた」という部分が誤り。②中国で**木版印刷**が普及したのは宋代のことなので、「3世紀から6世紀にかけて、木版印刷の技術が普及した」という部分が誤り。④**問1**にある『四庫全書』は清の乾隆帝時代に編纂されたものであり、四部分類されているため、18世紀までには四部分類が用いられなくなっていたという部分が誤り。

15 イスラーム世界の成立とイスラーム独立王朝

年	610頃	632	661	750	9C頃
	イスラーム教の成立～ムハンマド時代	正統カリフ時代	ウマイヤ朝	アッバース朝	アッバース朝の衰退～イスラーム世界の分裂

1 イスラーム教の成立とムハンマド時代

アラビア半島の**アラブ人**たちは遊牧や農耕を営み、また各部族間で抗争を繰り返していた。彼らの多くは多神教を信仰して偶像崇拝(ぐうぞうすうはい)を行っており、半島西部の**メッカ**の**カーバ神殿**(聖殿)は周辺遊牧民の部族神もまつられる、多神教の聖地の一つであった。

6～7世紀のアラビア半島とその周辺

メッカを支配する名門一族の**クライシュ族**に生まれた**ムハンマド**は、自身を唯一神**アッラー**の言葉を預けられた預言者だと自覚し、多神教と偶像崇拝を否定し、アッラーへの絶対的帰依(きえ)(イスラーム)を説く**イスラーム教**を創始した。**ムハンマドはメッカで布教を行ったが、有力者たちの迫害を受けたため、622年にメッカからメディナに移住した(ヒジュラ、聖遷(せいせん))**。ムハンマドはメディナの住民たちと協力してイスラーム教徒(ムスリム)の共同体である**ウンマ**を形成し、630年にメッカを占領し、カーバ神殿の黒石以外の偶像を破壊した。そして632年にアラビア半島はイスラーム勢力によって統一されたが、同年ムハンマドは死去した。

2 正統カリフ時代(632～661)

ムハンマドが死去すると、ウンマはムハンマドの後継者である**カリフ**をムスリム間の推挙で選出し、政治的指導者とした。この**推挙で選ばれた4人のカリフ(アブー=バクル(位632～634)、ウマル、ウスマーン、アリー(位656～661))を正統カリフ**という。

第2代ウマルは**ジハード**(**聖戦**(せいせん)、非ムスリムをムスリムに改宗させるための戦い)を盛んに行い、西方ではビザンツ帝国(東ローマ帝国)からエジプト、シリアを奪い、東方では642年の**ニハーヴァンドの戦い**でササン朝を破りイランを支配した。征服地に築かれた**ミスル**(軍営都市)には多くのアラブ人が移住し、各地の新たな支配層となった。

3 ウマイヤ朝(661～750)

アラブ諸部族間でカリフ位をめぐる対立が起こり、その中で第4代正統カリフのア

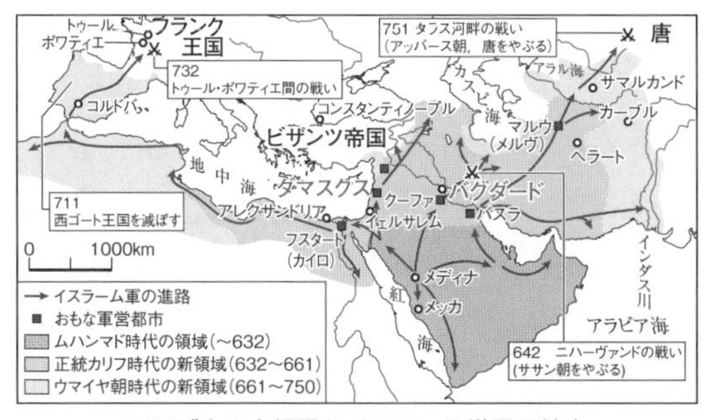

アラブ人の大征服とイスラーム世界の拡大

リーが暗殺されると、**シリア総督のムアーウィヤ(位661～680)がカリフとして政権を握り、カリフ位をウマイヤ家で世襲するようになった（ウマイヤ朝(661～750)）**。ウマイヤ朝は、ダマスクス（ダマスカス）に都を定め、東方では中央アジア西部・インダス川流域を支配し、西方ではアフリカ北部（マグリブ地方）を支配してイベリア半島に進出し、711年に西ゴート王国を滅ぼした。さらにフランク王国内に進出したが、732年のトゥール・ポワティエ間の戦いでフランク王国の宮宰カール＝マルテルに敗れた。

ウマイヤ朝では、**アラブ人ムスリムは免税などの特権**をもっていたが、**非アラブ人ムスリム（マワーリー）や非ムスリム（ズィンミー）には人頭税（ジズヤ）と地租（ハラージュ）が課せられていた**ため、ムスリム間の平等に反するとしてマワーリーがウマイヤ朝に反発した。また、**アリーとその子孫をムスリムの正統な指導者（イマーム）とするシーア派**が形成され、ウマイヤ朝の支配に反発した。

4 アッバース朝（750～1258）

ムハンマドのおじの子孫であるアッバース家は、ムハンマドの一族をカリフに戴くという運動を利用して反ウマイヤ朝運動を起こし、マワーリーやシーア派などで編制した革命軍によってウマイヤ朝を倒し、アッバース朝(750～1258)を創始した。アッバース朝は第2代の**マンスール**の時にティグリス川中流域に新都バグダードを造営し、第5代のハールーン＝アッラシード(位786～809)の時に最盛期を迎えた。**アッバース朝はムスリム間の平等に努め、民族を問わずムスリムのジズヤを廃止し、アラブ人でも征服地に土地をもてばハラージュを課すようになった**。また、イラン人などを積極的に国家の要職に登用した。対外的には、751年のタラス河畔の戦いで唐軍を撃破し、この時に**製紙法**がイスラーム世界に伝わったといわれる。

アッバース朝は9世紀頃からの各地の独立による領土縮小や、トルコ系のマムルーク（軍人奴隷）の政治への介入によってしだいに衰退した。さらにファーティマ朝**や**後ウマイヤ朝**の君主がカリフを自称するようになり、イスラーム世界の分裂は決定的となった**［☞p.131 ツボ❸］。946年、イランのブワイフ朝(932～1062)がバグダードに入城し、アッバース朝のカリフから大アミール（軍司令官の第一人者）の称号を得て政治的実権を掌握した。1055年、中央アジアのセルジューク朝(1038～1194)がアッバース朝カリフの要請に応じてブワイフ朝を追い出してバグダードに入城し、アッバース朝カリフからスルタン（支配者）の称号を得た。そして最終的にアッバース朝は1258年に大モンゴル国（モンゴル帝国）のクビライの弟であるフレグによって滅亡した。

5 東方イスラーム世界

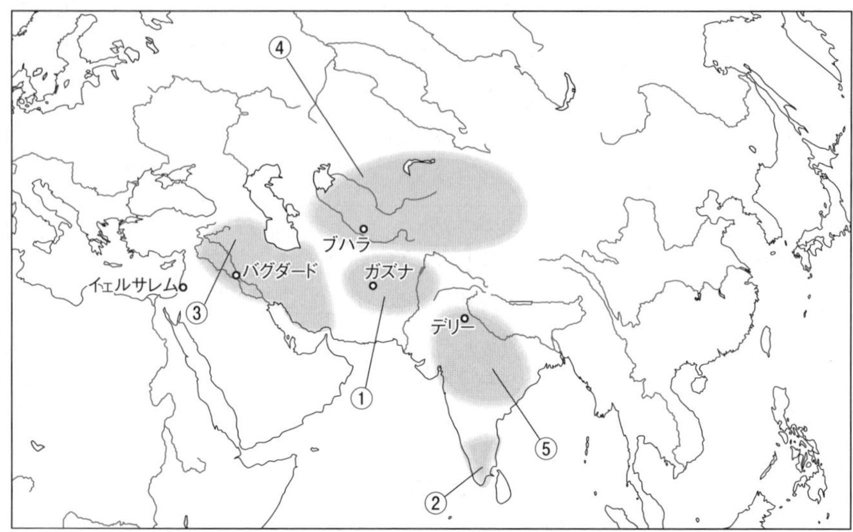

※①〜⑤は、p.126-127の①〜⑤にそれぞれ対応している。

東方イスラーム世界

①アフガニスタン

○ガズナ朝（10C〜12C）
- トルコ系
- サーマーン朝から独立して建国
- イラン・西北インド侵入：インドのイスラーム化の端緒
- セルジューク朝とゴール朝により滅亡

○ゴール朝（12C〜13C）
- 西北インド侵入
- ホラズム＝シャー朝によりイラン方面の領土を失う

②南インド

○ヴィジャヤナガル王国（14C〜17C）
- **ヒンドゥー教国**、ポルトガルとの交易で繁栄

③西アジア

○**ブワイフ朝**（10C～11C）

- **イラン系シーア派**の軍事政権
- **バグダード入城**（946）
  →アッバース朝カリフから**大アミール**に任じられる
- **イクター制**創始：軍人に分与地の徴税権を与える代わりに軍役を課す

○**セルジューク朝**（11C～12C）

- トルコ系
- **トゥグリル＝ベク**（11C）
  ・中央アジアに建国
  ・**バグダード入城**（1055）
  →カリフを保護
  →**スルタン**の称号を得る
- ビザンツ帝国軍撃破
  →アナトリア支配開始
  →ルーム＝セルジューク朝成立
- **イェルサレム**占領（11C）
- 宰相**ニザーム＝アルムルク**
  →**ニザーミーヤ学院**設立
- **イクター制**全国化
- **第1回十字軍**の攻撃を受ける（11C末）
- 内紛によって分裂・衰退

④中央アジア

○**サーマーン朝**（9C～10C）

- イラン系
- カラハン朝によって滅亡

○**カラハン朝**（10C～12C）

- 中央アジア最初のトルコ系イスラーム王朝
- **サーマーン朝**を滅ぼし東西トルキスタン支配
- 東西分裂（11C）
  →西は**ホラズム＝シャー朝**に、東は**カラキタイ（西遼）**により滅亡

○**ホラズム＝シャー朝**（11C～13C）

- トルコ系
- セルジューク朝のホラズム（アム川下流域）の太守が自立
- イラン東部・アフガニスタン支配
- **ゴール朝**を滅ぼす（13C）
- チンギス＝カン（ハン）の侵攻→のち滅亡

⑤北インド

○**デリー＝スルタン朝**（13C～16C）

- 北インドに成立、連続したイスラーム5王朝、〈都〉**デリー**
- ロディー朝（アフガン系）以外すべてトルコ系
- **スーフィー**（イスラーム神秘主義者）によってイスラーム教が浸透

  ○**奴隷王朝**（1206～90）
  - ゴール朝の武将**アイバク**が北インドに建国
  - **クトゥブ＝ミナール**建造

  ○**ハルジー朝**（13C～14C）

  ○**トゥグルク朝**（14C～15C）
  - ティムール帝国軍の侵入で衰退

  ○**サイイド朝**（15C）
  - ティムールの部将が創始

  ○**ロディー朝**（1451～1526）
  - **アフガン系**
  - **バーブル**によって滅亡

6 西方イスラーム世界とアフリカ ★★★

※①〜⑦は、p.128-129の①〜⑦にそれぞれ対応している。

西方イスラーム世界とアフリカ

①イベリア半島

○**後ウマイヤ朝**（756〜11C）
- 〈都〉**コルドバ**
- **カリフを自称**（10C）

※キリスト教徒の**レコンキスタ（国土回復運動）**が進展

○**ナスル朝**（13C〜1492）
- 〈都〉**グラナダ**
- **アルハンブラ宮殿**（グラナダ）
- スペインにより滅亡
  →**レコンキスタ**完成（1492）

②北アフリカ：**ベルベル人**が国家建設

○**ムラービト朝**（11C〜12C）
- 〈都〉**マラケシュ**
- 対外進出
  - **ガーナ王国**に侵攻
  - イベリア半島に進出
    →レコンキスタに対抗

○**ムワッヒド朝**（12C〜13C）
- 〈都〉**マラケシュ**
- **ムラービト朝**を滅ぼす
- イベリア半島に進出
  →レコンキスタに対抗

③西アフリカ（ニジェール川流域）

○ガーナ王国（7C頃～13C半ば頃）
- サハラ縦断貿易
- **サハラ北部の岩塩とニジェール川流域の金の交易で繁栄**
- **ムラービト朝**の南下で崩壊
→西アフリカのイスラーム化進行

○マリ王国（13C～15C）
- 中心都市トンブクトゥ（**イブン＝バットゥータ**訪問）
- マンサ＝ムーサ（カンカン＝ムーサ、14C）：メッカ巡礼、大量の金を奉納

○ソンガイ王国（15C～16C）
- トンブクトゥに最古の黒人大学設置

④アフリカ東岸：スワヒリ語普及

○マリンディ
- **鄭和**（ていわ）の一隊が来航（15C）
- **ヴァスコ＝ダ＝ガマ**の来航（15C）

○その他
- モンバサ、ザンジバル、キルワ

⑤ザンベジ川流域

○**モノモタパ王国**（15C～17C）
- 大ジンバブエ遺跡（石造）

⑥エジプト

○ファーティマ朝（10C～12C）
- **シーア派**
- チュニジアに建国
- アッバース朝に対抗してカリフ自称
- エジプト進出→カイロ建設、都とする
- アズハル学院を創設

○アイユーブ朝（12C～1250）
- 〈都〉カイロ
- サラーフ＝アッディーン（サラディン、クルド人）が建国
- **ファーティマ朝**を滅ぼす
- **イェルサレム**回復
→第3回十字軍と戦う→講和
- カーリミー商人が活躍
- マムルーク朝によって滅亡

○マムルーク朝（1250～1517）
- 〈都〉カイロ
- 十字軍・モンゴル軍を撃退
- アッバース朝のカリフの一族を保護
- メッカとメディナを支配下におく
- カーリミー商人が活躍
- 衰退（14C半ば以降）：ペストの流行など
- オスマン帝国のセリム1世によって滅ぼされる（1517）

⑦ナイル川流域・近辺

○クシュ王国（前10C～後4C）
- ナイル川上流
- 一時エジプト支配（前8C）
→アッシリアのエジプト侵入でエジプトから後退（前7C）
→ナイル川中流の**メロエ**に遷都（メロエ王国と呼ばれるようになる）
- 製鉄技術発達

○アクスム王国（紀元前後頃～12C）
- エチオピアに建国
- メロエ王国を滅ぼす
- キリスト教化（単性論）

ここが共通テストのツボだ!!

ツボ 1 イスラーム教の特徴をしっかり押さえておこう

①偶像崇拝・多神教の禁止：一神教…唯一神アッラーに対する絶対服従（イスラーム）

②信者（ムスリム）間の平等徹底：聖職者は存在せず　ムハンマド…預言者

③『コーラン（クルアーン）』

- イスラーム教の経典。正統カリフ時代に現在の形にまとめられる

④イスラーム暦

- ヒジュラ暦ともいう。ヒジュラ（聖遷）の行われた622年を元年とする太陰暦（たいいんれき）

⑤六信五行

- 六信（ろくしん）：ムスリムが信じるべきもの
  1. アッラー　2. 天使　3. 啓典（けいてん）　4. 預言者　5. 来世　6. 神の予定（定命）
- 五行（ごぎょう）：ムスリムが行うべき義務
  1. 信仰告白　2. 礼拝（れいはい）　3. 喜捨（きしゃ）　4. 断食（だんじき）　5. メッカへの巡礼（じゅんれい）

⑥「啓典の民」

- ユダヤ教徒・キリスト教徒。ジズヤ・ハラージュの負担によって信仰の自由を認められる　※のち仏教徒・ゾロアスター教徒も同様の扱いになる

⑦スンナ派：ムハンマドの言行（スンナ）に従うことを重視。多数派

⑧シーア派：第4代正統カリフのアリーとその子孫をムスリムの正統な指導者（イマーム）とする。少数派

ツボ 2 ウマイヤ朝・アッバース朝の税制上の相違点

	ウマイヤ朝	アッバース朝
アラブ人ムスリム	免税	ジズヤ（人頭税）免除
非アラブ人ムスリム（マワーリー）	ジズヤ（人頭税）・ハラージュ（地租）を負担	ジズヤ（人頭税）免除
非ムスリム（ズィンミー）	ジズヤ（人頭税）・ハラージュ（地租）を負担	ジズヤ（人頭税）を負担

アッバース朝では、土地所有者はハラージュ（地租）負担

ツボ 3 イスラーム世界の展開を地図とともに押さえておこう

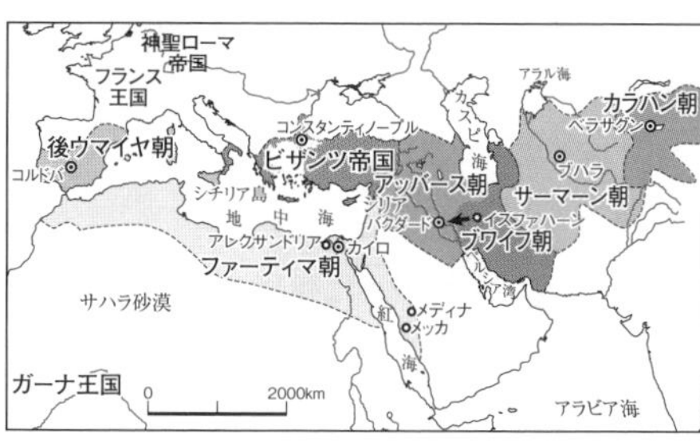

〈10世紀のイスラーム諸王朝〉

- シーア派の**ファーティマ朝**がアッバース朝に対抗してカリフを称すと、次いで**後ウマイヤ朝**もカリフを称し、3カリフが鼎立した。また東方からシーア派の**ブワイフ朝**がバグダードに入城し、アッバース朝のカリフから**大アミール**の称号を得て実権を掌握した。

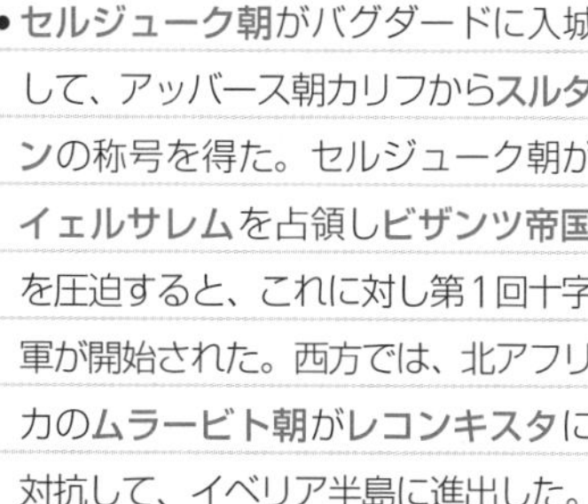

〈11世紀のイスラーム諸王朝〉

- **セルジューク朝**がバグダードに入城して、アッバース朝カリフから**スルタン**の称号を得た。セルジューク朝が**イェルサレム**を占領し**ビザンツ帝国**を圧迫すると、これに対し第1回十字軍が開始された。西方では、北アフリカの**ムラービト朝**が**レコンキスタ**に対抗して、イベリア半島に進出した。

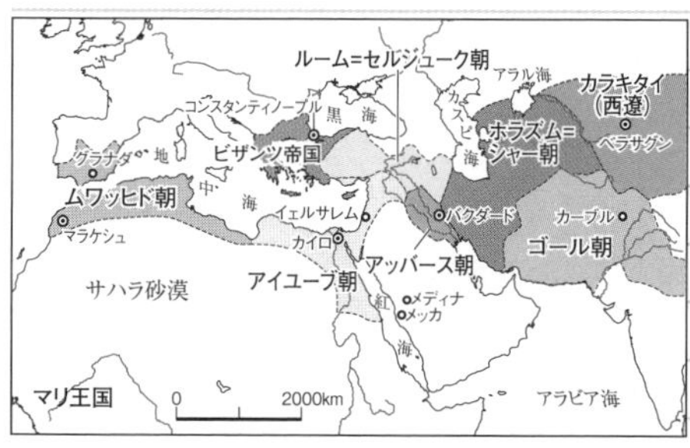

〈12世紀のイスラーム諸王朝〉

- 中央アジアでは**カラハン朝**が滅亡し、西部を**ホラズム=シャー朝**が、東部を**カラキタイ**が支配した。西方では**アイユーブ朝**が**イェルサレム**を奪回し、これに対し第3回十字軍遠征が行われた。

この範囲で何よりも大切なのは、イスラーム王朝・国家がどの地域を支配したのかを覚えること。その後、王朝・国家が何世紀のものなのかをテキスト(p.126〜p.129)やこのページの地図を利用して覚えよう。また、共通テストレベルで問われる15世紀までのシーア派王朝は、**ファーティマ朝**と**ブワイフ朝**のみと覚えておこう。

チャレンジテスト（大学入学共通テスト実戦演習）

次の文章を読み、後の問いに答えよ。　(2023年共テ本試B)

次の**資料1・2**は、ファーティマ朝のカリフについて、後の王朝の二人の歴史家がその正統性を論じた文章の概略である。

資料1

私はファーティマ朝のカリフをこの『カリフたちの歴史』では採り上げなかった。彼らがクライシュ族ではないため、カリフの資格がないからである。

ある法官によると、彼らの王朝の開祖が北アフリカで王朝を建てた時、アリーの子孫であると自称したが、系譜学者たちは誰一人彼を知らなかったという。また伝えられるところによると、ファーティマ朝の支配者の一人が、［ア］の支配者に対して侮辱する手紙を送った時、［ア］の支配者は、「あなたは私たちウマイヤ家の系譜を知っていて、私たちのことを侮辱した。しかし、私たちはあなたたちのことなど知らない」と返答したという。

このようなことから、私は彼らをカリフと認めず、記さなかったのである。

資料2

多くの歴史家に受け取られている愚かな情報の中には、ファーティマ朝カリフがアリーの子孫であることを否定するものがあるが、それは競争相手を非難してアッバース朝カリフに取り入る目的で作られたものである。アッバース朝カリフに仕える人々にとっては、ファーティマ朝にシリアやエジプトを奪われたまま奪還できない無能力を取り繕うのに好都合だったからである。

しかし、アッバース朝カリフがファーティマ朝成立当初に地方総督へ送った手紙の中には、ファーティマ朝カリフの系譜について言及があり、その手紙が、彼らがアリーの子孫であるということをはっきりと証明している。

カリフは、中世のムスリムによって、イスラーム共同体の指導者としてただ一人がその地位に就くとみなされていた。しかし10世紀にファーティマ朝や［ア］の支配者もカリフを称し、複数のカリフが長期間並立したことで、ムスリムが従うべき正しい指導者は誰かという問題は、さらに複雑なものとなった。

資料1・2の著者を含め、スンナ派の学者たちは、カリフになるための資格に関して、ムスリムであることに加えて、7世紀初頭にメッカに住んでいたクライシュ族の子孫であることも必要な条件であると考えていた。ここで言及されているウマイヤ家もアリー家も、そしてアッバース家も、クライシュ族である。

問1 文章中の空欄 ア の王朝が10世紀に支配していた半島の歴史について述べた文として最も適当なものを、次の①～④のうちから一つ選べ。

① トルコ系の人々が、この半島においてルーム＝セルジューク朝を建てた。
② ムラービト朝が、この半島における最後のイスラーム王朝となった。
③ ベルベル人によって建てられたムワッヒド朝が、この半島に進出した。
④ この半島で成立したワッハーブ王国が、ムハンマド＝アリーによって一度滅ぼされた。

問2 資料1・2を参考にしつつ、ファーティマ朝の歴史とそのカリフについて述べた文として最も適当なものを、次の①～④のうちから一つ選べ。

① ファーティマ朝はアッバース朝成立以前に成立した王朝であり、**資料1**は伝聞や逸話に基づいてそのカリフの正統性を否定している。
② ファーティマ朝はスンナ派の一派が建てた王朝であり、**資料1**と**資料2**はともに系譜を根拠としてその支配者がカリフであると認めている。
③ ファーティマ朝はカイロを首都としたが、**資料2**はシリアやエジプトを取り戻せないという無能力によってカリフの資格がないと判断している。
④ ファーティマ朝はアッバース朝の権威を否定していたが、**資料2**はアッバース朝カリフの手紙を証拠としてファーティマ朝のカリフをアリーの子孫だと認めている。

問1 [答] ③

問題文に「10世紀にファーティマ朝や ア の支配者もカリフを称し」とあることから、 ア に入るのは**後ウマイヤ朝**であり、設問にある「半島」はイベリア半島を指すことが分かる。よって、③が正答。①アナトリアについての記述である。②ムラービト朝ではなくナスル朝である。④ワッハーブ王国は18世紀にアラビア半島に成立したので、不適当。

問2 [答] ④

④**資料2**の2段落目から、正文と判断できる。①**ファーティマ朝**の成立は10世紀であり、750年に成立したアッバース朝よりあとに成立したので不適当。②ファーティマ朝はスンナ派ではなく**シーア派**の王朝。また**資料1**の冒頭に「私は～彼らがクライシュ族ではないため、カリフの資格がない」などとあるように、ファーティマ朝の支配者をカリフと認めていないので不適当。③シリアやエジプトを取り戻せていないのはファーティマ朝ではなく、アッバース朝なので不適当。

第2部 世界史探究 4 イスラーム世界(1)

16 イスラームの文化

年	610頃	632	661	750	9C頃
	イスラーム教の成立～ムハンマド時代	正統カリフ時代	ウマイヤ朝	アッバース朝	アッバース朝の衰退～イスラーム世界の分裂

1 イスラーム世界の用語

社会	マドラサ	学院。ウラマーを養成する高等教育機関
	ウラマー	イスラーム諸学をおさめた知識人・学者
	シャリーア	イスラーム法
	スーク	アラビア語で「市場」の意。ペルシア語ではバザール
	キャラヴァンサライ	隊商宿
	ワクフ	寄付
宗教	『コーラン（クルアーン）』	イスラーム教の聖典
	ハディース	ムハンマドの言行（スンナ）に関する伝承
	スーフィー	イスラーム神秘主義者。イスラーム神秘主義はスーフィズム
	モスク	礼拝(れいはい)施設。ドーム（丸屋根）とミナレット（光塔）を特色とする

2 固有の学問

✤**固有の学問**：『コーラン』や預言者の言行をもとにイスラーム教のあり方を探求
法学・神学・歴史学・文法学など

法学	『コーラン（クルアーン）』の注釈やハディース（ムハンマドの言行に関する伝承）を基礎として発達。	
	シャリーア	イスラーム法
神学	スーフィー	イスラーム神秘主義者。イスラーム神秘主義はスーフィズム
	ガザーリー	11C～12C スーフィズム（イスラーム神秘主義）を理論化
歴史学	ラシード＝アッディーン	13C～14C　イル＝ハン国の政治家。ガザン＝ハンに仕える 『集史(しゅうし)』：モンゴル中心の歴史
	イブン＝ハルドゥーン	14C～15C　マムルーク朝に仕える 『世界史序説(じょせつ)』：都市民と遊牧民の抗争

3 外来の学問

✤**外来の学問**：古代ギリシア・ペルシアなどの学問を発展させる
ギリシア語の文献がアラビア語に翻訳される
哲学・医学・数学・天文学・地理学・錬金術（化学）など

哲学	イブン＝ルシュド（アヴェロエス）	12C　コルドバ出身 **アリストテレス哲学の注釈→スコラ学に影響**
数学	**フワーリズミー**	8C〜9C　アッバース朝時代。代数学
	アラビア数字 **ゼロの概念**	インドが起源とされる
医学	イブン＝シーナー（アヴィケンナ）	10C〜11C　サーマーン朝などに仕える 『**医学典範**（いがくてんぱん）』→ラテン語訳されヨーロッパ医学に影響
化学	錬金術	鉄・鉛・銅などを金・銀に変えようとする技術
地理学	イブン＝バットゥータ	14C　モロッコ出身の旅行家。元末の中国を訪問 『大旅行記（三大陸周遊記（しゅうゆうき））』

4 その他

文学	フィルドゥシー	10C〜11C　サーマーン朝、ガズナ朝期 『シャー＝ナーメ（王の書）』
	ウマル＝ハイヤーム	11C〜12C　セルジューク朝期 『四行詩集（ルバイヤート）』
	『千夜一夜物語（せんやいちや）（アラビアン＝ナイト）』	各地の説話の集大成
美術建築	写本絵画（ミニアチュール）	書物の挿絵（さしえ）から発達。中国絵画からの影響
	アラベスク	植物・文字などを模した幾何学（きかがく）的な文様
	クトゥブ＝ミナール	奴隷（どれい）王朝のアイバクが建設した大モスクの塔（ミナール）
	アルハンブラ宮殿	ナスル朝の都グラナダに建設された宮殿
美術建築（16C以降）	イマームのモスク	サファヴィー朝のアッバース1世が、都のイスファハーンに建立したモスク
	スレイマン＝モスク	オスマン帝国のスレイマン1世が、都のイスタンブルに建立したモスク
	タージ＝マハル	ムガル帝国第5代皇帝のシャー＝ジャハーンが、アグラに建立。愛妃ムムターズ＝マハルを祀（まつ）る廟（びょう）

ここが共通テストのツボだ!!

ツボ　イスラームの美術・建築を写真・イラストで押さえておこう

写本絵画(ミニアチュール)

アラベスク

クトゥブ=ミナール

アルハンブラ宮殿の「獅子の中庭」

イマームのモスク

タージ=マハル

スレイマン=モスク

共通テストは写真を用いた問題が出題されるので、イスラーム世界に限らず、文化史の絵画・建築を学ぶ際には写真を活用することが大切。日頃から教科書・資料集の写真を見ることを学習の習慣にしてしまおう。

チャレンジテスト（大学入学共通テスト実戦演習）

次の文章を読み、後の問いに答えよ。　(2022年共テ追試A)

トルコ共和国のイスタンブルに立つアヤ＝ソフィア（ハギア＝ソフィア）は、これまでの長い歴史の間、その時々の政権によって、異なる信仰の舞台とされてきた。現在、我々が目にするアヤ＝ソフィアは、東ローマ帝国（ビザンツ帝国）の都であったコンスタンティノープルに6世紀に建設（再建）された、巨大なドームを有する宗教建築物であった。

その後、1453年にこの都市を征服して東ローマ帝国を滅ぼしたオスマン帝国の君主［ア］は、壮大なアヤ＝ソフィアを破壊することはせず、自らの信仰に適合させるような改修を施して利用を継続した。これに伴って、ⓐ後に建物の四隅には、礼拝を呼び掛けるための尖塔（光塔）が付設された。

それから4世紀半以上が経過した1922年にオスマン帝国は解体され、翌年にはトルコ共和国が成立した。その初代大統領に就任した［イ］は1934年、アヤ＝ソフィアを特定の宗教に属さない施設である博物館とした。

アヤ＝ソフィアは、その後85年以上にわたって博物館として利用されてきたが、2020年7月、同国のエルドアン大統領は、これをオスマン帝国時代の用途に戻す決定を下した。この出来事はアヤ＝ソフィアそれ自体はもとより、これまで長らくトルコ共和国が基本としてきた政治的姿勢にとってもまた、重要な歴史的転換点となるのではないかと捉えられている。

問1 前の文章中の空欄［ア］に入れる人物の名**あ**・**い**と、前の文章から読み取れるアヤ＝ソフィアが果たした役割の歴史的変遷を示したX～Zとの組合せとして正しいものを、後の①～⑥のうちから一つ選べ。

［ア］に入れる人物の名

あ　メフメト2世　　**い**　アッバース1世

アヤ＝ソフィアが果たした役割の歴史的変遷

X　教会（聖堂）→モスク→博物館→教会（聖堂）
Y　教会（聖堂）→モスク→博物館→モスク
Z　モスク→教会（聖堂）→博物館→モスク

①　**あ**－X　②　**あ**－Y　③　**あ**－Z
④　**い**－X　⑤　**い**－Y　⑥　**い**－Z

問2 下線部ⓐについて、次の図はアヤ＝ソフィアを撮影した写真を一部加工したものである。楕円(だえん)で囲まれた尖塔（光塔）の名称として最も適当なものを、後の①～④のうちから一つ選べ。

図

① アラベスク　② カーバ　③ ミナレット　④ ミニアチュール

問3 前の文章中の空欄 イ の人物の事績として最も適当なものを、次の①～④のうちから一つ選べ。

① イスタンブルを首都とした。
② 参政権付与など女性解放を進めた。
③ カリフ制を復活させた。
④ セーヴル条約を締結した。

問1 [答] ②

問題文の第2段落の最初に、「その後、1453年にこの都市を征服して東ローマ帝国を滅ぼしたオスマン帝国の君主［ア］」とあり、「この都市」は第1段落からイスタンブルであることが分かるため、［ア］に入るのは**あ**の**メフメト2世**。**い**のアッバース1世は、イランのサファヴィー朝最盛期の君主で、イスタンブルを征服したことはない。アヤ＝ソフィア（ハギア＝ソフィア聖堂）を6世紀に再建したビザンツ帝国（東ローマ帝国）はキリスト教（ギリシア正教）の国家であるため、アヤ＝ソフィアは教会（聖堂）であった。その後、第2段落に「オスマン帝国の君主［ア］（メフメト2世のこと）は、壮大なアヤ＝ソフィアを破壊することはせず、自らの信仰に適合させるような改修を施して利用を継続した」とあり、オスマン帝国はイスラームの国家であるため、アヤ＝ソフィアはイスラーム教の礼拝所である**モスク**となった。そして第3段落に「1934年、アヤ＝ソフィアを特定の宗教に属さない施設である博物館とした」とあり、第4段落に「2020年7月、同国のエルドアン大統領は、これをオスマン帝国時代の用途に戻す決定を下した」とある。ここまでの経過をまとめると、アヤ＝ソフィアが果たした役割の歴史的変遷は教会（聖堂）→モスク→博物館→モスクとなるため**Y**が正しく、正答は②である。

問2 [答] ③

③**ミナレット**は、イスラーム教の礼拝所であるモスクに併設された光塔なので、これが正答。①アラベスクは、植物・文字などを模した幾何学的な文様なので不適当。②カーバは、メッカにあるイスラーム教の神殿（聖殿）なので不適当。④ミニアチュールは、中国絵画の影響を受けて書物の挿絵から発達した細密画なので不適当。

問3 [答] ②

空欄の［イ］に入るのは、トルコ共和国の初代大統領であるため、**ムスタファ＝ケマル**（ケマル＝パシャ、ケマル＝アタテュルク）である。②ムスタファ＝ケマルは、女性への参政権付与やチャドル廃止などの女性解放を進めたので、これが正答。①ムスタファ＝ケマルはイスタンブルではなくアンカラを都とした。③ムスタファ＝ケマルは、カリフ制を復活させたのではなく廃止した。④ムスタファ＝ケマルは、セーヴル条約に代えて連合国とローザンヌ条約を結んだ。

17 イスラーム専制王朝

1 ティムール朝(帝国)(1370～1507)

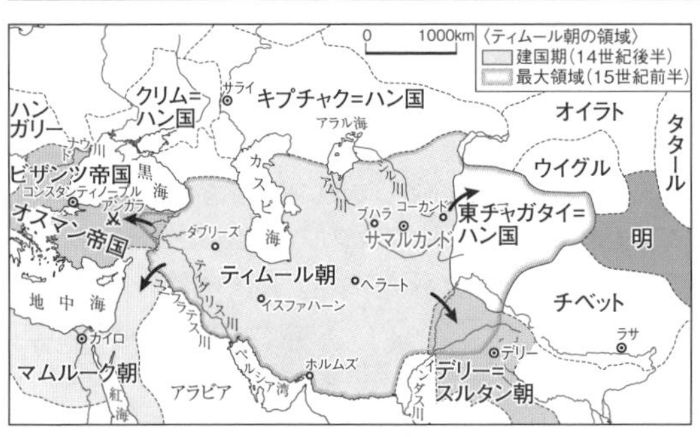

ティムール朝

14世紀中頃からモンゴル帝国の解体が進む中、中央アジアのチャガタイ=ハン国は東西に分裂した。**1370年、西チャガタイ=ハン国の軍人であるティムール(位1370～1405)が自立してティムール朝(1370～1507)を建国し、都をサマルカンドにおいた。**ティムールは旧イル=ハン国領を支配し、キプチャク=ハン国やマムルーク朝、北インドのトゥグルク朝に遠征を行った。また、1402年にオスマン帝国を**アンカラの戦い**で破り、スルタンであったバヤジット1世を捕虜とした。さらにティムールは明への遠征を行ったが、その途上で病死した。

ティムール朝の支配層は文芸を愛好したことから、イラン=イスラーム的な都市文化と、トルコ=モンゴル的な遊牧文化が融合したトルコ=イスラーム文化が栄えた。都のサマルカンドには壮麗(そうれい)なモスクが築かれ、従来のペルシア語文学に加えてトルコ語文学も生まれ、**写本絵画(ミニアチュール)**も発達した。また第4代の**ウルグ=ベク**はサマルカンドに天文台を建設し、自ら天文観測を行い精緻(せいち)な暦を作成した。

15世紀後半になるとティムール朝は分裂し、南下してきた遊牧ウズベク(ウズベク人)の攻撃を受け滅亡した。遊牧ウズベクは中央アジアに**ブハラ(ボハラ)=ハン国**、**ヒヴァ=ハン国**を建て、のちにブハラ=ハン国から**コーカンド=ハン国**が分裂して建国された。

2 サファヴィー朝(1501～1736)

イランの神秘主義教団の教主であるイスマーイール(1世)(位1501～24)はトルコ系遊牧民(キジルバシュ)を軍事力として用いて勢力を伸ばし、1501年にサファヴィー朝(1501～1736)を建てて都をタブリーズにおき、シーア派穏健(おんけん)派の十二イマーム派を国教とした。また君主の称号として「**シャー**」を用いた。

サファヴィー朝は第5代の**アッバース1世**（位1587～1629）の治世に最盛期を迎えた。アッバース1世が都とした**イスファハーン**には**イマームのモスク**が建立され、アジアやヨーロッパから多くの商人たちが訪れ、**「世界の半分」**と呼ばれるほど繁栄した。また対外貿易では、**アルメニア商人**が絹織物や生糸の取引で活躍した。さらに、**ホルムズ島**をポルトガルから奪回し、オスマン帝国からイラクを奪った。しかし、**アッバース1世死後、サファヴィー朝は衰退し、アフガン人にイスファハーンを占領されて事実上滅亡した。**

3 オスマン帝国（1300頃～1922） 

ルーム＝セルジューク朝の衰退に乗じ、アナトリア西北部にオスマン帝国（1300頃～1922）が独立した。14世紀になるとオスマン帝国はバルカン半島に進出してアドリアノープルを都とした。第4代スルタンの**バヤジット1世**は、バルカン半島奪回をめざすヨーロッパ連合軍をニコポリスの戦いで撃退した。しかし、バヤジット1世は1402年の**アンカラの戦い**でティムールに敗れて捕虜となり、オスマン帝国は一時中断した。

その後オスマン帝国は復興し、第7代スルタンの**メフメト2世（位1444～46、51～81）は1453年にコンスタンティノープル（のちのイスタンブル）を占領してビザンツ帝国を滅ぼし、この都市を都とした。**その後第9代スルタンの**セリム1世**（位1512～20）は西アジア方面に進出し、1517年に**マムルーク朝**を滅ぼしてメッカ・メディナの管理権を得た。第10代スルタンの**スレイマン1世**（位1520～66）はヨーロッパ方面に進出して**ハンガリー**を支配し、1529年には**ウィーン**を包囲して神聖ローマ皇帝カール5世を圧迫した（**第1次ウィーン包囲**）。さらに、1538年の**プレヴェザの海戦**ではスペイン・ヴェネツィア・ローマ教皇の連合軍を撃破し、東地中海の覇権を握った。また、スレイマン1世は都に**スレイマン＝モスク**を建立した。続くセリム2世は、1571年の**レパントの海戦**でスペイン・ヴェネツィア・ローマ教皇の連合軍に敗れたが、すぐに東地中海の覇権を回復した。また、セリム2世はフランスに通商上の特権である**カピチュレーション**を正式に付与した。

1683年、オスマン帝国は第2次ウィーン包囲に失敗し、1699年にはオーストリアとカルロヴィッツ条約を結び、領土の一部であったハンガリーを失った。これ以後、オスマン帝国は守勢に回ることになったが、18世紀前半には、文化的には「チューリッ

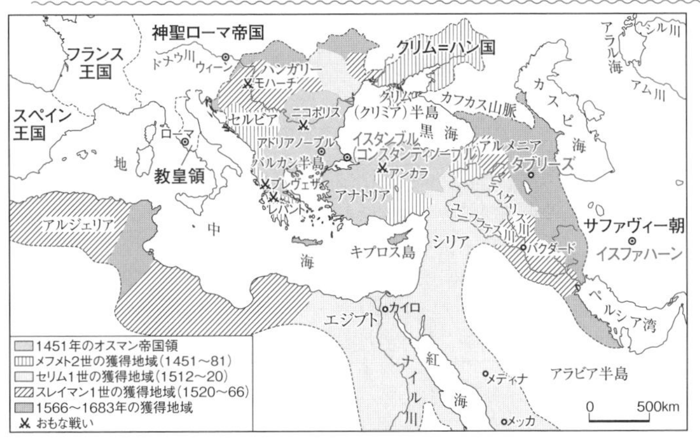

オスマン帝国

プ時代」と呼ばれる爛熟期を迎えた。

✤オスマン帝国の制度・社会

- **デヴ(ウ)シルメ制**：キリスト教徒の男子を改宗させ、教育・訓練を施して徴用する制度
- **イェニチェリ**：スルタン直属の常備歩兵軍
- **ティマール制**：騎士(シパーヒー)に軍事奉仕の代償として徴税権を与える制度
- **ミッレト**：非イスラーム教徒(非ムスリム)の共同体。信仰・自治を認める代償に貢納の義務を負わせる

4 ムガル帝国 (1526~1858)

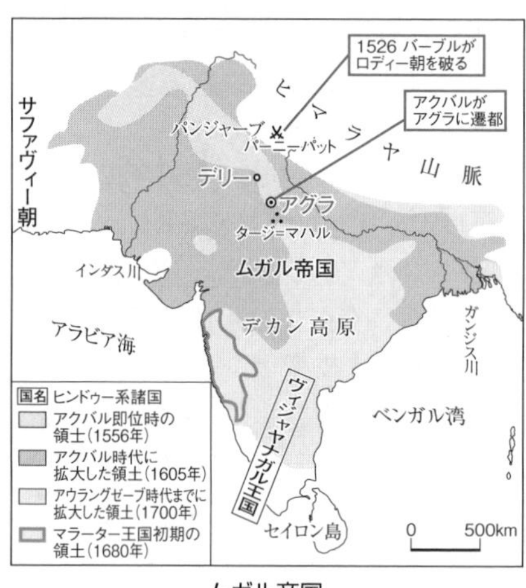

ムガル帝国

1526年、ティムールの子孫であるバーブル(位1526~30)**が北インドのロディー朝を滅ぼし(パーニーパットの戦い)、ムガル帝国を建ててデリーを都とした。**第3代の**アクバル**(位1556~1605)はアグラを都とし、中央集権体制を整え、徴税機構を整備した。また、支配階層の組織化を図り、貴族と官僚に対し、位階に応じて給与地と保持すべき騎兵・騎馬数を定めた(**マンサブダール制**)。彼はヒンドゥー教徒との融和を図り、**非ムスリムに対する人頭税のジズヤを廃止**し、ヒンドゥー教徒を、高官に登用するなどした。第6代の**アウラングゼーブ**(位1658~1707)はムガル帝国の領土を最大に広げたが、**イスラーム教を深く信仰し、ジズヤの復活やヒンドゥー寺院の破壊などを行った。**そのため諸民族の反発を招き、デカン高原の**マラーター王国**やパンジャーブ地方のシク教徒が激しく抵抗したため、ムガル帝国の領土は大幅に縮小した。

✤インド=イスラーム文化：イスラーム文化とインドのヒンドゥー文化が融合して成立

言語	**ペルシア語**	ムガル帝国の公用語
	ウルドゥー語	ヒンディー語(現インドの公用語の一つ)の文法にペルシア・アラビア語系の単語が融合した言語。今日のパキスタンの公用語
宗教	**シク教**	**ナーナク**が創始　イスラーム教とバクティ信仰が融合 カーストを否定　偶像崇拝・苦行を禁じる
絵画 建築	ムガル絵画	イランから流入した写本絵画(ミニアチュール)とインドの伝統的様式が融合した絵画。写実的な画風
	タージ=マハル	ムガル帝国第5代皇帝の**シャー=ジャハーン**(位1628~58)がアグラに建立。愛妃ムムターズ=マハルを祀る廟

ここが共通テストのツボだ!!

ツボ　オスマン帝国・ムガル帝国の君主の主要な業績

○**オスマン帝国**

①**バヤジット1世**（位1389～1402）

- ニコポリスの戦い（1396）：ヨーロッパ連合軍を撃破
- **アンカラの戦い**（1402）：アナトリアで大敗→**ティムール**に捕らえられる

②**メフメト2世**（位1444～46、51～81）

- **コンスタンティノープル**占領（1453）：**ビザンツ帝国**を滅ぼす→遷都（せんと）（イスタンブルに）

③**セリム1世**（位1512～20）

- **マムルーク朝**征服（1517）→聖都メッカ・メディナの管理権獲得

④**スレイマン1世**（位1520～66）：最盛期

- ハンガリー征服→**第1次ウィーン包囲**（1529）…失敗
- フランス（フランソワ1世）と同盟：神聖ローマ帝国の**カール5世**に対抗
- **プレヴェザの海戦**（1538）：スペイン・ヴェネツィア・ローマ教皇の連合艦隊撃破
- コンスタンティノープルに**スレイマン＝モスク**建設

⑤セリム2世（位1566～74）

- **カピチュレーション**（通商上の特権）をフランスに対し正式に付与
- **レパントの海戦**（1571）：スペイン・ヴェネツィア・ローマ教皇の連合艦隊に敗北

○**ムガル帝国**

①**バーブル**（位1526～30）：ロディー朝撃破（1526）→建国　〈都〉デリー

②**アクバル**（位1556～1605）：**アグラ**に遷都

- 中央集権政策：全国を州－県－郡（＝徴税区）に分けて統治。土地測量→徴税制度改革
- **ジズヤ廃止**：ヒンドゥー教徒との融和目的
- **マンサブダール制**：貴族と官僚に対し、位階に応じて給与地と保持すべき騎兵・騎馬数を定める

③**シャー＝ジャハーン**（位1628～58）：**タージ＝マハル**建設（**アグラ**東郊）

④**アウラングゼーブ**（位1658～1707）：デカン高原征服→最大領土

- イスラーム強硬政策：**ジズヤ復活**、ヒンドゥー寺院の破壊

オスマン帝国・ムガル帝国攻略のポイントは「どの君主が何を行ったのか」をしっかりまとめて記憶しておくこと。正誤判定問題に自信をもって正答するためにしっかり覚えておこう！

チャレンジテスト（大学入学共通テスト実戦演習）

次の文章を読み、後の問いに答えよ。（2022年共テ追試B）

図書館に展示されている古い本を見ながら、先生と永井さん、鈴木さんが会話をしている。

先生：これは、16世紀末に中国の明で刊行された軍事技術書の挿絵です。

永井：でも、ここに描かれている人物は、中国の人ではなさそうですね。彼が手にしているのは、銃でしょうか。

先生：そうですね。ターバンを被(かぶ)ったこの人物が構えている銃は、［ア］の常備軍として知られるイェニチェリが用いていたものだと考えられています。

永井：なぜ、［ア］の銃が、明の軍事技術書に描かれているのですか。

先生：それは、この書籍が刊行された経緯に深く関わる問題です。この頃、明は［イ］。この本は、戦場で敵の火縄銃に苦戦していた明が、より高性能な銃を探し求めて、北京にあった様々な銃を調査した成果なのです。

鈴本：実物の銃を見ながら研究がなされたわけですよね。しかし、どうして当時の北京に［ア］の銃が存在していたのでしょうか。

先生：この銃は、中央アジアを経由して運ばれたと推定されています。この時、ティムール朝を滅ぼして西トルキスタンを拠点としていた［ウ］は、サファヴィー朝と対立していました。そして、［ア］も同じ時期にサファヴィー朝と争っていたために、［ウ］に対する軍事支援として300人のイェニチェリを銃とともに送っています。この銃の一部が、中央アジアからの朝貢使節とともに、はるばる北京にもたらされたと考えられているのです。

問1 前の文章中の空欄［ア］に入れる国・王朝の名あ～うと、文章中から読み取れる、銃が明にもたらされたルートについての仮説X・Yとの組合せとして正しいものを、後の①～⑥のうちから一つ選べ。

［ア］に入れる国・王朝の名

あ　オスマン帝国　　**い**　ムガル帝国　　**う**　マムルーク朝

銃が明にもたらされたルートについての仮説

X　［ア］から、主に海路によってもたらされたと考えられる。
Y　［ア］から、主に陸路によってもたらされたと考えられる。

①　**あ**－X　　②　**あ**－Y　　③　**い**－X
④　**い**－Y　　⑤　**う**－X　　⑥　**う**－Y

問2 前の文章中の空欄 イ に入れる文として最も適当なものを、次の①〜④のうちから一つ選べ。

① ベトナムに遠征し、その北部を一時併合していました
② 朝鮮半島に侵攻してきた、豊臣秀吉の軍勢と戦っていました
③ オランダを駆逐して、台湾を占拠していました
④ 四川を中心として起こった、白蓮教徒の乱を鎮圧しようとしていました

問3 前の文章中の空欄 ウ について述べた文として最も適当なものを、次の①〜④のうちから一つ選べ。

① ヒヴァ＝ハン国を建てた。
② コーカンド＝ハン国を併合した。
③ キルギスに滅ぼされた。
④ カラコルムに都を建設した。

問1 [答] ②

会話文中に「 ア の常備軍として知られるイェニチェリ」とあることから、**イェニチェリ**はオスマン帝国の常備歩兵軍であるため、空欄 ア には**あ**が入る。また、先生の4番目の会話文の最初に、「この銃は、中央アジアを経由して運ばれたと推定されて」いるとあることから、**Y**が正しいことが分かる。よって、正答は②である。

問2 [答] ②

先生の最初の会話文に、「これは、16世紀末に中国の明で刊行された軍事技術書」とあることから、この時期の明の出来事を考えればよい。②豊臣秀吉(とよとみひでよし)の朝鮮出兵(ちょうせんしゅっぺい)は16世紀末なので、これが正答。①15世紀初めに皇帝となった永楽帝(えいらくてい)の事績なので、不適切。③オランダを駆逐(くちく)して台湾(たいわん)を占領したのは鄭成功(ていせいこう)で、17世紀後半の出来事なので、不適当。④白蓮教徒(びゃくれんきょうと)の乱は清(しん)代の民衆反乱で、18世紀末〜19世紀初めのことなので、不適当。

問3 [答] ①

先生の最後の会話文に「ティムール朝を滅ぼして西トルキスタンを拠点としていた ウ 」とあることから、 ウ にはティムール朝を滅ぼした遊牧ウズベク（ウズベク人）が入る。①遊牧ウズベクは中央アジア西部に**ヒヴァ＝ハン国**、**ブハラ＝ハン国**を建て、のちにブハラ＝ハン国から**コーカンド＝ハン国**が自立した。よって、これが正答。②遊牧ウズベクのコーカンド＝ハン国を19世紀に併合したのは、ロシア（ロマノフ朝）なので、不適当。③キルギスに滅ぼされたのは、ウイグルで、9世紀のことなので、不適当。④カラコルムに都を建設したのは、モンゴル帝国の第2代オゴデイであり、13世紀のことなので、不適当。

18 中世ヨーロッパ世界の形成と発展

年	481	751	843-870	10C
	メロヴィング朝（フランク王国）	カロリング朝（フランク王国）	フランク王国の分裂	〈仏〉カペー朝 〈独〉神聖ローマ帝国
375 ゲルマン人の大移動		ノルマン人の移動～封建社会の成立		教皇権の上昇

1 ゲルマン人の大移動～ゲルマン人の建国

✤大移動前のゲルマン人とローマ

- **ゲルマン人**：インド＝ヨーロッパ語系
  - ・原住地：バルト海沿岸。**ケルト人**を圧迫して拡大→**ライン川**、**ドナウ川**まで進出
  - ・史料：**カエサル**『**ガリア戦記**』（前1C）　**タキトゥス**『**ゲルマニア**』（100年頃）
  - ・**民会**：自由民の成人男性が参加する最高議決機関
  - ・**ローマ帝国内への平和的移住：傭兵（ようへい）・コロヌス・下級官吏**

✤ゲルマン人の大移動

4世紀後半、アジア系遊牧民の**フン人**が西進し、ゲルマン人の一派である**東ゴート人**を征服し、次いで同じくゲルマン人の一派である**西ゴート人**を圧迫した。圧迫を受けたゲルマン人は375年に移動を開始して、翌年**ドナウ川**を越えてローマ帝国内へ移住した。こうして**ゲルマン人の大移動**が開始された。

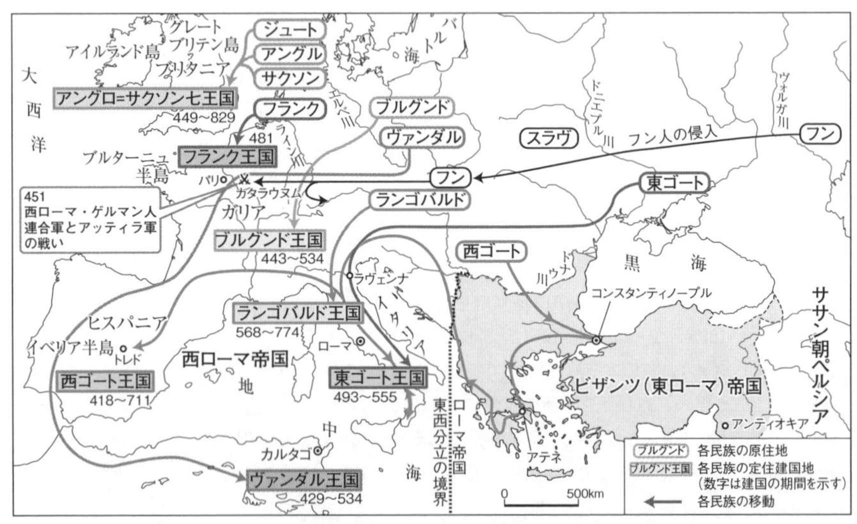

ゲルマン人の大移動と建国

✤フン人と西ローマ帝国の滅亡

アジア系遊牧民の**フン人は5世紀のアッティラ王の時代に最盛期を迎え、パンノニア(現ハンガリー)に大帝国を建設した**。しかし、**カタラウヌムの戦い**(451)で西ローマ帝国・西ゴート王国などの連合軍に敗北し、アッティラの死後、フン人の大帝国は崩壊した。

その後、西ローマ皇帝はゲルマン人の傭兵隊長**オドアケル**に退位を迫られ、皇帝位は東ローマ皇帝に返上された。これによって**西ローマ帝国は滅亡**(476)して、ローマ帝国の西部支配は破綻(はたん)し、旧西ローマ帝国領はゲルマン人国家によって分割された。

2 フランク王国(481〜10C)

✤フランク王国の成立と発展

ゲルマン人の一派**フランク人**はガリア北部に移住した。481年、フランク人の**クローヴィス**(位481〜511)が**メロヴィング朝**(481〜751)を創始し、フランク人を統一してガリア中部を支配した(**フランク王国**の成立)。ゲルマン諸部族の多くは、ローマ帝国で異端とされたアリウス派キリスト教を信仰していたが、**クローヴィスは正統とされたアタナシウス派に改宗**することでローマ教会との結びつきを強化して、ローマ系貴族を支配層に取り込んだ。これによって、フランク王国は西ヨーロッパ世界を形成する中心となった。

フランク王国では、しだいにメロヴィング朝の王に代わって宮廷の長官である**宮宰**(きゅうさい)**(マヨル=ドムス)**が実権を握るようになった。732年、侵入してきたウマイヤ朝の軍をメロヴィング朝の宮宰**カール=マルテル**が撃退し(**トゥール・ポワティエ間の戦い**(732))、この結果、カロリング家の権威(けんい)が上昇した。

ビザンツ皇帝と**聖像崇拝論争**(せいぞうすうはい)で対立し、新たな政治的保護者を求めていたローマ教皇の支持を得て、カール=マルテルの子**ピピン**(位751〜768)が751年にフランク国王となり、**カロリング朝**(751〜987)を創始した。ピピンは、ローマ教皇を圧迫していた北イタリアの**ランゴバルド王国**を攻撃し、奪取した**ラヴェンナ地方**を教皇に寄進(きしん)し、これが教皇領の起源となり、フランク王国とローマ教会は結びつきを強化していった。

◯ 皇帝権と教皇権

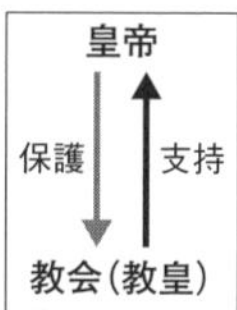

ローマ帝国のキリスト教公認以降、ローマ皇帝と教会(教皇)は結びつきを強め、皇帝は教会を外敵などから保護し、教会は皇帝を支持した。これにより皇帝はキリスト教徒から支持を得て統治を安定させる、という関係が形成されていった。西ローマ帝国滅亡後、政治的保護者を失ったローマ教会はビザンツ皇帝の保護下に入ったが、ビザンツ皇帝が726年に**聖像禁止令**を出すと、ゲルマン人への崇拝に聖像を用いていたローマ教会はこれに反発し、両者は対立した(**聖像崇拝論争**)[☞p.157]。そのため、ローマ教会はビザンツ皇帝に対抗できる新たな政治的保護者を求めてフランク王国に接近し、**ピピン**の**カロリング朝**創始を支持した。

ピピンの子カール大帝(位768~814)(シャルルマーニュ)はランゴバルド王国を滅ぼし、北方のザクセン人を攻撃してカトリックに改宗させた。また、東方から侵入してきたアヴァール人を撃退し、西方ではイスラーム勢力の支配下にあったイベリア半島に進出した。

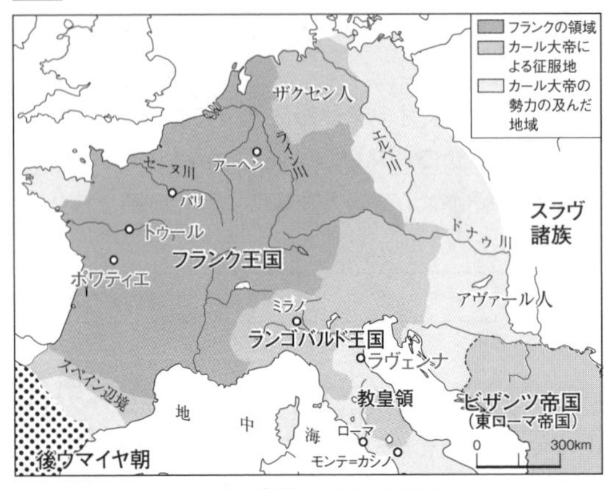

カール大帝期のフランク王国

こうして、カール大帝は西ヨーロッパの主要部を支配して各地の統治を伯(はく)に行わせ、巡察使(じゅんさつし)に伯を監視させた。また、カール大帝はイングランドのアルクインら多数の学者を招き、ラテン語による学芸復興を行った(カロリング=ルネサンス)。そして、800年、レオ3世はカール大帝にローマ皇帝の冠を授け(カールの戴冠(たいかん)(800))、「西ローマ帝国」を理念的に復活させてビザンツ帝国に対抗させた。ここに**ローマ文化・キリスト教・ゲルマン人が融合した西ヨーロッパ中世世界が成立した。**

✤フランク王国の分裂

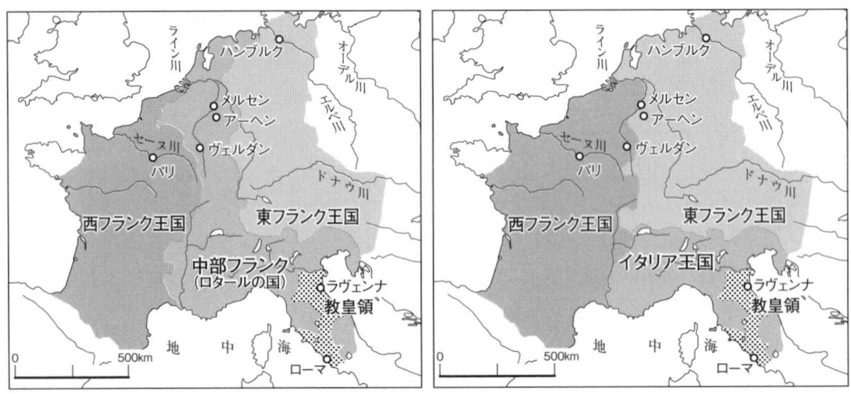

ヴェルダン条約(左)とメルセン条約によるフランク王国の分裂

カール大帝の死後内紛が起こり、カロリング朝フランク王国は843年のヴェルダン条約(843)と870年のメルセン条約(870)によって3つに分裂し、これがイタリア・フランス・ドイツの原型になった。

イタリアではカロリング朝が9世紀後半に断絶し、以後イタリアは分裂状態になった。西フランク(フランス)ではカロリング朝が10世紀後半に断絶し、パリ伯ユーグ=カペー(位987~996)がフランス王となりカペー朝(987~1328)が成立した。しかし、**王権の及ぶ範囲はパリとその周辺に限られるなど王権は弱く、各地では地方有力者の諸侯が力をもっていた。**

東フランク(ドイツ)では10世紀のカロリング朝断絶後、諸侯の選挙で王が選出されるようになり(選挙王政)、**ザクセン朝**が成立した。ザクセン朝の王**オットー1世**(位936~973)が、侵入してきた**マジャール人**を撃退して権威を高めイタリアに進出すると、962年に教皇はオットー1世に帝冠を与えた。これ以後ドイツ王がローマ皇帝を兼任することとなり、ドイツはやがて**神聖ローマ帝国**(962~1806)と呼ばれるようになった。神聖ローマ皇帝は、領内の司教や修道院長ら聖職者の任免権を保持して、教権を王権の統制下においた(帝国教会政策)。

3 ノルマン人の移動

✤ノルマン人

ノルマン人(**ヴァイキング**)はスカンディナヴィア半島・ユトランド半島を原住地とする北ゲルマン諸族で、デーン人・スウェーデン人・ノルウェー人に分類される。**彼らは底の浅い船を用いて商業・略奪を行い**、8世紀から12世紀にかけて各地に移動・建国を行った。

✤ノルマン人の建国

①ロシア:**ノヴゴロド国**(9C)(9C、〈創立〉**リューリク**…**ルーシ**(**ルス**)の首長)
　→リューリクの一族が南下…**キエフ公国**(9~13C)

②フランス:**ノルマンディー公国**(10C~11C)(911、〈創立〉**ロロ**…北西フランスに建国)

③イングランド

- デーン人の侵入を**アルフレッド大王**が撃退(9C後半)
- **デーン朝**(1016~42):〈創立〉**クヌート**(**カヌート**)…デンマーク・ノルウェーも支配
- **ノルマン朝**(1066~1154):〈創立〉**ノルマンディー公ウィリアム**

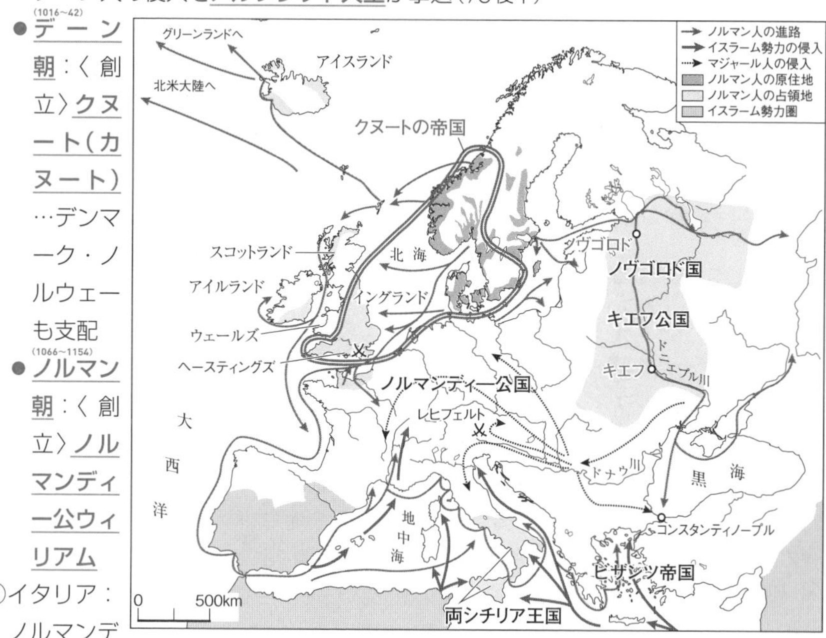

ノルマン人の移動と建国

④イタリア:ノルマンデ

ィー公国の騎士進出→両シチリア王国成立（12C）
⑤北欧3国：デンマーク王国・スウェーデン王国・ノルウェー王国
→カルマル同盟の形成（1397、デンマーク連合王国）：デンマーク中心の同君連合
⑥植民：アイスランド・グリーンランド・北米東岸移住

4 封建社会の成立

✤封建社会の成立

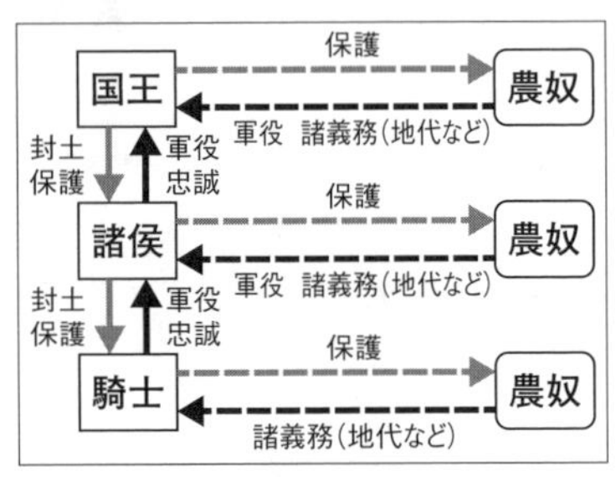

封建制（↓↑）と荘園制（⇄）

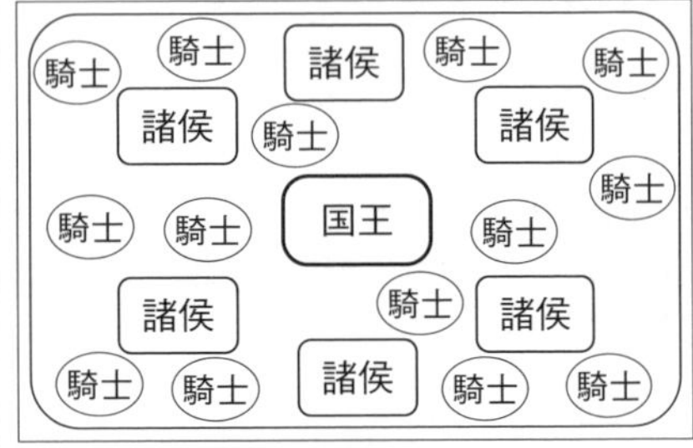

封建制国家のイメージ

西ヨーロッパ中世世界は長期にわたりイスラーム勢力・ノルマン人・マジャール人といった外部勢力の侵入を受けた。そのため、中世西ヨーロッパの人々は自らの生命・財産を守るため身近な強者に保護を求めた。その結果、**国王**－**諸侯**（しょこう）－**騎士**（きし）といった土地を媒介とした主従関係である**封建制**（ほうけん）と、土地を所有する領主が農村と農民を支配する**荘園制**（しょうえん）が成立した。この封建制と荘園制によって成り立つ社会を**封建社会**という。

✤封建制

封建制は古ゲルマンの**従士制**（じゅうし）とローマ帝国末期の**恩貸地制度**（おんたいち）が結合して成立した**国王－諸侯－騎士**の主従関係であり、主君は家臣に封土（ほうど）（領地）を与え保護し、家臣は主君に忠誠を誓い軍役（ぐんえき）の義務を負った。**この主従関係は契約に基づく双務的なもの**であり、契約違反にならなければ**複数の主君との契約も可能**であった。また、初めは**封土**を媒体とする一代限りの人的結合であったが、しだいに世襲（せしゅう）化が進み、外部勢力の侵入が続く中、封建制の構造は固定化していった。

農村の構造

✤荘園制

荘園とは、王・諸侯・騎士・教会・修道院などといった**領主**が所有する土地であり、**領主直営地**・**農民保有地**と牧草地や森などの入会地（いりあいち）（共同利用地）からなっていた。領主は農民を**領主裁判権**によって裁いたり、国王からの課税や役人の立ち入りを拒否したりできる**不輸不入権**（ふゆふにゅう）をもつなど、高い自立性をもった。

荘園内の農民の多くは領主への隷属度の高い**農奴**であった。彼らは家屋・農具の私有は可能であったが、移動・職業選択の自由はなく、領主に対して**賦役**(労働地代)・**貢納**(生産物地代)、**結婚税**・**死亡税**などの負担を負い、さらに教会に対しては**十分の一税**を納めた。

5 ローマ=カトリック教会の発展 

✤キリスト教の発展

キリスト教がローマ帝国の国教となって以降、一般信徒を指導・監督する**司教**・**司祭**といった聖職者身分が成立して**聖職階層制**(ヒエラルキー)が形成され、教会の組織化が進んだ。特に**五本山**(**ローマ、コンスタンティノープル、イェルサレム、アレクサンドリア、アンティオキア**)と呼ばれる教会が重要な存在となり、5つの管区に分けられた信徒たちをそれぞれ指導した。

キリスト教の拡大

五本山の中ではローマ教会とコンスタンティノープル教会が有力であったが、西ローマ帝国が滅亡(476)するとローマ教会の地位は低下し、ビザンツ帝国が支配するコンスタンティノープル教会が優勢になった。ローマ教会は、ゲルマン人の大移動を受けて苦境に立たされたが、ローマが**ペテロ・パウロ**の殉教の地であることから全キリスト教会における首位権を主張し、ローマ教会の長であるローマ総大司教は自身をペテロの後継者として、コンスタンティノープル教会から分離する傾向をみせ始めた。6世紀末のローマ総大司教**グレゴリウス1世の頃には、教皇の称号を用いるようになり、グレゴリウス1世はアングロ=サクソン人などゲルマン人への布教を推進**して勢力範囲をしだいに広げ、権威を高めていった。しかし、726年にビザンツ皇帝**レオン3世**が**聖像禁止令**(726)を出すと、ゲルマン人への布教に聖像を用いていたローマ教会がこれに反発し、**聖像崇拝論争**が起こった。ビザンツ皇帝に代わる新たな政治的保護者を求めたローマ教会は、フランク王国の**ピピン**の**カロリング朝**創始を支持し、これに対してピピンが**ラヴェンナ地方**を教皇に寄進し、これがローマ教皇領の起源となった。そして、800年に教皇**レオ3世**が**カール大帝(シャルルマーニュ)**にローマ皇帝の冠を授け、西ローマ帝国を理念的に復活させてビザンツ帝国に対抗させ、これにより東西教会が事実上分離することとなった。そして**1054年、東西教会の相互破門により東西教会は完全に分離した(〈東〉ギリシア正教会　〈西〉ローマ=カトリック教会)**。

> ◯ **ギリシア正教会とローマ=カトリック教会**
>
> ●**ギリシア正教会**：ビザンツ帝国と結びつき、コンスタンティノープル教会を中心として東欧・ロシアなどに広まったキリスト教会
>
> ●**ローマ=カトリック教会**：ローマ教皇を最高権威とし、西欧に広まったキリスト教会

この間、フランク王国は3つに分裂し、962年に東フランク(ドイツ)の**オットー1世**は教皇に加冠された。これ以後、ドイツ王が皇帝位を兼任することとなり、ドイツはやがて**神聖ローマ帝国**(962~1806)と呼ばれるようになった。

✤修道院運動

○修道院:世俗を離れた修行の場

修道士・修道女:厳しい自然条件の下での修行

①**ベネディクト修道会(院)**(6C、イタリア中部):**ベネディクトゥス**が設立

● 聖ベネディクトの戒律(かいりつ):**「祈り、働け」** 服従・清貧・貞潔

②**クリュニー修道院**(10C、フランス)

● 世俗化した修道院の刷新(さっしん)運動の中心→(聖職)叙任(じょにん)権闘争に影響

③**シトー修道会**(11C、フランス中部):荒地の開墾(かいこん)→大開墾運動の中心

④**托鉢(たくはつ)修道会**:財産の所有否定、都市部で活動

● **フランチェスコ修道会**(13C、イタリア)

● **ドミニコ修道会**(13C、フランス)

✤(聖職)叙任権闘争~教皇権の絶頂期

カロリング朝以来、皇帝・国王といった世俗権力者は司教や修道院長を任命する聖職叙任権を保有していた。世俗権力者の任命によってその家族や親類が司教や修道院長を努めることがあり、彼らは寄進された土地・財産の蓄積によって世俗諸侯に匹敵する大土地を所有するようになっていった。また、世俗権力者の都合で聖職者には見合わない人物が任命されることもあった。11世紀後半の教皇**グレゴリウス7世**は、そのような世俗権力に対するクリュニー修道院の運動の影響を受けて、改革運動を行って**聖職売買**や**聖職者の結婚**を禁止し、さらに世俗権力者による聖職叙任を聖職売買として禁止し、聖職叙任権を世俗権力者から取り上げて教皇権を強化しようと改革を行った。これに対しドイツ王(のちの神聖ローマ皇帝)**ハインリヒ4世**が反発し、**(聖職)叙任権闘争**が起こった。ハインリヒ4世は改革を無視したため、グレゴリウス7世はハインリヒ4世を破門し、ドイツ諸侯は破門が解除されなければ国王を廃位すると決議した。これを受けてハインリヒ4世は、イタリアのカノッサ城におもむいて教皇に謝罪し許された(**カノッサの屈辱(くつじょく)**(1077))。この事件を機に、教皇権は皇帝権に対して優位に立ち、叙任権闘争は1122年の**ヴォルムス協約**(1122)で双方の妥協(だきょう)が成立し、皇帝は、聖職者でありつつ皇帝の家臣でもある諸侯に対して封土の授与は行うが、聖職叙任は教皇が行うこととなり、皇帝は聖職叙任権を失って権威を低下させた。この間、教皇**ウルバヌス2世**は1095年の**クレルモン宗教(教会)会議**(1095)で十字軍運動を提唱し、翌年開始された第1回十字軍は聖地イェルサレムの奪回に成功した。

教皇権は、**インノケンティウス3世**(位1198~1216)のときに絶頂期を迎えた。彼は「教皇権は太陽、皇帝権は月」との言葉を残し、イングランド王**ジョン**を破門し、また、フランス王**フィリップ2世**を屈服させた。さらに、**第4回十字軍**や**アルビジョワ十字軍**を提唱した。

ここが共通テストのツボだ!!

ツボ　ゲルマン諸国家の最終的な定住地と展開は結びつけておこう

王国名	最終的な定住地	その他（その後の展開など）
西ゴート王国（5C〜711）	イベリア半島	ローマ略奪（5C） ウマイヤ朝により滅亡
ヴァンダル王国（5C〜6C）	北アフリカ	ユスティニアヌス帝（ビザンツ帝国）により滅亡
ブルグンド王国（5C〜6C）	ガリア東南部	**フランク王国**により滅亡
アングロ＝サクソン七王国（**ヘプターキー**、5C〜9C）	ブリタニア	エグバートが七王国統一 →イングランド王国の基礎形成
フランク王国（5C〜10C）	ガリア西北部	ヴェルダン条約（843）とメルセン条約（870）で3国に分裂
東ゴート王国（5C〜6C）	イタリア半島	テオドリック大王が建国 ユスティニアヌス帝（ビザンツ帝国）により滅亡
ランゴバルド王国（6C〜8C）	北イタリア	カール大帝（フランク王国）により滅亡

ゲルマン諸国家は、各民族と最終的な定住地を結びつけて覚えておくことが得点するためのコツとなる。また、各民族のその後の展開においては、どの国がどんな勢力に滅ぼされたのかを中心に整理しておこう。

チャレンジテスト（大学入学共通テスト実戦演習）

次の文章は、6世紀のトゥール司教グレゴリウスが著した『歴史十巻』の中の一節である。（引用文は原文を一部省略したり、改めたりしたところがある。）これを読み、後の問いに答えよ。

（2017年試行調査）

王妃クロティルドは、まことの神を認め偶像を放棄するよう、王クローヴィスを説得し続けた。しかし、ある時アラマン人との戦いが起こるまで、どうしても王の心を揺り動かしてその信仰へ向けることはできなかった。（中略）すなわち、次のようなことが起こったのである。双方の軍隊が衝突し、激しく戦闘が行われた。やがて、クローヴィスの軍隊は壊滅しかけた。彼はそれを見て、空をあおぎ、悔恨の念にかられ、涙にかきくれて言った。「イエス＝キリストよ。あなたの助力という栄光を切実に懇願します。この敵に私を勝たせてくれるならば、（中略）私はあなたを信じ、あなたの名のもとに洗礼を受けます。というのも、私が助力を嘆願した神々は、私を助けてはくれませんでした。そのため、私の神々は従っている者たちを助けず、信奉者たちへ何の力も及ぼさないと思います」。彼がこのように言った時、アラマン人が背を向けて、逃走し始めた。そして、自分たちの王が殺されたのを見てとると、クローヴィスの権力に服した（中略）。

そこで王妃は、ランス市の司教である聖レミギウスを密(ひそ)かに呼び寄せ、王に救いの言葉を教え込むように懇願した。司教は王を密かに招き、天と地の創造者であるまことの神を信じ、王や他の者にとって無益な偶像を放棄するよう彼に説き始めた。（中略）最初に王が司教から洗礼を授かることを申し出て、（中略）新しいコンスタンティヌスとして洗礼所へ進み出た。洗礼を始める時、神の聖者は雄弁な口調で次のように彼に語りかけた。「シガムベル人*よ、静かに首(こうべ)を垂れなさい。あなたが燃やしたものを崇(あが)め、あなたが崇めていたものを燃やしなさい」。

＊シガムベル人：フランク人の別名。

問1 この文章から読み取れる内容として適当なものを、次の①～④のうちから一つ選べ。

① クローヴィスは、ローマ教皇からローマ皇帝の帝冠を受けた。
② クローヴィスは、王妃を説得して改宗させようとしたが、拒否され続けた。
③ クローヴィスは、神に対し、精神的な救いよりも現実的な力の強さを求めた。
④ クローヴィスは、レコンキスタの一環としてアラマン人と戦った。

問2 この文章の主題を描いている図版として適当なものを、次の①～④のうちから一つ選べ。

①

②

③

④

問1 [答] ③

③問題文を読むと、**クローヴィス**はアラマン人との戦いで軍隊が壊滅しかけた時、「イエス＝キリストよ。あなたの助力という栄光を切実に懇願します。この敵に私を勝たせてくれるならば、(中略)私はあなたを信じ、あなたの名のもとに洗礼を受けます。というのも、私が助力を嘆願した神々は、私を助けてはくれませんでした。そのため、私の神々は従っている者たちを助けず、信奉者たちへ何の力も及ぼさないと思います」と述べている。その後「アラマン人が背を向けて、逃走し始め」、「クローヴィスの権力に服した」のち、クローヴィスが洗礼を受けたことが読み取れる。したがって、クローヴィスは、神に対し、精神的な救いよりも現実的な力の強さを求めたと考えられるため、③が正答である。①クローヴィスは、ローマ教皇からローマ皇帝の帝冠を受けていないので不適当。800年にローマ教皇レオ3世からローマ皇帝の帝冠を受けたフランク王はカロリング朝の**カール大帝**(シャルルマーニュ)。②クローヴィスと王妃が逆。文の冒頭の部分に、「王妃クロティルドは、まことの神を認め偶像を放棄するよう、王クローヴィスを説得し続けた。しかし、ある時アラマン人との戦いが起こるまで、どうしても王の心を揺り動かしてその信仰へ向けることはできなかった」とあることから、クローヴィスではなく王妃がクローヴィスを説得して改宗させようとしたが、拒否され続けたことがわかる。④レコンキスタ(国土回復運動)は、イスラーム勢力によるイベリア半島征服後の8世紀以降に行われたものであり、5世紀～6世紀の王であるクローヴィスが行ったとはいえないので不適当。

問2 [答] ②

クローヴィスの改宗を表しているのは②である。①はコンスタンツ公会議におけるベーメン(ボヘミア)の宗教改革の先駆者フスの火刑を表している。③はノルマン人の活動を表している。彼らは図版にあるような喫水(きっすい)の浅い船を用いて商業・略奪などを行った。④は14世紀前半から15世紀半ばにかけて行われた、百年戦争における大砲の砲撃を表している。

RANK 

19 東ヨーロッパ世界と中世ヨーロッパ世界の変容

1 ビザンツ（東ローマ）帝国（395～1453）

✣成立～7世紀まで

395年にローマ帝国は東西に分裂し、西ローマ帝国はゲルマン人の大移動による損害をこうむる中、476年にゲルマン人の傭兵隊長**オドアケル**によって滅亡した。一方、**コンスタンティノープル**（現在のイスタンブル）に都をおく**ビザンツ（東ローマ）帝国**（395～1453）はゲルマン人の大移動による深刻な打撃を受けず、長期にわたって存続した。

6世紀のビザンツ皇帝**ユスティニアヌス大帝**（位527～565）はゲルマン人国家である北アフリカの**ヴァンダル王国**とイタリアの**東ゴート王国**を滅ぼし、さらにイベリア半島の西ゴート王国の領土を奪って一時的に地中海世界をほぼ再統一した。一方、東方では**ササン朝**の**ホスロー1世**と抗争し、のち講和した。文化面では、コンスタンティノープルにビザンツ様式の**ハギア（セント）＝ソフィア聖堂**を建立し、ローマ法の集大成である**『ローマ法大全』**をトリボニアヌスらに編纂させた。産業面では、中国から養蚕技術を導入し、**絹織物業**を発展させた。

6世紀のビザンツ帝国

ユスティニアヌス大帝の死後、ササン朝やイスラーム勢力による侵攻や、スラヴ人の領土拡大によってビザンツ帝国は領土を縮小させた。7世紀になると、ビザンツ帝国は外敵への対処のために全国をテマ（軍管区）に分け、司令官に軍事・行政の権限を与えて統治させる**テマ（軍管区）制**を施行した。また、テマ制のもとでは農民に土地を与え、その代償として兵役義務を課す屯田兵制が行われた。

✣聖像崇拝論争～衰退・滅亡

ビザンツ帝国の皇帝はコンスタンティノープル教会を中心に、地上における神の代理人としてギリシア正教会を支配する立場にあり、政教両面における最高権力者であった。しかし、皇帝が神の代理人として諸教会の上に立つこのような動きは、ローマ教会の長であるローマ総大司教が自身をペテロの後継者とするなどコンスタンティノープル教会から分離する傾向をみせはじめたローマ教会との対立を引き起こした。ビザンツ皇帝レオン3世(位717~741)が726年に聖像禁止令を出すと、**ゲルマン人への布教に聖像を用いていたローマ教会はこれに反発して聖像崇拝(せいぞうすうはい)論争がおこり、これがのちの東西教会の分裂へとつながった。**

ビザンツ帝国は11世紀後半にイスラーム勢力のセルジューク朝の侵入を受け、アナトリア(小アジア)を失った。このようなセルジューク朝の動きに対抗するためビザンツ皇帝はローマ教皇に救援を要請し、これを受けて第1回十字軍がシリア方面に派遣された。ビザンツ帝国では、司令官がしだいに世襲(せしゅう)貴族化していたため、皇帝は貴族に対して軍事奉仕と引きかえに国有地の管理権を委(ゆだ)ねるプロノイア制を施行した。この制度によって、西ヨーロッパの封建(ほうけん)社会と同様に地方分権化が進んだ。

ビザンツ帝国は、13世紀初めの第4回十字軍によってコンスタンティノープルを占領され、一時中断した。13世紀後半にビザンツ帝国はコンスタンティノープルを回復し復興したが、14世紀以降はオスマン帝国の攻撃を受け、**1453年にコンスタンティノープルが陥落してビザンツ帝国は滅亡した。**

2 スラヴ人の活動 

✤スラヴ人の移動

インド=ヨーロッパ語系のスラヴ人はカルパティア山脈を原住地としていたが、ゲルマン人の移動後、東ヨーロッパやバルカン半島に進出し、居住地によって東スラヴ人、西スラヴ人、南スラヴ人に分かれていった。

✤東スラヴ人：ロシア人・**ウクライナ人**…ギリシア正教会圏

①ロシア人・ウクライナ人

- ノヴゴロド国(9C後半)：〈創立〉リューリク…ルーシ(ルス)の首長
- キエフ公国(9C後半)：リューリクの一族が南下して建国
  - ・ウラディミル1世(位10C~11C)
    - ・ビザンツ皇帝の妹と結婚し**ギリシア正教に改宗**→キリル文字が普及
  - ・バトゥ(モンゴル人)の西征によって滅亡
- キプチャク=ハン国(1243~1502)：〈都〉サライ…バトゥが南ロシアに建国
  - ・**「タタール(モンゴル人)のくびき」**：モンゴル人によるロシア諸侯の支配
- モスクワ大公国(1328~16C末)
  - ・イヴァン3世(位1462~1505)：**キプチャク=ハン国**から自立(1480)
    - ・ビザンツ帝国最後の皇帝の姪(めい)と結婚し、ローマ帝国の後継者自任→ツァーリを自称…「第3のローマ」

✤**西スラヴ人**：**ポーランド人・チェック人**…ローマ＝カトリック文化圏

①**ポーランド人**：**カトリック**を受容

- **ヤゲウォ朝**（**ヤゲロー朝**、1386～1572）
  - ・リトアニア大公とポーランド女王の結婚で成立（**リトアニア＝ポーランド王国**）
  - ・**ドイツ騎士団**に勝利
  - ・ヤゲウォ朝断絶後、**選挙王政**に→王権弱体化→諸外国の干渉

②**チェック人**：**カトリック**を受容

- **ベーメン（ボヘミア）王国**成立（10C）：チェコ西部
  - ・神聖ローマ帝国に編入（11C）
  - ・カレル1世（位14C）：神聖ローマ皇帝カール4世に

✤**南スラヴ人**：**セルビア人・ブルガリア人・クロアティア人**・スロヴェニア人

①**セルビア人**：**ギリシア正教**を受容（9C以降）

- セルビア王国成立（12C）→オスマン帝国の支配下（14C末）

②**クロアティア人**・スロヴェニア人：フランク王国に服属（9C）→**カトリック**受容

③**ブルガリア人**：**ブルガール人**（トルコ系）がスラヴ人と同化

・第1次ブルガリア帝国成立（7C）：ギリシア正教受容（9C）
　→ビザンツ帝国により滅亡（11C初）

・第2次ブルガリア帝国成立（12C末）：ビザンツ帝国から自立
　→オスマン帝国により滅亡（14C末）

✤**マジャール人**：ウラル語系

- 東フランク王国（ドイツ）の**オットー1世**に敗北→**ハンガリー王国**成立（10C末）
  →**カトリック**を受容

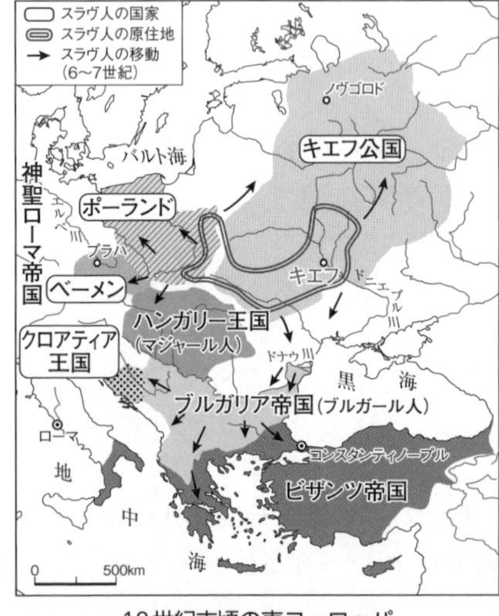

10世紀末頃の東ヨーロッパ

14世紀半ば～15世紀の東ヨーロッパ

3 十字軍運動(1096～1291) ★★☆

✤十字軍運動の背景

11世紀頃より**三圃制**、**重量有輪犂**の普及によって農業生産力が向上し、人口が増加した結果、西ヨーロッパ世界が各地へと拡大を始めた。中でも大規模なものが**十字軍運動**であり、**(聖職)叙任権闘争**でのカノッサの屈辱を機とする教皇権の上昇や、三大巡礼地(ローマ・イェルサレム・**サンティアゴ=デ=コンポステーラ**)などへの聖地巡礼熱の高揚を背景に、ヨーロッパ各地の多くの人々を巻き込む運動になっていった。

✤十字軍運動の経過

アナトリア(小アジア)・ギリシア半島に及ぶビザンツ帝国は、11世紀後半に西アジアの**セルジューク朝**の侵入を受け、アナトリアを失った。そのため、ビザンツ皇帝はローマ教皇に救援を要請し、これを受けて教皇**ウルバヌス2世**(位1088～99)は1095年の**クレルモン宗教(教会)会議**で十字軍運動を提唱した。翌年開始された**第1回十字軍**はセルジューク朝を攻撃して聖地**イェルサレム**の奪回に成功し、**イェルサレム王国**を建てた。しかし、12世紀後半にはエジプトの**アイユーブ朝**の**サラーフ=アッディーン(サラディン)**がイェルサレムを奪回したため、**第3回十字軍**が派遣され、イギリス王リチャード1世がサラーフ=アッディーンと戦ったが、聖地奪回に失敗した。

13世紀初頭に教皇**インノケンティウス3世**(位1198～1216)が提唱した**第4回十字軍**は、**ヴェネツィア商人**の策謀によってヴェネツィアの商敵である**コンスタンティノープル**(ビザンツ帝国の首都)を占領して**ラテン帝国**を建て、その結果、ビザンツ帝国が一時中断した。第6・7回十字軍はフランス王**ルイ9世**(位1226～70)が指導した。第6回十字軍ではエジプトを攻撃したが敗北し、第7回十字軍遠征中に**ルイ9世**は病死した。そして、13世紀末に十字軍の最後の拠点であるアッコンが陥落して**イェルサレム王国**は滅亡し、十字軍運動は最終的に失敗した。

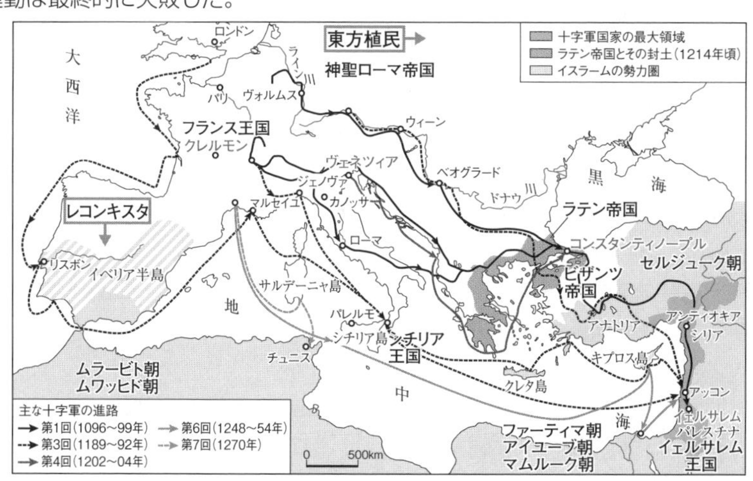

十字軍運動(1096～1291)

✤十字軍運動の影響

十字軍運動の相次ぐ失敗によって教皇の権威(けんい)は低下し、遠征による出費の増加や戦死による家系の断絶によって諸侯(しょこう)・騎士(きし)は没落した。一方各国の王権は、遠征の指揮や断絶した諸侯・騎士の領地没収によって伸張した。経済面では、十字軍運動による交通路の発達によって遠隔地(えんかくち)商業が発達し、北イタリア諸都市は東方（レヴァント）貿易で繁栄した。文化面では、東方世界との接触によってビザンツ文化・イスラーム文化が西ヨーロッパ世界に流入し、中世ヨーロッパ文化の飛躍的発展である12世紀ルネサンスに影響を与えた。また、聖地巡礼者の保護を目的とした宗教騎士団が活躍し、ドイツ騎士団は東方植民（ドイツ人による大規模な植民）でエルベ川以東へ進出し、ドイツ騎士団領を形成した。

4 中世都市の発展

✤中世都市の成立

11世紀以降の農業生産力の向上によって発生した余剰生産物の交換のため、各地で定期市(ていきいち)が開かれ、商業が発達した。定期市の開催地にしだいに商工業者が定住するようになった結果、定期市が都市へと発展し、中世都市が成立した。ムスリム商人や北欧のノルマン人の商業活動によって貨幣経済が浸透し、また、十字軍運動による交通路の発達により遠隔地商業が盛んとなり、中世都市はさらに発展した。

中世都市は城壁に囲まれ、皇帝・諸侯などから特許状を獲得して自治権を得ることで自治都市となった。北イタリアのコムーネやドイツの自由都市（帝国都市）がその代表である。自治権を得た都市は、王・諸侯などの軍事力に対抗するため、都市同盟を結成した。ドイツでは、農奴は荘園から都市に逃げこんで1年と1日逃げ通せれば自由身分になれるとされたため、「都市の空気は（人を）自由にする」といわれた。

中世都市では、商工業者の組合であるギルドが成立した。ギルドは相互の利益を守るために自由競争を認めず、商品の品質・価格などを細かく統制し、非ギルド員の商業活動を禁止して市場を独占した。商人たちによる商人ギルドは市政をも独占し、これに反発した手工業の親方たちは同職ギルド（ツンフト）を結成した。同職ギルドは商人ギルドと抗争し、市政にも参加するようになった（ツンフト闘争）。なお、手工業者には親方－職人－徒弟(とてい)という厳格な身分序列（徒弟制）が存在しており、親方のみがギルドの構成員であった。

✤遠隔地商業の発達

①北ヨーロッパ商業圏（北海・バルト海交易）

- ハンザ同盟
  - ・北ドイツ諸都市が中心：リューベック（盟主）・ハンブルクなど
  - ・おもに日用品を扱う：毛織物・海産物・木材・毛皮・穀物
  - ・4大在外商館：ロンドン・ブリュージュ・ベルゲン・ノヴゴロド

- **フランドル地方**
  - ・**毛織物工業**が発展(イギリスから羊毛輸入)…**ブリュージュ**・**ガン(ヘント)**など

②内陸商業圏

- **シャンパーニュ地方**：パリ東方…大定期市が開かれる
- **アウクスブルク**：南ドイツ…**フッガー家**(銀山経営)

③地中海商業圏

- 海港都市：**ヴェネツィア**・**ジェノヴァ**・**ピサ**
- 内陸都市：**フィレンツェ**(**メディチ家**)・**ミラノ**
- **東方(レヴァント)貿易**：おもに高級品を扱う
  - ・東地中海地域に**銀**・毛織物を運び、**香辛料**(こうしんりょう)・絹織物を得る
- **ロンバルディア同盟**
  - ・北イタリア諸都市中心…神聖ローマ皇帝のイタリア政策に対抗

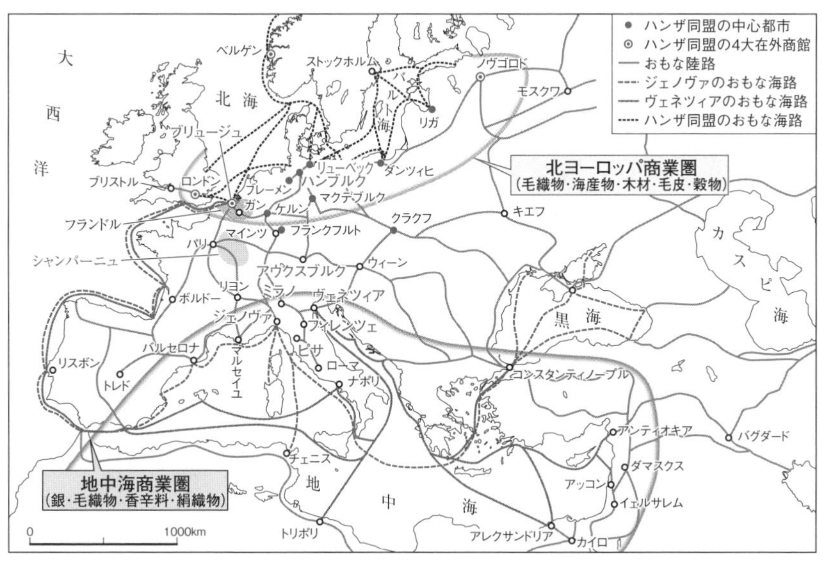

遠隔地商業の発達

5 教皇権の衰退 

十字軍運動の相次ぐ失敗により、教皇権はしだいに低下していった。教皇**ボニファティウス8世**(位1294~1303)は、聖職者への課税をめぐってフランス王**フィリップ4世**(位1285~1314)と対立し、ローマ郊外で捕らえられ、教皇は屈辱のうちに死んだ(**アナーニ事件**(1303))。1309年、教皇庁はローマから南フランスのアヴィニョンに移転し(**教皇のバビロン捕囚**(ほしゅう)(1309~1377))、のちに教皇庁はローマに戻ったが、アヴィニョンにも別の教皇が立ち、どちらの教皇も正統性を主張して教皇権の失墜は決定的となった(**教会大分裂**(1378~1417)〔**大シスマ**〕)。

このような状況の中、イギリスの**ウィクリフ**は教皇制度を否定し、聖書の尊重を唱えて聖書の英訳を行った。彼の影響を受けたベーメン(ボヘミア)の**フス**は、聖書のチェコ語訳を行った。

1414年、神聖ローマ皇帝によって**コンスタンツ公会議**(1414～18)が開催され、**教会大分裂**が解消された。また、**ウィクリフ**と**フス**を異端とし、**フス**は火刑に処された。これに反発したフス派のベーメンの住民たちは、**フス戦争**を起こした(15世紀前半)。

6 封建社会の崩壊

✤荘園制の動揺

○ 荘園の変化

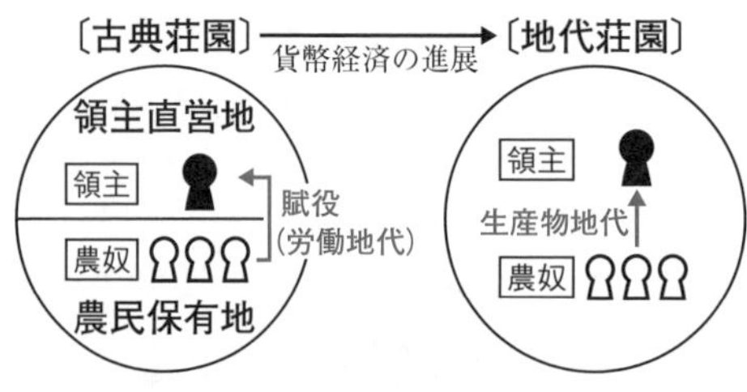

古典荘園において、農奴は領主直営地での賦役(ふえき)(労働地代)を負担していたが、領主直営地での収穫は領主のものとなるため、農奴の領主直営地での労働意欲は低かった。しかし**貨幣経済の発達によって富の蓄積が可能になると、領主は貨幣を蓄えるために、農奴の労働意欲を高めて生産性を上げる目的で荘園の領主直営地を廃止し、従来の古典荘園は地代荘園に変化した**。その結果地代が賦役から生産物地代へと変化し、生産物地代以外の収穫は農奴のものになることから農奴たちの労働意欲は高まり、領主・農奴はともに余剰生産物を貨幣に替え、富を蓄積しはじめた。

荘園の変化によって富を蓄積した農奴の中には、領主への解放金の支払いを代償に自由身分を獲得し、少額の地代のみを支払う**独立自営農民**となる者が現れた(イギリスでは**ヨーマン**と呼ばれる)。14世紀半ばに**ペスト**(**黒死病**(こくしびょう))が流行し農奴の数が激減すると、領主は農奴を優遇せざるを得なくなり、農奴解放がいっそう進んだ。

その後領主が農民への締めつけを再強化(封建反動(ほうけんはんどう))すると、農民たちは一揆を起こして抵抗した。フランスの**ジャックリーの乱**(1358)や、イギリスの**ワット=タイラーの乱**(1381)がその代表である。一揆は鎮圧されたが、領主は地代を増額することができず没落し、土地を手放し王の宮廷に仕える廷臣(ていしん)(官僚)になる者も現れた。

✤封建制の動揺：**諸侯**・**騎士**階級の没落

- **荘園制**の動揺：**領主**(諸侯・騎士)の経済的基盤の崩壊
- **戦術の変化**：傭兵(ようへい)(歩兵として活躍)・**火砲**の普及…諸侯・騎士の役割縮小
- 王権の伸長(中央集権化)：騎士が廷臣(官僚)・**ジェントリ**(地方地主)に

ここが共通テストのツボだ!!

ツボ 1 ビザンツ帝国の押さえておきたい文化・社会の特徴

①**ギリシア語**の公用化(7世紀以降)

②経済:コンスタンティノープルが交易の要衝(ようしょう)として発展。ソリドゥス金貨(ノミスマ)使用

③ギリシア・ローマの古典研究

- 帝国滅亡前後に学者らが西ヨーロッパに流入→ルネサンスに影響

④美術・建築

- **モザイク画**:石・ガラスなどの細片を漆喰(しっくい)にはめ込んで模様・絵画を構成
- **ハギア(セント)=ソフィア聖堂**:ビザンツ様式
- **サン=ヴィターレ聖堂**:ビザンツ様式…ラヴェンナ(北イタリア) **ユスティニアヌス大帝**と皇妃(こうひ)**テオドラ**のモザイク画
- **イコン**:ギリシア正教会の聖画像

ハギア=ソフィア聖堂

ユスティニアヌス大帝と皇妃のモザイク画
(サン=ヴィターレ聖堂のモザイク画)

ツボ 2 ギルド・農民一揆について整理する!

①**ギルド**:商工業者の組合。**自由競争を禁止**

②農民一揆

- **ジャックリーの乱**(仏、1358):百年戦争中
- **ワット=タイラーの乱**(英、1381):百年戦争中。指導者**ワット=タイラー**
  - ・**ジョン=ボール**:思想的指導者。**「アダムが耕しイブが紡(つむ)いだ時、だれが貴族であったか」**→身分制度を批判

チャレンジテスト（大学入学共通テスト実戦演習）

牧さんの班は、中世ヨーロッパで起こった、ある農民反乱に関する二つの年代記を基に、主題を踏まえて考察を行った。次の文章は、その考察をまとめたレポートである。これを読み、後の問いに答えよ。

（2022年試作問題「歴史総合、世界史探究」）

レポート

○**一つ目の年代記**：（農民反乱の指導者の演説）「農民も貴族も存在せず、全ての人々が一つになるまでは、この国で世の中がうまくいくことはないだろう。領主と呼ばれる彼ら貴族は、いかなる点を根拠に、我々の同類ではなく偉大な支配者であるということになっているのか。アダムが耕し、イヴが紡いだ時、誰が領主であったか。彼らが恵まれた状態を維持できているのは、我々と我々の労働のおかげにほかならない。我々は隷農と呼ばれており、一瞬でも彼らへの奉仕を怠れば打ち叩かれる。国王の下へ行こう！　彼に我々の隷属状態を示し、事態が変更されることを望んでいると伝えよう」

○**二つ目の年代記**：「農民反乱の指導者は国王の面前に現れ、民衆は彼らが望むような証書を得るまでは解散しないと告げた。民衆の希望とは、いかなる領主も領主権を保持しないこと、唯一の領主権は国王のものだけであること、イングランドの教会の動産は聖職者の手に置かれず、教区民の間で分配されること、全国にただ一人の司教しか置かれず、高位聖職者たちの保有地は全て国庫に没収され民衆の間で分配されること、であった。農民反乱の指導者はさらに、この国には以後いかなる隷農身分もなく全て自由人であり、その身分は均一であることを求めた」

○**まとめ**：これらの年代記に出てくる「隷農」は、当時［ア］。この農民反乱は、［イ］と考えられる。

問1 文章中の空欄［ア］に入る文として最も適当なものを、次の①～④のうちから一つ選べ。

① 領主直営地で、賦役に従事していた
② プランテーションで、サトウキビの栽培に従事していた
③ 租・調・庸を課されていた
④ 高率の小作料を納めるシェアクロッパーであった

問2 レポートで扱っている農民反乱の名として適当なものあ・いと、文章中の空欄［イ］に入る文として適当なものX・Yとの組合せとして正しいものを、後の①～④のうちから一つ選べ。

農民反乱の名
あ　ワット＝タイラーの乱　　**い**　プガチョフの乱

［イ］に入る文
X　君主政の廃止を要求している　　Y　身分制度の改変を要求している

①　**あ**－X　　②　**あ**－Y　　③　**い**－X　　④　**い**－Y

問1　[答]　①

問題文にあるように、この**レポート**は中世ヨーロッパのものであるため、この時代の農奴（のうど）の説明である①が正答である。②カリブ海地域などの、アメリカでの黒人奴隷の説明なので不適当。③隋（ずい）・唐（とう）時代の中国の農民の説明なので不適当。④アメリカの南北戦争後の南部の黒人についての説明なので不適当。

問2　[答]　②

「農民反乱の名」のほうは、中世のイギリスで起こった**あ**が正しい。**い**のプガチョフの乱は18世紀のロシアで起こった農民反乱。「［イ］に入る文」のほうは、**レポート**の14行目以降に「農民反乱の指導者はさらに、この国には以後いかなる隷農身分もなく全て自由人であり、その身分は均一であることを求めた」とあることから、Yが適当である。また、レポートの10行目以降に「民衆の希望とは、いかなる領主も領主権を保持しないこと、唯一の領主権は国王のものだけであること」とあることから、君主政の廃止を要求しているわけではないので、Xは適当ではない。したがって、正答は②**あ**－Yである。

20 中世ヨーロッパ各国史と中世ヨーロッパ文化

年	5C	9C	10C	11C	12C	14C	15C	1455	1485
英	アングロ＝サクソン七王国→エグバートの統一			デーン朝	ノルマン朝	プランタジネット朝		バラ戦争	テューダー朝成立
						⚔百年戦争(1339〈37〉～1453)			
仏	フランク王国	西フランク王国	カペー朝			ヴァロワ朝			

1 イギリス（イングランド）と（英仏）百年戦争 ★★★

✤中世のイギリス（イングランド）

4世紀後半にゲルマン人の大移動が開始され、その一派である**アングロ＝サクソン人**は、5世紀にブリタニアに**アングロ＝サクソン七王国**(449～829)（**ヘプターキー**）を建てた。アングロ＝サクソン七王国はエグバートによって統一され、ここにイングランド王国の基礎が形成された。9世紀になると**デーン人**の侵入が激化したが、イングランドの**アルフレッド大王**はこれを撃退した。しかし、これ以後もデーン人の侵入が続き、11世紀前半には**クヌート**（**カヌート**）がイングランドを征服し、デーン朝を建てた。クヌートはイングランドにデーン朝を開いたのち、デンマーク王位を継承し、ノルウェーも支配して、「北海帝国」を築いた。

デーン朝崩壊後、北フランスの**ノルマンディー公ウィリアム**はイングランドを征服し、**ノルマン朝**(1066～1154)を創始した（**ノルマン＝コンクェスト**、1066）。

1154年にノルマン朝が断絶すると、フランス西部に広大な領地を所有するアンジュー伯アンリがイギリス王となり（**ヘンリ2世**(位1154～89)）、**プランタジネット朝**(1154～1399)が成立した。しかし、**ジョン王**(位1199～1216)の時代に、イギリスはフランスのフィリップ2世に敗れてフランス内の領土の多くを失い、また、ジョン王は教皇インノケンティウス3世に破門(はもん)されて屈服した。さらに、**ジョン王**は貴族たちの反抗を受け、1215年に**大憲章**(1215)**（マグナ＝カルタ）**を認めさせられ、新たな課税には聖職者と貴族の会議の同意が必要になるなど、王権は一部制限された。続く王ヘンリ3世(位1216～72)は、大憲章を無視したため貴族の**シモン＝ド＝モンフォール**の反乱を受け、従来の聖職者・貴族のほか、各州の騎士(きし)と各都市の代表によって構成される会議を召集し国政の協議を認めた（**シモン＝ド＝モンフォールの議会**(1265)）。これがイギリス議会の起源である。次の**エドワード1世**は、1295年に、のちに**模範議会**(もはん)(1295)と呼ばれる身分制議会を召集した。その後の**エドワード3世**の時代には、上院（貴族院）と下院（庶民院）の二院制議会が開かれた。

✤（英仏）百年戦争（1339（1337）～1453）

フランスの**カペー朝**(987～1328)が断絶して**ヴァロワ朝**(1328～1589)が成立すると、イギリスのプランタジネット朝の王**エドワード3世**(位1327～77)は、自身がカペー朝のフィリップ4世の娘の子であることからフランスの王位継承権を主張し、**百年戦争**が開始された。またこの戦争は、毛織

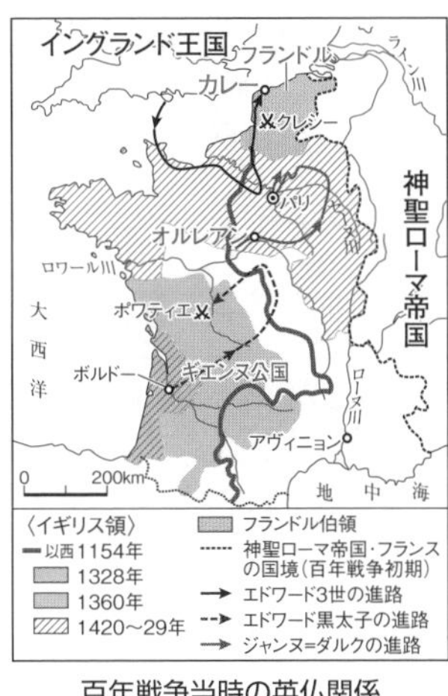

百年戦争当時の英仏関係

物の産地である**フランドル地方**と、ワインの産地である**ギエンヌ(ギュイエンヌ)地方**をめぐっての英仏間での争いという面も併せもっていた。

戦争の初期は、イギリスのエドワード黒太子の指揮や、長弓隊の活躍によりイギリスが戦いを優位に進め、クレシーの戦いなどで勝利した。15世紀に入ってもイギリスの優位は続いたが、フランス農民の娘**ジャンヌ＝ダルク**が登場して、**オルレアン**の包囲を突破した。これを機にフランス王**シャルル7世**(位1422～61)は反撃に転じ、イギリスは**カレー**を除く大陸領をすべて失い、百年戦争はフランスが最終的に勝利した。なお、**長期にわたる戦争でフランスの諸侯・騎士は没落し、フランス国王は中央集権化を進めて王権を強化した。**

1455年、イギリスでは**ランカスター家**と**ヨーク家**による王位をめぐる争いが起こった(**バラ戦争**(1455～85))。この戦争は、ランカスター系のヘンリ＝テューダーが終結させ、**ヘンリ7世**(位1485～1509)として即位し**テューダー朝**(1485～1603)を創始した。**この戦争を通して、イギリスの諸侯・騎士は疲弊して没落し、国王は中央集権化を進めて王権を強化した。**

2 神聖ローマ帝国(962～1806) 

✤神聖ローマ帝国の展開

15世紀末のドイツ・スイス・イタリア・北欧

神聖ローマ皇帝は、イタリア支配をめざして積極的にイタリアに遠征した(**イタリア政策**)。これによって自国の統治がおろそかになり、各地の諸侯の自立化が進み、諸侯は**領邦**とよばれる領域支配圏を確立していった。神聖ローマ帝国は13世紀後半に事実上、皇帝不在となり(「**大空位時代**」(1256～73))、諸侯の自立化がさらに進んだ。

皇帝**カール4世**(位1347～78)は、**金印勅書**(**黄金文書**、1356)によって七選帝侯(左の地図参照)を定め、皇帝選出の手続きを明確にした。七選帝侯には皇帝選出権以外にも貨幣鋳造権などの特権が与えられたが、この特権がしだいに他の諸侯にも広まった結果、帝国の分権化が進んだ。15世紀になると、オーストリアの**ハプスブルク家**が神聖ローマ皇帝位を世襲するようになった。ハプスブルク家は帝国統一に努めたが失敗し、**帝国は大小の諸侯や自由都市など、約**

300の領邦が分立した。また帝国の一部であった**スイス**はハプスブルク家の支配に抵抗し、15世紀末に事実上独立した。

✤**東方植民**(12C〜14C):ドイツ人が**エルベ川**以東(**スラヴ人**の居住地)へ植民

- **ブランデンブルク辺境伯領**(12C)、**ドイツ騎士団領**(13C)が成立

3 イタリア 

✤**中世のイタリア**:分裂状態…歴代神聖ローマ皇帝の**イタリア政策**などが要因

①北部:諸都市の成長　背景…**東方(レヴァント)貿易**の発展

- **ロンバルディア同盟**:神聖ローマ皇帝フリードリヒ1世の軍を撃退

〈都市共和国の繁栄〉

・**ヴェネツィア共和国**(「アドリア海の女王」)、**ジェノヴァ共和国**、**フィレンツェ共和国**(**メディチ家**)、**ミラノ公国**など

〈**ゲルフ**と**ギベリン**の抗争〉

・**ゲルフ**(**教皇党**):都市の大商人など。神聖ローマ皇帝のイタリア政策に反対

・**ギベリン**(**皇帝党**):貴族・領主層など。神聖ローマ皇帝のイタリア政策を支持

②中部:教皇領

③南部:**両シチリア王国**…〔都〕パレルモ

- シチリア王宮でギリシア語・アラビア語文献のラテン語訳が進行

→**12世紀ルネサンス**に影響

4 イベリア半島 

イベリア半島では、ウマイヤ朝の侵入を受けて西ゴート王国が滅亡(8世紀前半)した直後から、**レコンキスタ**(**国土回復運動**)と呼ばれる、キリスト教徒によるイベリア半島からのイスラーム勢力駆逐運動が行われた。レコンキスタの過程で、**アラゴン王国**や**カスティリャ王国**が建てられ、12世紀にカスティリャ王国から**ポルトガル王国**が独立した。15世紀後半になると、アラゴン王国の王子**フェルナンド**とカスティリャ王国の王女**イサベル**の結婚を経て、両国が合併してスペイン王国が成立した。**1492年**

11世紀初めのイベリア半島

12世紀中頃のイベリア半島

15世紀中頃のイベリア半島

に、スペイン王国がナスル朝の都グラナダを占領してレコンキスタが完了した。

5 中世ヨーロッパの文化

✤特色

①キリスト教中心　②**ラテン語**：学問上の共通語

③12世紀ルネサンス

- イベリア半島のトレドやシチリア島のパレルモで**ギリシア語・アラビア語文献がラテン語に翻訳される→中世ヨーロッパ文化の飛躍的発展**

神学哲学	スコラ学	キリスト教の教義と信仰を論理的に体系化 普遍論争：眼前の事物に共通する普遍的なものが現実に存在する（実在論）か、思考の中にしか存在しない（唯名論）かをめぐる論争
	アンセルムス	11C～12C　普遍論争において実在論を唱える
	アベラール	11C～12C　普遍論争において唯名論を唱える
	トマス＝アクィナス	13C　アリストテレス哲学を用いてスコラ学を大成 『**神学大全**』
	ロジャー＝ベーコン	13C　実験と観察を重視
	ウィリアム＝オブ＝オッカム	13C～14C　理性と信仰を明確に分離
騎士道文学	吟遊詩人が各地の宮廷を巡り広める	
	『アーサー王物語』	ブリトン（ケルト）人の英雄が題材
	『ローランの歌』	カール大帝のイベリア半島遠征が題材
	『ニーベルンゲンの歌』	ブルグンド人の英雄の物語
建築美術	ビザンツ様式 ・円屋根（ドーム） ・**モザイク壁画**	・ハギア（セント）＝ソフィア聖堂（コンスタンティノープル） ・**サン＝ヴィターレ聖堂**（ラヴェンナ）
	ロマネスク様式 ・半円形アーチ ・太い柱・小さい窓	・イタリア…**ピサ大聖堂**
	ゴシック様式 ・尖塔・尖頭アーチ ・ステンドグラス	・フランス…ノートルダム大聖堂　シャルトル大聖堂 ・ドイツ…ケルン大聖堂
大学	ボローニャ大学	北イタリア　法学。現存する最古の大学
	サレルノ大学	南イタリア　医学
	パリ大学	フランス　神学
	オクスフォード大学	イギリス　神学

ここが共通テストのツボだ!!

ツボ 1 中世のフランスの王朝と国王の主要な事績

○**カペー朝**(987〜1328)

①**ユーグ=カペー**(位987〜996):パリ伯

- カペー朝創始　※王権弱体

②**フィリップ2世**(位1180〜1223)

- **第3回十字軍**に参加→途中で帰国
- イギリス王**ジョン**に勝利→領土拡大

③**ルイ9世**(位1226〜70)

- **アルビジョワ十字軍**指導:**アルビジョワ派**根絶、領土拡大
- 第6・7回十字軍指導→チュニスで病没

④**フィリップ4世**(位1285〜1314)

- **全国三部会召集**(1302):聖職者・貴族・平民の身分制議会→王権強化
- **アナーニ事件**(1303)
  →教皇**ボニファティウス8世**をローマ郊外のアナーニに捕囚(ほしゅう)
- **「教皇のバビロン捕囚」**(1309〜77)
  →教皇庁が南フランスの**アヴィニョン**に移転

○**ヴァロワ朝**(1328〜1589)

①フィリップ6世(位1328〜50):ヴァロワ朝創始。**百年戦争**の開始

②**シャルル7世**(位1422〜61)

- **百年戦争勝利**。財政整備、常備軍創設・官僚制整備

ツボ 2 中世ヨーロッパの建築を写真で確認しよう

ピサ大聖堂(ロマネスク様式)

シャルトル大聖堂(ゴシック様式)

チャレンジテスト（大学入学共通テスト実戦演習）

次の文章を読み、後の問いに答えよ。　（2022年共テ本試B）

800年にローマ皇帝として戴冠したカール大帝は、その後の諸王朝で王権強化のシンボルとして利用されてきた。特にカペー朝は、カール大帝との血統上の連続性を強めようとした。イングランド王ジョンと戦って大陸所領の大半を奪った［ア］は、カロリング家の血筋を引く母から生まれ、自身もカロリング家の末裔（まつえい）と結婚し、ルイ8世をもうけた。ルイ8世の息子ルイ9世の治世下で、王家の墓所であったサン＝ドニ大修道院付属聖堂内の墓棺群が再配置された。

右の**図**のように、南にはメロヴィング家とカロリング家の王・王妃の墓棺を2基1組としたものが4組並べられ、北にはカペー家の王・王妃の墓棺が同様の形で8基並べられた。この間にある2つの祭壇に挟まれた場所には、カロリング・カペー両家の血筋を引く［ア］からルイ9世までの3代の国王たちの墓碑が配置されることとなり、カール大帝の血筋への回帰が参拝者に一目で分かるようになっている。

図　サン＝ドニ大修道院付属聖堂内の墓棺群の配置推定復元図

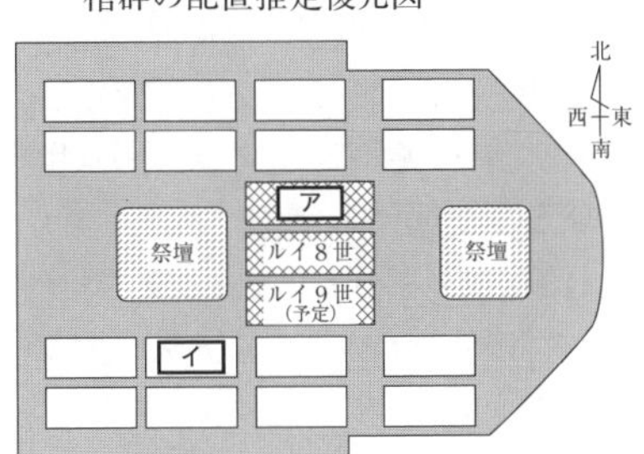

問1　前の図中の空欄［ア］と［イ］は、該当する人物の墓碑または墓棺の位置を示している。前の文章を参照して、空欄［ア］と［イ］に入れる人物の名の組合せとして正しいものを、次の①〜④のうちから一つ選べ。

① **ア**－フィリップ2世　**イ**－ロロ
② **ア**－フィリップ2世　**イ**－ピピン（小ピピン）
③ **ア**－ユーグ＝カペー　**イ**－ロロ
④ **ア**－ユーグ＝カペー　**イ**－ピピン（小ピピン）

問1　［答］　②

空欄［ア］に当てはまる人物は、空欄の直前に「イングランド王ジョンと戦って大陸所領の大半を奪った」とあることから、**フィリップ2世**であると判断できる。③④ユーグ＝カペーはカペー朝の創始者なので不適当。空欄［イ］に当てはまる人物については、文章の7行目以降に、「南にはメロヴィング家とカロリング家の王・王妃の墓棺を2基1組としたものが4組並べられ」とあることから、①③のロロはノルマンディー公国の創立者でメロヴィング家・カロリング家どちらの王でもないため当てはまらない。以上より、当てはまるのはカロリング家の王**ピピン（小ピピン）**であり、②が正答である。

21 大航海時代

15C 1488 1492 1494 1498 1500 1519～22

年 ポルトガル 航海王子エンリケ バルトロメウ＝ディアス ヴァスコ＝ダ＝ガマ カブラル

トルデシリャス条約(1494)

スペイン コロンブス バルボア マゼラン

1 大航海時代の開幕

✤大航海時代の背景

- 科学技術の発達：羅針盤の発明。トスカネリの**地球球体説→**コロンブスに影響
- 東方への関心の高まり：マルコ＝ポーロ『世界の記述(東方見聞録)』
- アジアの香辛料をイスラーム世界などを経由せず直接手に入れる交易路の開拓

✤アジア方面への進出

〈ポ〉「航海王子」エンリケ：アフリカ西岸探検を奨励(15C)

〈ポ〉バルトロメウ＝ディアス：アフリカ南端の喜望峰到達(1488)

〈ポ〉ヴァスコ＝ダ＝ガマ

・インド西岸のカリカット到達(1498)→アジア(インド)航路開拓

✤アメリカ大陸方面への進出

〈伊〉コロンブス：ジェノヴァ出身

・スペイン女王イサベルの後援→サンサルバドル島到達(1492)

- **トルデシリャス条約**(1494)：ポルトガルとスペインがアメリカ大陸方面の境界線を設定

〈伊〉**カボット**：北米探検(15C末)

〈伊〉アメリゴ＝ヴェスプッチ

・南米を探検(15C末～16C初)　**「アメリカ」の名称の由来**

〈ポ〉カブラル：ブラジルに漂着(1500)→ブラジルをポルトガル領と宣言

〈西〉バルボア：太平洋到達(16C初、**パナマ地峡**横断)

〈ポ〉マゼラン一行

・世界周航(1519～1522、**スペイン王カルロス1世の後援**)

※マゼランは途中のフィリピンで死亡

2 大航海時代の影響

✤ヨーロッパ

①**商業革命**：商業中心地の移動(**地中海→大西洋沿岸諸国へ**)

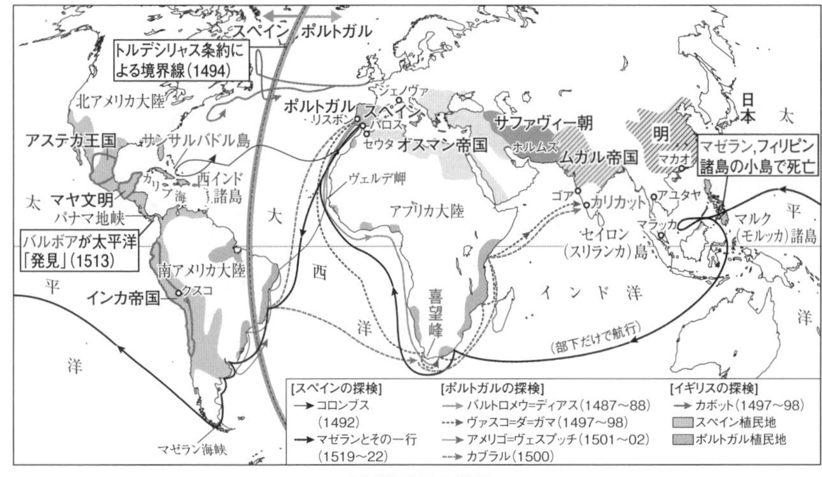

大航海時代の世界

→リスボン・**アントウェルペン(アントワープ)**繁栄、**北イタリア諸都市衰退**

②**価格革命**:**銀**(ポトシ銀山産など)の流入→**物価高騰**

- **商工業活性化**
- **固定地代に頼る中小領主没落**
- エルベ川以東で農奴制が進展(再版農奴制)
  →農場領主制(グーツヘルシャフト)発展→**エルベ川以東が西欧の穀物供給地に**

③生活革命

- アメリカ大陸の産物(トウモロコシ・**サツマイモ**・ジャガイモ・トマトなど)の流入→日常生活の変化

✤アメリカ

①先住民インディオの激減:**征服者による酷使、ヨーロッパからの伝染病が要因**

②スペインのアメリカ支配

- エンコミエンダ制(16C~18C)
  - ・植民者がインディオの保護・キリスト教化を条件にインディオ使役の権限を国王から委ねられる
    →インディオのカトリック化。インディオの酷使・激減
    ※ラス=カサス(ドミニコ会修道士)はこれを批判
- アシエンダ制(17C~):大農園制(債務奴隷をおもに使用)

✤アフリカ

- サトウキビプランテーションなどの労働力として**アメリカに黒人奴隷が運ばれる**
  →アフリカの人口減少・荒廃

ここが共通テストのツボだ!!

ツボ 古代アメリカ文明について理解を深めておこう

①古代アメリカ文明の特徴

- インディオ(インディアン)
  →アメリカ大陸の先住民。氷期にベーリング海峡を渡ってアメリカに進出し、古代アメリカ文明を築く
- **青銅器文明**
- **鉄器、車輪、馬・牛などの大型家畜などをもたない**
- トウモロコシ・**サツマイモ**・ジャガイモ・トマト・カカオ・トウガラシなどを栽培

南北アメリカ文明とおもな遺跡

②古代アメリカ文明

メソアメリカ文明(中央アメリカ文明)		アンデス文明
～メキシコ湾岸・高原～	～ユカタン半島～	
○**オルメカ文明** (前1200頃～前400) ○**テオティワカン文明** (前1C～後6C) •「**太陽のピラミッド**」 ○**アステカ王国** (14C～16C) • **アステカ人**が建設 •〈都〉**テノチティトラン** • 神殿・ピラミッド 象形(しょうけい)文字・太陽暦 • **コルテス**により滅亡 (1521)	○**マヤ文明** (前10C頃～後16C、 4C～9Cに繁栄) • **ピラミッド状神殿** • **二十進法** • **マヤ文字** • スペイン人が征服 (16C)	○**チャビン文化** (前10C頃におこる) • ペルー北部 ○**インカ帝国**(15C～1533) • ケチュア人が建設 • ペルーを中心に繁栄 •〈都〉**クスコ** • 王:「太陽の子」とされる • 駅伝制 • 文字不在:**キープ(結縄)**使用 • **マチュ=ピチュ** →クスコ北方の離宮遺跡 • **ピサロ**により滅亡(1533)

チャレンジテスト（大学入学共通テスト実戦演習）

次の文章を読み、後の問いに答えよ。 （2022年共テ追試B〈改〉）

ラテンアメリカを旅行中の三浦さんが、現地の観光ガイドと会話している。

三　浦：初めてラテンアメリカ各地を巡りましたが、キリスト教の教会が都市や農村の至る所に建てられていることに驚きました。

ガイド：もともとは植民地支配の影響です。ラテンアメリカを征服した宗主国は支配を確立する目的で、自分たちが信仰している宗派の宗教施設を植民地の全域に建てたのです。

三　浦：ⓐブラジルの宗主国と他のラテンアメリカ諸国の宗主国とは異なっていましたが、植民地支配の状況はどうだったのですか。

ガイド：先住民に対して軍事的な制圧や経済的な搾取が行われるなど、共通する面がありました。メキシコやペルーでは、［ア］が導入され、先住民が過酷な労働を強いられました。植民地独立後には、［イ］であるクリオーリョが、指導者層を形成しました。

問1 下線部ⓐの国の歴史について述べた文として最も適当なものを、次の①～④のうちから一つ選べ。

① アフガニスタンを保護国とした。
② アラゴン王国とカスティリャ王国の統合によって成立した。
③ エンリケ航海王子が、アフリカ探検を進めた。
④ 第一次世界大戦に、同盟国側で参戦した。

問2 前の文章中の空欄［ア］と［イ］に入れる語句の組合せとして正しいものを、次の①～④のうちから一つ選べ。

① **ア**－エンコミエンダ　**イ**－植民地生まれの白人
② **ア**－エンコミエンダ　**イ**－白人と先住民の混血
③ **ア**－ラティフンディア　**イ**－植民地生まれの白人
④ **ア**－ラティフンディア　**イ**－白人と先住民の混血

問1 ［答］ ③

ブラジルを植民地化したのはポルトガルで、15世紀末にポルトガルの**カブラル**がブラジルに漂着し、領有を宣言したのが契機である。①イギリスのことなので不適当。②スペインのことなので不適当。④第一次世界大戦に同盟国側として参戦したのは、ドイツ・オーストリア・オスマン帝国（トルコ）・ブルガリア。

問2 ［答］ ①

③④ラティフンディアは、古代ローマの奴隷制大農場のことなので当てはまらない。②④白人と先住民の混血は、**メスティーソ**と呼ばれるので当てはまらない。

22 ルネサンスと宗教改革

1517 1520〜 1540〜 1555

年
- 独：1517 ルターの宗教改革
- スイス：1520〜 ツヴィングリの改革、1540〜 カルヴァンの改革
- 1555  アウクスブルクの和議

1 イタリア＝ルネサンス ★★★

✤**ルネサンス**：フランス語で「再生」の意

①**古代ギリシア・ローマの文化・人間の生き方を肯定的に探究する文化運動**

（古代ギリシア・ローマの文化・人間の生き方に新たな価値観を見出す）

②**人文主義（ヒューマニズム）**：ルネサンスの根本精神

- 中世のキリスト教的な価値観・人間性の抑圧を批判的にとらえる
  →理性と感情の調和した人間性豊かな生き方を追求

✤**イタリア＝ルネサンスの背景と衰退**

①発生

- 十字軍運動→ビザンツ文化・イスラーム文化との接触
- 東方（レヴァント）貿易・商工業発達→都市の繁栄
  ・フィレンツェのメディチ家などによる文芸保護
- **オスマン帝国の圧迫→ビザンツ帝国のギリシア人学者がイタリアに流入**

②衰退

- **イタリア戦争**によるイタリアの荒廃　**大航海時代の開幕**…地中海貿易の衰退

✤**イタリア＝ルネサンスの人物と業績**

分野	人物	業績
文学	ダンテ	13C〜14C 『神曲』（トスカナ語で書かれる）
	ペトラルカ	14C 『叙情詩集』
	ボッカチオ	14C 『デカメロン』
美術・建築	ジョット	13C〜14C 「聖フランチェスコの生涯」
	ボッティチェリ	15C〜16C 「ヴィーナスの誕生」「春」
	レオナルド＝ダ＝ヴィンチ	15C〜16C 「最後の晩餐」「モナ＝リザ」 晩年**フランソワ1世**に招かれフランスで没
	ミケランジェロ	15C〜16C **「最後の審判」**（システィナ礼拝堂の壁画） 彫刻「ダヴィデ像」
	ラファエロ	15C〜16C 「聖母子像」「アテネの学堂」
	ブルネレスキ	14C〜15C **サンタ＝マリア大聖堂**（フィレンツェ）の大円蓋の設計

	ブラマンテ	15C～16C　サン＝ピエトロ大聖堂（ローマ）の最初の設計者
思想	マキァヴェリ	15C～16C　『君主論』…"獅子の勇猛さと狐の狡知"

2　西欧諸国のルネサンス

ネーデルラント	エラスムス	15C～16C　『愚神礼賛』（教会の腐敗を風刺）
	ファン＝アイク兄弟	14C～15C　フランドル派画家　**油絵の技法を始める**
	ブリューゲル	16C　「農民の踊り」
ドイツ	デューラー	15C～16C　『四人の使徒』
	ホルバイン	15C～16C　イギリス王ヘンリ８世期の宮廷画家 ヘンリ８世・**エラスムス**・トマス＝モアの肖像画
フランス	ラブレー	15C～16C　『ガルガンチュアとパンタグリュエルの物語』
	モンテーニュ	16C　『**エセー（随想録）**』…ユグノー戦争中
スペイン	セルバンテス	16C～17C　『ドン＝キホーテ』（没落騎士を風刺） レパントの海戦（1571）に参加
イギリス	**チョーサー**	14C　『**カンタベリ物語**』
	（トマス＝）モア	15C～16C　『ユートピア』（**第１次囲い込みを批判"羊が人を食う"**） **イギリス王ヘンリ８世の離婚に反対し処刑**
	シェークスピア	16C～17C　『ヴェニスの商人』 四大悲劇…『**ハムレット**』など

3　自然科学の発達

✤**ルネサンスの三大発明**：すべて中国からの伝播

- 火薬：火砲と歩兵戦術の普及（軍事革命）…騎士階級の没落を促進
- 羅針盤：ヨーロッパ人の海洋進出、新航路の開拓に貢献
- 活版印刷術：ドイツのグーテンベルクが改良（15C半ば）…新思想の普及に貢献

✤**科学的精神の発達**：中世的世界観（**天動説**）の打破

コペルニクス	15C～16C　〈ポーランド〉　『**天球回転論**』…地動説主張
（ガリレオ＝）ガリレイ	16C～17C　〈イタリア〉　振り子の等時性・物体落下の法則発見 望遠鏡発明…木星の衛星観測 **地動説**を擁護→宗教裁判で有罪
ケプラー	16C～17C　〈ドイツ〉　惑星運行の法則（ケプラーの３法則）

4 宗教改革 

✤ドイツの宗教改革

16世紀初め、ローマ教皇レオ10世(位1513~21)が、サン＝ピエトロ大聖堂の改修資金を集めるために、ドイツでの贖宥状(免罪符)の販売を許可した。カトリック教会では、人は生まれながらに罪を負った存在だが、善行を積むことによって神に赦されて魂が救われるのであり、贖宥状の購入も善行の一つとされた。これに対し、ヴィッテンベルク大学神学教授の(マルティン＝)ルターは、1517年に「九十五カ条の論題」(1517)を発表して贖宥状の販売を批判した。さらにルターは、人は信仰によって神に救われるのであり、真の信仰は教会ではなく、信者が聖書を読むことで得られると主張した。この**「聖書のみ」を信仰のよりどころとし、「信仰のみ」によって救われるとするルターの考えは教会や教皇の権威を否定するものだった**ため、ルターは教皇から破門された。

さらに1521年、神聖ローマ皇帝カール5世(位1519~56)はヴォルムス帝国議会(1521)にルターを召喚して説の撤回を求めたが、これを拒否したためルターは法の保護から外された。当時、ドイツ地方は皇帝派勢力と反皇帝派勢力に分裂しており、ルターは反皇帝派勢力であるザクセン選帝侯フリードリヒの保護を受け、『新約聖書』のドイツ語訳を行った。ドイツ語訳された聖書はルターの著作とともに印刷されて広まり、ルターの説を信奉する人々が現れた。

1524年、ルターの影響を受けた農民たちがドイツ農民戦争(1524~25)を起こし、ミュンツァーの指導のもとで過激化し、農奴制の廃止などを要求するようになった。**ルターは当初農民たちに同情的であったが、諸侯の保護を受けていたことから、身分制度などの従来の社会秩序を破壊することには反対していた。また農民は現世の利益のみを求めているとして、ルターが諸侯たちに呼びかけ、ドイツ農民戦争は鎮圧された**。この結果、以後のドイツの宗教改革は、ルターを中心におもに諸侯によって進められることとなった。

カトリックの擁護者を自認する**カール5世は、フランスとのイタリア戦争やオスマン帝国の圧迫に対処するため、諸侯の協力を得る目的でいったんはルター派の信仰を認めた**。しかし危機が去ると一転してルター派を禁止したため、ルター派諸侯や都市はこれに抗議した。これにより、ルター派はプロテスタント(抗議する人)と呼ばれ、のちに新教を指す言葉となった。ルター派諸侯はシュマルカルデン同盟を結成して皇帝に対抗した。16世紀半ばに起こったシュマルカルデン戦争では、ルター派諸侯は皇帝側に敗れたが、その後もルター派諸侯の抵抗が続き、1555年にはアウクスブルクの和議(1555)が結ばれた。この和議では**諸侯・都市にカトリックかルター派かの選択権を認めた**が、**カルヴァン派** [☞p.179] **の信仰や個人の信仰の自由は認められなかった**。また**諸侯がルター派を選択した場合には、領邦内の教会の首長となり、教皇から自立して教会を監督することになった**。これを**領邦教会制**といい、諸侯の支配権が強化された。**ルター派は、ドイツから北方のデンマーク・スウェーデン・ノルウェーなどに**

広まっていった。

✤スイスの宗教改革

スイスでは、1520年代からツヴィングリがチューリヒで宗教改革を行ったが、ツヴィングリはカトリック勢力との戦いに敗れて戦死した。

こののち、『キリスト教綱要』を著したカルヴァンが1540年代からジュネーヴで宗教改革を開始し、厳格な神権政治を行った。教会制度としては、ルター派では認められていた従来の司教制を否定し、信仰のあつい信者を長老に選出して牧師と共同で教会を運営する長老主義を確立した。教義面では聖書を重視し、神の救済は無力な人間の善行や信仰によるものではなく、あらかじめ神によって決められているとする予定説を唱えた。そして、神のみが知る「救い」を個人が獲得する手段として、禁欲や勤勉など、日常生活の厳しい規律を求めた。**カルヴァンは職業に禁欲的に励むべきであり、その結果としての営利・蓄財を肯定した**ため、**カルヴァン派は各地の商工業者に広まった**。カルヴァン派はイングランドではピューリタン(清教徒)、スコットランドではプレスビテリアン、フランスではユグノー、オランダではゴイセンと呼ばれた。

✤カトリック改革(対抗宗教改革)

宗教改革に対するカトリック(旧教)側の反撃をカトリック改革(対抗宗教改革)と呼ぶ。1545年から開催されたトリエント(トレント)公会議(1545~63)では、当初の目的であった新旧両教会の調停は実現しなかったが、**カトリック側は教皇至上権とカトリック教義の再確認を行い、宗教裁判(異端審問)の強化や禁書目録の作成**も決議され、カトリック教義に反する異端者を弾圧していった。また、「魔女狩り」はカトリック・プロテスタント両派によって行われた。

1534年にイグナティウス=ロヨラらによって設立されたイエズス会は厳格な規律のもとにカトリックを布教し、各地に学校を設立して教育に力を入れた。これによって、**南欧へのプロテスタントの浸透は阻止され、南ドイツや東欧は再びカトリック化した**。また、ヨーロッパの海外進出と連携して海外布教に力を入れ、**フランシスコ=ザビエル(シャヴィエル)は日本で、マテオ=リッチは明代の中国でカトリックの布教を行った。**

16世紀のヨーロッパの宗教分布

ここが共通テストのツボだ!!

ツボ 1 イギリスの宗教改革について試験で狙われる重要事項

①**ヘンリ8世**(位1509~47)

- 王妃との離婚問題で教皇と対立→**首長法**(国王至上法、1534)
  →**イギリス国教会成立**
- 修道院解散…没収地をおもに**ジェントリ**(地主)に売却→支持獲得・王権強化

②**メアリ1世**(位1553~58)

- **カトリック復活**：国教徒・新教徒弾圧

③**エリザベス1世**(位1558~1603)…イギリス絶対王政の最盛期

- **統一法**(1559)：**イギリス国教会確立**

絶対主義時代のイギリスでも再び出てくるイギリスの宗教改革[☞p.184~185]は、試験でも狙われる重要事項だ。ここで一通り学習して流れを押さえておこう！

ツボ 2 カトリック改革(対抗宗教改革)の押さえておきたいポイント

①**トリエント(トレント)公会議**(16C半ば)

- 新旧両派の調停を目的として開催→新教側が出席せず
- 教皇至上権・カトリック教義の再確認
- **宗教裁判(異端審問)**強化・**禁書目録**の作成
  ※禁書目録：カトリック側が、反カトリック的内容であるとして読書と所有を禁じた書物と著者のリスト

②**魔女狩り**：カトリック・プロテスタント両派によって行われる

③**イエズス会**：**イグナティウス=ロヨラ**らがパリで設立(1534)

- 布教・教育を重視
  ・南欧へのプロテスタントの浸透を阻止。失地回復(南ドイツなど)
- 海外布教：スペイン・ポルトガルの海外進出と結合→旧教の世界的拡大
  ・**フランシスコ=ザビエル(シャヴィエル)**：日本で布教(1549)
  ・**マテオ=リッチ**：明で布教

チャレンジテスト(大学入学共通テスト実戦演習)

次の文章を読み、後の問いに答えよ。　(2022年共テ追試A〈改〉)

次の**図**は、日本とヨーロッパの交流を示すものとして知られている。真ん中の黒い服を着た男性はヨーロッパの宣教師で、それ以外の人物は日本人の少年たちである。少年たちは宣教師から教育を受け、キリスト教を信仰する日本の大名の使節団としてヨーロッパに派遣された。彼らは1584年から1586年までヨーロッパに滞在し、当時のローマ教皇に謁見するなど、訪問した各地で歓迎を受けた。

図

ヨーロッパから帰国した使節団は、15世紀に［ア］が始めたとされる活版印刷の技術を日本に伝え、その技術を用いた宗教書などが盛んに出版された。

問1 前の文章中の使節団がヨーロッパに派遣された世紀に起こった出来事について述べた文として最も適当なものを、次の①～④のうちから一つ選べ。

① アステカ王国が、スペインによって滅ぼされた。
② オランダの独立が、ウェストファリア条約で承認された。
③ オーストリア継承戦争が起こった。
④ コロンブスが、サンサルバドル島に到達した。

問2 前の文章中の空欄［ア］に入れる人物の名として正しいものを、次の①～④のうちから一つ選べ。

① グーテンベルク　② コペルニクス　③ ダーウィン　④ ワット

問1 [答] ①

①アステカ王国は、16世紀前半にスペインの**コルテス**によって滅ぼされたので、これが正答。②オランダの独立が国際的に認められたウェストファリア条約が結ばれたのは、1648年で、17世紀のことなので不適当。③オーストリア継承戦争が起こったのは、18世紀前半なので不適当。④コロンブスがサンサルバドル島に到達したのは、1492年なので不適当。

問2 [答] ①

①**グーテンベルク**は、15世紀半ばに**活版印刷術**を改良したドイツの人物なので、これが正答。②コペルニクスは、16世紀に地動説を主張したポーランドの人物なので不適当。③ダーウィンは、19世紀に『種の起源』を著して進化論を主張したイギリスの人物なので不適当。④ワットは、18世紀に従来の蒸気機関を改良したイギリスの人物なので不適当。

RANK 

23 絶対主義諸国の盛衰① スペイン・オランダ・イギリス・フランス

年
1485　1589　1603　1649　1660　1714
イギリス：テューダー朝／ステュアート朝／共和政／ステュアート朝／ハノーヴァー朝
フランス：ヴァロワ朝／ブルボン朝

1 主権国家体制の成立 

✤主権国家の成立

国境を画定して外部勢力からの干渉を排除し、権力者が国内の一元的支配を行う国家を**主権国家**という。主権国家成立の背景には、ローマ教皇や神聖ローマ皇帝の権威低下、イタリア戦争以降の戦争の長期化・大規模化による、軍事費・兵員調達の必要性の高まりや、権力者が国内の一元的支配を促進させたことなどがあった。ヨーロッパに形成された多数の主権国家が並立・競合して国際政治が展開される**主権国家体制**のもとでは、大国の出現を防ぐため勢力均衡に基づく同盟外交が展開され、各国には外交官が常駐するようになった。

✤絶対王政：主権国家の初期の形態

- 国王：**王権神授説**を信奉
- **官僚制**・**常備軍**に支えられる
  ※例外…イギリス
- **重商主義**：国家の積極的経済介入
  官僚制・常備軍の維持目的

封建制国家 ※中世まで
教皇・皇帝
↓影響
諸侯　諸侯　諸侯
諸侯　国王　諸侯
諸侯　諸侯　諸侯

主権国家 ※国王主権の場合
教皇・皇帝
国王
国王による国内の一元的支配

2 近世のスペインとオランダ 

✤近世のスペイン

16世紀前半、スペイン王としてハプスブルク家の**カルロス1世**(位1516～56)が即位し、**スペイン＝ハプスブルク朝**が成立した。その後、カルロス1世が神聖ローマ皇帝に即位して(**カール5世**(位1519～56))、当時の西ヨーロッパの約半分を領土とし、古代以来の単一ヨーロッパ帝国の再興をめざすようになった。

しかし、カルロス1世はオスマン帝国との戦いに苦しみ、1538年の**プレヴェザの海戦**(1538)ではオスマン帝国の**スレイマン1世**に敗れた。さらに**ルター**の宗教改革以降、神聖ローマ帝国内の領邦の自立が進んだため彼の構想は実現せず、16世紀半ば、弟に神聖ローマ皇帝位を、息子の**フェリペ2世**(位1556～98)にスペイン王位を譲って退位した。

フェリペ2世はスペインとネーデルラント、南イタリアを継承し、アメリカ大陸からの銀の流入で栄えた。さらに1580年には**ポルトガル**を併合し、その海外植民地とアジア貿易の権利も手に入れ、**「太陽の沈まぬ帝国」**（常にその領土のいずれかで太陽が昇るほど広い意）を現出した。また、対外的には1571年の**レパントの海戦**でオスマン帝国に勝利し、カトリック改革（対抗宗教改革）を推進するカトリックの盟主としての地位を高めたが、**ネーデルラント**への旧教強制策や経済政策が反発を生み、**オランダ独立戦争**を招いた。また、アメリカ大陸から流入した銀は戦費と宮廷の浪費に消え、国内産業の育成に使われなかった。さらに1588年には**無敵艦隊（アルマダ）**がイギリスに敗れ、これ以降のフェリペ2世の治世後半には、スペインは衰退へと向かった。

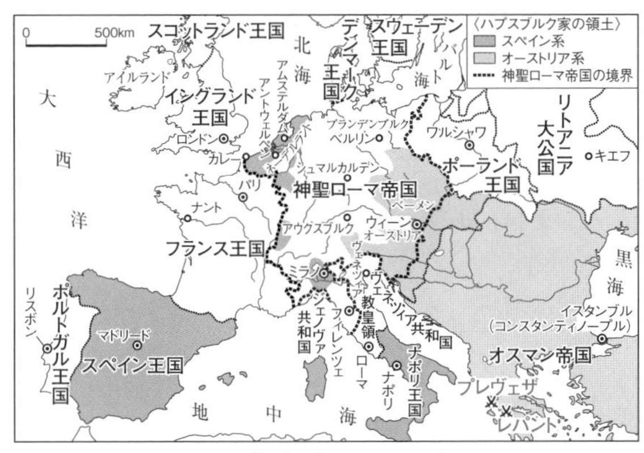

16世紀半ばのヨーロッパ　　　　オランダの独立

✤オランダ独立戦争と覇権国家オランダ

スペイン領であったネーデルラントは古くから毛織物業や商業で栄え、南部の**アントウェルペン**は国際商業の中心であった。ネーデルラントの貴族や商人の間でカルヴァン派が増加すると、スペイン王**フェリペ2世**がカトリック化政策を推進し、都市の自治権を奪うなどしたことから、ネーデルラントは**オラニエ公ウィレム**を指導者として反乱を起こした（**オランダ独立戦争**）。1579年、**南部10州**は戦争から離脱したが、ホラント州を中心とする**北部7州**（のちのオランダ）は結束強化のため**ユトレヒト同盟**を結んで抵抗を続け、1581年には**ネーデルラント連邦共和国**として独立を宣言した。そして**1609年の休戦条約でオランダは事実上独立し、1648年のウェストファリア条約で、オランダの独立が国際的に承認された。**

オランダは当時最先端の造船技術をもち、バルト海交易や漁業で栄えた。また、独立戦争の結果荒廃した南部から多くの商工業者が亡命してきたことで、毛織物業が繁栄するなど経済活動が活性化した。やがてオランダはアジアやアメリカに進出し、大西洋三角貿易にも加わるなど全世界に貿易網をはりめぐらせ、都市**アムステルダム**は国際商業・金融の中心として発展した。

3 近世のイギリス 

✤テューダー朝(1485〜1603)

テューダー朝第2代の**ヘンリ8世**(位1509〜47)は王妃との離婚問題から教皇と対立し、1534年に**首長法(国王至上法)**(1534)を発布して、イギリス国王を首長とする**イギリス国教会**を成立させてカトリックから離脱し、プロテスタント体制をとるようになった。ヘンリ8世はカトリックの修道院を解散させて没収した土地を**ジェントリ(郷紳)**に売却し、彼らの支持を得た。その後**メアリ1世**(位1553〜58)がカトリックを復活させ、イギリス国教徒や新教徒を弾圧したが、続く**エリザベス1世**(位1558〜1603)は、**統一法**を発布してイギリス国教会を確立した。対外的にはオランダ独立戦争に際しオランダ側を支援し、これに反発したスペイン王**フェリペ2世**(位1556〜98)が1588年に派遣した**無敵艦隊(アルマダ)**を、**ドレーク**(イギリスの船乗り)らの活躍によって撃退した。また、1600年には**東インド会社**を設立し、**重商主義**政策を進めた。

> ◯ **イギリスの絶対主義の特徴とジェントリの台頭**
>
> ●**官僚制・常備軍が未整備**　※地方行政…**ジェントリ(郷紳)**が担う(治安判事など)
> ●**ジェントリ**の発言力が向上:治安判事、囲い込みによって台頭
> ●**第1次囲い込み**(15C末〜17C半ば)
> 　●**牧羊目的、非合法**
> 　　→**マニュファクチュア**(工場制手工業)の成立:農村での毛織物工場経営

✤ステュアート朝の成立とピューリタン革命・共和政(コモンウェルス)

1603年、**エリザベス1世**が没すると、スコットランド王ジェームズ6世がイングランド王**ジェームズ1世**(位1603〜25)として即位し、これによって**ステュアート朝**が成立してイングランドとスコットランドは同君連合となった。イングランドでは中世以来、国王の統治に議会の同意が必要であった。しかし、**ジェームズ1世は王権神授説(おうけんしんじゅせつ)を唱えて議会と対立し、国教会体制を重視してピューリタンとカトリックを弾圧した。**続くイングランドの**チャールズ1世**(位1625〜49)は、王権による専制政治を強化したため、議会は1628年に王に対して不法逮捕(たいほ)・議会の同意なき課税の禁止を求めて**権利の請願(せいがん)**を提出した。これに対し、チャールズ1世は議会を解散する措置をとり、以後10年以上議会を召集しなかった。

チャールズ1世がスコットランドに国教会を強制すると、カルヴァン派の多いスコットランドが反乱を起こした。チャールズ1世は、スコットランドの反乱を鎮めるための軍事費を捻出する目的で議会を召集(1640)したが、議会と国王は激しく対立し、短期間で解散した。同年に再開された議会で、**王党派**と**議会派**の対立が深刻化した結果、**ピューリタン革命**(1642〜49)と呼ばれる内戦が勃発した。この内戦では当初は王党派が優勢であったが、鉄騎隊を率いる**クロムウェル**の活躍によって議会派が勝利した。

その後、議会派内では、国王に妥協(だきょう)的な長老(ちょうろう)派とより徹底した改革をめざすクロム

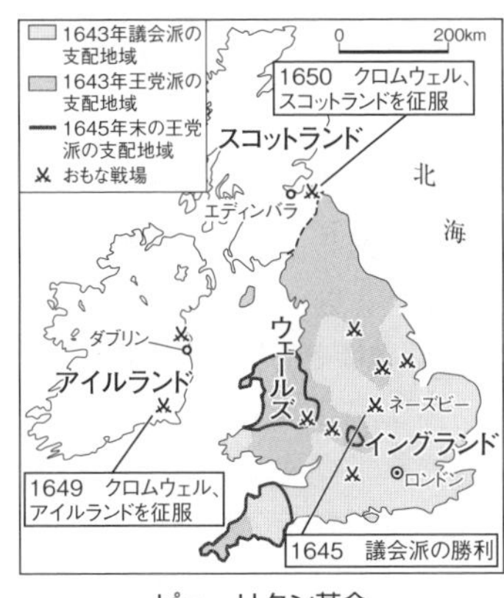

ピューリタン革命

ウェルの率いた独立派が対立し、独立派はより急進的な水平派と結んで長老派を議会から追放し、チャールズ1世を処刑して**共和政**を成立させた(1649)。その後クロムウェルは水平派を弾圧する一方、カトリック教徒の多い**アイルランド**と長老派の拠点**スコットランド**を征服し、カリブ海方面ではジャマイカを支配した。また、1651年にはオランダに打撃を与えるために、外国の中継貿易船を排除する**航海法**(1651)を制定したために、**イギリス＝オランダ(英蘭(えいらん))戦争**が勃発した。クロムウェルは、内外の難局に対処するために**護国卿(ごこくきょう)**に就任し独裁を行ったが、その厳格な統治は人々の反発を招いた。

✤王政復古〜名誉革命

1660年、長老派の主導によってチャールズ1世の息子**チャールズ2世**(位1660〜85)が即位し、ステュアート朝が復活した(王政復古)。**チャールズ2世は専制政治を行いカトリックを支持した**ため、国教会を重視する議会は国教徒以外の公職就任を禁じる**審査(しんさ)法**(1673)と不当な逮捕を禁じる**人身保護法**(1679)を制定した。この頃から議会は、王権を擁護する**トーリ党**と議会の権利を重視する**ホイッグ党**に分かれた。

次いで即位した弟の**ジェームズ2世**(位1685〜88)**も専制政治とカトリックの復活を図った**ため、議会はオランダからジェームズ2世の娘で新教徒のメアリとその夫オラニエ公ウィレム3世を招いた。この結果、国民の支持を失ったジェームズ2世は亡命し、メアリとオラニエ公ウィレム3世は議会の出した権利の宣言(1689)を承認して、**メアリ2世**(位1689〜94)・**ウィリアム3世**(位1689〜1702)として即位し、権利の宣言は**権利の章典**(1689)として法文化された(**名誉革命**(1688〜89))。**権利の章典によって議会主権に基づく立憲君主政が確立した**。また、ウィリアム3世の即位によって同じプロテスタントになったイギリスとオランダが新たに同君連合となり、イギリスはそれまでのオランダに対抗する政策を改め、カトリック国のフランスに対抗するようになった。また、彼らの治世に設立された**イングランド銀行**は、イギリス政府が戦費調達のために発行する国債を引き受け、イギリス政府の戦費調達を助けた。

メアリ2世・**ウィリアム3世**の没後即位したアン女王(位1702〜14)の時代、イギリスはフランスとスペイン継承戦争を戦い、またイングランドとスコットランドは合併し、**グレートブリテン王国**(1707)が成立した。アン女王の死後、ハノーヴァー選帝侯(せんていこう)がイギリス王ジョージ1世(位1714〜27)として即位し、**ハノーヴァー朝**(1714〜1917)が成立した(1917年に**ウィンザー朝**に改称)。英語を解さない王はあまり議会に出席せず、「王は君臨すれども統治せず」の原則が確立し、のちに**ホイッグ党のウォルポールにより、内閣が王ではなく議会に責任を負う責任内閣制(議院内閣制)が成立した**。

4 近世のフランス 

✤ユグノー戦争

16世紀半ば以降、フランスでは貴族や商工業者の間にカルヴァン派(**ユグノー**)が増加して、次第にカルヴァン派・カトリックの新旧両派が対立し、これに貴族の権力争いも絡んで1562年に**ユグノー戦争**が勃発した。1572年には、シャルル9世の母カトリーヌ=ド=メディシスの策謀とされる、**旧教徒が新教徒を虐殺する事件**(**サンバルテルミの虐殺**)**が起こり**、カトリック教徒とユグノーの対立は激化した。

戦争のさなかの1589年には国王アンリ3世が暗殺されて**ヴァロワ朝**が断絶し、**ブルボン朝**が成立した。ブルボン朝を創始した**アンリ4世**は新教徒であったが、信仰よりも国家の統一を優先したことから、多数の国民が支持している**カトリックに改宗した**。さらに**アンリ4世は、1598年にナントの王令(勅令)を出してユグノーの信仰を条件つきで認めたため、新旧両派の対立が収まり、ユグノー戦争は終結へと向かった。**

✤フランス=ブルボン朝の展開

ユグノー戦争の終結によって平穏が戻ったフランスでは、中央集権化が進められた。アンリ4世に続いて即位した**ルイ13世**は、宰相**リシュリュー**とともに官僚を全国に派遣して統治させ、王権への制約となっていた**全国三部会の招集を停止した**。またリシュリューはフランスの勢力拡大をめざし、**ハプスブルク家の皇帝に対抗して三十年戦争**[☞p.192]**に新教側として参戦した**。この戦争は次の**ルイ14世**の時代に終わり、フランスは**アルザス**(現フランス北東部のライン川左岸の地方)を獲得した。幼少期のルイ14世を支えた宰相**マザラン**は中央集権化を進め、王令審査権をよりどころに王権の強化に抵抗した高等法院や貴族は、**フロンドの乱**を起こしたが、鎮圧された。

王権神授説に基づき**「朕は国家なり」**と述べたとされるルイ14世は、**「太陽王」**と呼ばれ、マザランの没後に親政を開始した。彼は官僚制を整備し、ヨーロッパ最大規模の常備軍を備える典型的な絶対王政を確立し、バロック様式の**ヴェルサイユ宮殿**を造営して華麗な宮廷生活を営んだ。ルイ14世のもとで財務総監を務めた**コルベール**は、**東インド会社**を再興し、国内産業を保護するなど重商主義政策を推進し、オランダに挑戦した。しかし、**ルイ14世がナントの王令を廃止すると、ユグノーの商工業者の多くがイギリスやオランダに亡命し、フランス産業の停滞を招いた**。

また、ルイ14世は王位継承権などを主張して積極的な対外政策を推進し、南ネーデルラント継承戦争、オランダ(侵略)戦争、ファルツ継承戦争(アウクスブルク同盟戦争)などを起こした。そして、**スペイン継承戦争**ではイギリス・オランダ・オーストリアなどと戦い、1713年の**ユトレヒト条約**では、ルイ14世の孫のスペイン王即位が認められたが、フランスとスペインの合併は禁止され、イギリスにニューファンドランドなどの植民地を奪われた。

ルイ14世の晩年以降、宮廷の浪費や対外戦争によって財政が悪化し、重税に苦しんだ民衆の蜂起も相次いだ。さらに、次のルイ15世の時代には、オーストリア継承戦争や七年戦争の戦費によって財政はますます悪化した。

ここが共通テストのツボだ!!

ツボ 1 ステュアート朝の王のそれぞれの主要な事績

○**ステュアート朝**（1603〜49、1660〜1714）

①**ジェームズ1世**（位1603〜25）

- **王権神授説**を信奉…議会と対立
- 国教会体制重視…ピューリタンやカトリックを弾圧

②**チャールズ1世**（位1625〜49）

- 議会が**権利の請願**提出（1628）→議会解散
- **スコットランドの反乱**→議会招集、議会派と対立
  →**ピューリタン革命**勃発→チャールズ1世処刑

※**共和政（コモンウェルス）**：**クロムウェル**の独裁

○**王政復古**：**ステュアート朝復活**

①**チャールズ2世**（位1660〜85）

- 専制政治・カトリック支持

②**ジェームズ2世**（位1685〜88）

- **名誉革命**（1688〜89）で亡命

③**メアリ2世**（位1689〜94）・**ウィリアム3世**（位1689〜1702）

- **権利の章典**（1689）：議会主権、イギリス立憲君主政の確立

④アン女王（位1702〜14）

- イングランドとスコットランドが合併（1707）
  →**グレートブリテン王国**成立

ツボ 2 フランス＝ブルボン朝の系図を確認しておこう

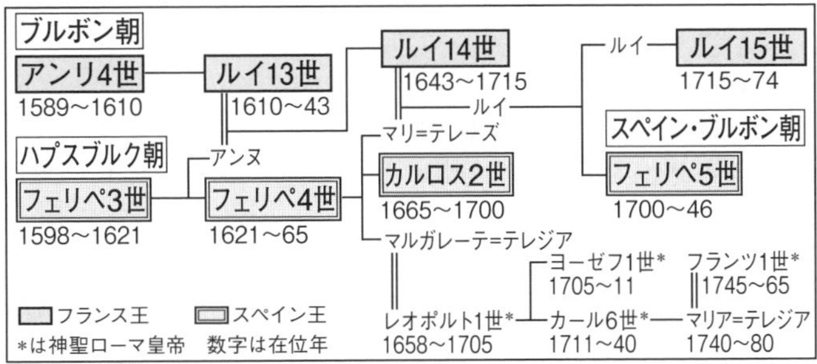

スペイン継承戦争時のブルボン朝とハプスブルク朝の系図

ツボ ③ フランス＝ブルボン朝の王のそれぞれの主要な事績

ブルボン朝（1589〜1792、1814〜30）

○**アンリ4世**（位1589〜1610）：即位後、**旧教に改宗**

　①**ナントの王令（勅令）**（1598）：個人の信仰の自由を認める→**ユグノー戦争終結**

　②**東インド会社**設立（1604）

○**ルイ13世**（位1610〜43）

　①**全国三部会**招集停止（1614年召集→翌年停止）

　②宰相**リシュリュー**：**三十年戦争に新教側で参戦…ハプスブルク家に対抗**

○**ルイ14世**（位1643〜1715）

　【幼少期】宰相**マザラン**

　　①三十年戦争継続→**ウェストファリア条約**（1648）…**アルザス獲得**

　　②高等法院圧迫→**フロンドの乱**（1648〜53、高等法院・貴族の反乱）鎮圧

　【親政期】1661年より　**王権神授説**を信奉：**「朕（ちん）は国家なり」**、**太陽王**

　　①**重商主義**政策：財務総監**コルベール**…**東インド会社**再建（1664）　産業保護

　　②**ナントの王令**廃止（1685）：**旧教政策強化**…ユグノー亡命→産業停滞

　　③宮廷文化の繁栄：**ヴェルサイユ宮殿**（**バロック様式**）

　　④**侵略戦争**

　　　● 南ネーデルラント継承戦争（1667〜68）

　　　● オランダ（侵略）戦争（1672〜78）

　　　● ファルツ継承戦争（アウクスブルク同盟戦争、1688〜97）

　　　● **スペイン継承戦争**（1701〜13）

　　　　→**ユトレヒト条約**（1713）

　　　　　・スペイン＝ブルボン朝を国際的に承認。フランス・スペインの合併は禁止

　　　　　・領土の割譲

　　　　　　【英←仏】アカディア・ニューファンドランド・ハドソン湾沿岸

　　　　　　【英←西】ジブラルタル・ミノルカ島

○ルイ15世（位1715〜74）：**オーストリア継承戦争・七年戦争参戦**

　※その後：**ルイ16世**→ブルボン朝の中断→**ルイ18世**→**シャルル10世**

ブルボン朝の王は最初がアンリ4世、最後がシャルル10世。この間の王はすべて「ルイ1○世」。ルイ10・11・12世は共通テストでは出ないため、「ルイ1○世」ときたらすべてブルボン朝の王と考えてOKだ！

チャレンジテスト（大学入学共通テスト実戦演習）

次の文章を読み、後の問いに答えよ。　　　　（2023年共テ本試B）

　あるクラスで、フランス王家についての授業が行われている。

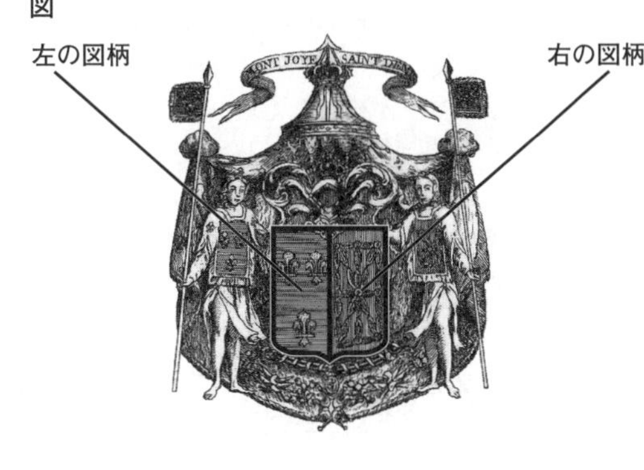

先生：右の図を見てください。何か読み取れることはありますか。

小林：中央に二つの図柄があります。**左の図柄**は、中世のヨーロッパについて勉強した際に出てきたクレシーの戦いの図版で見たことがあります。

後藤：ユリの図柄ですよね。フランス軍も、それに敵対したイングランド軍も、ともにこの図柄の入った旗を掲げていました。

先生：この**図**はアンリ4世から始まる王朝で使用されるようになる紋章ですが、紋章は家系のつながりや統合を表しています。次の**家系図**を見てください。ルイ9世の血筋は、一方はクレシーの戦いに関わったフィリップ6世に、一方はアンリ4世につながります。アンリ3世が死去し家系が断絶すると、アンリ4世が王となり、新しい王朝が始まります。ユリの図柄は、アンリ4世が以前の王朝とつながっていることを明確に表しています。

家系図

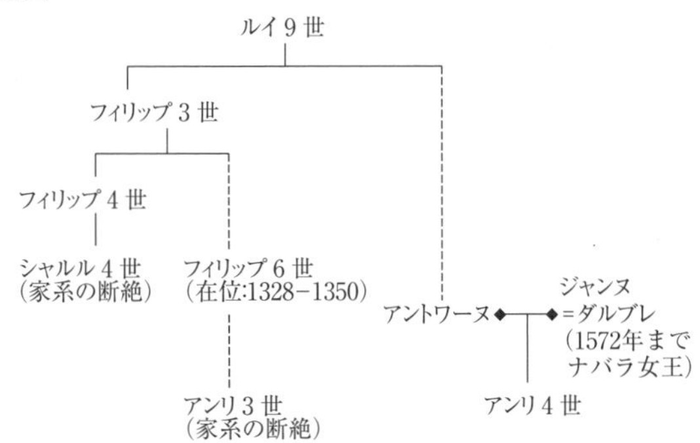

◆―◆：婚姻関係
------：複数の世代をまたぐ

後藤：では、**右の図柄**は何ですか。

先生：金の鎖の図柄で、アンリ4世の母方の家系で使用されていた図柄です。アンリ4世は即位前に母から別の国の王位を継承していました。アンリ4世の母はⓐユグノーだったのですが、アンリ4世自身もユグノーであり、国内における宗教対立では、王家と対立する勢力の首領でした。

小林：アンリ4世は、ナントの王令を出した王だと習いました。この王令が出された背景には、アンリ4世の立場が関係していたんですね。

先生：こうした紋章は、当時王や貴族だけでなく都市なども独自のものを持っていました。宰相マザランが死去した後、親政を始めた［ア］は、こうした紋章を国家財政の問題を解決する手段として使います。当時、［イ］。こうした状況のもと［ア］は『紋章集成』を作成し、そこへの紋章の登録を義務化した上で、登録料を徴収しました。しかし、登録は思ったようには進まず、あまり成果を得られなかったようです。

問1 前の文章と家系図を参考にしつつ、前の図について述べた文として最も適当なものを、次の①〜④のうちから一つ選べ。

① **右の図柄**は、クレシーの戦いにおける旗の図柄と同じである。
② **左の図柄**は、アンリ4世がカペー朝とつながりがあることを表している。
③ フランス王家とイングランド王家との統合を表している。
④ アンリ4世が父からナバラ王位を継承したことを表している。

問1 [答] ②

①小林さんの最初の発言の中に、「**左の図柄**は、中世のヨーロッパについて勉強した際に出てきたクレシーの戦いの図版で見たことがあります」とあることから、不適当である。③**左の図柄**は、アンリ4世がそれ以前のフランスの王朝であるカペー朝やヴァロワ朝とつながりがあることを示し、**右の図柄**はアンリ4世の母方の家系で使用されていた図柄であり、母がナバラ女王でありイングランドの女王ではないことから、フランス王家とイングランド王家の統合を表しているものとはいえないため不適当である。④**家系図**をみると、アンリ4世の母のジャンヌ＝ダルブレが「1572年までナバラ女王」だと書かれていることから、アンリ4世は父ではなく母からナバラ王位を継承したと判断できるため不適当。②ここまでみてきたように、①③④は不適当であり、消去法で正答と判断できるが、さらに②が正答であることを確認しておく。まず、**左の図柄**は、後藤さんの最初の発言中に「フランス軍〜この図柄の入った旗を掲げていました」とあることから、アンリ4世と百年戦争中のフランスの王家であるヴァロワ朝につながりがあることが分かる。さらに系図をみると、ヴァロワ朝の創始者フィリップ6世とカペー朝のルイ9世がつながっているため、カペー朝が左の図柄の紋章を使っていた可能性があり、さらにルイ9世とアンリ4世がつながっているため、②が最も適当だと判断できる。

問2 下線部ⓐに関連して、ヨーロッパ各地におけるプロテスタントについて述べた文として最も適当なものを、次の①～④のうちから一つ選べ。

① サンバルテルミの虐殺により、多くの犠牲者が出た。
② ドイツ農民戦争が、ツヴィングリの指導の下で起こった。
③ ヘンリ7世が、国王至上法(首長法)を制定した。
④ イグナティウス＝ロヨラが、イエズス会を結成した。

問3 文章中の空欄 ア に入れる人物の名あ・いと、空欄 イ に入れる文X・Yとの組合せとして正しいものを、後の①～④のうちから一つ選べ。

ア に入れる人物の名
あ ルイ14世　　い ルイ16世

イ に入れる文
X ネッケルによる財政改革が進められていました
Y 度重なる戦争によって戦費が膨れ上がっていました

① あ－X　② あ－Y　③ い－X　④ い－Y

問2 [答] ①

①1572年、フランス王**シャルル9世**の母カトリーヌ＝ド＝メディシスの策謀とされる**サンバルテルミの虐殺**で、カトリック(旧教徒)がプロテスタント(新教徒)を虐殺したので、これが正答。②ドイツ農民戦争を指導したのは、ツヴィングリではなく**ミュンツァー**。ツヴィングリはスイスで宗教改革を行った。③国王至上法(首長法)を制定したのはヘンリ7世ではなく**ヘンリ8世**である。④イエズス会を結成したイグナティウス＝ロヨラは、プロテスタントではなくカトリックである。

問3 [答] ②

ア：マザランを宰相としていたのは、**ルイ14世**なので**あ**が正しい。イ：ルイ14世期にはスペイン継承戦争などの対外戦争によって戦費が膨れ上がり、フランスの国家財政は悪化した。また、ネッケルによる財政改革が進められたのは**ルイ16世**の時代であり、Xは誤りであるためYが正しいと判断できる。したがって②**あ**－Yが正答である。

24 絶対主義諸国の盛衰②
三十年戦争・プロイセン・オーストリア・ロシア

年	1613	1682	1713	1725	1740	1762 1765	1772第1回ポーランド分割
プロイセン			フリードリヒ＝ヴィルヘルム1世		フリードリヒ2世		
オーストリア					マリア＝テレジア	ヨーゼフ2世	
ロシア	ミハイル＝ロマノフ	ピョートル1世				エカチェリーナ2世	

1 三十年戦争（1618〜48）

✤三十年戦争の開始〜展開

神聖ローマ帝国では、アウクスブルク(1555)の和議以降も新旧両諸侯の対立が続いていた。フス以来、反カトリックの地域であった帝国内のベーメン（ボヘミア）**では、支配者であるハプスブルク家の旧教化政策に反発して1618年に反乱が起こり、三十年戦争(1618〜48)が勃発した**。この戦争では、**ハプスブルク家の皇帝軍をスペインが支援する一方、新教側にデンマークやスウェーデンがつき**、スウェーデンのグスタフ＝アドルフは傭兵(ようへい)隊長**ヴァレンシュタイン**が率いる皇帝軍と戦った。その後、**旧教国のフランス＝ブルボン家が新教側に立って参戦**し、**ここに三十年戦争は宗教戦争から、ハプスブルク家とフランスのブルボン家によるヨーロッパの覇権をめぐる争いへと変化した**。

✤ウェストファリア条約（1648）と三十年戦争の影響

三十年戦争の講和条約として、ドイツに多数の国が参集して締結されたウェストファリア条約(1648)は、国際条約の先駆けとなった。この条約では**アウクスブルクの和議の内容が再確認され、カルヴァン派が公認**された。また、**神聖ローマ帝国内の領邦(りょうほう)主権が確立された結果、神聖ローマ帝国は有名無実化した**。さらにスイスとオランダ**のハプスブルク家からの独立が国際的に承認**され、フランスは**アルザス**を、スウェーデンは**西ポンメルン**（バルト海南岸の地方）を獲得した。

三十年戦争によって戦場となったドイツは荒廃し、近代化が遅れることになった。また、神聖ローマ帝国内の各領邦の主権が確立したことによって、ヨーロッパにおける主権国家体制が確立した。**この戦争によって、フランスのブルボン家によるハプスブルク家に対する優位が確立**し、西ポンメルンを獲得した**スウェーデンによるバルト海の覇権が確立**した。

2 近世のプロイセンとオーストリア

✤プロイセン

東ヨーロッパの新興国の一つであるプロイセン（プロシア）は、**ホーエンツォレルン家**が治めるブランデンブルク選帝侯(せんていこう)国と、エルベ川以東のドイツ騎士団(きしだん)をもとに成立したプロイセン公国とが17世紀前半に合邦して成立した、神聖ローマ帝国の領邦である。プロイセンは、スペイン継承戦争で神聖ローマ帝国を支援したことによって王号を与えられた(1701)。18世紀前半の**フリードリヒ=ヴィルヘルム1世**(位1713~40)**は官僚制を整備し、軍事力の強化に努めた**。

18世紀半ばに即位した**フリードリヒ2世(大王)**(位1740~86)は、**ユンカー**(領主)と協力して絶対王政を強化した。フリードリヒ2世は商工業の奨励、宗教寛容など「上からの近代化」(君主主導の近代化)と富国強兵をめざす**啓蒙専制君主(啓蒙主義に基づく専制政治を行う君主)**であり、**「君主は国家第一の僕」**と称し、**啓蒙思想家のヴォルテールと交流した**。対外的には、オーストリア継承戦争と七年戦争を起こしてオーストリアの**マリア=テレジア**と戦い、オーデル川中・上流の**シュレジエン**を獲得した。また、**第1回ポーランド分割**を提唱し、オーストリア・ロシアとともにポーランド周辺部を領有した。

✤オーストリア

オーストリアは、15世紀以降神聖ローマ皇帝位をほぼ世襲しており、ヨーロッパ屈指の名門であった**ハプスブルク家**が支配していた。しかし、三十年戦争によって神聖ローマ帝国が事実上解体した結果、ハプスブルク家はその権威を低下させた。その後、17世紀後半のオスマン帝国による**第2次ウィーン包囲**を撃退し、同世紀末にはオスマン帝国と**カルロヴィッツ条約**(1699)を結んでハンガリーを獲得し、再び威信を高めた。しかしオーストリアは、ベーメン(ボヘミア)の**チェコ(チェック)人**やハンガリーの**マジャール人**など領内に多くの民族をかかえる多民族国家であったため、国家統合は困難であった。

18世紀のヨーロッパでは、オーストリアの**ハプスブルク家**とフランスの**ブルボン家**の対立が続き、国際関係に影響を与えていた。1740年、**マリア=テレジア**(位1740~80)がハプスブルク家を継承すると、プロイセン王**フリードリヒ2世**が他国とともに女性の相続に異議を唱えて介入し、オーストリア領の豊かな鉱工業地帯である**シュレジエン**を占領したことから**オーストリア継承戦争**(1740~48)が起こった。**この戦争では、ハプスブルク家と対立するブルボン家(フランス)がプロイセン側に、フランスと植民地戦争で争うイギリスがオーストリア側について戦った**。戦争の結果、**マリア=テレジアのハプスブルク家継承は認められたが、シュレジエンはプロイセン領となった**。

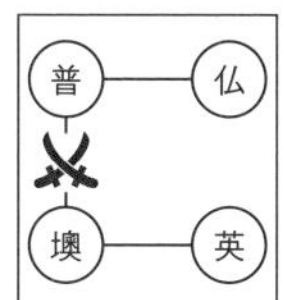

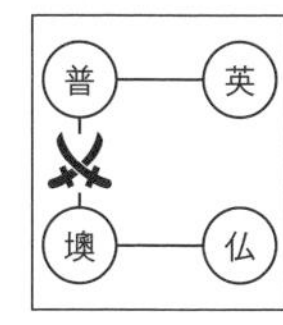

オーストリア継承戦争(左)と七年戦争(右)の構図

シュレジエン奪回をめざすマリア=テレジアは、長年の宿敵であったフランスのブルボン家と同盟を結び(「外交革命」)、今度はイギリスの支援を受けたプロイセンと戦った(七年戦争(1756~63)**)が、シュレジエン奪回に失敗した**。

マリア=テレジアの跡を継いだ長男の**ヨーゼフ2世**(位1765~90)**は啓蒙専制君主であり、農奴解放を行い、また宗教寛容令によって非カトリックに信仰の自由を認めた**が、急進的な改革は領内の異民族や貴族の反発を招き、充分な成果をあげることはできなかった。

3 近世のロシア 

16世紀、モスクワ大公国の**イヴァン4世**(位1533~84)はギリシア正教会の擁護者(ようごしゃ)として正式に**ツァーリ**の称号を自称し、農奴制の基礎を築き貴族の力を抑えるなど中央集権化を進めた。ツァーリ(皇帝)に権力を集中させる、ロシア独自の絶対王政をツァーリズムという。また対外的には**コサックのイェルマークに命じてシベリア進出に着手した**。

イヴァン4世の死後の混乱期を経て、17世紀初めにミハイル=ロマノフ(位1613~45)によって**ロマノフ朝**(1613~1917)が創始された。ミハイル=ロマノフは農奴制を強化し、彼の死後**ステンカ=ラージンの乱**が起こった。17世紀に即位した**ピョートル1世(大帝)**(位1682~1725)**は自ら西欧を視察し、ロシアの西欧化を推進した**。さらに、東方では清の康熙帝(こうきてい)と**ネルチンスク条約**(1689)を結んで国境を画定し、晩年にはベーリングを派遣してカムチャツカ半島やアラスカを探検させた。西方では**北方戦争**(1700~21)を起こしてスウェーデンと戦い、スウェーデン王カール12世(位1697~1718)を相手に苦戦したものの最終的には勝利し、バルト海に進出した。またピョートル1世はこの戦争中に新都**ペテルブルク**に遷都(せんと)した。その後、18世紀後半に即位した**エカチェリーナ2世**(位1762~96)**は啓蒙専制君主であり、ヴォルテールらと交流したが、プガチョフの農民反乱**(1773~75)**鎮圧後反動化し、農奴制を強化した**。対外的には、オスマン帝国と戦って勝利し、**クリミア半島**を奪って黒海に進出し、3度のポーランド分割すべてに参加した。また、**ラクスマン**を日本に派遣して江戸(えど)幕府に対し通商を求めた。

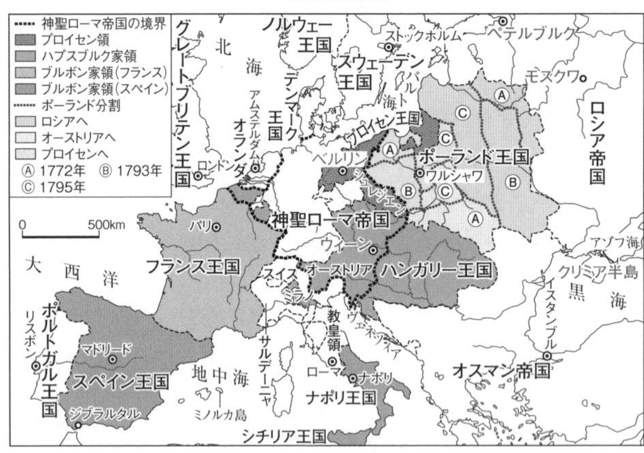

18世紀半ばのヨーロッパ

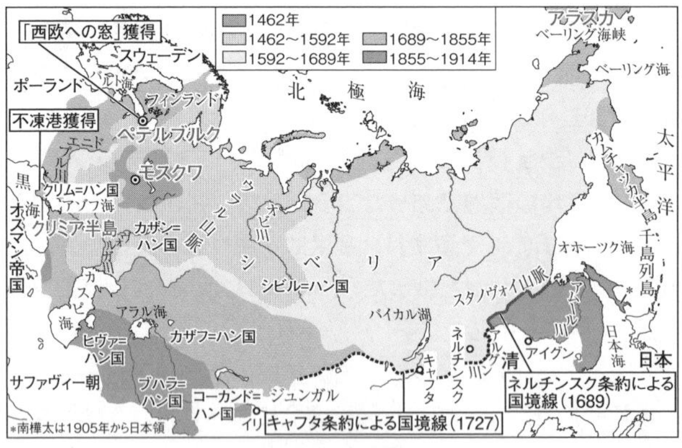

ロシアの拡大

ここが共通テストのツボだ!!

ツボ ① ロマノフ朝のピョートル１世とエカチェリーナ２世の業績

○ピョートル１世（大帝、位1682〜1725）：西欧視察→**西欧化推進**

①東方進出

- **ネルチンスク条約**（1689）…清の康熙帝との間で国境を画定
- ベーリングの探検：カムチャツカ半島・アラスカ探検

②南下政策：オスマン帝国と戦いアゾフ海に進出

③**北方戦争**（1700〜21）

- スウェーデン（カール12世）と戦う→勝利しバルト海に進出
- 戦争中に**ペテルブルク**遷都

○エカチェリーナ２世（位1762〜96）

①**啓蒙専制君主**：**ヴォルテール**、**ディドロ**と交流

②**プガチョフの農民反乱**（1773〜75）：鎮圧後反動化→農奴制強化

③東方進出：千島（ちしま）進出→**ラクスマン**の根室（ねむろ）来航（18C末、通商要求）

④南下政策：オスマン帝国と抗争→**クリミア半島**奪取・黒海（こっかい）進出

ツボ ② ポーランド分割について押さえておきたいポイント

○ポーランド分割

- ポーランド…**ヤゲウォ（ヤゲロー）朝**断絶→**選挙王政**…貴族の台頭→貴族間の抗争による政治混乱→これに乗じて周辺国が介入→ポーランド分割を進める

第１回（1772）

〈普〉フリードリヒ２世・**〈墺〉**ヨーゼフ２世・**〈露〉**エカチェリーナ２世**が参加**

第２回（1793）

プロイセンとロシアが参加（フランス革命の混乱を利用）

→**コシューシコ（コシチューシコ）**が分割反対運動を指導するも敗北

第３回（1795）

- プロイセン・オーストリア・ロシアが参加→**ポーランド消滅**

第１回分割に参加した３人の君主は、すべて啓蒙専制君主であることを押さえておきたい。また、共通テストレベルでは、ポーランドの王朝はヤゲウォ（ヤゲロー）朝以外問われないので覚えておくこと！

チャレンジテスト（大学入学共通テスト実戦演習）

次の文章を読み、後の問いに答えよ。　　　　　　　　　　　　　　　　　　（2018年試行調査）

次の絵は、「王のケーキ」という題が付いている風刺画で、ポーランドの王と、ポーランドを分割する3国の君主たちが描かれている。君主たちの上方に描かれているのは、噂（うわさ）や名声を象徴する天使ペーメーで、ラッパでこの知らせを広めている。ポーランドは、この後、数回にわたって分割され、19世紀には独自の国家を持つことはなかった。①<u>20世紀になって独立を回復したが</u>、大国の狭間（はざま）にあって、たびたび難しい舵（かじ）取りを迫られた。

問1 下線部①に関連して、20世紀前半のヨーロッパにおける政治状況について述べた文として**誤っているもの**を、次の①～④のうちから一つ選べ。

① スペイン内戦で、フランコが勝利した。
② ユーゴスラヴィア連邦が解体した。
③ イギリスで、保守党と労働党が二大政党となった。
④ フランスとベルギーが、ルール地方を占領した。

問1 [答] ②

②ユーゴスラヴィア連邦は20世紀前半に解体ではなく成立した。ユーゴスラヴィア連邦は冷戦（れいせん）終結後に解体へと向かった。

問2 (1) 絵の中のあといについて、それぞれが表している国とその君主の名の組合せとして正しいものを、次の①～⑥のうちから一つ選べ。なお、正しいものは複数あるが、解答は一つでよい。

① **あ**：ロシア－エカチェリーナ2世　② **あ**：イギリス－エリザベス1世
③ **あ**：フランス－ルイ14世　④ **い**：ロシア－ニコライ2世
⑤ **い**：プロイセン－フリードリヒ2世
⑥ **い**：イタリア－ヴィットーリオ＝エマヌエーレ2世

(2) 問2(1)で選んだ答えについて、その国や王朝の歴史について述べているものを、次のa～hから三つ選択し、それらを年代順に配列したものとして正しいものを、下の①～⑧のうちから一つ選べ。

a　シュレジエンを獲得した。　b　ウィーン会議に参加した。
c　ローマ教皇領を併合した。　d　ペテルブルクを築いて、都とした。
e　テューダー朝が開かれた。　f　ユトレヒト同盟を結成した。
g　ドイツ帝国を建国した。　h　三国協商を形成した。

① a→b→g　② b→a→h　③ c→a→b　④ d→b→h
⑤ e→f→b　⑥ f→g→h　⑦ g→a→d　⑧ h→e→c

問2 (1) **[答]** ① もしくは ⑤

問題文の絵は**第1回ポーランド分割**を表したものであり、第1回ポーランド分割にはプロイセンの**フリードリヒ2世**、オーストリアの**ヨーゼフ2世**、ロシアの**エカチェリーナ2世**が参加したので、①または⑤が正しい内容の選択肢となる。

(2) **[答]** 問2(1)で ① を選んだ場合… ④　⑤ を選んだ場合… ①

問2(1)で①（ロシア）を選んだ場合：d. ロシアがペテルブルクを都としたのは**18世紀初め**。b. ロシアは**1814～15年**に開催されたウィーン会議に参加している。h. ロシアがイギリスと英露協商を結んだのは**1907年**で、それ以前に結ばれていた露仏同盟、英仏協商とあわせて三国協商が成立した。よって、ロシアの歴史としてはd→b→hの④が正答である。

問2(1)で⑤（プロイセン）を選んだ場合：a. プロイセンは**18世紀半ば**のオーストリア継承戦争・七年戦争を経て**シュレジエン**を獲得した。b. プロイセンは**1814～15年**に開催されたウィーン会議に参加している。g. プロイセンを中心とするドイツ帝国が成立したのは**1871年**。よって、プロイセンの歴史としてはa→b→gの①が正答である。

なお、c. ローマ教皇領を19世紀後半に併合したのはイタリア。e. 15世紀後半にテューダー朝が開かれたのはイギリス。f. 16世紀後半にユトレヒト同盟を結成したのはネーデルラントの北部7州。

25 ヨーロッパ諸国の海外進出と植民地戦争

年	1600	1604	1664	1713	18C	1763
		イギリス東インド会社設立			英仏植民地戦争	
		フランス東インド会社設立→再興		ユトレヒト条約		パリ条約

1 ポルトガル・スペイン・オランダの海外進出

✤ポルトガル

①アジア方面

- **セイロン島**領有→**ゴア**占領(1510)→**マラッカ**占領(1511)
  →**マルク(モルッカ、香料)諸島**に進出→**種子島**(たねがしま)漂着(1543)
  →**マカオ**の居住権獲得(1557)

②アメリカ方面

- **カブラル**が**ブラジル**漂着(1500)…ポルトガル領と宣言

✤スペイン

①アジア方面

- フィリピン領有：**マニラ**建設(1571)

②アメリカ方面

- **コルテス**：メキシコ征服…**アステカ王国**滅亡(1521)
- **ピサロ**：ペルー征服…**インカ帝国**滅亡(1533)
- **ポトシ銀山**発見(1545)：現在のボリビアにある

✤オランダ

①アジア方面：**東インド会社**設立(1602)

- ポルトガルのアジア交易拠点奪取(17C)：**マルク諸島**・**マラッカ**・**セイロン島**
- **バタヴィア**建設(1619、現ジャカルタ)
  →**アンボイナ事件**(1623)：イギリスに勝利→香辛料(こうしんりょう)貿易独占
- 日明(にちみん)(清(しん))の中継(なかつぎ)貿易：**台湾**(たいわん)占領(17C)→**鄭成功**(ていせいこう)により撃退(17C後半)
- **平戸**(ひらど)、のち**長崎**(ながさき)に商館設置　**鎖国**(さこく)**中の日本とも長崎の出島**(でじま)**で貿易**
- **ケープ植民地**建設(1652)

②アメリカ方面：西インド会社設立(17C前半)

- ニューネーデルラント植民地：中心都市**ニューアムステルダム**(現**ニューヨーク**)

③衰退：諸国の重商主義政策

〈英〉**航海法**(こうかいほう)(1651)制定→**イギリス＝オランダ(英蘭**(えいらん)**)戦争**

〈仏〉保護関税政策(高関税政策)→中継貿易に打撃

2 イギリス・フランスの海外進出

✤イギリス

①アジア方面：**東インド会社**設立(1600)

- **アンボイナ事件**(1623)：オランダに敗北→インド経営へ
  →**カルカッタ**(ガンジス川河口)･**マドラス**(東南岸)･**ボンベイ**(西岸)を建設(17C)

②アメリカ方面

- **13植民地**建設：**ヴァージニア植民地**(最初)→ジョージア植民地(最後)
- ジャマイカ占領(1655)：サトウキビのプランテーション
- **イギリス＝オランダ(英蘭)戦争**(3回、1652～74)：オランダの商圏奪取、**ニューヨーク**領有

✤フランス

①アジア方面

- **東インド会社**設立(1604、1664に**コルベール**が再興)
  →シャンデルナゴル(ガンジス川河口)・**ポンディシェリ**(東南岸)建設

②アメリカ方面

- **カナダ**：**ケベック**建設(17C初)　**ルイジアナ**領有(17C後半)
- **ハイチ**(仏領サン＝ドマング、サトウキビのプランテーション)

✤大西洋三角貿易

西ヨーロッパ諸国は**ヨーロッパから火器・雑貨を、西アフリカ(ベニン王国〔現ナイジェリア西部〕・ダホメ王国〔現ベナン〕)から黒人奴隷を、アメリカから砂糖・タバコなどを運ぶ大西洋三角貿易**を行った。この結果、**アフリカは奴隷狩りによって人口が減少して荒廃**し、**アメリカではサトウキビのプランテーションが発達**した。また、**この貿易によって蓄積された資本がイギリスの産業革命の原資となった**。

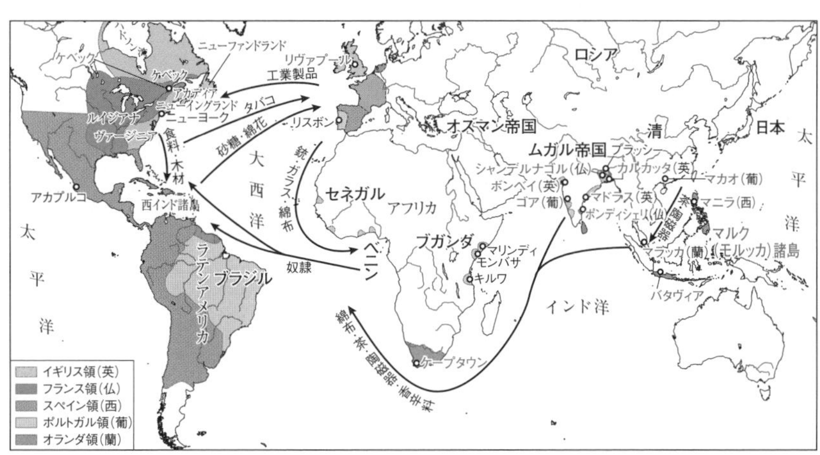

17～18世紀の世界

ここが共通テストのツボだ!!

ツボ　英仏植民地戦争についての押さえておきたいポイント

①**北米**：ウィリアム王戦争（1688〜97）**【ヨーロッパではファルツ戦争】**

②**北米**：アン女王戦争（1702〜13）**【ヨーロッパではスペイン継承戦争】**

- **ユトレヒト条約**（1713）

　→イギリスがフランス・スペインより領土獲得

　　【英←仏】：アカディア・ニューファンドランド・ハドソン湾沿岸

　　【英←西】：ジブラルタル・ミノルカ島

③**北米**：ジョージ王戦争（1744〜48）**【ヨーロッパではオーストリア継承戦争】**

インド：カーナティック戦争（1744〜61（63））

④**北米**：**フレンチ＝インディアン戦争**（1754〜63）**【ヨーロッパでは七年戦争】**

インド：**プラッシーの戦い**（1757）…クライヴ（〈英〉東インド会社書記）の活躍

- **パリ条約**（1763）

　→イギリスがフランス・スペインより、スペインがフランスより領土獲得

　　【英←仏】：**カナダ・ミシシッピ川以東のルイジアナ**

　　【英←西】：**フロリダ**

　　【西←仏】：**ミシシッピ川以西のルイジアナ**

北米での勢力争い（1754年以前）

北米での勢力争い（1763年以降）

英仏植民地戦争は、ヨーロッパの戦争と連動していること、上記の②と④の結果それぞれユトレヒト条約・パリ条約が結ばれてイギリスが領土を獲得していること、ユトレヒト条約とパリ条約の締結年がちょうど50年離れていることを押さえておこう。

チャレンジテスト（大学入学共通テスト実戦演習）

次の資料は、ウィンストン＝チャーチルの『偉大な同時代人たち』の一部である。（引用文には、省略したり、改めたりしたところがある。）これを読み、後の問いに答えよ。

（2022年共テ本試B〈改〉）

資料

ナポレオンの侵略がもたらした悲惨な苦難の記憶は、スペイン人の心にわだかまったままである。この苦難から100年経った今も ア とスペインとの間に共感は芽生えようがない。 イ にジブラルタルを奪われたことは、もはやスペイン人を激高させることは少ないものの、いまだにその意識に大きな影響をもたらしている。しかし、スペイン人が最も嫌悪している国はアメリカ合衆国である。スペインの最後の植民地がアメリカ合衆国に奪われたことは、誇り高き民族の胸を抉って、激痛を走らせた。

問1 前の文章中の空欄 ア と イ に入れる国の名の組合せとして正しいものを、次の①～④のうちから一つ選べ。

① **ア**－オランダ **イ**－イギリス　② **ア**－オランダ **イ**－イタリア
③ **ア**－フランス **イ**－イギリス　④ **ア**－フランス **イ**－イタリア

問2 次の図中に示したa～dのうち、前の文章中の「スペインの最後の植民地」に含まれる地域として最も適当なものを、右の①～④のうちから一つ選べ。

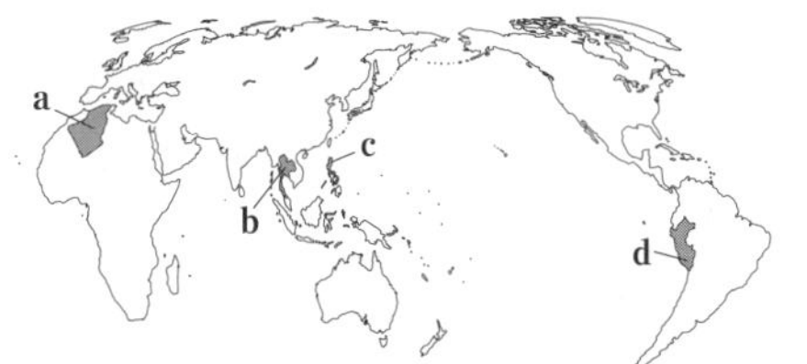

① a
② b
③ c
④ d

問1 ［答］ ③

資料の1行目以降の「ナポレオンの侵略がもたらした悲惨な苦難の記憶は、スペイン人の心にわだかまったままである」から、 ア は**ナポレオン**の祖国であるフランスである。また、3行目以降の「 イ にジブラルタルを奪われたことは、もはやスペイン人を激高させることは少ないものの」から、 イ は**ユトレヒト条約**でスペインからジブラルタルを獲得したイギリスであるため、③が正答である。

問2 ［答］ ③

③**c**はフィリピンであり、16世紀にスペインが領有し、1898年にアメリカ＝スペイン（米西）戦争に敗北してアメリカに割譲されるまでスペイン領であった。よって、これが正答。①**a**のアルジェリアはフランスの植民地、②**b**はタイで、列強の植民地支配を受けず、独立を維持した。④**d**のペルーは16世紀にピサロがインカ帝国を滅ぼして以降スペイン領であったが、19世紀前半に独立した。

26 17・18世紀の文化

年	16C後半	17C	18C
政治思想	王権神授説 → 社会契約説		→ 啓蒙思想
哲学	イギリス経験論 ⇔ 大陸合理論		→ ドイツ観念論
美術・建築	バロック様式		→ ロココ様式

1 政治思想・哲学・経済学

政治思想	王権神授説	王権は神から授けられたものであり、王は神に対してのみ責任を負う…**絶対王政を正当化する思想**(ローマ教皇や新興市民階級に対抗)		
		ボシュエ	仏	17C～18C　ルイ14世に仕える
	自然法	時代と社会を超越して通用する法、**国家の存在を前提とせずに存在する→絶対王政国家批判の思想的武器**		
		グロティウス	蘭	16C～17C 「国際法の祖」「近代自然法の父」 『**海洋自由論**』：自由貿易を主張 『戦争と平和の法』：**三十年戦争の惨禍が背景**
	社会契約説	**人民の契約によって、国家が成立すると考える思想**(国家成立の根拠に神を必要としない)→**王権神授説を唱える絶対王政国家を批判**		
		ホッブズ	英	16C～17C **「万人の万人に対する闘い」** 『**リヴァイアサン**』：**結果的に絶対王政を擁護**
		ロック	英	17C～18C 『統治二論』(『市民政府二論』)：国家権力に対する**抵抗権**を認める→**名誉革命を擁護**
	啓蒙思想	**理性を重視し、すべての伝統的偏見・迷妄・慣習・不合理な社会制度を批判・打破しようとした思想**…絶対主義国家・教会支配に対抗		
		モンテスキュー	仏	17C～18C 『法の精神』：**三権分立**主張
		ヴォルテール	仏	17C～18C 『**哲学書簡**』(『**イギリス便り**』)：フランスの後進性を批判
		ルソー	仏	18C 『**人間不平等起源論**』『社会契約論』
		ディドロ	仏	18C 『百科全書』を編集
		ダランベール	仏	18C 『百科全書』を編集
	世論の形成	〈英〉コーヒーハウス：市民層が集まる。**新聞・雑誌の閲覧可能** 〈仏〉カフェ：市民層が集まる。サロン：貴族・上流階級が主催		

哲学	イギリス経験論	認識において後天的な経験を重視 帰納法[☞p.205 ツボ❶]による科学的知識の収得		
		フランシス=ベーコン	英	16C～17C　経験や観察を重視 『新オルガヌム』
	大陸合理論	認識において先天的（生得的）な理性を重視 演繹法[☞p.205 ツボ❶]による科学的知識の収得		
		デカルト	仏	16C～17C　「われ思う、ゆえにわれあり」 『方法序（叙）説』
		パスカル	仏	17C　『パンセ（瞑想録）』
		スピノザ	蘭	17C　汎神論
		ライプニッツ	独	17C～18C　単子（モナド）論
	ドイツ観念論	イギリス経験論と大陸合理論を批判的に統合		
		カント	独	18C～19C　『純粋理性批判』
経済学	重商主義	国家による統制的経済政策（国家の積極的な経済政策） …絶対王政を支える官僚制・常備軍の維持目的		
	重農主義	富の源泉を農業とする。重商主義に反発し、国家の経済への介入に反対（自由放任主義（「なすに任せよ」〔レッセ=フェール〕））		
		ケネー	仏	17C～18C　『経済表』
		テュルゴ	仏	18C　ルイ16世の財務総監
	古典派経済学	経済活動における自由放任主義・自由貿易を主張		
		アダム=スミス	英	18C　『諸国民の富』（『国富論』）

2 文学・美術・音楽

文学	古典主義文学	コルネイユ	仏	17C　悲劇作家　『ル=シッド』
		ラシーヌ	仏	17C　悲劇作家　『アンドロマック』
		モリエール	仏	17C　喜劇作家　『人間嫌い』
	ピューリタン文学	ミルトン	英	17C　『失楽園』
		バンヤン	英	17C　『天路歴程』
	近代小説	デフォー	英	17C～18C　『ロビンソン=クルーソー』
		スウィフト	英	17C～18C　『ガリヴァー旅行記』
	学術団体	〈仏〉アカデミー=フランセーズ：17C　リシュリューが創設 ・フランス語の統一・純化		

分野	様式	人物・作品	国	内容
美術・建築	バロック様式（豪壮・華麗）[☞p.205 ツボ❷]	**ルーベンス**	フランドル	16C〜17C　フランドル派
		ファン＝ダイク	フランドル	16C〜17C　フランドル派 チャールズ1世の宮廷画家
		レンブラント	蘭	17C　**「夜警」**
		フェルメール	蘭	17C　「牛乳を注ぐ女」
		エル＝グレコ	西	16C〜17C　ギリシアのクレタ島出身
		ベラスケス	西	16C〜17C　「ラス＝メニーナス」（「女官たち」）
		ヴェルサイユ宮殿	仏	ルイ14世が造営
	ロココ様式（繊細・優美）[☞p.205 ツボ❷]	**ワトー**	仏	17C〜18C　「シテール島への巡礼」
		サンスーシ宮殿	普	フリードリヒ2世が造営
	シノワズリ（中国趣味）			中国的な図柄・主題を取り入れた美術
音楽	バロック音楽	バッハ	独	17C〜18C　近代音楽の創始者とされる
		ヘンデル	独	17C〜18C　バロック音楽を大成
	古典派音楽	ハイドン	墺	18C〜19C　「交響楽の父」
		モーツァルト	墺	18C　「フィガロの結婚」（オペラ）

3　自然科学

- **科学革命**：17世紀以降の自然科学の画期的な発展
- **科学協会**：科学の発展を目的とする学術団体　〈英〉王立協会（17C設立）、〈仏〉フランス科学アカデミー（17C設立）など

物理学・化学	ニュートン	英	17C〜18C　**万有引力の法則**　『プリンキピア』
	ボイル	英	17C　気体の膨張に関するボイルの法則発見
	ラヴォワジェ	仏	18C　燃焼理論。フランス革命期に刑死
植物学	**リンネ**	スウェ	18C　植物分類学
天文学	**ラプラース**	仏	18C〜19C　宇宙進化論
医学	**ハーヴェー**	英	16C〜17C　血液の循環を発見
	ジェンナー	英	18C〜19C　**種痘法**…天然痘の予防接種

ここが共通テストのツボだ!!

ツボ 1 帰納法と演繹法の違いを押さえておこう

- 帰納法：個々の事例から普遍(ふへん)的な法則を発見
- 演繹法：明晰(めいせき)・確実な真理から個々の事例を推理・判断

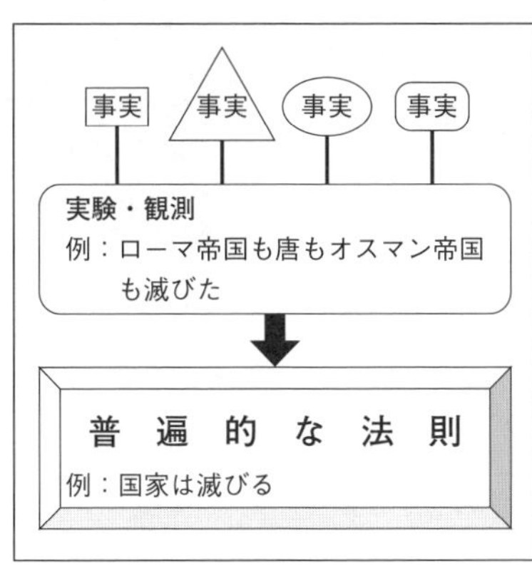

帰納法

明晰確実な真理
例：国家は滅びる
推理
例：ローマ帝国は国家である、ゆえにローマ帝国は滅びる
事実
事実
事実
事実

演繹法

ツボ 2 バロック様式とロココ様式の違いに注意！

○バロック様式：**豪壮・華麗**
- 例　ヴェルサイユ宮殿：**フランス　ルイ14世が造営**

○ロココ様式：**繊細・優美**
- 例　サンスーシ宮殿　：**プロイセン　フリードリヒ2世が造営**

バロック様式やロココ様式などの様式を問う正誤判定問題は頻出。特にヴェルサイユ宮殿はよく出るのでしっかり覚えておくこと。

チャレンジテスト（大学入学共通テスト実戦演習）

次の文章を読み、後の問いに答えよ。　　　（2022年試作問題『歴史総合、世界史探究』）

右の**資料1**は、フランス第三共和政期の国家と宗教の関係を描いた風刺画である。

フランスでは、18世紀末の革命で非キリスト教化の動きが見られたが、その後もカトリック教会は影響力を持ち続けた。ナポレオンが宗教協約を結び、ローマ教皇と和解したことは、その要因の一つである。それ以降も、政治体制の転換とともに、国家による宗教の扱いは変化した。そして改めて共和政が敷かれたこの時期に、ⓐ<u>国家と宗教の新たな関係</u>の構築が模索された。ドレフュス事件は、その重要な契機であった。この事件の過程で、教皇を至上の権力とみなす一部のカトリック勢力が、共和派の政治家たちから問題視されたのである。この風刺画は、そうした時代状況を映し出している。

資料1

風刺画の中央左には、斧(おの)を振りかざす共和派の政治家エミール＝コンブが描かれている。ⓑ<u>『哲学書簡』の著者として知られる人物</u>によって上空から光で照らされたコンブは、カトリック教会（左手前の冠をかぶった人物）とフランス（腰をかがめている女性）との錯綜(さくそう)した関係を表すロープを一刀両断しようとしている。

こうした展開を経て、フランスでは、1905年に政治と宗教の分離に関する法律が定められた。

問1　下線部ⓐに関連して、次の**資料2・3**は、世界史上の国家と宗教の関係についての資料である。前の文章中の宗教協約の成立時期を含めて、これらの出来事が古いものから年代順に正しく配列されているものを、後の①～⑥のうちから一つ選べ。

資料2

ローマ皇帝並びに神聖なる帝国の選帝侯、諸侯らは、帝国のいかなる身分の者に対しても、アウクスブルク信仰告白のゆえに、また、その教義、宗教、信仰のゆえに、迫害をしてはならない。多くの自由都市と帝国都市において、旧教とルター派が以前から行われているので、今後もそのことはこれらの都市において維持されるべきである。

資料3

イタリア政府は、現在既に設定されている、ヴァチカン地区における教皇庁の所有権及び排他的かつ絶対的な権限と裁判権を、同庁の付属物や施設とともに承認する。また、本条約の目的とそこに定められた条項に基づき、ヴァチカン市国が創出される。

①　**資料2**－**資料3**－宗教協約　　②　**資料2**－宗教協約－**資料3**
③　**資料3**－**資料2**－宗教協約　　④　**資料3**－宗教協約－**資料2**
⑤　宗教協約－**資料2**－**資料3**　　⑥　宗教協約－**資料3**－**資料2**

問2 下線部ⓑの人物が風刺画に描かれている理由について述べた文として最も適当なものを、次の①～④のうちから一つ選べ。

① この人物が、キリスト教信仰を論理的に体系化しようとした、中世ヨーロッパの学問を代表する一人であるから。
② この人物が、禁欲的な修行によって神との一体感を求めようとした、中世に盛んになった宗教思想を代表する一人であるから。
③ この人物が、理性を重んじて古い偏見や権威を打破しようとした、18世紀に隆盛した思想を代表する一人であるから。
④ この人物が、人間心理の中の無意識に着目した、19世紀後半に登場した学問を代表する一人であるから。

問3 前の文章中の1905年に定められたフランスの法律と類似する原則は、他の地域や時代においても見られた。そのような事例について述べた文として最も適当なものを、次の①～④のうちから一つ選べ。

① イングランドで、国王至上法が定められた。
② ムスタファ＝ケマルが、カリフ制を廃止した。
③ インドで、ベンガル分割令が出された。
④ アルタン＝ハンが、チベット仏教に帰依した。

問1 [答] ②

資料2は、2行目に「アウクスブルク信仰告白」とあり、3行目以降に「多くの自由都市と帝国都市において、旧教とルター派が以前から行われているので、今後もそのことはこれらの都市において維持されるべきである」とあることから、アウクスブルクの和議の内容が確認された1648年の**ウェストファリア条約**である。**資料3**は、3行目に「本条約……に基づき、ヴァチカン市国が創出される」とあることから、1929年にイタリアのムッソリーニ政府とローマ教皇庁が結んだ**ラテラノ(ラテラン)条約**である。ナポレオンは19世紀初めに教皇との間に**宗教協約**を結んでいるので、正しい配列は②である。

問2 [答] ③

下線部ⓑに「『哲学書簡』の著者として知られる人物」とあることから、この人物はフランスの啓蒙思想家**ヴォルテール**である。啓蒙思想は18世紀に特にフランスでさかんとなった、無知・偏見からの理性による解放を唱えたものであり、③が最も適当である。①はスコラ学で、トマス＝アクィナスによって大成されたので不適当。②はイスラーム神秘主義(スーフィズム)についての説明なので不適当。④は精神分析学で、フロイトによって創始されたので不適当。

問3 [答] ②

②**ムスタファ＝ケマル**は、トルコ共和国成立後の1924年にイスラーム教の宗教的権威であったカリフを廃止し、トルコの政教分離を進めたので、これが正答。

27 産業革命とアメリカ合衆国の独立

17C	18C	1775	1783
13植民地の形成（ヴァージニア、ニューヨークなど） → イギリスとの対立（印紙法・茶法）		独立戦争開始	パリ条約・アメリカ合衆国独立

1 産業革命

✤イギリスで産業革命が起こった背景

産業革命とは、生産の機械化・動力化による農業社会から工業社会への転換のことであり、イギリスで開始された。その要因としては①奴隷貿易などによる**資本の蓄積**、②植民地戦争での勝利による**国外市場の獲得**、③**労働力の確保**（第２次囲い込みによって発生した**失地農が工業労働者となる**）、④鉄・石炭などの**資源の存在**、⑤**営業の自由の保障（革命による規制・特権の廃止）**などがあげられる。

✤産業革命の展開

木綿工業(18C)：背景…インド産綿布の人気、アフリカ向け需要の増大		動力など	
		1709	ダービー：**コークス製鉄法** →製鉄燃料が木炭から**石炭**へ
		1712	ニューコメン：蒸気機関の実用化
1733	ジョン=ケイ：**飛び杼（梭）**		
1764頃	ハーグリーヴズ ・**多軸（ジェニー）紡績機**		
1769	アークライト：**水力紡績機**	1769	ワット：**蒸気機関**の改良
1779	クロンプトン：**ミュール紡績機**	1781	ワット：**蒸気機関**の往復運動を円運動に転換→様々な機械に応用
1785	カートライト：**力織機**		
1793	ホイットニー：綿繰り機		

○**交通革命**：蒸気船・鉄道の発達→世界各地を結合、「世界の一体化」を急速に促進

- フルトン：**蒸気船**製造(1807)→初の大西洋横断(1819)
- スティーヴンソン：**蒸気機関車の実用化**(1825)
  →試験走行成功(1825)：ストックトン・ダーリントン間
  →初の営業鉄道(1830)：マンチェスター・リヴァプール間

✤産業革命の影響

①**機械制工場の成立**：産業資本家台頭…議会に進出

②**資本主義体制の確立**：資本家が労働者を雇用→利潤拡大を目的に生産活動を展開

③労働問題・社会問題：**熟練労働者の失業、女性・児童労働、低賃金・長時間労働**

- 労働者階級（プロレタリアート）発生
  →資本家（ブルジョワジー）と対立
  →ラダイト運動（機械打ちこわし運動、1810年代）
- 工場法の成立：（ロバート＝）オーウェンらの尽力

④大都市の成立

- マンチェスター（木綿工業）、バーミンガム（製鉄・機械工業）、リヴァプール（貿易港）
  新たな社会問題の発生（住宅問題・衛生問題〔コレラなど〕）

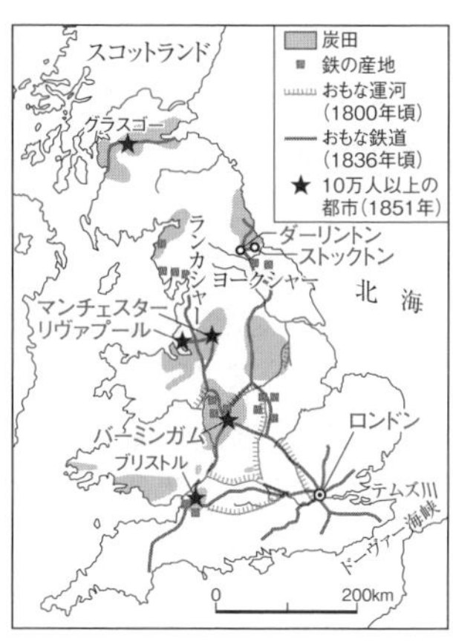

産業革命期のイギリス

2 アメリカ合衆国の独立 ★★☆

✤13植民地の形成（イギリス領植民地）

植民地時代のアメリカ東部（1750年頃）

○ヴァージニア（1607）

- 13植民地の最初の植民地

○ニューイングランド植民地

- 13植民地の北部。**ピューリタンが多く入植**
- **ピルグリム＝ファーザーズ**
  →メイフラワー号でプリマスに上陸（1620）したピューリタンの一団

○ニューヨーク（1664）

- オランダからニューネーデルラント植民地を奪って改称→中心都市ニューアムステルダムもニューヨークに改称

○13植民地の特徴

- 産業：〈北部〉自営農業・商業・漁業・海運業
  〈南部〉プランテーションでタバコなどを栽培（黒人奴隷使用）
- 自治が発達：植民地議会の設置

✤イギリス本国との対立〜アメリカ合衆国の成立

イギリスは七年戦争後に財政難に陥った結果、13植民地に対する重商主義政策・課税政策を強化した。1765年に出された**印紙法**は、13植民地の書類・刊行物等に印紙を貼ることを義務づけ課税する政策であったが、これに対して13植民地側が**「代表なくして課税なし」**（本国議会に植民地側は議席をもたないため、課税は不当）と反発した結果、翌年廃止された。そして、1773年にイギリス東インド会社に茶の販売独占権を与える**茶法**が出されると、これに反発した人々は、停泊していたイギリス東インド会社の船を襲撃して茶を海に投棄した（**ボストン茶会事件**）。これに対しイギリス側は、ボストン港閉鎖などの制裁措置を加えたが、植民地側はペンシルヴェニア植民地の**フィラデルフィア**で**第1回大陸会議**を開催し、本国との通商断絶を決議するなど植民地側の団結を確認した。

1775年、**レキシントン・コンコードの戦い**からイギリスに対する**アメリカ独立戦争**(1775〜83)が勃発した。植民地側は第2回大陸会議を開催し、**ワシントン**を総司令官に任命した。翌1776年に**トマス＝ペイン**が著書**『コモン＝センス』**の中で専制政治を批判し、独立の必要性を主張すると、独立の気運は高揚した。また、同年に**（トマス＝）ジェファソン**らによって**独立宣言**が起草された。**この宣言はイギリスのロックの思想的影響を受け、基本的人権（生命・自由・幸福の追求）や社会契約説、抵抗権など、近代民主主義の原理を提示した**。

植民地側は開戦当初は苦戦したが、戦況はしだいに好転し、駐仏大使**フランクリン**の活躍によって**フランスが植民地側で参戦**し、次いで**スペインも植民地側で参戦**した。また、植民地側に義勇兵も参戦した［☞p.211 ツボ③］。このような状況下で、イギリスが植民地側に対して海上封鎖を行うと、これに反発し中立国の航行の自由などを主張したロシアのエカチェリーナ2世の提唱によって、イギリスと対抗関係にあったヨーロッパ各国が**武装中立同盟**を結成し、イギリス海軍の動きを制約して間接的に植民地側を援護した。そして、1781年の**ヨークタウンの戦い**(1781)でアメリカ・フランス連合軍がイギリス軍に勝利し、独立戦争は実質的に終了した。その後、1783年の**パリ条約**(1783)によって、イギリスは**アメリカ合衆国**の独立を承認し、**ミシシッピ川以東のルイジアナ**を合衆国に割譲した。

1787年、**憲法制定会議**が**フィラデルフィア**で開催され、世界初の近代的成文憲法である**アメリカ合衆国憲法**が制定された。**この憲法では、三権分立・人民主権・大統領制などが規定されており**、また**徴税権、通商規制権をもつなどアメリカ連邦（中央）政府の権限が強化された一方、各州に大幅な自治を認める連邦主義が採用された**。しかし、先住民や黒人奴隷の権利は無視された。

1789年、**ワシントン**(任1789〜97)が初代大統領に就任し、**フランス革命とそれにともなうヨーロッパの戦争に対して中立を保った**。また、当時合衆国内部は中央政府の権限強化を主張する**連邦派**と、州政府の権限強化を主張する**（トマス＝）ジェファソン**が指導する**反連邦派（州権派）**に分裂していた。

ここが共通テストのツボだ!!

ツボ 1 2つの囲い込みの違いに注意！

○囲い込み（エンクロージャー）

- イギリスで行われた土地の囲い込み運動→**土地を失う農民の増加**

	時期	目的	背景
第1次囲い込み	15C末～17C半ば	**牧羊業**	**毛織物**市場の拡大
第2次囲い込み	18C～19C	**穀物の増産**	**農業革命**で成立した新農法導入のための広い土地の需要の高まり

ツボ 2 産業革命中の出来事と世紀は結びつけておこう

- 18世紀　：木綿工業の発展
  燃料が木炭から**石炭**に（ダービーのコークス製鉄法）
  蒸気機関の実用化（ニューコメン）・改良（ワット）
- 19世紀前半：**交通革命**…**蒸気船**（フルトン）
  蒸気機関車の実用化（スティーヴンソン）

産業革命では、もちろん誰が何を発明・改良・実用化したのかを覚えておかなければいけないが、いつのことであるか（世紀）とも結びつけておきたい。木綿工業に関する発明、石炭（コークス）、蒸気機関に関するものは18世紀、蒸気船・蒸気機関車など交通に関するものは19世紀前半と覚えておこう。

ツボ 3 アメリカ独立戦争で植民地側を支援した国家・義勇兵

- 国家：フランス・スペイン…参戦
  武装中立同盟（ロシアのエカチェリーナ2世が提唱）
- 義勇兵として参加：ラ＝ファイエット（フランス）
  コシューシコ（コシチューシコ）（ポーランド）

アメリカ独立戦争に関しては、イギリス側についた国家・義勇兵はなかったと考えてOKだ！

チャレンジテスト（大学入学共通テスト実戦演習）

次の文章を読み、後の問いに答えよ。（2023年共テ本試B〈改〉）

世界史の授業で、先生と生徒たちが歴史統計を見ながら会話をしている。

先生：今回の授業では、歴史統計から世界史上の出来事について考えてみましょう。取り上げるのは、産業革命です。ⓐ世界初の産業革命は、イギリスで起こりました。次の**表1・2**は1600年から1801年にかけてのイングランドの人口統計です。これらを見て、どのようなことに気付きましたか。

表1　イングランドの都市人口比率　（単位：1000人）

年	1600	1670	1700	1750	1801
イングランド総人口	4110	4980	5060	5770	8660
都市人口合計	335	680	850	1215	2380
都市人口比率（%）	8.25	13.50	17.00	21.00	27.50

（注）都市人口比率の数値は、原典の数値及び算出方法による。

表2　イングランドの農村農業人口比率（単位：1000人）

年	1600	1670	1700	1750	1801
イングランド総人口	4110	4980	5060	5770	8660
農村農業人口	2870	3010	2780	2640	3140
農村非農業人口	900	1290	1430	1910	3140
農村農業人口100人当たりの総人口（人）	143	165	182	219	276

（表1・2ともE.A.Wrigley, People, Cities and Wealthより作成）

高橋：まず、**表1**を見ると、イングランドの総人口は、18世紀後半に急速に増加しています。そして、都市人口も増えています。この前の授業で、マンチェスターやリヴァプールなどの都市が発展したと学びました。

松山：**表2**を見ると、都市人口だけではなく、農村に住んでいながら農業に従事していない人口も増えていますよね。

先生：二人ともそのとおりです。**表1・2**の検討をさらに進めましょう。それでは、こうした変化の背景として、当時、何が起こっていたのだと考えられますか。

高橋：18世紀後半の時期について、［　ア　］ことが読み取れます。それは、当時のイギリスにおいて、［　イ　］ことで、食料の供給が安定していたためだと考えられないでしょうか。

先生：そのとおりです。人口統計には、社会や経済の大きな変化が表れているのです。

問1 文章中の空欄 ア と イ に入れる文の組合せとして正しいものを、次の①～④のうちから一つ選べ。

① **ア**－**表1**を見ると、都市人口比率が上昇している
　イ－土地が囲い込まれ(第2次囲い込み)、新農法が導入された
② **ア**－**表1**を見ると、都市人口比率が減少している
　イ－鉄道建設が進み、全国的に鉄道の輸送網が完成した
③ **ア**－**表2**を見ると、農村農業人口100人当たりの総人口が上昇している
　イ－農業調整法(AAA)が制定され、農産物の生産量が調整された
④ **ア**－**表2**を見ると、農村農業人口100人当たりの総人口が減少している
　イ－穀物法の廃止により、穀物輸入が自由化された

問2 下線部ⓐについて述べた文として最も適当なものを、次の①～④のうちから一つ選べ。

① 大西洋の三角貿易を通じて、綿製品、茶、アヘンが取引された。
② ダービーによって開発された、コークスを使用する製鉄法が利用された。
③ 選挙権の拡大を目指して、ラダイト運動(機械打ちこわし運動)が発生した。
④ 1833年の工場法の制定によって、大気や水の汚染問題の改善が図られた。

問1 [答] ①

①**ア.** **表1**をみると、1750年から1801年にかけて都市人口比率は上昇している。**イ.** 18～19世紀にかけて**第2次囲い込み**が行われ、新農法が導入されている。よってこれが正答。②**ア.** 都市人口比率は減少ではなく上昇している。**イ.** イギリスで**蒸気機関車**が実用化されたのは19世紀のことであり、18世紀後半に全国的に鉄道の輸送網が完成することはない。③**ア.** **表2**をみると1750年から1801年にかけて、農村農業人口100人当たりの総人口は増加している。**イ.** 農業調整法(AAA)は、世界恐慌期のアメリカで制定されたものであるため誤り。④**ア.** **表2**をみると、農村農業人口100人当たりの総人口は増加しているため誤り。**イ.** 穀物法は19世紀半ばに廃止されたので誤り。

問2 [答] ②

②18世紀初め、ダービーによってコークス製鉄法が開発され、製鉄燃料は木炭から石炭に代えられていった。①綿製品、茶、アヘンが取引されたのは、19世紀のインド、中国、イギリスで行われた**三角貿易**でのことなので不適当。③選挙権の拡大を目指して行われたのは、ラダイト運動ではなく**チャーティスト運動**なので不適当。④工場法の制定によって、大気や水の汚染問題の改善ではなく労働者の労働条件の改善が図られたので不適当。

28 フランス革命とナポレオン

年	1789	1791	1792	1795	1799	1804
	全国三部会→国民議会	立法議会	国民公会	総裁政府	統領政府	ナポレオン即位→失脚
	フランス革命開始			テルミドールの反動(1794)	ブリュメール18日のクーデタ	
	ブルボン朝		第一共和政			第一帝政

1 フランス革命

✤フランス革命の背景

革命前のフランス社会は**旧体制(アンシャン=レジーム)**と呼ばれる。**第一身分**の聖職者や**第二身分**の貴族は**特権身分**と呼ばれて**免税などの特権をもち**、税の大半は人口の約9割以上を占める**第三身分**の平民が担っていた。平民の中にも格差があり、富裕な**ブルジョワ(市民)**階層が存在する一方で貧しい都市民・農民がいたが、いずれも特権身分に対する不満を高めていた。当時のフランスの財政は、長期の戦争で赤字となっており、**ルイ16世**(位1774~92)は重農主義者の**テュルゴ**や銀行家の**ネッケル**を起用し、**特権身分への課税などによる財政改革を試みたが、特権身分の抵抗によって失敗に終わった。**

✤全国三部会～国民議会

財政難に苦しむフランス国王は、特権身分への課税の承認を求めて、17世紀前半以来招集されていなかった**全国三部会**を1789年にヴェルサイユで開催した。その頃聖職者・政治家の**シェイエス**は、『**第三身分とは何か**』を刊行し、第三身分こそがすべてであると主張して反響を呼んだ。全国三部会では、議決方法をめぐって特権身分代表と第三身分代表が対立し、第三身分代表と特権身分代表の一部が三部会を離脱し、自分たちが真の国民代表であるとして**国民議会**(1789~91)を形成し、憲法制定まで解散しないことを誓った(**球戯場〔テニスコート〕の誓い**)。国民議会が国王に憲法起草を求めると、国王がこれを弾圧しようとしたため、パリ民衆は、7月14日に圧政の象徴とされていた**バスティーユ牢獄**を襲撃した。**これを機にフランス革命が始まり、各地では農民が蜂起し、貴族の屋敷を襲撃した。**

この事態を沈静化するため、翌月議会は**封建的特権の廃止**を宣言し、次いで議会は**人権宣言(「人間および市民の権利の宣言」)**を採択した[☞p.217 ツボ]。そして10月にはパンを求めるパリの女性たちが**ヴェルサイユ行進**を行い、国王一家をパリに連行した。

国民議会は様々な政策を打ち出し[☞p.217 ツボ]、**ミラボー**や**ラ=ファイエット**ら自由主義貴族を中心に立憲君主政の憲法が制定された(**1791年憲法**)。しかし、**この憲法は財産による制限選挙制を定め、また女性に選挙権を認めない**ものであった。また、この憲法制定の直前に、国王一家がオーストリアに亡命を試みて失敗する事件が起こり(**ヴァレンヌ逃亡事件**)、国王の権威は失墜した。

✤立法議会〜国民公会

1791年憲法に基づき、制限選挙制によって同年10月に成立した立法議会(1791〜92)では、立憲君主派の**フイヤン派**と穏健共和派の**ジロンド派**が対立し、翌年にはジロンド派内閣が成立し、**オーストリアに宣戦して対外戦争を開始した**。しかし、フランス軍は劣勢に陥り(おちい)、オーストリア・プロイセン軍がフランスに侵入した。この危機にフランス人の愛国心が高まり、全国から**義勇兵**(ぎゆうへい)がパリに集結したが、彼らは、敵国との密通が疑われていた国王をパリの下層民衆(**サンキュロット**)とともに襲撃して捕らえた(**8月10日事件**)。この結果、立法議会は王権を停止して解散し、**男性普通選挙による国民公会**(1792〜95)**が成立し、共和政の成立が宣言された**(**第一共和政**(1792〜1804))。国民公会では、急進共和派の**ジャコバン派(山岳派)**がジロンド派よりも優勢となり、1793年1月、**ルイ16世を処刑**した。国王処刑の影響波及を恐れたイギリス首相**ピット**は、ロシアなどとともに**第1回対仏大同盟**(1793〜97)を結成した。これに対抗するため国民公会は徴兵制を実施したが、反発する農民らによる**ヴァンデーの反乱**(1793〜95)が起こった。

このような危機の中、国民公会内ではジャコバン派が実権を握り[☞p.217 ツボ]、ジャコバン派の**ロベスピエール**は、公安委員会に権力を集中させ、王妃であったマリ=アントワネットや革命反対勢力を次々に捕らえて処刑する**恐怖政治**を展開した。しかし、恐怖政治はジャコバン派を孤立させ、1794年にロベスピエールらは穏健共和派などによって逮捕・処刑され(**テルミドールの反動**(1794))、恐怖政治は終了した。

2 フランス革命末期の展開とナポレオン 

✤総裁政府〜統領政府

1795年、穏健共和派によって**1795年憲法**が制定され、制限選挙制に基づく議会と5人総裁制の**総裁政府**(1795〜99)が成立した。しかし、王党派の反乱や私有財産制の廃止を主張する**バブーフ**の陰謀事件などで政局は安定せず、人々は社会の安定を求めた。このような状況下で登場したのが、**ナポレオン=ボナパルト**であった。彼は、**イタリア遠征**(1796〜97)に勝利して第1回対仏大同盟を崩壊させ、次いで**イギリスとインドの連絡路を断つためエジプト遠征**(1798〜99)を行った。しかし、エジプト遠征中にイギリスを中心に**第2回対仏大同盟**(1799〜1802)が結成されて、再びフランスに危機が訪れたため急遽(きゅうきょ)帰国し、**ブリュメール18日のクーデタ**(1799)で総裁政府を倒して3人の統領からなる**統領政府**(1799〜1804)を発足させ、自ら**第一統領**の座につき事実上の独裁権を握った。ナポレオンは、革命中にフランスと対立していたローマ教皇と1801年に**政教(宗教)協約(コンコルダート)**(1801)を結んで和解し、翌年にイギリスと**アミアンの和約**(1802)を結んで、第2回対仏大同盟を解消させた。1804年には**ナポレオン法典(フランス民法典)**を制定して人権宣言の理想を法制化し、権利の平等、所有権の保障などフランス革命の成果を定着させた。

✤第一帝政〜百日天下

1804年、ナポレオンは国民投票によってナポレオン1世(位1804〜14、15)**として皇帝に即位した**

(**第一帝政**(1804~14(15)))。これに対しイギリスが**第3回対仏大同盟**(1805)を結成すると、ナポレオンはイギリス本土侵攻を企てたが、**トラファルガーの海戦**(1805)でネルソンに敗れた。しかし同年**アウステルリッツの戦い**(1805)でオーストリア・ロシア連合軍を破って第3回対仏大同盟を崩壊させ、翌年神聖ローマ帝国の領邦の大半に**ライン同盟**(1806~13)を結成させて、西南ドイツを支配下におき、**神聖ローマ帝国**(962~1806)を消滅させた。次いでプロイセンに勝利してティルジット条約(1807)を結び、プロイセンが領有していた旧ポーランド領に**ワルシャワ大公国**を建てて支配下におき、さらにスペインを従属国にした。また大陸諸国にイギリスとの貿易を禁じる**大陸封鎖令**(1806)(ふうさ)を発し、フランスによる大陸市場の独占を図った。

しかし**フランスによる支配は各国の不満を高め、ナショナリズムを芽生えさせた**。スペインではフランスに対する抵抗が起こり(**スペイン反乱**(1808~14))、プロイセンでは**シュタイン**や**ハルデンベルク**が行政改革・農奴解放などを行い、**フィヒテ**は連続講演**「ドイツ国民に告ぐ」**で国民意識を高めようとした。また、**大陸封鎖令はイギリスへの農作物輸出が禁じられたヨーロッパ諸国を苦しめ**、ロシアは大陸封鎖令を破ってイギリスとの貿易を再開した。ナポレオンは制裁のため**ロシア遠征**(1812)を行ったが大敗し、これを機に各国が反フランスに転じ、ナポレオンは**解放戦争(ライプツィヒの戦い、諸国民戦争)**(1813~14)に敗れて**エルバ島**に流された。その後、フランスではブルボン朝が復活したが、国民の多くはフランスが革命前の社会に戻ることに反発し、戦後処理のために開かれた**ウィーン会議**は諸国の対立により難航した。この情勢をみたナポレオンはフランスに戻り、再び皇帝に即位した(**百日天下**)が、イギリスなどとの**ワーテルローの戦い**(1815)に敗れ、南大西洋の**セントヘレナ島**に流刑となった。

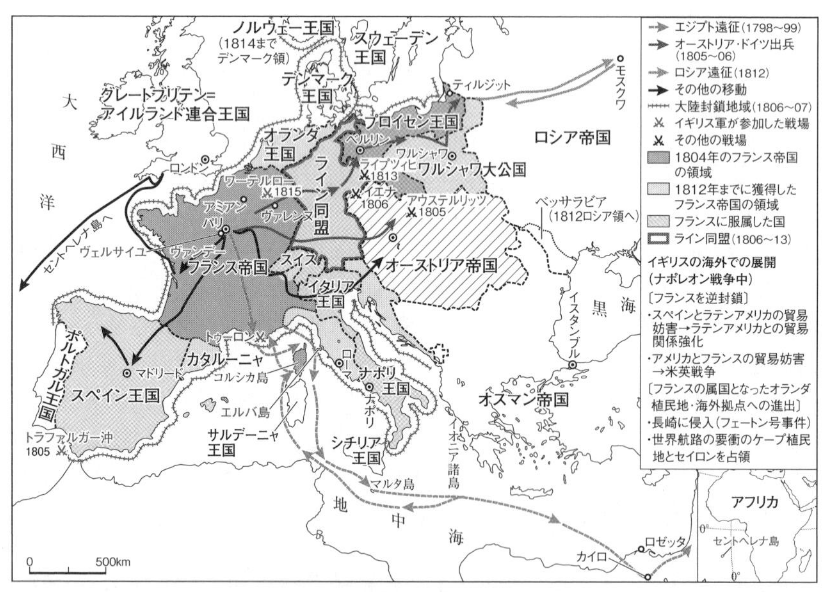

ナポレオン戦争

ここが共通テストのツボだ!!

ツボ フランス革命期の議会の政策・移り変わりを整理する！

◆**全国三部会**（1789.5開催）：ヴェルサイユで開会
- 議決方法で対立：〈特権身分〉身分別議決法　〈第三身分〉個人別票決

〜第三身分代表が三部会から離脱

◆**国民議会**（1789.6〜91.9）：指導者…自由主義貴族（**ミラボー**、**ラ＝ファイエット**ら）
- 封建的特権の廃止：**領主裁判権や賦役（ふえき）、教会への十分の一税の無償廃止**
  地代は有償廃止
- 人権宣言（「人間および市民の権利の宣言」）：ラ＝ファイエットらが起草
  →**すべての人間の自由と権利における平等、国民主権、私有財産の不可侵などの革命の理念を表明**
- **教会財産の没収（国有化）**、ギルドの廃止、**度量衡（どりょうこう）の統一（メートル法）**
- 1791年憲法：**立憲君主政・一院制**
  制限選挙制（納税額による制限）、女性に選挙権を認めず

〜1791年憲法に基づく制限選挙

◆**立法議会**（1791.10〜92.9）
- 対外戦争を開始：**ジロンド派内閣がオーストリアに宣戦**

〜**8月10日事件**：**義勇兵**・**サンキュロット**（下層民衆）が国王**ルイ16世**を襲撃
　→王権停止→男性普通選挙

◆**国民公会**（1792.9〜95.10）
- **ジャコバン派（山岳派）**の政策
  ①**1793年憲法**制定：**男性普通選挙制**　**※施行されず**
  ②**封建地代の無償廃止**
  - 多数の小土地所有者が発生→小土地所有農民の保守化…革命進行に反対

  ③**最高価格令**：物価統制→ブルジョワジーらが反発
  ④**革命暦**の採用：グレゴリウス暦廃止

〜**テルミドールの反動**：ロベスピエールが逮捕・処刑→恐怖政治終了
- **1795年憲法**：制限選挙制・二院制
- 「ラ＝マルセイエーズ」がフランス国歌に　※19世紀後半に正式に国歌となる

◆**総裁政府**（1795.10〜99.11）：1795年憲法に基づいて成立

フランス革命では、どの議会で何が行われたのか、議会がどのように移り変わったのかを理解しておくことが最重要！　必ず押さえておこう！

チャレンジテスト（大学入学共通テスト実戦演習）

次の文章は、歴史家マルク＝ブロックが著した『歴史のための弁明ー歴史家の仕事』の一節である。ブロックは、自分の村の歴史を書きたいという研究者の訪問を受けた際、そのような研究者にいつもどのように助言するかを、次のように述べている。（引用文には、省略したり、改めたりしたところがある。）これを読み、後の問いに答えよ。　（2021年共テB第1日程）

農村共同体が文書資料を保有しているのは、珍しいことです。あったとしても、それは古い時代のものではありません。反対に領主所領は、比較的よく組織され継続性もありますから、概して文書資料を長く保存しています。それゆえ、1789年以前の、非常に古い時代に関して、あなたがその利用を期待できる主な文書資料は、領主所領からもたらされるでしょう。

とすれば、次にあなたがはっきりさせるべき肝心な最初の問題は、1789年当時、村の領主は何者であったか、ということになります。三つの可能性が考えられます。まず、領主の所領が教会に属していた場合。次に、革命下に亡命した俗人に属していた場合。そして、俗人だけれども、反対に決して亡命しなかった者に属していた場合です。

最も望ましいのは、第1の場合です。資料がより良い状態で、まとまって長く保管されている可能性が高いだけではありません。1790年以降、聖職者市民法の適用によって、一連の文書は領地と同様に、没収されたに違いないでしょう。その後どこかの公文書保管所に預けられた資料は、今日までほとんど手つかずのまま、研究者が利用できる形で保存されていることが合理的に期待できます。

亡命した者に属していたという第2の場合も、悪くありません。その場合もまた、資料は押収され、別の場所に保管されたに違いありません。せいぜい、嫌われた体制の遺物として、意図的に破壊されたことが危惧される程度でしょう。

残るは最後の可能性です。これは、極めて厄介です。実際、旧貴族たちはフランスを去らなかったし、公安委員会が定めた法によって咎（とが）められることもなかったので、彼らが財産を奪われることはなかったのです。恐らく領主の権利は失ったでしょう。それは普遍的に廃止されたのですから。しかし個人的な所有物の全部、したがって経済活動関連の書類については、彼らは保有し続けました。ただ、現在の保持者にはあなたにそれを見せる義務は全くないのです。

問1 上の文章中で、ブロックが、訪問した研究者に助言する際に、前提としたと思われる歴史上の出来事あ・いと、文書資料についてのブロックの説明X～Zとの組合せとして正しいものを、後の①～⑥のうちから一つ選べ。

前提としたと思われる歴史上の出来事

あ　国民議会が、教会財産を没収（国有化）した。

い　総裁政府が共和政の成立を宣言し、国王が処刑された。

文書資料についてのブロックの説明

X　村の歴史を書くために利用できる主な資料は、村の領主の資料ではなく、農村共同体の資料である。

Y　資料がよりよく保管されている可能性があるのは、村を支配していた領主が教会である場合ではなく、俗人である場合である。

Z　研究者が利用できる形で資料が保管されている可能性がより高いのは、村を支配していた俗人領主が、亡命しなかった場合ではなく、亡命した場合である。

①　あ－X　　②　あ－Y　　③　あ－Z
④　い－X　　⑤　い－Y　　⑥　い－Z

問2　前の文章中で、ブロックが言う「嫌われた体制」の特徴について述べた文として最も適当なものを、次の①～④のうちから一つ選べ。

①　産業資本家の社会的地位が高かった。
②　征服された先住民が、ヘイロータイとされた。
③　強制栽培制度が実施されていた。
④　貴族が、第二身分とされていた。

問1　[答]　③

③**あ．国民議会**は、教会財産の没収（国有化）やギルドの廃止、度量衡の統一（メートル法）などを行った。**い．**総裁政府ではなく**国民公会**が、共和政の成立を宣言し、国王ルイ16世を処刑した。X．文章の1段落目から誤文と判断できる。Y．文章の3段落目から誤文と判断できる。Z．文章の4・5段落目から正文と判断できる。したがって正答は③**あ－Z**である。

問2　[答]　④

文章中に、「1789年」「フランス」とあるため、この頃のフランスの体制である**旧制度（アンシャン＝レジーム）**を想起すれば、④が正答と判断できる。①18世紀～19世紀のイギリスのことなので不適当。②ヘイロータイは、スパルタに支配された隷属農民なので不適当。③強制栽培制度は、19世紀前半にオランダ支配下のジャワ島で施行されたので不適当。

29 ウィーン体制とフランス政治体制の変遷

年	1815	1830	1848	1852	1871(70)
	ウィーン体制 ………		崩壊…「諸国民の春」		
		七月革命	二月革命	ナポレオン3世の皇帝即位	ナポレオン3世失脚
	ブルボン朝復活(1814)	七月王政	第二共和政	第二帝政	第三共和政

1 ウィーン体制の成立

✤ウィーン会議

1814～15年、オーストリア外相(のちに宰相)の**メッテルニヒ**は、フランス革命とナポレオン戦争後の秩序回復を目的に**ウィーン会議**を開催した。ウィーン会議にはオスマン帝国を除くすべてのヨーロッパ諸国が参加し、フランスの**タレーラン**が提唱した、フランス革命前の主権・秩序・領土を正統とし、その状態に戻そうという**正統主義**と、大国の力の均衡を図り、革命・戦争の再発を防止しようとする**勢力均衡**が基本原則とされた。会議は、各国の利害が対立して進展せず「会議は踊る、されど進まず」と風刺されたが、1815年に**ナポレオン**が流刑先の**エルバ島**から脱出してフランス皇帝に再び即位すると、その危機感からヨーロッパ諸国は**ウィーン議定書**に調印した。

○ウィーン議定書(ウィーン条約)

- フランス・スペイン・ナポリ(両シチリア王国):**ブルボン朝**の復活
- ロシア:**ポーランド王国**の王位を皇帝が兼任
フィンランド(←スウェーデン)・ベッサラビア(←オスマン帝国)を獲得
- ドイツ:**ドイツ連邦**形成(35君主国と4自由市、オーストリアが盟主)
- プロイセン:**ラインラント**を獲得
- オーストリア:**ロンバルディア**・**ヴェネツィア**獲得。**南ネーデルラント**放棄
- オランダ:オランダ王国となる　**南ネーデルラント**(←オーストリア)を獲得
- イギリス:**ケープ植民地**・**セイロン島**(←オランダ)・マルタ島獲得
- スイス:**永世中立国に**

✤ウィーン体制

ウィーン会議によって成立した新たなヨーロッパの国際秩序をウィーン体制という。ウィーン体制は**自由主義・ナショナリズム(国民主義・民族主義)に対する保守反動体制という性格**をもっており、**大国間の協調によって革命・戦争の再発防止がめざされた**。また、ウィーン体制の強化を図るため、ロシアの**アレクサンドル1世**の提唱によって、キリスト教の正義・友愛の精神に基づく君主間の盟約である**神聖同盟**(イギリス・オスマン帝国・ローマ教皇は不参加)と、イギリスの提唱によって、英・墺・普・露による**四国同盟**(のち、フランスの参加によって**五国同盟**に)が成立した。

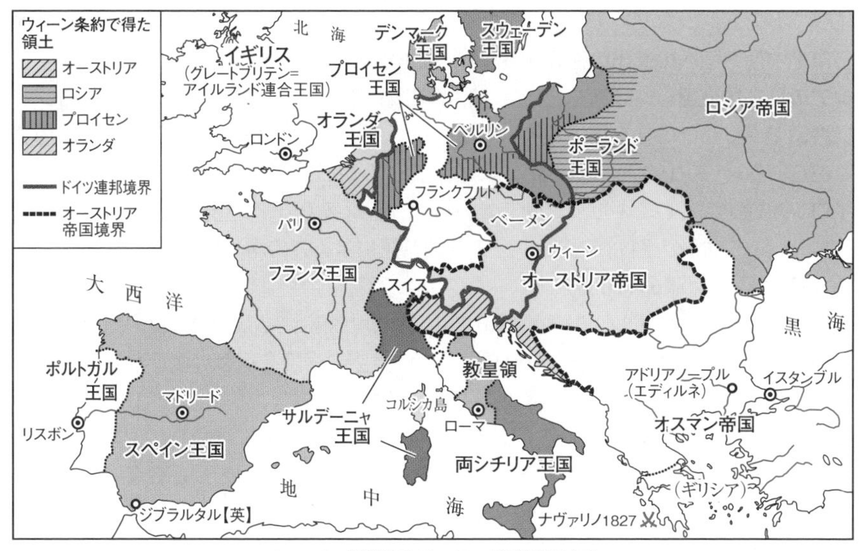

ウィーン会議後のヨーロッパ（1815年）

✤自由主義・ナショナリズムの運動（1810～20年代）

保守反動体制のウィーン体制に対し、ヨーロッパ各地で自由主義・ナショナリズム運動が起こったが、1810～20年代の運動はいずれも鎮圧された。

○1810～20年代の自由主義・ナショナリズム運動

- ドイツ　：**ブルシェンシャフト**（ドイツ学生同盟）の運動→オーストリアのメッテルニヒが弾圧
- イタリア：**カルボナリ（炭焼党）**の反乱→オーストリア軍が鎮圧
- スペイン：**スペイン立憲革命**…ブルボン朝の専制に反対→フランス軍が鎮圧
- ロシア　：**デカブリスト（十二月党員）の乱**（1825）
  自由主義的な青年貴族将校の反乱→ロシアの皇帝**ニコライ１世**が鎮圧

2　ウィーン体制の動揺・崩壊とフランス七月革命・二月革命 ★★★

✤ラテンアメリカ諸国の独立　［☞p.224 ツボ❶］

アメリカ独立革命・フランス革命の影響を受けて、また、ナポレオン戦争中の本国の混乱を背景にラテンアメリカ諸国が独立運動を開始した。メッテルニヒは独立運動に干渉しようとしたが、ラテンアメリカの市場化を目的としてイギリス外相**カニング**が独立運動を支援し、アメリカ大統領**モンロー**がヨーロッパ大陸と南北アメリカ大陸の相互不干渉を宣言（**モンロー宣言〔教書〕**、1823）したため、干渉は挫折した。

✤ギリシア独立戦争（1821～29）

1821年、ギリシアがオスマン帝国に対し独立戦争を開始すると、オスマン帝国がエジプトの**ムハンマド＝アリー**とともに鎮圧を図った。これに対し、**バルカン半島から東地中海方面への進出の機会をうかがっていたロシア・イギリス・フランスはギリシアの独立を支援**し、オスマン帝国は戦いに敗れてギリシアの独立を承認し、**ロンドン会議**(1830)でギリシアの独立が国際的に承認された。これはウィーン体制下初の領土変更であり、ウィーン体制は動揺した。また、この戦争には、イギリスのロマン派詩人**バイロン**が義勇兵(ぎゆうへい)としてギリシア側で参戦し、フランスのロマン主義画家**ドラクロワ**は「キオス島（シオ）の虐殺(ぎゃくさつ)」を描き、オスマン帝国によるこの虐殺を非難した。

✤フランス七月革命（1830）

フランスでは、ナポレオン失脚後に**ブルボン朝**が復活し、**ルイ18世**(位1814〜24)のもと立憲君主政が行われた。続く王**シャルル10世**(位1824〜30)が亡命貴族の保護を行うなど反動政治を強行したことに対しフランス国民は反発した。この事態に際し、シャルル10世は国民の関心を外に向けるために**アルジェリア出兵**(1830)を行ったが、7月に行われた選挙で国王派が敗北して自由主義者が勝利した選挙を無効としたため、パリ市民が蜂起(ほうき)し、ここに**七月革命**(1830)が開始された。シャルル10世は亡命し、オルレアン公**ルイ＝フィリップ**がフランス王に即位して**七月王政**(1830〜48)が成立した。

✤七月革命（1830）の影響

- **ベルギー王国**独立宣言（1830、ブリュッセル蜂起）、翌年独立：オランダより
- **ポーランド蜂起**（1830〜31）：ロシアが鎮圧・直轄領に
- **イタリア蜂起**（1831）：**カルボナリ**の蜂起…鎮圧される
  →**「青年イタリア」**結成（**マッツィーニ**）
- イギリス：**第1回選挙法改正**（1832）
- ドイツ：**ドイツ関税同盟**発足（1834）

✤フランス二月革命（1848）

七月革命の結果、**ルイ＝フィリップ**(位1830〜48)が即位して成立した**七月王政**(1830〜48)は、**少数の銀行家などの大資本家を支持基盤とし、制限選挙を強行した**。1830年代以降、フランスでは産業革命が進展して中小資本家や労働者が台頭すると、彼らは政治参加を求めて「改革宴会」などの**選挙法改正運動**を行った。これに対し、ギゾー内閣が「改革宴会」を禁止するとパリ市民が蜂起し、**二月革命**(1848)が開始された。この結果、ギゾーが辞職してルイ＝フィリップは亡命し、**第二共和政**(1848〜52)が成立した。

✤フランス二月革命（1848）の影響

○**「諸国民の春」**（**1848年革命**）：各地で自由主義・ナショナリズム運動が高揚

①**三月革命**：**ウィーン三月革命**→**メッテルニヒ**亡命→**ウィーン体制**崩壊
　　　　　　ベルリン三月革命→自由主義内閣成立→崩壊

②**フランクフルト国民議会**（1848〜49）

- ドイツ諸邦の自由主義者が開催：ドイツ統一方式と憲法制定を討議
  →**大ドイツ主義**（オーストリア中心）・**小ドイツ主義**（プロイセン中心）の対立
  →**小ドイツ主義**勝利、憲法作成

→立憲君主政に基づく憲法にプロイセン王が反発し帝冠拒否…統一失敗

◎ **大ドイツ主義と小ドイツ主義**

- **大ドイツ主義**：オーストリアを中心に、ドイツ人居住地を統一
- **小ドイツ主義**：プロイセンを中心にオーストリアを除外してドイツを統一

③**ハンガリー民族運動**

- **コシュート**指導：ハンガリーの独立宣言→ロシア・オーストリア軍により鎮圧

④**ベーメン（ボヘミア・チェック人）民族運動**：オーストリア軍により鎮圧

⑤イタリア：**ローマ共和国**成立（1849）…**マッツィーニ**（**「青年イタリア」**）ら

→フランス軍（**ルイ＝ナポレオン**大統領）が鎮圧

⑥イギリス：**チャーティスト運動**の高揚

3 フランス第二共和政～第三共和政の成立 ★★☆

✤フランス第二共和政（1848～52）と第二帝政（1852～70）

1848年の二月革命後に成立した**臨時政府**では、ブルジョワ共和主義者と社会主義者が対立した。社会主義者の**ルイ＝ブラン**は、失業者に職を与える**国立作業場**設立を提唱したが、四月普通選挙で社会主義者は敗北し、国立作業場は閉鎖された。これに反発した社会主義者・労働者は暴動を起こしたが、鎮圧された（**六月蜂起**（ほうき））。そして、1848年12月に行われた大統領選挙では、ナポレオンの甥（おい）**ルイ＝ナポレオン**が当選した。

ルイ＝ナポレオンは、**1851年にクーデタを起こして武力で議会を解散して独裁体制を樹立し、翌1852年には国民投票で皇帝に即位し（ナポレオン3世（位1852～70））、第二帝政が成立した**。ナポレオン3世は中間層（特に農民）の支持を基礎に資本家・労働者の勢力均衡の上に権力を保持した。オスマンを知事に登用して行われたパリの都市改造による街並みは、2度のパリ万国博覧会（1855、67）の開催を通して国際社会から注目された。また、積極的に対外政策を行ったが、**メキシコ遠征（出兵）**（1861～67）に失敗して威信を失墜させ［☞p.224 ］、続く**ドイツ＝フランス（独仏）戦争（プロイセン＝フランス〔普仏〕戦争）**（1870～71）でのスダン（セダン）の戦いで敗北して退位した。

✤第三共和政（1871〈70〉～1940）の成立

ナポレオン3世退位後、フランスでは**第三共和政**（1871〈70〉～1940）が成立し、ドイツ＝フランス戦争を継続したが、1871年にパリが陥落した。ティエールを首班とした臨時政府はプロイセンと講和し、**アルザス・ロレーヌ**を割譲した。これに反発したパリの民衆によって、自治政府である**パリ＝コミューン**が成立した。これは世界最初の労働者による政権であり、臨時政府に対抗したが、ドイツの支援を得た臨時政府により鎮圧された。そして1875年には三権分立・二院制・大統領制を定めた**第三共和国憲法**が制定された。

ここが共通テストのツボだ!!

ツボ 1 ラテンアメリカ諸国の独立について押さえておきたいポイント

○**ラテンアメリカ諸国の独立運動**

- 背景：アメリカ独立革命・フランス革命の影響、ナポレオン戦争中の本国の混乱
- 指導層：**クリオーリョ**（植民地生まれの白人）が主体。**メスティーソ**（白人と先住民の混血）・**ムラート**（白人と黒人の混血）・インディオなどが協力

〈おもな指導者〉

①**トゥサン=ルヴェルチュール**：黒人

- **ハイチ**（仏領**サン=ドマング**）の独立運動指導→獄死（1803）→ハイチの独立（1804）

②（シモン=）**ボリバル**：大コロンビア共和国成立（1819）

- 大コロンビア共和国：**ベネズエラ**・**コロンビア**・エクアドル→解体（1830）
- ボリビアの独立運動指導

③**サン=マルティン**：アルゼンチン・**チリ**・ペルーの独立運動指導

④**イダルゴ**：メキシコの独立運動指導→逮捕・処刑（1811）→メキシコの独立（1821）

⑤その他：**ブラジル**（帝国〈1822～89、ポルトガル王家〉、1889年以降共和国）

○**独立後のラテンアメリカ**

- 政治：**クリオーリョ**による寡頭（かとう）支配が続く

・経済：**モノカルチャー**…単一もしくは少数の農産物や資源に頼る経済
農産物・鉱産物の輸出が中心。工業製品…ヨーロッパから輸入→経済的従属

ツボ 2 独立～20世紀初頭のメキシコ史の大事なポイント

①メキシコ内乱：大統領の自由主義的改革に反発した保守派が起こす
〈仏〉**ナポレオン3世の介入（メキシコ遠征（出兵）**、1861～67）→撤退

②**ディアス**（大統領、任1877～80、1884～1911）：クーデタで大統領に就任、独裁

③**メキシコ革命**（1910～17）

- **マデロ**（自由主義者）の蜂起→**ディアス**追放
  →マデロ、大統領に就任（任1911～13）：内政改革不徹底→失脚
- **サパタ**、**ビリャ**：農民派。メキシコ革命で活躍
- **メキシコ憲法制定**（1917）：民主的憲法

この時期のメキシコは、出てくる人物の順番をしっかり覚えること！

チャレンジテスト（大学入学共通テスト実戦演習）

1 次の文章を読み、後の問いに答えよ。　（2022年共テ追試A）

次の**資料**は、フランスの保守派知識人バンヴィルが、自国の対外関係について分析した1922年の日記の一部である。あるクラスで、この**資料**を基に授業が行われている。（引用文には、省略したり、改めたりしたところがある。）

資料

> これまでの仏英関係は、海と陸の両面から、次のようにまとめることができる。
> 海上における両国のライバル関係は、ずっと前にイギリスの明白な優位が確立して以来、終わりを迎えた。イギリスは海の支配者となった。同時にそのことは、植民地をめぐるライバル関係を収束させた。多くの植民地を有するこの2か国は、相互の所有物の均衡を保つことを保証しあったのである。
> 大陸について言えば、ⓐ特定の国がヨーロッパを支配すべきでないというのが、イギリスの基本方針である。1914年、中立国 ア が侵犯された後にイギリスが我々の味方として参戦したことは、まさにその基本方針にのっとったものであった。しかし全く同じ方針に基づいて、イギリスは1870年から1871年にかけて我々が敗北するのを黙って見ていた。ドイツの統一がヨーロッパの平和と安定の保証になると、イギリスは信じたのである。こうした先例に従えば、我々がヨーロッパの諸事件においてイギリスとの永続的な協力関係を期待することは困難である。

先生：**資料**にある「両国のライバル関係」の歴史について知っていることはありますか。
中島：北アメリカ大陸では、両国の間でプラッシーの戦いが起こりました。
城田：両国の相互不干渉を主張したモンロー宣言が出されたことも、両国のライバル関係を示す歴史だと思います。
土屋：東南アジアの植民地化が進む中で、この地域に進出した両国の勢力均衡を背景に、タイは独立を維持しました。こうした歴史も、両国の競争関係を表しています。

問1 三人の生徒（中島、城田、土屋）の発言の正誤について述べた文として最も適当なものを、次の①～④のうちから一つ選べ。

① 土屋さんのみ正しい。
② 中島さんと土屋さんの二人のみが正しい。
③ 三人とも正しい。
④ 三人とも誤っている。

問2 下線部ⓐと同様の考えに基づいて、ナポレオン戦争で混乱した秩序を再建するために開かれた国際会議やその会議を通じて成立した国際体制について述べた文として最も適当なものを、次の①～④のうちから一つ選べ。

① この会議は、プロイセン外相の主導の下で開催された。
② この国際体制の下で、ライン同盟が結成された。
③ この会議は、「会議は踊る、されど進まず」と風刺された。
④ この国際体制の下で、オーストリア、ロシア、スペイン、イギリス、フランスの間で五国同盟が結成された。

2 次の資料は、エジプト出身のウラマーであるタフターウィーという人物が、1826年から1831年までパリに滞在した体験を基に著した作品の一部である。(引用文には、省略したり、改めたりしたところがある。)これを読み、後の問いに答えよ。 (2024年共テ本試A)

資料

このたび、王国の統治を受託するにあたり、新たに即位するルイ＝フィリップは、下院により定められた条件と形式の宣誓を受け入れなくてはならず、また、「[ア]」ではなく、「[イ]」の称号を用いることになる。この二つの称号の違いであるが、前者は、フランスが存在する限り、人々からのいかなる抵抗や反対をも受けることのない君主であり、王としての統治権を有し続けることを意味する。それ故、退位した前

1 **問1** [答] ①

土屋さんの発言は正しい。中島さんの発言にあるプラッシーの戦いは、北アメリカ大陸ではなくインドで行われたので、正しくない。城田さんの発言にあるモンロー宣言は、アメリカ合衆国大統領モンローによって出されたもので、英・仏ではなくアメリカとヨーロッパの不干渉を宣言したものであるため、正しくない。よって、土屋さんの発言だけが正しく、①が正答である。

問2 [答] ③

問いにある国際会議は**ウィーン会議**のことで、これにより成立したのがウィーン体制なので、③が正答。ウィーン会議は、各国の利害が対立して進展せず「会議は踊る、されど進まず」と風刺された。①ウィーン会議は、プロイセンではなくオーストリア外相**メッテルニヒ**の主導のもとで開催されたので、不適当。②ライン同盟は、ウィーン会議より前に**ナポレオン**が西南ドイツの領邦国家を従属的な同盟に編成したもので、これによって神聖ローマ帝国は崩壊したので、不適当。④スペインではなくプロイセンなので、不適当。

国王シャルル10世は前者の称号を用いていた。これに対して後者の称号は、彼を王にしたのは人々であるという大きな精神的な意味を、個々の人々に与えるものである。
　我々の国では、これら二つの表現は同義である。なぜなら、人々に選ばれた国王であることは、恩恵や恩寵（おんちょう）として全能の神――彼に称賛あれ――によって与えられることと両立するからである。例えば、我々にとっては「ペルシア人の王」と「ペルシアの王」の間に違いはない。

問 文章中の空欄 ア と イ に入れる語句と、資料で扱われている出来事やその影響について述べた文あ・いとの組合せとして正しいものを、後の①～④のうちから一つ選べ。

資料で扱われている出来事やその影響について述べた文
あ　ベルギーが独立した。
い　普通選挙に基づく立憲君主政が成立した。

	ア	イ	出来事やその影響
①	フランス人の王	フランスの王	あ
②	フランス人の王	フランスの王	い
③	フランスの王	フランス人の王	あ
④	フランスの王	フランス人の王	い

2 **問** [答] ③

　資料の3～5行目に「前者は、フランスが存在する限り、人々からのいかなる抵抗や反対をも受けることのない君主であり、王としての統治権を有し続けることを意味する。」とあることから、 ア はフランスという国家を代表するというニュアンスのある「フランスの王」が当てはまる。一方資料の6～8行目に「後者の称号は、彼を王にしたのは人々であるという大きな精神的な意味を、個々の人々に与えるものである。」とあることから、空欄 イ にはフランス人に選ばれたというニュアンスのある「フランス人の王」が当てはまる。**あ．** ルイ＝フィリップは1830年のフランス七月革命で王となり、七月王政（1830～48）が開始された。この革命の影響を受けて同年ベルギーは独立を宣言し、翌年王国として独立した。**い．** 七月王政では、普通選挙ではなく制限選挙が行われた。以上のことから、正答は③と判断できる。

30 イギリス自由主義の発展とイタリア・ドイツの統一

年	1861	1867	1871
イタリア	サルデーニャ王国	イタリア王国	
ドイツ	ドイツ連邦	北ドイツ連邦 / オーストリア=ハンガリー(二重)帝国	ドイツ帝国

1 イギリス自由主義の発展

✤イギリス自由主義の発展

ナポレオン戦争後のイギリスでは、外国産穀物に高関税をかけて輸入を制限する穀物法(1815)など、地主のための保護貿易政策がとられた。しかし、産業資本家の台頭にともなって自由主義的な改革が行われはじめた。

①奴隷(どれい)問題の改善

1807　奴隷貿易の廃止(ウィルバーフォースの尽力)

1833　奴隷制廃止(ウィルバーフォースの尽力)

②信仰の自由化

1828　**審査法廃止**：旧教徒以外の非国教徒(こっきょうと)に公職開放

1829　**カトリック教徒解放法**：アイルランド人のオコネル(オコンネル)らの努力

③労働問題の改善と第1回選挙法改正

1824　団結禁止法廃止

1832　第1回選挙法改正：〈ホイッグ党〉グレイ内閣

● **腐敗選挙区廃止、有権者拡大(産業資本家〔中産階級〕)**

1833　(一般)工場法：18歳未満の12時間労働と夜間就業禁止、工場監督官制

1837頃　チャーティスト運動(～50年代)：労働者による世界初の組織的労働運動

● **人民憲章**：6ヵ条の請願書(議会に提出)

→**男性普通選挙、無記名秘密投票など**

④**自由貿易主義の確立**：自由貿易…国際貿易での国家の規制(関税など)を撤廃

1813　**東インド会社**の対インド貿易独占権廃止

1833　**東インド会社**の対中国貿易独占権廃止→翌年には貿易活動停止

1846　**穀物法廃止**(←**反穀物法同盟**〔コブデン、**ブライト**ら〕の活動)

1849　**航海法廃止**→名実ともに自由貿易に転換

✤ヴィクトリア女王(位1837～1901)期の繁栄

①**「世界の工場」**：産業革命による圧倒的な工業生産力

→安価な工業製品を大量に輸出…他国に対し自由貿易を要求

②**第1回万国博覧会**を開催(1851年、ロンドン)

③議会制民主主義の発展：二大政党の対立

- **保守党**：トーリ党から発展。地主の利害を代表…**ディズレーリ**ら
- **自由党**：ホイッグ党から発展。産業資本家の利害を代表…**グラッドストン**ら

④選挙法改正

1867　**第2回選挙法改正**：〈保守党〉ダービー内閣…**都市労働者に選挙権**

1884　**第3回選挙法改正**：〈自由党〉**グラッドストン内閣**…**農業・鉱山労働者に選挙権**

2 イタリアの統一

イタリアの主要工業地域であるピエモンテを領有していた**サルデーニャ王国**は、国王**ヴィットーリオ＝エマヌエーレ2世**(位1849~61)と首相**カヴール**(1810~61)のもとで近代化政策を推進し、イタリア統一に乗り出した。カヴールはクリミア戦争に参加してイギリス・フランスとの関係を強化した。また、**ナポレオン3世**と**プロンビエール密約**を結び、自国領の**サヴォイア**と**ニース**の割譲を条件にイタリア統一戦争での支援を取り付けた。

1859年、サルデーニャは**ロンバルディア**と**ヴェネツィア**の奪回をめざしてオーストリアとの**イタリア統一戦争**(1859)を開始して、勝利を重ねた。しかし、サルデーニャの強大化を恐れたナポレオン3世がオーストリアと講和したため戦争続行を断念し、**ロンバルディア**の獲得までにとどまった。1860年、**中部イタリア諸国**がサルデーニャに合流することを求めたため、カヴールはナポレオン3世に、約束どおり**サヴォイア**・**ニース**を割譲して合流を認めさせた。一方、イタリア南部では「青年イタリア」出身の**ガリバルディ**が**千人隊(赤シャツ隊)**を率いて**両シチリア王国**を占領し、その領土をサルデーニャに献上した。これにより、1861年にヴィットーリオ＝エマヌエーレ2世(位1861~78)が即位し、**イタリア王国**(1861~1946)が成立した。

その後イタリアは、プロイセン＝オーストリア戦争(普墺戦争)の際にプロイセンを支援して勝利し、オーストリアから**ヴェネツィア**を獲得した(1866)。また、ドイツ＝フランス(独仏)戦争(プロイセン＝フランス〔普仏〕戦争)が起こると、ローマ教皇領を守備していたフランス軍が本国に戻ったため、これに乗じて**ローマ教皇領**を占領した(1870)。しかし、イタリア系住民が多い**南チロル**・**トリエステ**などの**「未回収のイタリア」**はオーストリアが引き続き領有したため、オーストリアとの対立は続いた。また、ローマ教皇領を占領したことは、ローマ教皇との長年の対立を招くことになった。

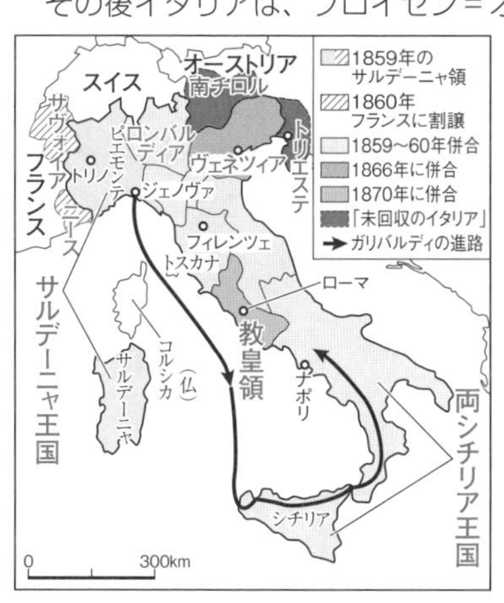

イタリア統一の展開

3 ドイツの統一 

✤ドイツの統一

ドイツでは、工業地帯である**ラインラント**を領有するプロイセンが、19世紀前半に**ドイツ関税同盟**を発足させ、経済面からのドイツの統一を進めた。19世紀半ば、プロイセン国王**ヴィルヘルム1世**(位1861～88)のもとで首相に就任した**ビスマルク**(任1862～90)は、議会の反対を押し切って軍事力を強化し、武力によるドイツ統一(**鉄血政策**)を進めた。

1864年、プロイセンはオーストリアとともにデンマークと戦い、**シュレスヴィヒ・ホルシュタイン**両公国を奪い(デンマーク戦争)、1866年には両公国の帰属をめぐって**プロイセン=オーストリア戦争(普墺戦争)**(1866)が勃発した。この戦いでプロイセンはオーストリアに勝利し、ドイツ連邦[☞p.220]を解体させてプロイセンを中心とする**北ドイツ連邦**(1867～71)を成立させた。一方、オーストリアはアウスグライヒ(「妥協」の意)によって、**オーストリア=ハンガリー(二重)帝国**(1867～1918)を成立させてハンガリーとの同君連合を形成し、ハンガリーに自治を認めた。プロテスタントのプロイセンに対して、南ドイツ諸邦はカトリックが多く、フランスの煽動(せんどう)もあって反プロイセン感情が高かった。また、プロイセンとフランスはスペイン王位継承問題で対立していた。この状況に際し、ビスマルクはナポレオン3世を挑発してフランスに戦争を起こさせた(**ドイツ=フランス戦争、独仏戦争**(1870～71))。この戦争の際、北ドイツ連邦と南ドイツ諸邦は共同してドイツ軍を結成し、スダン(セダン)の戦いでナポレオン3世を捕虜(ほりょ)にして第二帝政を崩壊させた。戦争末期にはヴェルサイユ宮殿でヴィルヘルム1世の戴冠式(たいかんしき)を行い、西南ドイツを合流させて**ドイツ帝国**(1871～1918)を成立させた。その後戦争に勝利し、フランスから**アルザス・ロレーヌ**と賠償金を得た。

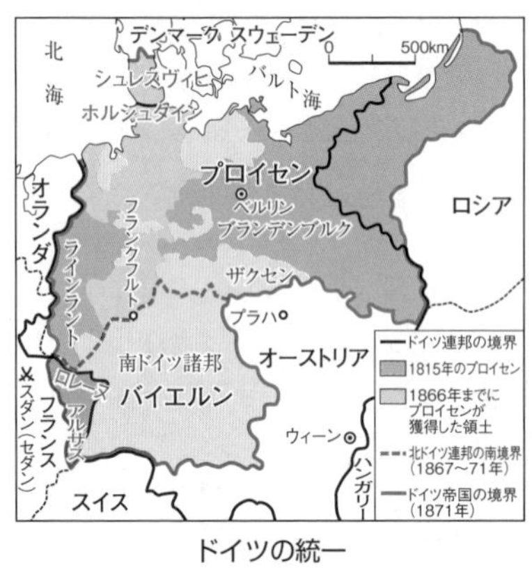

ドイツの統一

ドイツ帝国はプロイセンを中心とした22領邦と3自由市と直轄地アルザス・ロレーヌからなる連邦制で、プロイセン王が皇帝を世襲し、プロイセン首相が帝国宰相を兼任した。また、**男性普通選挙で選出される帝国議会**の権限を制約し、帝国宰相は皇帝にのみ責任を負った。

✤ビスマルクの内政

①**文化闘争**:南ドイツのカトリック勢力(中央党)との抗争
　→社会主義勢力に対処するため妥協

②**社会主義者鎮圧法**(1878):**ドイツ社会主義労働者党**を非合法化

③**社会政策**:災害保険・疾病(しっぺい)保険・養老保険(労働者の生活を保護)

④保護関税法(1879)

- 「鉄と穀物の同盟」(産業資本家とユンカーの利益保護)…保護貿易→独占資本成長

ここが共通テストのツボだ!!

ツボ 1 アイルランド史の主要な出来事を年表で整理する！

○アイルランド：民族…ケルト系　宗教…カトリック教徒が多数

17C半ば	クロムウェルの征服→アイルランド人の土地没収 →アイルランドの土地の多くがイングランドの不在地主のものに
1801	イギリスによる併合→グレートブリテン＝アイルランド連合王国の成立
1829	**カトリック教徒解放法**：アイルランド人のオコネル（オコンネル）らの努力 →アイルランド人のイギリス議会進出
1840年代	**ジャガイモ飢饉**（ききん）：ジャガイモの大凶作→多くの餓死者 →多くの人がアメリカ合衆国などに移住
1886、93	**アイルランド自治法案**：グラッドストン内閣（自由党）…成立せず
1905	シン＝フェイン党の結成：アイルランドの完全独立を求める
1914	アイルランド自治法成立：第一次世界大戦の勃発で実施延期
1916	**アイルランド武装蜂起（イースター蜂起**（ほうき）**）**：アイルランド自治法の実施延期に抗議して勃発→鎮圧
1922	アイルランド自由国成立：イギリスの自治領となる ※北部のアルスター地方（イギリス系住民多数）はイギリスに残留
1937	エールに改称：イギリスからの独立達成→共和政に移行
1949	イギリス連邦から離脱（アイルランド共和国）

ツボ 2 イギリスの選挙法改正について大事なポイントを整理する！

	内閣	改正の内容
第1回（1832）	グレイ（ホイッグ党）	腐敗選挙区の廃止 **産業資本家・中産階級に選挙権**
第2回（1867）	ダービー（保守党）	**都市労働者に選挙権**
第3回（1884）	グラッドストン（自由党）	**鉱山・農業労働者に選挙権**
第4回（1918）	ロイド＝ジョージ（挙国一致）	**21歳以上の男性・30歳以上の女性に選挙権**
第5回（1928）	ボールドウィン（保守党）	**21歳以上の男女に選挙権**

チャレンジテスト（大学入学共通テスト実戦演習）

次の文章を読み、後の問いに答えよ。　（2017年試行調査）

あるクラスの世界史の授業で、19世紀のイギリス家庭に関連した学習を行っている。以下は、授業中の先生と生徒の会話である。

先　生：この時期のイギリスは、労働者階級と中・上流階級の「二つの国民」が存在していると言われていました。まず、労働者の生活の状況について見てみましょう。労働者家庭の支出に占める食費の内訳（**資料1**）を見てみると、どのようなことが分かりますか？

花　子：南アメリカ原産の［ア］が出ています。これは、16世紀ごろにヨーロッパに伝わったとされています。収入の多い綿加工熟練労働者よりも、収入の少ない未熟練労働者の方が支出に占める割合が高いですね。

太　郎：私は、紅茶と砂糖があることに着目しました。以前、これらは嗜好品だったので、収入の少ない人たちには手に入らなかったと勉強しましたが、19世紀になると、労働者階級でも消費することができたのですね。

先　生：そうですね。それでは、次の資料を見ましょう。この絵（**資料2**）は、1846年に描かれた、イギリスのヴィクトリア女王の家族の絵です。これは、当時の社会の状況と中・上流階級の家族観を表しています。それは、どのようなものだと思いますか？

資料1　労働者家庭の総支出に対する食費の内訳（1840年ごろ、横線は計上なし）

項目	綿加工熟練労働者	未熟練労働者
パンまたは小麦	23.7%	31.8%
ジャガイモ	4.7%	15.1%
オートミール*	2.0%	18.2%
バター	9.5%	−
ミルク	4.1%	16.7%
肉	13.0%	−
ベーコン	−	3.0%
紅茶	3.0%	−
砂糖（糖蜜含む）	10.1%	−
コーヒー	2.4%	−

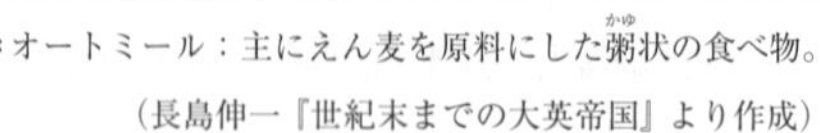

＊オートミール：主にえん麦を原料にした粥状の食べ物。

（長島伸一『世紀末までの大英帝国』より作成）

資料2

問1 会話文中の空欄 ア に当てはまる語について説明した文として適当なものを、次の①～④のうちから一つ選べ。

① アイルランドでは、この作物の不作から飢饉(ききん)が起こり、大量の移民がアメリカなどに移住することになった。
② ヨーロッパでは、肉類の保存などのために珍重されており、その原産地と直接取引することが目指された。
③ インドでは、イギリスによる専売制度に反対する運動が行われた。
④ オスマン帝国を経由してヨーロッパに伝わり、それを提供する場が市民の社交場となった。

問2 下線部に関連して、当時の社会の状況について述べた文a・bと、当時の家族観について述べた文あ・いとの組合せとして正しいものを、下の①～④のうちから一つ選べ。

当時の社会の状況

a 国王は「君臨すれども統治せず」を原則とするイギリスでは、王室に、国民生活やイギリス社会の手本を示す役割が期待されていたと考えられる。
b ドイツ皇帝が打ち出していた世界政策への対応を迫られていたイギリスでは、王室に、イギリスの強さを示す役割が期待されていたと考えられる。

当時の家族観

あ この肖像画の背景には、女性が良き妻・母であることを理想とする家族観があると考えられる。
い この肖像画の背景には、戦争による労働力不足を補うために、女性も工場など家庭の外で働くことが望ましいとする家族観があると考えられる。

① a－**あ**　② a－**い**　③ b－**あ**　④ b－**い**

問1 [答] ①

①**資料1**の項目中で南アメリカ原産のものはジャガイモ。アイルランドでは19世紀半ばに**ジャガイモ飢饉**が起こり、大量の移民がアメリカ合衆国などに移住した。よって、これが正答。②香辛料についての説明で、南アメリカ原産のものではないので不適当。③塩についての説明で、南アメリカ原産のものではないので不適当。1930年代のインドでは、イギリスの塩の専売に反対し、ガンディーの指導による反対運動である「塩の行進」が行われた。④コーヒーについての説明で南アメリカ原産のものではないので不適当。17世紀半ば頃からイギリスでは**コーヒーハウス**が流行し、市民の社交場となった。

問2 [答] ①

b. ドイツ皇帝ヴィルヘルム2世が「世界政策」を打ち出したのは19世紀末なので、文章中にある、この絵が描かれた1846年と時期が合わない。**い.** この絵から、女性が工場など外で働く様子は読み取れない。よって、正答は① a－**あ**である。

31 アメリカ合衆国の発展とロシアの南下政策

19C

年	
アメリカ合衆国	③ジェファソン(任1801〜09) → ⑤モンロー(任1817〜25) → ⑦ジャクソン(任1829〜37) → ⑯リンカン(任1861〜65)
ロシア(ロマノフ朝)	アレクサンドル1世(位1801〜25) / ニコライ1世(位1825〜55) / アレクサンドル2世(位1855〜81)

1 アメリカ合衆国の発展

✤19世紀前半のアメリカ合衆国

アメリカ合衆国第3代大統領の(トマス=)ジェファソン(任1801〜09)は、フランスからミシシッピ川以西のルイジアナを獲得し、西部への領土拡大の基礎を築いた。一方イギリスはナポレオンの大陸封鎖令に対抗するため、合衆国とヨーロッパの貿易を妨害したが、これに合衆国が反発してアメリカ=イギリス戦争(米英戦争)(1812〜14)が開始された。それまで合衆国はイギリスに綿花を輸出し、綿製品を輸入していたが、戦争によって一時的にこの貿易が行われなくなった。そのため、**合衆国内では自国で綿花の加工が行われるようになって木綿工業が進展し、イギリスからの経済的自立が進んだ**。

その後、第5代大統領モンロー(任1817〜25)は、アメリカとヨーロッパの相互不干渉を宣言した(モンロー宣言〔教書〕(1823))。第7代大統領ジャクソン(任1829〜37)の時代には、白人男性普通選挙制など民主主義が進展した(**ジャクソニアン=デモクラシー**)。また、彼は西部開拓を進めるため1830年に先住民強制移住法(1830)を制定し、先住民を保留地へと追いやった。先住民を犠牲にする合衆国の西部への拡大(西漸(せいぜん)運動)は、「明白なる運命(マニフェスト=デスティニー)」として神から託された使命であるとして正当化されて行われた。

✤南北アメリカの対立と南北戦争

◯ 北部・南部の相違点

	産業	支配層	奴隷制	貿易	国家	政党
北部	商工業	商工業者	反対	保護貿易	連邦(中央集権)主義	共和党
南部	農業	プランター	維持	自由貿易	反連邦(州権)主義	民主党

アメリカ合衆国が西部へと拡大するにつれ、北部と南部の対立が激しくなった。**商工業が発達していた北部は、人道主義的立場から奴隷(どれい)制に反対し、イギリス製品に対抗するため保護貿易を主張した。一方、綿花プランテーションが発達していた南部は労働力確保の必要から奴隷制維持を主張し、イギリスへの綿花輸出とイギリスからの綿製品輸入を促進する自由貿易を主張した**。この対立を解消するためミズーリ協定(1820)が制定され、北緯36度30分以北に成立した州は奴隷制を禁止する自由州に、以南に

成立した州は奴隷制を認める**奴隷州**にすることが定められた。しかし、**カンザス・ネブラスカ法**(1854)では、奴隷制の可否を住民投票によって決定することとなり、**ミズーリ協定**が無効となったため南北の対立が激化し、北部では奴隷制に反対する政治家たちが**共和党**を結成した。この間、**ストウ**の著書**『アンクル＝トムの小屋』**が刊行され、人道主義的立場での奴隷制廃止の気運が高まった。

1860年の大統領選挙で、共和党の**リンカン**(任1861〜65)が大統領に当選した。彼は合衆国の分裂を避けるため奴隷制廃止には消極的であったが、1861年、南部諸州が合衆国を離脱し、**アメリカ連合国（南部連合）**(1861〜65)を建てた。これに北部の合衆国が反発し、同年**南北戦争**(1861〜65)が勃発した。戦争初期は士気が高く優秀な司令官を有する南部が優勢であったが、これに対し、リンカンは西部開拓者に土地を無償で供与する**ホームステッド法**(1862)を制定して開拓者の支持を獲得し、さらに**奴隷解放宣言**(1863)を出し、国内の黒人や英仏の支持を獲得した。戦争は、**ゲティスバーグの戦い**での勝利（この戦いの追悼演説で、リンカンは**「人民の、人民による、人民のための政治」**という言葉を残した）など、しだいに経済力に勝る北部優勢に傾き、北部が勝利した。

南北戦争後、合衆国では**奴隷制が廃止**され、黒人の市民権や選挙権も認められた。しかし、南部各州では黒人弾圧のための州法が制定されて差別が残り、黒人は奴隷身分からは解放されたが土地は与えられず、地主のもとで**分益小作人（シェアクロッパー）**となり苦しい生活が続いた（**シェアクロッパー制**）。また、白人秘密結社の**KKK（クー＝クラックス＝クラン）**が結成され、黒人を迫害した。合衆国は国内の再統一によって市場が拡大し、重工業が発展した。また、西部は**ホームステッド法**によって入植者が増加し、1869年には**大陸横断鉄道**が開通した。大陸横断鉄道の建設には、中国人移民・アイルランド人移民の労働者が多く従事した。

2　19世紀のロシア

✤ロシアの南下政策（〜クリミア戦争）と近代化

19世紀前半、オスマン帝国内で民族運動が本格化すると、これを利用してヨーロッパ各国が地中海方面へと勢力拡大を図った。これによって起こった各国間の係争はヨーロッパの側から**「東方問題」**と呼ばれた。

ロシアは、黒海・地中海方面への進出を図る**南下政策**を展開し、第1次エジプト＝トルコ戦争(1831〜33)でオスマン帝国を援助することで、黒海から地中海への経由地である**ボスフォラス海峡**と**ダーダネルス海峡**での軍艦の独占航行権を得ようとしたが、イギリスなどの干渉によって失敗に終わった。その後ロシアは、オスマン帝国内のギリシア正教徒保護を名目に**クリミア戦争**(1853〜56)を起こした。**この戦争では、ロシアの南下を阻止するためイギリス・フランスがオスマン帝国側で参戦し、さらにサルデーニャ王国もオスマン帝国を支援した。**ロシアは**セヴァストーポリ要塞**での激戦などを経て敗北し、**パリ条約**(1856)によって外国軍艦の**ボスフォラス・ダーダネルス両海峡**の通行禁止と、**黒海**

の中立化（非武装化）が約束され、ロシアの南下は再び挫折した。この戦争の際、バルカン半島方面への進出を図るオーストリアはオスマン帝国への好意的中立の立場をとったため、ロシアとの間に対立が生まれた。こうして、**クリミア戦争により、大国間の協調と勢力均衡によって戦争を防ごうとしたウィーン体制は完全に崩壊した。**

> **◎ クリミア戦争中・後に活躍した人物**
>
> ● **ナイティンゲール**：クリミア戦争での傷病兵の看護と野戦病院の改革に貢献
>
> ● **デュナン**：ナイティンゲールに影響を受ける→国際赤十字を創設

クリミア戦争の敗北で自国の後進性を痛感した**アレクサンドル2世**（位1855～81）は、ロシアの近代化を進め、1861年に**農奴解放令**[☞p.237 ツボ❷]を出した。しかし、**1863年にポーランドで反乱が起こると、アレクサンドル2世は反動化し、再び専制政治を強化した。**

一方、ロシアの**インテリゲンツィア**（知識人）は**「ヴ=ナロード（人民のなかへ）」**をスローガンとして、農民を啓蒙してミールを基盤とした平等な社会を実現しようとする**ナロードニキ運動**を展開したが、政府の弾圧や農民の無関心により挫折した。この結果、彼らの一部はニヒリズム（虚無主義）や**テロリズム（暴力主義）**に走り、アレクサンドル2世や政府要人を暗殺したため、専制政治はいっそう強化された。

✤ロシア=トルコ戦争（露土戦争、1877～78）

1870年代、バルカン半島でスラヴ系民族の反乱や蜂起が起こると、ロシアはこれに乗じて南下政策を再開し、ボスニア・ヘルツェゴヴィナの反乱をきっかけに**ロシア=トルコ戦争（露土戦争）**（1877～78）を起こした。1878年、勝利したロシアはトルコと**サン=ステファノ条約**を結び、**ルーマニア**・**セルビア**・**モンテネグロ**の独立が承認された。また、ロシアは**領土を拡大させたブルガリアを保護下におき、南下を進めた**。これらにイギリスとオーストリアが反発すると、ドイツの**ビスマルク**が**ベルリン会議**（1878）を主催して調停に入った。この結果結ばれた**ベルリン条約**（1878）では、**ルーマニア**・**セルビア**・**モンテネグロ**の独立は改めて認められたが、**ブルガリアは領土を縮小され、オスマン帝国領内の自治国にとどまることとなり、エーゲ海への出口を失ったロシアの南下は再び挫折した。**一方この条約では、イギリスのキプロス島の、オーストリアの**ボスニア・ヘルツェゴヴィナ**の行政権が承認された。

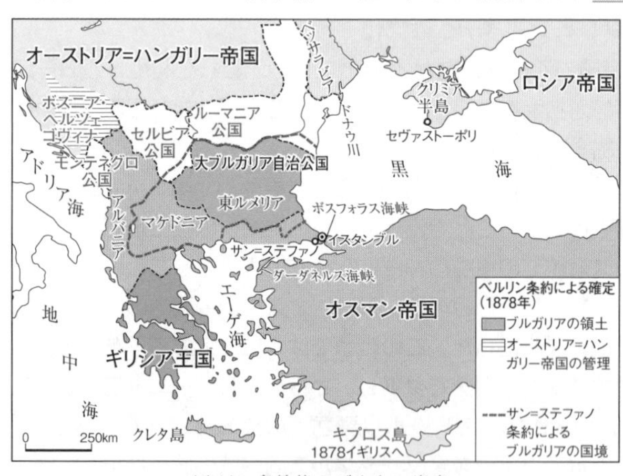

ベルリン条約後のバルカン半島

ここが共通テストのツボだ!!

ツボ 1 アメリカ合衆国の領土拡大と南北戦争を地図と共に整理する！

- 独立時（1783）：13州、ミシシッピ川以東のルイジアナ（**パリ条約**〈1783〉により）

1803	**ミシシッピ川以西のルイジアナ**買収：フランス（ナポレオン）より
1819	**フロリダ**買収：スペインより
1836	**テキサス共和国**成立：合衆国からの入植者を中心にメキシコから独立
1845	**テキサス共和国**併合→メキシコが反発→**アメリカ＝メキシコ戦争**（1846〜48）
1848	**カリフォルニア**獲得：**アメリカ＝メキシコ戦争**勝利→メキシコから獲得 →金鉱発見→**ゴールドラッシュ**
1867	**アラスカ買収**：ロシア（アレクサンドル2世）より

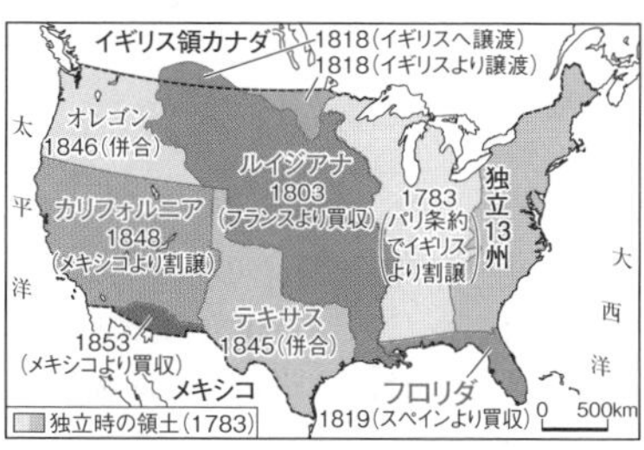

アメリカ合衆国の領土拡大

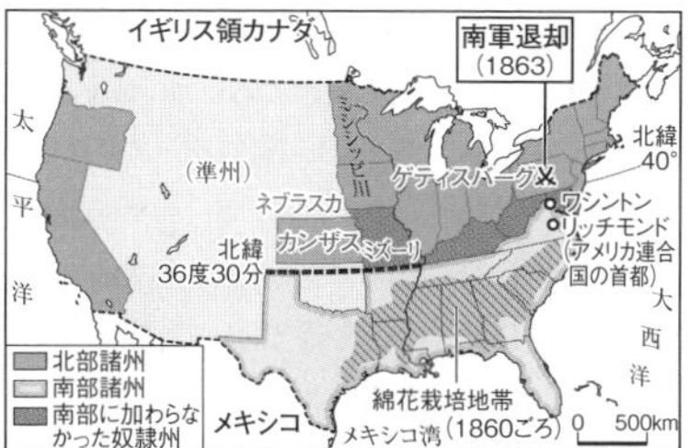

南北戦争

ツボ 2 19世紀の主要なロシア皇帝の事績

○**アレクサンドル1世**（位1801〜25）：**神聖同盟提唱**（1815）

○**ニコライ1世**（位1825〜55）

- **デカブリスト（十二月党員）の乱**を鎮圧（1825）
- **クリミア戦争**開戦（1853）：オスマン帝国・英・仏・サルデーニャと対戦

○**アレクサンドル2世**（位1855〜81）

- **クリミア戦争**に敗北（1856）…ロシアの後進性露呈→「上からの改革」の必要性
- **農奴解放令**（1861）

　①農奴の人格的自由承認：工場労働者創出…資本主義発達の出発点

　②土地分与有償…個人の所有不可、**農村共同体（ミール）**の所有に

　③**ポーランドの反乱**（1863〜64）：鎮圧後、皇帝反動化→専制政治強化

チャレンジテスト（大学入学共通テスト実戦演習）

次の文章を読み、後の問いに答えよ。　（2022年共テ追試A）

次の**グラフ**は、クリミア戦争での軍病院における死因の割合の変化を示したものである。

グラフ　軍病院における死因の割合の変化

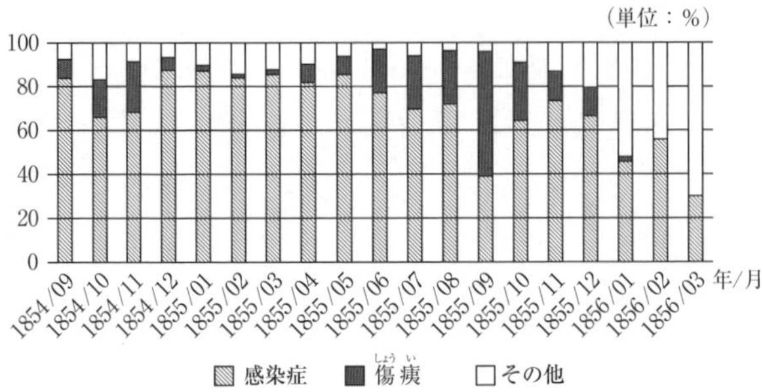

（Florence Nightingale, *Notes on Matters affecting the Health, Efficiency, and Hospital Administration of the British Army* より作成）

黒海から地中海への海路を確保したいロシアは、［　ア　］に対して、この戦争を起こした。イギリスをはじめとする幾つかの国々が［　ア　］を支援したために、戦争は長期化し、被害も拡大した。約2年にわたった戦争は、最終的にロシアの敗北で終わり、ⓐ戦争の最中に即位したロシア皇帝は新しい方針を打ち出した。

またこの戦争は、「近代看護教育の生みの親」と呼ばれるナイティンゲールが活躍した戦争でもあった。彼女はイスタンブルの軍病院にて看護に従事しただけでなく、病院内の衛生状況を調査し、死傷者増加の原因を明らかにした。上の**グラフ**は、彼女が行った統計調査をまとめたもので、死因の割合の変化を示したものである。彼女はこの調査を公表し、戦場での医療環境の改善を訴えていった。このような彼女の活動は、医療環境の向上のみならず、衛生学や統計処理といった科学の発展、そしてそれに基づく看護教育の体系化に寄与していった。また彼女の活躍を受け、戦時における疾病者の救護や衛生思想の重要性は共有され、デュナンによって国際組織として［　イ　］が設立された。

問1　下線部ⓐの人物の事績について述べた文として最も適当なものを、次の①～④のうちから一つ選べ。

① ヨーロッパの国々と、神聖同盟を結んだ。
② 農奴解放令を出し、農奴に身分的自由を認めた。
③ コルベールを重用し、重商主義を推し進めた。
④ 鉄血政策を掲げ、軍備を拡張した。

問2 前の文章中の空欄［ア］に入れる国の名**あ**・**い**と、グラフから読み取れる事柄X・Yとの組合せとして正しいものを、後の①～④のうちから一つ選べ。

［ア］に入れる国の名
あ ギリシア
い オスマン帝国

グラフから読み取れる事柄
X 傷痍による死亡率が感染症による死亡率を上回った月もあった。
Y 全ての時期で、感染症による死亡率が傷痍による死亡率を上回った。

① **あ**－X　② **あ**－Y　③ **い**－X　④ **い**－Y

問3 前の文章中の空欄［イ］に入れる語句として正しいものを、次の①～④のうちから一つ選べ。

① 国際労働機関(ILO)　② 世界保健機関(WHO)
③ 国際赤十字(国際赤十字社)　④ 国連教育科学文化機関(ユネスコ)

問1 ［答］ ②

クリミア戦争中に即位したロシア皇帝は**アレクサンドル2世**で、1861年に**農奴解放令**を出し、農奴に身分的自由を認めた。よって、②が正答。①アレクサンドル1世の業績なので不適当。③フランス王ルイ14世の業績なので不適当。④プロイセンのビスマルクの業績なので不適当。

問2 ［答］ ③

い. クリミア戦争は、ロシアがオスマン帝国に対して開戦し、イギリス・フランス・サルデーニャがオスマン帝国側にたって参戦し、ロシアが敗北した。X. 1855年9月は、傷痍による死亡率が感染症による死亡率を上回っている。そのため、すべての時期で感染症による死亡率が傷痍による死亡率を上回っているというYは誤りである。よって、正答は③**い**－Xである。

問3 ［答］ ③

デュナンは、**ナイティンゲール**の活動に影響を受けて、19世紀後半に国際赤十字を創設し、1901年に第1回ノーベル平和賞を受賞した。よって、③が正答。

32 19世紀の文化

年	19C			19C半ば		
文学	古典主義	ロマン主義	写実主義		自然主義	耽美主義
美術	古典主義	ロマン主義		自然主義・写実主義	印象派	ポスト印象派
音楽	古典派音楽	ロマン主義音楽			印象派音楽	

1 文学

古典主義	古代ギリシア・ローマ文化を理想。理性・調和を重視		
	ゲーテ	独	18～19C 『若きウェルテルの悩み』『**ファウスト**』
	シラー	独	18～19C 『群盗(ぐんとう)』『ヴァレンシュタイン』
ロマン主義	古典主義を批判。感情・躍動・個性を重視		
	グリム兄弟	独	18～19C 『グリム童話集』『ドイツ語辞典』
	ハイネ	独	18～19C 『歌の本』『ドイツ冬物語』
	ヴィクトル=ユゴー	仏	19C 『レ=ミゼラブル』
	バイロン	英	18～19C 『チャイルド=ハロルドの遍歴(へんれき)』 **ギリシア独立戦争に義勇兵(ぎゆうへい)として参加**
	プーシキン	露	18～19C 『大尉(たいい)の娘』
写実主義(リアリズム)	ロマン主義を批判。人間・社会をありのままに描こうとする		
	スタンダール	仏	18～19C 『**赤と黒**』
	バルザック	仏	18～19C 『人間喜劇』
	ディケンズ	英	19C 『二都物語』『オリヴァー=トゥイスト』
	トゥルゲーネフ	露	19C 『猟人日記』『父と子』
	ドストエフスキー	露	19C 『**罪と罰**』『カラマーゾフの兄弟』
	トルストイ	露	19～20C 『戦争と平和』 クリミア戦争に参加
自然主義	写実主義を継承。人間・社会の抱える問題を科学的に観察		
	ゾラ	仏	19～20C 『**居酒屋**』 **ドレフュス事件** [☞p.247] **で軍部を批判**(「私は弾劾(だんがい)する」)
	モーパッサン	仏	19C 『女の一生』
	イプセン	ノル	19～20C 『**人形の家**』
耽美(たんび)主義	自然主義に対する反発。美を最高の価値とする		
	ボードレール	仏	19C 『悪の華』 象徴主義の先駆

2 美術・音楽 ★★☆

美術	古典主義	ダヴィド	仏	18〜19C **ナポレオン1世の首席宮廷画家** 「ナポレオンの戴冠式」
美術	ロマン主義	ドラクロワ	仏	18〜19C **「キオス島(シオ)の虐殺」(ギリシア独立戦争が題材)** **「民衆を導く自由の女神」(フランス七月革命が題材)**
美術	その他	ゴヤ	西	18〜19C 「1808年5月3日」(**スペイン反乱〔半島戦争〕が題材**)
美術	自然主義	ミレー	仏	19C 「落ち穂拾い」
美術	写実主義	クールベ	仏	19C 「石割り」 パリ=コミューンに参加
美術	印象派	マネ	仏	19C 「草上の昼食」
美術	印象派	モネ	仏	19〜20C 「印象・日の出」「睡蓮」
美術	印象派	ルノワール	仏	19〜20C 「ムーラン=ド=ラ=ギャレット」
美術	ポスト印象派	**セザンヌ**	仏	19〜20C 「サント=ヴィクトワール山」
美術	ポスト印象派	**ゴーガン**	仏	19〜20C **晩年にタヒチに滞在** 「タヒチの女たち」
美術	ポスト印象派	ゴッホ	蘭	19C 「ひまわり」
美術		ロダン	仏	19〜20C 彫刻「考える人」
音楽	古典派音楽	ハイドン(墺) モーツァルト(墺) ベートーヴェン(独)「英雄」		
音楽	ロマン主義音楽	シューベルト(墺) ショパン(ポーランド)「革命」 ヴァーグナー(独)		
音楽	印象派音楽	19〜20C **ドビュッシー**(仏)		

3 哲学・思想 

ドイツ観念論	カント	独	18〜19C 『純粋理性批判』
ドイツ観念論	**フィヒテ**	独	18〜19C 講演「**ドイツ国民に告ぐ**」
ドイツ観念論	ヘーゲル	独	18〜19C ドイツ観念論を大成。弁証法哲学を確立
唯物論	マルクス	独	19C **史的唯物論**
功利主義	ベンサム	英	18〜19C 功利主義哲学を創始。「**最大多数の最大幸福**」
功利主義	**ジョン=ステュアート=ミル**	英	19C 質的功利 「満足した愚か者であるよりは、不満足なソクラテスであるほうがよい」
実証主義	コント	仏	18〜19C 社会学の創始者
実存主義	ニーチェ	独	19C 『ツァラトゥストラはかく語りき』

精神分析	フロイト	墺	19～20C　深層心理の分析
社会進化論	（ハーバート＝）スペンサー	英	19～20C　進化論を人間社会に応用

4　社会科学

歴史学		ランケ	独	18～19C　近代歴史学を創始。厳密な史料批判
経済学	古典派経済学	マルサス	英	18～19C　『人口論』
		リカード	英	18～19C　労働価値説
	歴史学派経済学	リスト	独	18～19C　**ドイツ関税同盟結成に影響**
	マルクス経済学	マルクス	独	19C　『資本論』

5　科学・技術

物理学	ファラデー	英	18～19C　**電磁気学**。電磁誘導の法則
	マイヤー ヘルムホルツ	独	19C　**エネルギー保存の法則**
	レントゲン	独	19～20C　**X線**の発見
	キュリー夫妻	仏	19～20C　**ラジウム**の発見　※妻はポーランド出身
生物学	ダーウィン	英	19C　『種の起源』…**進化論**を唱える
	メンデル	墺	19C　**遺伝の法則**
医学	パストゥール	仏	19C　狂犬病(きょうけんびょう)の予防接種
	コッホ	独	19～20C　結核菌(けっかくきん)・コレラ菌の発見
技術・発明	モース（モールス）	米	18～19C　**電信機**。モールス信号の考案
	ベル	米	19～20C　**電話**の発明
	エディソン	米	19～20C　蓄音機(ちくおんき)・**電灯**の発明
	マルコーニ	伊	19～20C　**無線電信**
	ノーベル	スウェ	19C　**ダイナマイト**の発明
	ダイムラー	独	19C　ガソリンエンジンの発明
	ディーゼル	独	19～20C　ディーゼル＝エンジンの完成
	ライト兄弟	米	19～20C　世界初の動力飛行に成功

ここが共通テストのツボだ!!

ツボ 1 社会主義について押さえておきたいポイント

空想的社会主義	(ロバート=)オーウェン	英	ニューラナークの工場。**工場法**制定に尽力
	サン=シモン	仏	能力が自由に発揮できる産業社会の実現を求める
	フーリエ	仏	協同組合的理想社会(「ファランジュ」)の提唱
	ルイ=ブラン	仏	第二共和政の臨時政府に参加。**国立作業場**設立に尽力
科学的社会主義	マルクス	独	**『共産党宣言』『資本論』**
	エンゲルス	独	
無政府主義	プルードン	仏	「財産、それは窃盗(せっとう)である」 マルクスと対立

● インターナショナル:社会主義者の国際的組織

第1インターナショナル	1864〜76 ロンドンで結成 パリ=コミューンを支持→各国の弾圧を受け解体
第2インターナショナル	1889〜1914 パリで結成 第一次世界大戦勃発に際し、各国の社会主義政党が自国の参戦を支持→解体

ツボ 2 探検家は人名と地域を結びつけて押さえておこう!

太平洋	クック(18C)	英	オーストラリア・ニュージーランド・ハワイなどを探検 ハワイで先住民との戦いで死亡
アフリカ	リヴィングストン(19C)	英	南アフリカ探検→消息を絶つ
	スタンリー(19〜20C)	米	アフリカ大陸横断→リヴィングストンを発見
北極点 南極点	ピアリ(19〜20C)	米	北極点に初到達
	アムンゼン(19〜20C)	ノル	南極点に初到達
	スコット(19〜20C)	英	アムンゼンに遅れて南極点に到達→帰路遭難死
中央アジア	ヘディン(19〜20C)	スウェ	楼蘭(ろうらん)の遺跡を発見

人物と地域を結びつけないと点につながらないので注意!

チャレンジテスト（大学入学共通テスト実戦演習）

次の文章を読み、後の問いに答えよ。　（2022年共テ追試B）

あるクラスで、風刺画を基に、世界史の授業が行われている。

先生：これは、フランスの雑誌『クリ＝ド＝パリ』の1898年1月23日号に掲載された風刺画です。当時のカフェのテラス席の様子が描かれているのですが、何か読み取れることはありますか。

近藤：みんな新聞を広げています。

先生：そうですね。この頃既にフランスには、100万部近い発行部数を誇る日刊紙が存在していました。これほど新聞が普及していた要因としては、［ア］が挙げられます。

前田：カフェで新聞を広げる光景が、当たり前になっていたんですね。今の私たちなら、スマホを覗(のぞ)き込んでいるところです。それにしても、みんな熱心に新聞を読んでいるように見えます。

先生：いい指摘です。実はこの絵は、大衆新聞の普及を背景として大きな注目を集め、フランス社会を揺るがせたある事件を風刺したものです。一番手前に描かれた新聞に、その手掛かりが書き込まれています。

前田：「J'ACCU…」と見える新聞ですか。

先生：そのとおりです。第一面に、［イ］という軍人のスパイ容疑に関する判決に憤慨したⓐ自然主義の作家ゾラによる告発状が掲載されています。ゾラは、「［イ］が無罪であることの確かな証拠を持っていながら、それを公にしなかった軍の関係者たちを告発する。彼らは参謀部を擁護するために、人間性と正義に反するこの犯罪に加担した」と、痛烈に批判しています。

近藤：［イ］事件のことか！　風刺画は、ゾラの告発について各紙が様々な立場から意見を表明し、人々がそれらの議論に大きな関心を払っていた様子を描いているのですね。

先生：そのとおりです。この事件の再審をめぐっては、当時の一般の家庭内でも口論が起こったと言われています。

問1 前の文章中の空欄［ア］に入れる文として最も適当なものを、次の①～④のうちから一つ選べ。

① 印刷技術の向上により、価格の低下が促され、新聞がより大衆に身近なメディアとなっていたこと

② 新聞より先に一般家庭に定着していたラジオに代わって、文字で情報を確認できる新聞の人気が高まっていたこと

③　制定されたばかりの政教分離法が注目を集め、政治と宗教の関係に対する人々の関心が高まっていたこと
④　インドシナ戦争の勃発など、フランスの植民地で起こっていた出来事に対する人々の関心が高まっていたこと

問2 下線部ⓐの代表的な美術作品とその作者の名との組合せとして正しいものを、次の①〜④のうちから一つ選べ。

①「民衆を導く自由の女神」－ドラクロワ
②「民衆を導く自由の女神」－ルノワール
③「落ち穂拾い」－ミレー　　④「落ち穂拾い」－モネ

問3 前の文章中の［イ］事件について述べた文として最も適当なものを、次の①〜④のうちから一つ選べ。

①　対独復讐(ふくしゅう)を求める風潮を背景として起こった、クーデタ事件であった。
②　総裁政府が倒された、クーデタ事件であった。
③　無政府主義者(アナーキスト)への弾圧として起こった、冤罪(えんざい)事件であった。
④　反ユダヤ主義の風潮を背景として起こった、冤罪事件であった。

問1 [答]　①

②ラジオの普及は20世紀前半、③政教分離法の制定は1905年、④インドシナ戦争の勃発は第二次世界大戦終了直後の1946年であり、時期が合わない。

問2 [答]　③

ミレーはフランスの自然主義の画家で、「落ち穂拾い」などを描いた。よって、これが正答。①②「民衆を導く自由の女神」を描いたフランスのドラクロワは、ロマン主義の画家である。なお、ルノワールはフランスの印象派の画家。④モネは、「印象・日の出」や「睡蓮」を描いたフランスの印象派の画家である。

問3 [答]　④

問題文の中に、自然主義の作家ゾラが軍部を批判していることが書いてあることから、問題文で扱われている［イ］事件とはフランスのユダヤ系軍人の冤罪事件であるドレフュス事件であることが分かる。よって、④が正答。①19世紀後半のフランスで起こったブーランジェ事件の内容である。②ナポレオンが中心となって行われたブリュメール18日のクーデタの内容である。③20世紀前半のアメリカ合衆国で起こった、イタリア系無政府主義者(アナーキスト)が冤罪で死刑となった、サッコ・ヴァンゼッティ事件の内容である。

33 帝国主義と帝国主義時代の欧米

年	1870年代	1875	1877	1881	1888	1899
英		スエズ運河会社株買収	インド帝国成立	ウ(オ)ラービー＝パシャの乱(～82)		南アフリカ戦争(～1902)
独	〈宰相〉ビスマルク→〈皇帝〉ヴィルヘルム2世と対立				ヴィルヘルム2世の親政：「世界政策」推進(3B政策)	

1 帝国主義

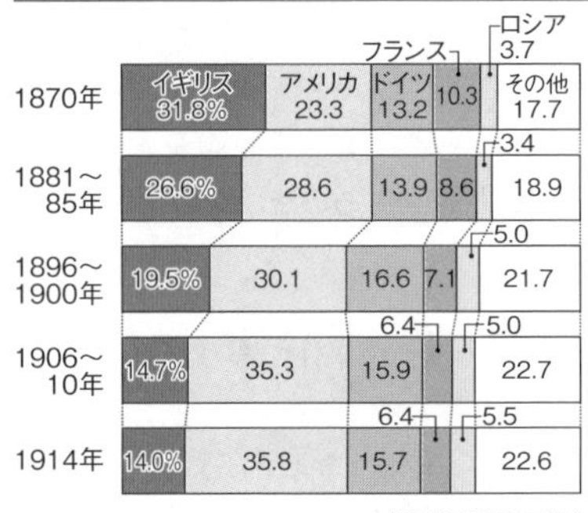

工業生産の国別割合の変化

19世紀後半、従来の軽工業に代わって**重化学工業が発達し、エネルギーも石炭から電力・石油に転換した**(第2次産業革命)。重化学工業には設備投資のための巨額の資本が必要であったため、大企業による中小企業の吸収や企業の集中が進んで**独占資本**(少数の大企業群)が生まれ、これら独占資本と銀行資本が結びついた**金融資本**も形成された。

○ 独占資本の形態

・**カルテル**(企業連合)・**トラスト**(企業合同)・**コンツェルン**(各種企業の合同)

1870年代以降の世界的な不況を受け、**列強は製品市場、原料供給地、資本の輸出(国外投資)先を求めて対外進出を行い、アジア・アフリカの植民地化を進めた**[☞p.252~]。**この動きを帝国主義という**。この動きによって植民地をめぐる各国間の対立が生まれ、この対立が第一次世界大戦勃発(ぼっぱつ)の要因となった。各国の国内では、対外進出のため排外主義的で好戦的なナショナリズムを鼓舞して軍備増強を進め、一方では不況による生活の悪化や民衆の政治的自覚の高まりから、労働運動や社会主義運動が活発化した。

2 帝国主義時代の欧米

✤イギリス [☞p.249 ツボ❶]

①「パクス＝ブリタニカ」の動揺

- **「世界の工場」**の地位喪失
  - ・第2次産業革命後の産業構造の転換に遅れる

・アメリカ・ドイツの台頭
- 「世界の銀行」の地位保持：国外投資の利益、サービス収入（海運・保険など）

②「イギリス帝国」の形成
- 自治領：カナダ連邦（1867）、オーストラリア連邦（1901）、ニュージーランド（1907）、南アフリカ連邦（1910）
- 直轄地：インド帝国（1877）など

③社会主義政党の設立
- フェビアン協会（1884）
  →ウェッブ夫妻、バーナード＝ショーらが結成：漸進(ぜんしん)的な社会改革をめざす
- 労働代表委員会（1900）：フェビアン協会などが合体
- 労働党成立（1906）：労働代表委員会が改称
  ・議会を通じて社会主義的政策の実現をめざす

④内政
- アスキス内閣（自由党、1908～16）
  ・**議会法**（1911、上院に対する下院の法的優越確立）　国民保険法（1911）

✤フランス：第三共和政 [☞p.223]

①帝国主義政策
- 第２次産業革命後の重工業化に遅れる
- 銀行の積極的海外投資：ロシアのシベリア鉄道建設など
- イギリスに次ぐ植民地保有国：フランス領インドシナ連邦、アフリカ横断政策

②国内問題：対独復讐心が高揚→軍部の台頭
- ブーランジェ事件（1887～89）：元陸相が対独復讐を唱えクーデタ画策…失敗
- ドレフュス事件（1894～99）→ユダヤ系の軍人がドイツのスパイ容疑で終身刑
  →真犯人発覚後も判決変わらず→ゾラが無罪主張（「私は弾劾(だんがい)する」）
  →シオニズム運動の開始：ユダヤ人の祖国復帰運動
- 政教分離法（1905）：カトリックの公教育への介入排除

③社会主義運動
- サンディカリズム：議会主義否定、労働組合の直接行動による社会変革をめざす
- **フランス社会党（統一社会党）**成立（1905）

✤ドイツ [☞p.230]

①帝国主義政策
- ヴィルヘルム２世（位1888～1918）の親政開始→ビスマルク辞職
  〈「世界政策」推進〉
  ・**第２次産業革命後の重工業躍進**
  →海軍の大拡張：イギリスに対抗（建艦(けんかん)競争）
  ・3B政策：ベルリン・ビザンティウム（イスタンブル）・バグダードを結ぶ「世界政策」

②社会主義勢力の成長

- **ドイツ社会主義労働者党**（1875）→社会主義者鎮圧法（1878～90）で非合法化
→ドイツ社会民主党（1890）：**社会主義者鎮圧法の廃止（1890）**で復活・改称
- 修正主義：議会主義に基づく社会改良をめざす…**ベルンシュタイン**が主張

✤ロシア

①帝国主義政策

- バルカン半島：パン＝スラヴ主義に基づいて、スラヴ人の民族運動支援
→バルカン半島が「ヨーロッパの火薬庫」に
- 極東進出：露仏同盟（1891～94）→フランス資本の導入…シベリア鉄道建設

②政党の成立

- ロシア社会民主労働党：マルクス主義政党→分裂（1903）
  - ・ボリシェヴィキ（「多数派」の意）（レーニンら）：少数の革命家による急進革命を主張
  - ・メンシェヴィキ（「少数派」の意）：大衆に基礎をおく。漸進的革命を主張
- 社会革命党（社会主義者・革命家党、エスエル、1901）：農民基盤。ナロードニキの流れをくむ
- **立憲民主党**（カデット、1905）：ブルジョワジーの政党

◎ 1905年革命（第1次ロシア革命）

1904～	日露戦争（～05）：戦況の不利、民衆の反戦気運の高揚
1905.1	血の日曜日事件 ●僧ガポンが指導したペテルブルクでの民衆の請願デモに軍隊が発砲 →1905年革命（第1次ロシア革命）：労働者・農民・ブルジョワジーらの運動激化 →ソヴィエト（評議会）が各地に成立 →日露戦争続行断念
.10	十月宣言：ウィッテが起草。ドゥーマ（国会）開設・憲法制定の約束 →革命鎮静化

○革命後の情勢

- ウィッテ首相（任1905～06）：自由主義的改革に着手…ドゥーマ開設（1906）
- ストルイピン首相（任1906～11）：反動政治…ミール解体→農民没落

✤アメリカ合衆国 ［☞p.249 ツボ❷］

○国内情勢

- 産業発展：**工業生産第1位に（1880年代）**。独占資本の形成→反トラスト法
- 労働運動：アメリカ労働総同盟（AFL、1886）…熟練労働者中心
- 移民の増加：新移民（東欧〔スラヴ系〕・南欧〔ラテン系〕）や中国系（のちに日系移民）が増大

ここが共通テストのツボだ!!

ツボ 1 イギリスの帝国主義政策（対外政策）を年号順に整理する！

1874	ディズレーリ保守党内閣成立…帝国主義政策の開始
1875	スエズ運河会社のエジプト所有株買収：ディズレーリ保守党内閣
1877	インド帝国の成立：ディズレーリ保守党内閣
1878	キプロス島の行政権獲得（ベルリン条約）
1880	アフガニスタン**保護国化**
1881	ウ（オ）ラービー運動（～82）→単独出兵・鎮圧 →エジプトを事実上保護国化：グラッドストン自由党内閣 **マフディー運動**（～98）→鎮圧→スーダン進出
1899～	南アフリカ戦争（～1902）：ジョゼフ＝チェンバレン植民地相

- 3C政策：カイロ・**ケープタウン**・カルカッタを結ぶイギリスの世界政策

ツボ 2 アメリカの帝国主義政策（対外政策）のポイントを押さえておこう！

○帝国主義政策本格化：フロンティア**の消滅**（1890）前後より

- カリブ海政策：カリブ海地域を軍事的・政治的に支配
- パン＝アメリカ会議（第1回、1889）→アメリカ合衆国の対中南米外交の場となる

①マッキンリー（共和党、任1897～1901）

- アメリカ＝スペイン戦争（米西戦争、1898）
  →スペインに対するキューバの独立運動に乗じて開戦
  →勝利しスペインからフィリピン・グアム・プエルトリコ獲得
  →キューバを事実上アメリカの保護国とする
- ハワイ併合（1898）：アメリカ＝スペイン戦争中
- フィリピン＝アメリカ戦争（1899～1902）：アギナルド逮捕→勝利
- 門戸（もんこ）開放宣言（1899、1900）：国務長官ジョン＝ヘイ…中国への経済的進出

②セオドア＝ローズヴェルト（共和党、任1901～09）：革新主義

- 「棍棒（こんぼう）外交」：カリブ海政策強化
  →パナマをコロンビアから独立させる（1903）→パナマ運河建設開始（1904）

③タフト（共和党、任1909～13）：「ドル外交」

④ウィルソン（民主党、任1913～21）：「宣教師外交」

チャレンジテスト（大学入学共通テスト実戦演習）

次の文章を読み、後の問いに答えよ。（2021年共テB第2日程）

あるクラスで、鉄道の歴史に関する主題学習を行っている。

先生：19世紀の鉄道の歴史に関係する統計資料を用意しました。**表**を見て気付いたことを発表してください。

表　鉄道営業キロ数　（単位：km）

年	イギリス	フランス	ドイツ	ロシア	インド	アルジェリア
1830	157	31	0	0	0	0
1840	2,390	410	469	(注2) 27	0	0
1850	9,797	2,915	5,856	501	(注3) 32	0
1860	14,603	9,167	11,089	1,626	1,341	(注4) 49
1870	(注1) 21,558	15,544	18,876	10,731	7,634	265
1880	25,060	23,089	33,838	22,865	14,666	1,310
1890	27,827	33,280	42,869	30,596	26,208	3,042
1900	30,079	38,109	51,678	53,234	39,531	3,587

（B.R.ミッチェル編『マクミラン世界歴史統計』、T.Banerjee, *Internal Market of India, 1834-1900* より作成）

注記号を付けた数値については、（注1）1871年、（注2）1838年、（注3）1853年、（注4）1862年のデータを使用。なお、ドイツの鉄道には、オーストリアの鉄道を含まない。アルジェリアの鉄道には、チュニジアの鉄道を含む。

豊田：ドイツとロシアの鉄道営業は、1830年にはまだ始まっていません。

岡田：やがてそのロシアの鉄道営業キロ数が、**表**中の他のどの国よりも大きくなります。ロシアは、その頃までに［ア］います。

先生：ドイツの鉄道建設は、ドイツ関税同盟の発足と同じ頃に始まります。当時のドイツには、［イ］という関税同盟と同様の役割を、鉄道に期待した人もいました。では、**表**から言えることを、**パネル**にまとめてください。

問1　上の会話文中の空欄［ア］に入れる語句**あ・い**と、空欄［イ］に入れる文X・Yとの組合せとして正しいものを、下の①～④のうちから一つ選べ。

［ア］に入れる語句

あ　シベリア鉄道の建設を開始して

い　東清鉄道の一部の利権を日本から譲渡されて

［イ］に入れる文

X　諸邦の分立状態からの統一を促進する

Y　植民地などを含めた排他的な経済圏を作る

① **あ**－X　② **あ**－Y　③ **い**－X　④ **い**－Y

問2 生徒たちがまとめた次の**パネル**の正誤について述べた文として最も適当なものを、下の①～④のうちから一つ選べ。

豊田さんのパネル

表中のイギリス植民地における鉄道営業キロ数が、1900年にはイギリス国内の鉄道営業キロ数を上回っていた。

岡田さんのパネル

七月王政下のフランスにおいて、鉄道営業キロ数がイギリスの3分の1以下、ドイツの2分の1以下の年が**表**中にある。

早瀬さんのパネル

オスマン帝国の支配下に入る前から、アルジェリアでは鉄道が建設されていた。

① 豊田さんのみ正しい。　② 豊田さんと岡田さんの二人が正しい。
③ 三人とも正しい。　④ 三人とも間違っている。

問1 ［答］ ①

あ．ロシアの鉄道営業キロ数が表中の他のどの国よりも大きくなるのは、1900年のこと。ロシアは1890年代の露仏同盟締結後にフランス資本を導入してシベリア鉄道建設を開始している。**い**．19世紀末にロシアは清から東清鉄道敷設権を獲得しており、日本から東清鉄道の一部の利権を譲渡されたのではない。X．1830年代のドイツ関税同盟発足時のドイツは、35君主国と4自由市による連合体であるドイツ連邦であり、諸邦が分立していた。ドイツ関税同盟によって、オーストリアを除外した、プロイセンを中心とするドイツの経済的統一が実現した。Y．世界恐慌後のイギリス・フランス・アメリカが形成したブロック経済圏の説明。以上より、①**あ**－Xが正答である。

問2 ［答］ ①

フランスの七月王政期は1830～48年。**表**の1830年と1840年をみると、どちらもフランスの鉄道営業キロ数はイギリスの3分の1以下であるが、1830年は、フランスがドイツを上回り、1840年は、フランスがドイツより少ないが、2分の1以下ではないため、岡田さんのパネルは誤っている。また、フランスは1830年にアルジェリア出兵を行い植民地としている。アルジェリアがオスマン帝国の支配下におかれたのは16世紀であり16世紀以前にアルジェリアで鉄道営業が行われていたのかどうかが**表**からは確認できないため、早瀬さんの**パネル**は正しいか否か判断できない。豊田さんのパネルの「イギリス植民地」とはインドのことで、**パネル**の内容は正しい。以上より、①が正答である。

34 欧米列強のアジア・アフリカ進出①
アフリカ・西アジア・中央アジア

年	1828	1839	1878	1908
オスマン帝国		タンジマート開始→ミドハト憲法(1876)	ベルリン条約…領土縮小	青年トルコ革命
ガージャール朝	トルコマンチャーイ条約	バーブ教徒の乱(~1852) (1848)	タバコ=ボイコット運動 (1891~92)	イラン立憲革命(~1911) (1905)

1 列強のアフリカ分割

✤アフリカ分割の開始

かつてアフリカは沿岸部の様子しか知られておらず、暗黒大陸と呼ばれていたが、19世紀になると、探検家のリヴィングストンやスタンリーらによって内陸部の探検が行われた。19世紀後半、スタンリーにコンゴを探検させたベルギー王レオポルド2世がコンゴ領有を宣言すると、列強の各国がこれに反発したため、ビスマルクは調停のために(1884~85)ベルリン会議(ベルリン=コンゴ会議)を開催した。この会議で先占権(せんせんけん)などのアフリカ分割の原則が確立すると、列強によるアフリカ分割が本格化した。

✤イギリス：アフリカ縦断政策…エジプトとケープ植民地を結ぶ

①北アフリカ

1875　スエズ運河会社株**買収**：〈保守党〉ディズレーリ内閣

1881~　ウ(オ)ラービー運動(~82)：鎮圧→エジプトを**事実上保護国化**

1881~　**マフディー運動**(~98)：スーダン：ムハンマド=アフマドによる反英・反エジプト闘争→イギリス苦戦(ゴードン戦死)→鎮圧

1898　ファショダ事件：スーダンでフランスと衝突→**フランスが譲歩**

②南アフリカ

1815　ケープ植民地獲得：ウィーン議定書でオランダから獲得
　→ブール人(アフリカーナー、オランダ系移民の子孫)の北方移住
　→トランスヴァール共和国(金鉱発見)・オレンジ自由国(ダイヤモンド鉱発見)を建国

1890　(セシル=)ローズが**ケープ植民地**首相に就任→ローデシア建国(1895)

1899~　南アフリカ(南ア、ブール)戦争開始(~1902)
　・植民地相ジョゼフ=チェンバレンが主導：トランスヴァール共和国・オレンジ自由国併合

1910　南アフリカ連邦成立：**ケープ植民地**など4州で構成される自治領

✤フランス：アフリカ横断政策…**サハラ**と**ジブチ**・**マダガスカル**を結ぶ

①北アフリカ

1830　アルジェリア**出兵**(シャルル10世治世)

1869　**スエズ運河**開通：〈仏〉**レセップス**による開削
1881　**チュニジア保護国化**：イタリアと対立→**三国同盟**の成立（1882、**独・墺・伊**）
1898　**ファショダ事件**：イギリスに譲歩　※これ以後、英・仏がしだいに接近
1904　**英仏協商**
　　　・**イギリスのエジプト、フランスのモロッコにおける優越権相互承認**
1912　**モロッコ保護国化**：〈独〉**ヴィルヘルム2世**との**モロッコ事件**後

②東アフリカ：**ジブチ**港の建設（仏領**ソマリランド**〔1896〕）、**マダガスカル**領有（1896）

✤その他の国のアフリカ政策

イタリアは19世紀後半に**エリトリア**を占領し、フランス・イギリスとともにソマリランドを分割した。さらに19世紀末に**エチオピア**に侵入したが、アドワ(1896)の戦いで敗北した。20世紀初めには**イタリア＝トルコ（伊土）戦争**(1911〜12)でオスマン帝国領のトリポリ・キレナイカを獲得したうえで、**リビア**と改称した。

ドイツは、**カメルーン**・東アフリカ植民地・南西アフリカ植民地を領有した。**ベルギー**は、国王レオポルド2世の私有地として**コンゴ自由国**を樹立し、20世紀初頭にはベルギー政府の直轄地(ちょっかつち)（ベルギー領コンゴ）とした。

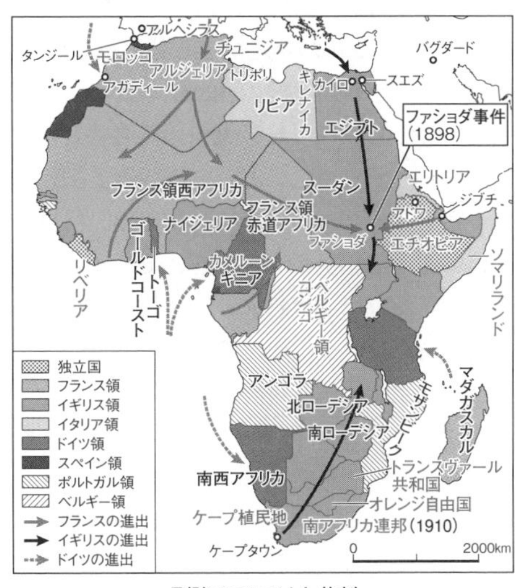

列強のアフリカ分割

ポルトガルは南アフリカのアンゴラ・モザンビークなどを支配した。こうして列強によるアフリカ分割が進み、20世紀初めに独立を維持したのは**エチオピア**と**リベリア**（アメリカの黒人解放奴隷(どれい)が建国）のみとなった。

2　西アジア 

✤オスマン帝国の衰退と近代化

17世紀後半、**第2次ウィーン包囲**(1683)に失敗したオスマン帝国はオーストリアの反撃を受け、1699年にオーストリアなどと結んだ**カルロヴィッツ条約**(1699)で、ハンガリーなど多くの領土を失った。また、大半がオスマン帝国領土であるバルカン半島では、**ギリシア独立戦争**(1821〜29)でギリシアが、アラビア半島では**ワッハーブ王国**(1744頃〜1818、1823〜89)が独立し、地方ではアーヤーン（地方有力者）の自立化が進むなど、帝国の分権化が進んだ。また、産業革命を進める列強にとって、オスマン帝国は重要な市場だったため、各国は通商条約（**トルコ＝イギリス通商条約**など）を結んで、貿易における権益を拡大していった。

その結果、オスマン帝国には欧州各国の製品が流入し、国内の手工業が崩壊した。

◎ **ワッハーブ王国**（1744頃〜1818、1823〜89）

- アラビア半島の豪族**サウード家**が**ワッハーブ派**と提携して建国。メッカ・メディナを占領→ムハンマド＝アリーによって一時滅亡させられる（1818）
  ※**ワッハーブ派**：初期イスラーム教への回帰を説く→神秘主義・シーア派を攻撃

このような状況に対応するため、オスマン帝国は、特権身分化していた**イェニチェリ（歩兵常備軍）**を廃止し西欧式軍隊を創設した。また、アブデュルメジト1世（位1839〜61）は、1839年に**ギュルハネ勅令**を出して**タンジマート**（1839〜76）（恩恵改革）を開始し、行政・司法・財政・軍事など各分野の西欧化を進め、ムスリム・非ムスリムの法の下の平等を宣言した。しかし、**クリミア戦争**（1853〜56）以降戦債が増大したため、オスマン帝国は1870年代に国家財政が破綻した。おもな税収は多国籍の債権者によるオスマン債務管理局に奪われ、帝国は列強への経済的従属を強いられた。

このような情勢の中、帝国内では憲法制定の要求が高まり、1876年、大宰相**ミドハト＝パシャ**によってアジア初の近代的憲法である**ミドハト憲法（オスマン帝国憲法）**が制定された。この憲法では二院制議会・責任内閣制が規定され、宗教・民族にかかわらず、全帝国民を平等な「オスマン人」と規定した。しかし、議会による政府批判を嫌った**アブデュルハミト2世**（位1876〜1909）は**ロシア＝トルコ戦争（露土戦争）**（1877〜78）勃発を口実に1878年**ミドハト憲法**を廃止し、**パン＝イスラーム主義**を掲げて専制政治を復活させた。

しかし、オスマン帝国は**露土戦争**に敗北し、**ベルリン条約**（1878）によって領土が大幅に縮小した。そのため、**ミドハト憲法**復活を要求する人々によって**「統一と進歩団」**（1889頃）（**「青年トルコ人」**）が成立した。そして日露戦争での日本の勝利の影響を受けて、1908年に**青年トルコ革命**（サロニカ革命）が起こり、**ミドハト憲法**が復活し**アブデュルハミト2世**は退位した。

✤エジプト

オスマン帝国の軍人**ムハンマド＝アリー**（位1805〜48）は、民衆の支持を背景にエジプト総督に就任し、エジプトからイギリス軍を撃退し、旧来の支配層であった**マムルーク領主勢力**を一掃した。こうしてエジプトは事実上独立した。ムハンマド＝アリーはフランスの援助を受けて西洋式軍隊の創設、近代工場の建設などの近代化政策を推進し、綿花などの商品作物の栽培を行った。

また、エジプトは、オスマン帝国の要請に応じてギリシア独立戦争の際にオスマン帝国を支援した。その代償としてシリア領有を求めたが拒否されたため、オスマン帝国との間に**エジプト＝トルコ戦争**（1831〜33、1839〜40）が起こった。しかし、エジプトの強大化を恐れたイギリスなどが干渉し、最終的に**ムハンマド＝アリーにはエジプト・スーダン総督の世襲権のみしか認められないこととなった。** **トルコ＝イギリス通商条約**（1838）で、オスマン帝国がイギリス側に治外法権を認め、これが、名目的に帝国の宗主権下にあったエジプトにも適用されたため、エジプトに外国製品が流入することになった。

またエジプトは、フランスとともに**スエズ運河**の開削を行い、1869年に**スエズ運河**が開通した。しかし、エジプトは開削の際に出費が拡大し、国家財政が破綻した。さらに、**イギリスにスエズ運河会社のエジプト持株を売却**（〈保守党〉**ディズレーリ内閣**）すると、英仏の内政干渉が強まった。このような状況下、軍人の**ウ（オ）ラービー**が「エジプト人のためのエジプト」を唱えて立憲制の確立と議会の開設、外国人支配からの解放をめざす**ウ（オ）ラービー運動**(1881~82)を起こした。**イギリスは、単独出兵してこの乱を鎮圧し、1882年にエジプトを事実上保護国とし、第一次世界大戦勃発を機に正式に保護国化した（1914）。**

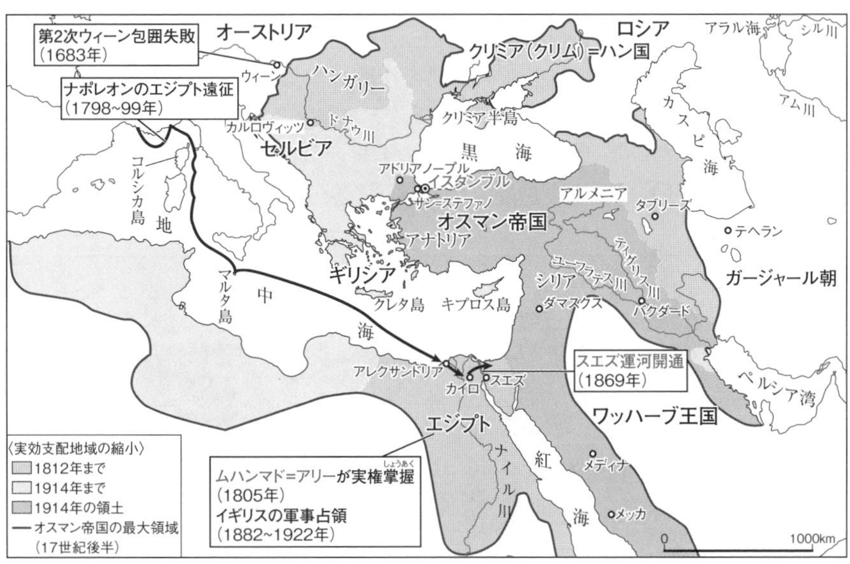

オスマン帝国の解体

◎ パン=イスラーム主義

- **アフガーニー**が提唱（19C後半）
- イスラーム勢力の団結によって、列強に対抗しようとする思想
- エジプトの**ウ（オ）ラービー運動**、イランの**タバコ=ボイコット運動**に影響
- 汽船の発達：メッカ巡礼者増加→イスラームの改革思想が各地に波及

✤イラン・中央アジア西部・アフガニスタン

18世紀末、イランにはトルコ系の**ガージャール朝**(1796~1925)が成立し、都をテヘランにおいた。ガージャール朝は南下してきたロシアとの戦いに敗れ、**トルコマンチャーイ条約**(1828)を結んでロシアにアルメニアなどを割譲し、治外法権を認め関税自主権を放棄した。

また、ロシアと対抗するイギリスもガージャール朝に進出し、最恵国待遇を含む不平等条約を結ばせた。この英露の進出によって窮乏した人々により、**バーブ教徒の乱**(1848~52)が起こったが、イラン政府によって鎮圧された。

19世紀末には、ガージャール朝の国王がタバコの販売・輸出などの独占的利権をイギリス商人に与えたことに対してウラマー・商人が**タバコ=ボイコット運動**(1891~92)を起こし、イギリスからの利権の回収に成功した。これを機にイラン人の民族意識が高揚し、第1次ロシア革命によるロシアの混乱や日露戦争での日本の勝利の影響を受け、**イラン立憲革命**(1905~11)が起こり、憲法が制定され議会が創設された。しかし、英露協商を結んだ英露が介入し、革命は挫折した。

中央アジアには**遊牧ウズベク**の**ヒヴァ=ハン国**・**ブハラ=ハン国**・**コーカンド=ハン国**が繁栄していたが、19世紀になるとロシアが南下し、**ヒヴァ=ハン国**・**ブハラ=ハン国**を保護国化し、**コーカンド=ハン国**を併合した。ロシアのさらなる南下を恐れたイギリスは**アフガニスタン**に進出し、**第2次アフガン戦争**(1878~80)で**アフガニスタン**を保護国化して緩衝地帯とした。その後、1907年にイギリスとロシアは**英露協商**を結び、**イラン北部をロシアの、イラン東南部とアフガニスタンをイギリスの勢力圏とした**。

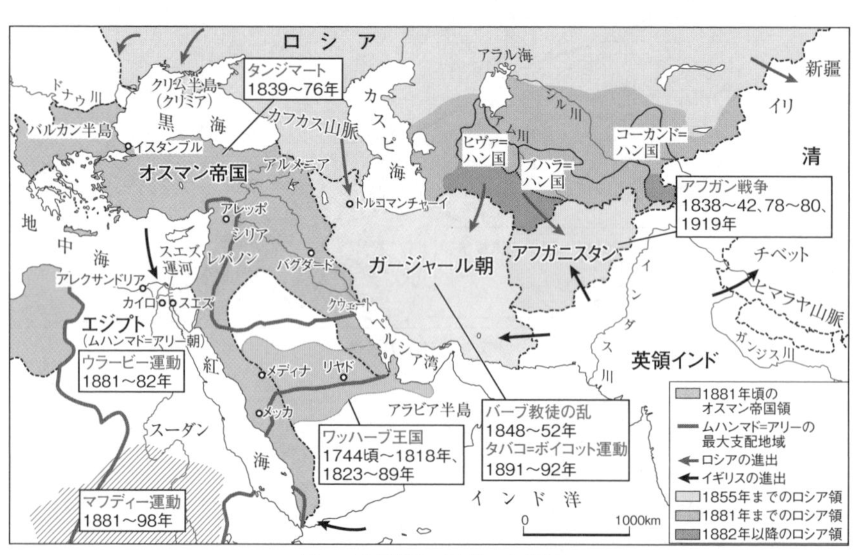

18～19世紀のイスラーム世界

チャレンジテスト（大学入学共通テスト実戦演習）

次の資料1～3は、19世紀のアジア・アフリカで起こった民衆反乱やその指導者に関するものである。（引用文は原文を一部省略したり、改めたりしたところがある。）これを読み、後の問いに答えよ。

（2017年試行調査）

資料1

我等（東学軍）が義を挙げてここに至ったその本意は、（中略）民衆を塗炭の苦しみから救うことにある。内には暴虐な官吏の首をはね、外には横暴な強敵の群を駆逐することにある。両班と富豪の前に苦痛にあえいでいる民衆と、地方官の下に屈辱をなめている小吏らは、（中略）少しもためらうことなく、ただちに立ち上がれ。

資料2

ファールス地方で、バーブと称するセイイド＝アリー＝ムハンマドが出現した。（中略）彼は、自らを千年もその出現を待望されたイマーム（イスラーム教の指導者）であると述べ、さらに進んで預言者であるとの主張を行った。（中略）彼は捕らえられて投獄された。（中略）知事が彼をシーラーズからイスファハーンに移し、そこに留めた。

資料3

愛する者よ、私と私の支援者たちとは、マフディーの位がこの卑しい身である私にもたらされる以前は、あなた（イスラーム教の一派サヌーシー派の指導者）が宗教を復興してくれるのを待望していた。（中略）この手紙があなたに届いたら、あなたの地方において（中略）ジハードを行うか、あるいはわれわれのもとに移住して来なさい。

問1 資料1と資料2に関わる反乱が起こる直前のそれぞれの地域の状況について述べた次の文aとbの正誤の組合せとして正しいものを、下の①～④のうちから一つ選べ。

a　**資料1**：日本との協約によって、外交権を喪失していた。
b　**資料2**：2度のイギリスとの戦争によって、その保護国となっていた。

①　a－正　b－正　　②　a－正　b－誤
③　a－誤　b－正　　④　a－誤　b－誤

問2 資料3における「私」を指導者とする反乱が起こった地域の名と、その位置を示す次の地図上のaまたはbとの組合せとして正しいものを、下の①～④のうちから一つ選べ。

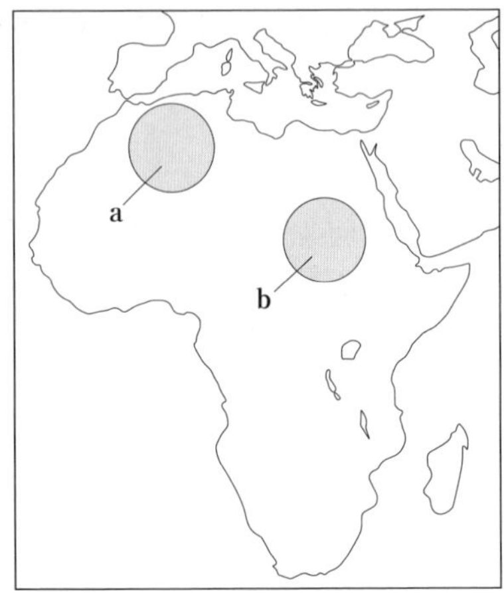

① スーダン－a　　② スーダン－b
③ アルジェリア－a　　④ アルジェリア－b

問1 [答] ④

a. **資料1**は1894年に朝鮮で起こった**甲午農民戦争**(東学の乱)についてのものであり、日本が第2次日韓協約によって大韓帝国の外交権を奪って保護国化したのは1905年のことなので、誤文である。b. **資料2**は、ガージャール朝期のイランで19世紀半ばに起こった**バーブ教徒の乱**についてのものであり、この時代のガージャール朝はイギリスの保護国となっていないため、誤文である。したがって、正答は④である。

問2 [答] ②

資料3は、19世紀後半にスーダンで起こった**マフディー運動**についてのものである。なお、地図中のaはアルジェリアである。

問3 資料1〜3に関連して述べた次の文中の空欄 ア に入れる内容として適当なものを、下の①〜④のうちから一つ選べ。

これらの反乱は、列強の政治的・経済的進出や国内の支配層の抑圧のために従来の生活習慣を破壊された民衆が、 ア から起こったものであった。

① 既存の伝統的な宗教や文化によりどころを求めたこと
② ヨーロッパの政治思想を吸収して政治意識に目覚めたこと
③ 民族意識を覚醒させ、国民国家の建設を目指す運動を激化させたこと
④ 社会主義思想に基づく経済的・社会的平等の実現を目指したこと

問3 [答] ①

資料1は、在来の民間信仰に儒・仏・道3教に民間信仰を加えた東学に、**資料2**は、イスラーム教シーア派系のバーブ教に、**資料3**では、イスラーム教における救世主であるマフディーによりどころを求めたことが読み取れるため、①が正答である。

 RANK 

35 欧米列強のアジア・アフリカ進出②
南アジア・東南アジア・太平洋

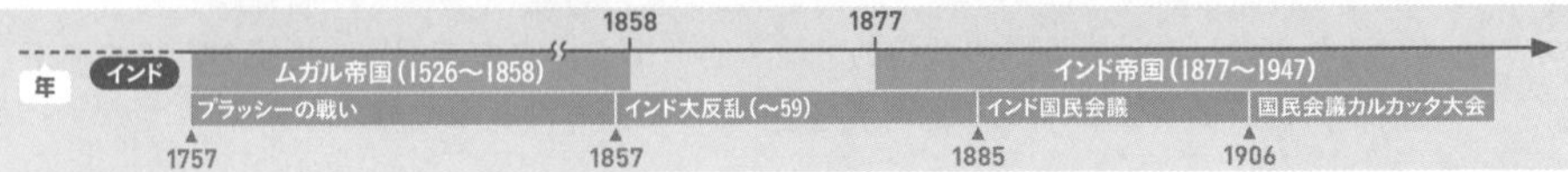

1 南アジアの植民地化と民族運動

✤イギリスのインド進出

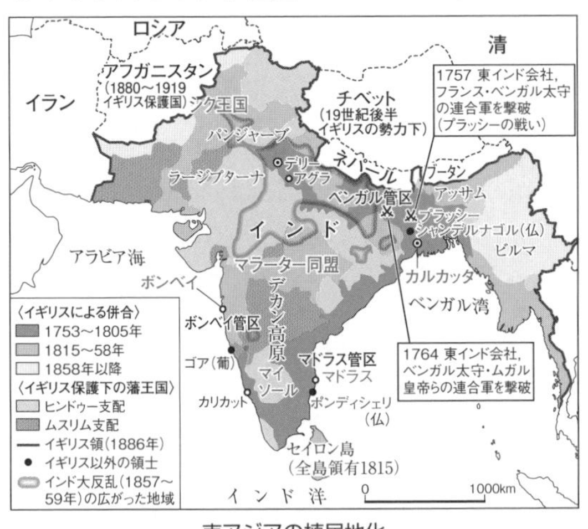

南アジアの植民地化

インドに進出した英仏は対立し、**プラッシーの戦い**(1757)でイギリスがフランス・ベンガル太守連合軍を破ってインドでの優位を確立した。その後、イギリスはベンガル地方などの徴税権を獲得してインドの植民地支配を本格化させた。南インドでは**マイソール戦争**(1767〜99)で**マイソール王国**を、デカン高原では**マラーター戦争**(1775〜1818)でヒンドゥー教勢力の**マラーター同盟**を、パンジャーブ地方では**シク戦争**(1845〜49)で**シク王国**を滅ぼしてインド全域を支配した。さらに、1815年のウィーン議定書で**セイロン島**を獲得した。また、**アジア貿易を独占していた東インド会社は、自由貿易を求めるイギリスの自由主義者や商人の批判が高まったため、19世紀前半にはインド貿易独占権、次いで中国貿易独占権が廃止されて商業活動を停止し、単なるインド統治機関となった。**

従来、イギリスはインド産綿布を輸入していたが、産業革命後はインドから綿花を輸入し、自国で加工した綿製品をインドに輸出するようになった。この結果インドはイギリスの原料供給地・製品市場に転落し、イギリス産綿布の流入によってインドの伝統的綿織物業は壊滅した。また、イギリスがインドに綿花・藍(あい)・アヘンなどの栽培を強制したため、インドの自給自足的村落共同体は崩壊した。

さらに、**イギリスはインドに近代的地税制度を導入し、土地所有者を確定し地税納入義務を課した**(**ザミンダーリー制**…領主層に土地所有権を認め徴税。**ライヤットワーリー制**…農民に土地所有権を認め徴税)。それまでの**インドの伝統的農村は様々な職業の人々で構成され、農作物生産に直接関わらない職業の人間も、農村での仕事に**

応じて収穫の一部を得る権利をもっていた。しかし、近代的地税制度が導入された結果、土地所有者は1名だけとされたため、ほかの村民は権利を失い没落した。

インドの人々がイギリスの支配に不満を強める中、1857年に東インド会社のインド人傭兵(シパーヒー)が反乱を起こした。この反乱は旧支配層や旧地主層、農民、手工業者など、イギリスのインド支配によって没落した幅広い階層の人々が参加する大規模なものとなった(**インド大反乱**(1857~59))。反乱軍は**デリー**を占拠してムガル皇帝を擁立したが、イギリスはこの乱のさなかに**ムガル帝国**を滅ぼし、**東インド会社**を解散させてインドを本国政府の直接統治下におくに至った。そして、1877年にイギリスの保守党**ディズレーリ**内閣は、本国の**ヴィクトリア女王**を皇帝とし、政府直轄領と自治を認められた500程度の**藩王国**からなる**インド帝国**(1877~1947)を成立させた。

✤インドの民族運動の高揚

インドで、ヨーロッパの近代教育を受けた知識人が成長すると、サティー(寡婦殉死)の反対運動が起こった。また、彼らを中心に植民地支配下での差別と不平等に対する不満が高まり、民族意識が高揚し始めた。一方、イギリスにはインド人エリートを植民地支配の協力者として利用しようとする考えが生まれ、イギリスの呼びかけから1885年に**インド国民会議**(1885)が成立した。インド国民会議は当初は穏健な団体であったが、しだいに反英運動の中心となっていった。

1905年、イギリスは民族運動の盛んなインドのベンガル州をヒンドゥー教徒居住地とイスラーム教徒居住地に分割し(**ベンガル分割令**(1905))、民族運動の分断を図った。これに対しインド国内で反対運動が起こり、1906年に反英急進派の**ティラク**らの指導で**国民会議カルカッタ大会**(1906)が開催された。この大会では**英貨排斥**・**スワデーシ**(国産品愛用)・**スワラージ**(自治獲得)・**民族教育**の4綱領が決議されて、イギリスの植民地支配に対抗する姿勢が示された。これにより、インド国民会議は政治組織の**国民会議派**へと変貌した。しかし、国内で少数派であることに危機感を抱いたムスリムの保守特権層が、親英的な**全インド=ムスリム連盟**を結成し、民族運動の分裂が始まった。

2 東南アジアの植民地化と民族運動 

✤インドネシア

オランダは18世紀半ばに**マタラム王国**(16C~1755)を滅亡に追い込み、ジャワ島の大半を支配した。19世紀前半、オランダの支配に反発する**ジャワ戦争**(1825~30)が起こり、オランダはこれを鎮圧したものの、オランダ国内の財政は悪化した。オランダは財政再建のため、ジャワの農民にコーヒー・サトウキビ・藍などの商品作物を栽培させて安価で買い上げる**強制栽培制度**を導入した。また、オランダはスマトラ島にも支配を伸ばして**アチェ王国**を滅ぼし、現在のインドネシアにあたる**オランダ領東インド**植民地を形成した。

その後、インドネシアには、西洋式教育を受けた知識人の間に民族的な自覚が生まれ、20世紀初めに知識人層や商人層を中心に**イスラーム同盟(サレカット=イスラム)**

が結成された。

✤ビルマ・マレー半島

イギリスは、インド・中国間の航路の中継点として、マレー半島の**ペナン**・**シンガポール**・**マラッカ**を獲得し、19世紀前半にこれらをあわせて**海峡植民地**とした。さらに、マレー半島のムスリム人諸国家を次々と支配下におき、19世紀末に**マレー連合州**を成立させ、**インド人**や**中国人**の労働者を用いて錫(すず)鉱山や**ゴム**園の経営を行った。また、19世紀には**ビルマ戦争**(1824〜86)で**コンバウン(アラウンパヤー)朝**を滅ぼし、ビルマをインド帝国に編入した。

✤フィリピン

スペイン支配下のフィリピンでは、**ホセ=リサール**が平和的方法による独立をめざした。1896年には**フィリピン革命**が勃発し、1898年に**アメリカ=スペイン戦争(米西戦争)**(1898)が起こると、革命軍はスペインの支配からの解放を進め、1899年には**アギナルド**を大統領とする**フィリピン(マロロス)共和国**を樹立した。しかし、アメリカ=スペイン戦争に勝利してスペインからフィリピンの領有権を得たアメリカが、フィリピンに侵攻して**フィリピン=アメリカ戦争**(1899〜1902)が勃発し、フィリピンは敗れてアメリカの植民地とされた。

✤ベトナム・カンボジア・ラオス

ベトナムでは、19世紀初めにフランス人宣教師ピニョーの援助を受けた**阮福暎**(げんふくえい)が西山(せいざん)朝政権を打倒して**阮朝**(げん)(1802〜1945)を創始し、都をフエ(ユエ)においた。阮朝は清(しん)の冊封(さくほう)を受けて国号を**越南国**(えつなん)とし、清の制度を導入して、アヘン戦争の情勢を見てキリスト教を禁止した。

1858年、フランスは宣教師殺害事件を口実にして仏越戦争(1858〜62)を起こし、ベトナムからコーチシナ東部とサイゴンを得た。1863年にはフランスは**カンボジアを保護国**とし、ベトナム北部では**劉永福**(りゅうえいふく)の**黒旗軍**(こっき)の抵抗を受けたが、1880年代にはベトナムを保護国化した。これに対して、ベトナムの宗主権を主張する清が反発し、**清仏戦争**(1884〜85)が起こった。勝利したフランスは清と**天津条約**(てんしん)(1885)を結び、清はベトナムの宗主権を放棄した。こうして、フランスの東南アジアの植民地である**フランス領インドシナ連邦**が成立し、総督府(そうとくふ)をハノイにおいた。1890年代末にフランスは**ラオス**を保護国化し、連邦に編入した。

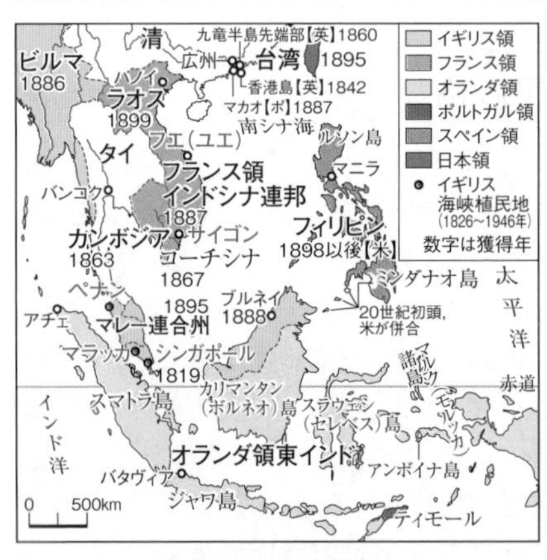

東南アジアの植民地化

その後ベトナムでは、**ファン=ボイ=チャウ**が**維新会**を結成して民族運動を開始し、日露戦争で日本が勝利すると、日本への留学運動である**東遊(ドンズー)運動**を推進した。しかし、日本が日仏協約を締結後に在日ベトナム留学生を弾圧したため、運動は挫折した。

✤タイ

18世紀後半、タイではバンコクを都とする**ラタナコーシン(チャクリ)朝**(1782〜)が成立した。19世紀になると、タイは欧米諸国と不平等条約を結んで開国したが、イギリスとフランスの緩衝地帯として独立を維持し、**チュラロンコン(ラーマ5世)**(位1868〜1910)によって近代化を進めた。

3 太平洋分割 

✤オーストラリアとニュージーランド

オーストラリア(先住民**アボリジニー**)とニュージーランド(先住民**マオリ人**)には、18世紀後半にイギリスの**クック**が到達した。

オーストラリアは18世紀後半にイギリスの流刑植民地となり、19世紀初めから自由移民が開始され牧羊業が発達した。19世紀半ばに**金鉱**が発見されるとゴールドラッシュによって人口が急増したが、白人とアジア系移民の衝突が起こった結果、**白豪主義**と呼ばれる白人中心主義がとられ、アジア系移民が制限された。ニュージーランドもイギリスの植民地になり牧羊業が発達し、19世紀末には世界初の国政における女性参政権が実現した。また、**オーストラリアは1901年に、ニュージーランドは1907年にイギリスの自治領となった。**

✤ハワイ

18C後半	〈英〉**クック**の到達
18C末	カメハメハ朝(〜1893):カメハメハ1世が全島統一(19C初) →親米系市民の反乱(1893)→**リリウオカラニ女王**の退位
1898	アメリカが併合:**マッキンリー**大統領の時代

✤その他

- フランス:タヒチ…〈仏〉**ゴーガン**が滞在
- ドイツ:ビスマルク諸島
- アメリカ:**グアム島**(1898)

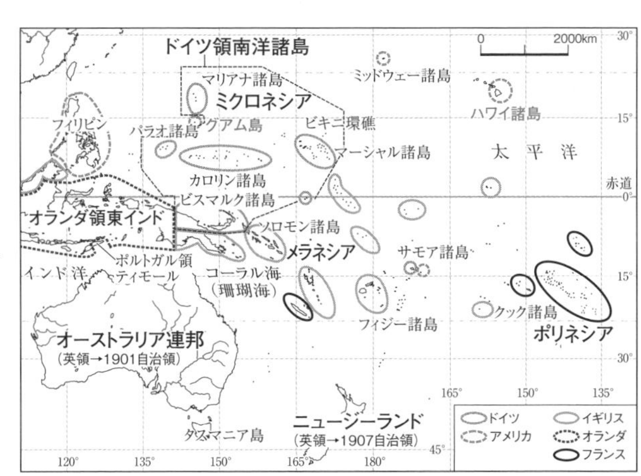

列強によるオセアニアの占有

チャレンジテスト（大学入学共通テスト実戦演習）

次の文章を読み、後の問いに答えよ。（2022年試作問題「歴史総合、世界史探究」）

佐々木さんの班は、近代アジアの女性に関する資料を基に、主題を踏まえて考察を行った。次の文章は、その考察をまとめた**レポート**である。

レポート

カルティニ(1879〜1904年)は、ジャワ島中部で貴族の家庭に生まれ育った女性である。現地のヨーロッパ人小学校で学んだ後に、書籍や雑誌を通じて思索を深めていった。彼女は、ジャワや宗主国で発行された［ア］語雑誌への記事執筆や文通などを通じて、女性の地位向上などジャワ社会の変革を目指して活動したが、その道のりは平坦（へいたん）なものではなかった。次に引用する手紙からは、彼女の思想の持つ複雑さと重層性を読み取ることができる。

> 雑誌社が何度も私の書簡を掲載させてくれと頼んできたのも、なぜかと言えば、宣伝のためですよ。生粋の東洋の娘、“本物のジャワ人少女”からの手紙、ヨーロッパ文明になじみつつある東洋人の考えがヨーロッパ語の一つで書かれてあるなんて、ああ、なんて彼らにとって魅力的ではありませんか。

この皮肉に満ちた一節は、彼女が、自身の言論活動が宗主国の人々からどのように認識されていたのかを自覚していることと、それに対する彼女の強い嫌悪感とを示している。にもかかわらず、カルティニが［ア］語での言論活動を続けたのは、彼女が生きた時代に見られた植民地支配の変化によって、彼女の言論活動が可能になったことを認識しており、これを続けることが、女性の地位向上などを達成するのに最良だと考えたからであろう。

私たちはここから、様々な制約や困難に直面しながらも、よりよい方法を見つけ出して最大限に利用しようとする彼女のしたたかさを学ぶことができる。

問1 文章中の空欄［ア］に入る言語を推測する根拠となる事柄について述べた文として最も適当なものを、次の①～④のうちから一つ選べ。

① 多くの中国系労働者が、東南アジアに流入していた。
② インドネシアでは、イスラーム教徒が最大多数だった。
③ ヨーロッパの宮廷では、フランス語が広く用いられていた。
④ ジャワ島は、オランダが支配していた。

問2 レポートを参考にしつつ、カルティニの言論活動を可能とした植民地支配の変化あ・いと、カルティニが宗主国の人々の認識に嫌悪感を抱いた背景X・Yとの組合せとして正しいものを、後の①～④のうちから一つ選べ。

植民地支配の変化

あ　宗主国が、植民地住民の福祉や教育を重視するようになった。

い　宗主国が、植民地での重化学工業の発展を重視するようになった。

カルティニが嫌悪感を抱いた背景

X　宗主国の人々が、支配地域における人々の文明化を責務と考えていたこと。

Y　宗主国の人々が、農業の集団化や工業の国有化によって、社会主義の実現を目指したこと。

①　**あ**－X　　②　**あ**－Y　　③　**い**－X　　④　**い**－Y

問1　[答]　④

レポートの3行目に「ジャワや宗主国で発行された ア 語雑誌」とあることから、ジャワ島・スマトラ島など現在のインドネシアを**オランダ**が植民地化していたことを思い出そう。また**レポート**の9行目に「東洋人の考えがヨーロッパ語の一つで書かれてあるなんて」とあることから、空欄 ア は「オランダ」であると推測できる。よって④が正答。

問2　[答]　①

カルティニの言論活動が可能になったのは、**あ**にあるように宗主国（オランダ）が、植民地住民の福祉や教育を重視したからと考えられる。**い**の重化学工業の発展は、言論活動を可能にすることとは直接結びつかない。また、Xについては、**レポート**の9行目以降を読むと、カルティニは、“東洋人の考えがヨーロッパ語の一つで書かれることは雑誌社にとって魅力的だと思われる”ことに嫌悪感を示していると考えられる。なお、オランダは社会主義国ではないため、Yは該当しない。よって①が正答。

36 欧米列強のアジア・アフリカ進出③ 東アジア

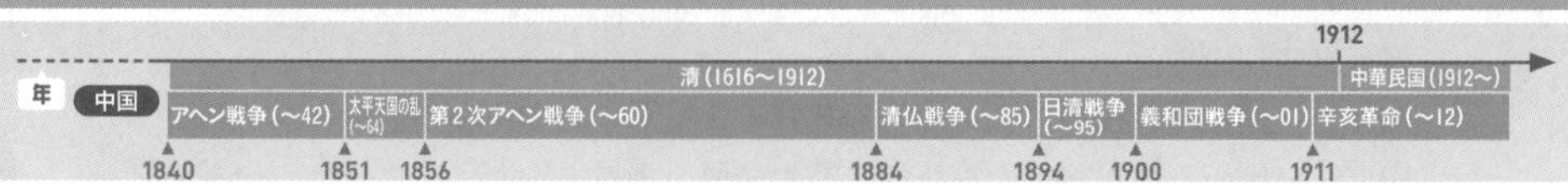

1 清末の国内情勢とイギリスの進出

✤清末の国内情勢

清では**乾隆帝**(位1735～95)治世の末期頃から、官僚の腐敗や重税による民衆の**窮乏**などによって社会不安が増大した。急速な人口増加によって耕作地が不足したため土地獲得競争が起こり、競争に敗れた民衆は山間部に移り住み、貧しい生活を強いられるなど貧富の差が拡大した。このような状況下で**白蓮教徒の乱**(1796～1804)が起こったが、鎮圧には地方有力者の私兵である**郷勇**が活躍し、**八旗**など清朝軍隊の無力化が露呈した。

✤イギリスの経済的進出とアヘン戦争

18世紀後半以降、イギリスは対中国貿易をほぼ独占するようになったが、清は1757年以降貿易港を**広州**1港に制限し、特許商人の組合である**行商(公行)**が貿易を独占した。また**当時のイギリスでは茶の需要が増大し、清から茶を輸入したが、イギリスの清への綿製品輸出は伸びず、一方的に銀を支払うこととなったため、イギリスから大量の銀が流出した(片貿易)**。打開策として、イギリスは清に開港場の増加と行商の廃止を要求し、**マカートニー**、アマーストを派遣したが、失敗した。

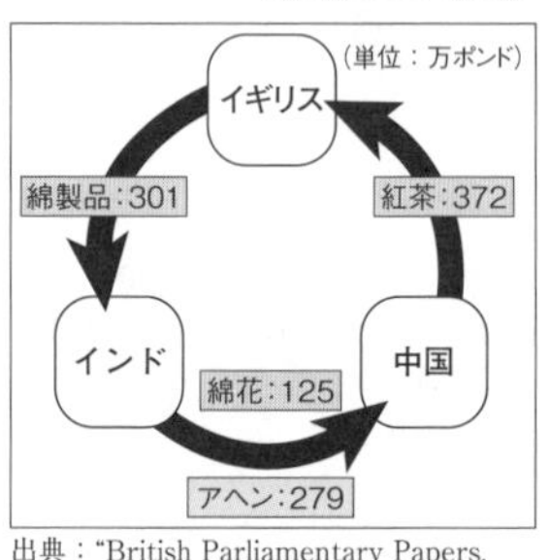

出典："British Parliamentary Papers, 1859"より作成

三角貿易(1839年時点)

そこでイギリスは、**インドにイギリス産綿製品を、中国にインド産アヘンを、イギリスに中国産の茶を運ぶ三角貿易を始めた**。アヘンは清で吸飲が禁止されていたが、需要が高く高額で取引されており、清からイギリスへの銀の流出が進んだ。また、イギリス東インド会社の中国貿易独占権が廃止されると、多くの企業・商人が対中貿易に参入したため清からの銀流出はさらに増大して経済は混乱し、国内ではアヘン中毒者が増大した。

この状況を打開するため、清は**林則徐**を広州に派遣し、林はイギリス商人からアヘンを没収・廃棄し、イギリス商人を圧迫した。これに対してイギリスは、国家が貿易に介入するのは自由貿易に反すると主張して開戦した(**アヘン戦争**(1840～42))。敗北した清はイギリスと**南京条約**(1842)を結び、イギリスに**香港島**の割譲と**賠償金**の支払いを承認した。また**広州**・**厦門**・**福州**・**寧波**・**上海**の5港を開港し、**行商を廃止**した。その後清は、五港(五口)通商章程でイギリスの**領事裁判権**を承認し、**虎**

門寨追加条約で**関税自主権**を喪失（協定関税制）し、さらにイギリスに対して（片務的）最恵国待遇を承認した。また、清は、他国とも同様の不平等条約を結び（フランス…**黄埔条約**、アメリカ…**望厦条約**）、上海に最初の**租界**（外国人居留地）を開設した。

2 第2次アヘン戦争（アロー戦争）・太平天国の乱と洋務運動 ★★☆

✤第2次アヘン戦争（アロー戦争）

アヘン戦争によって開港場は増加したが、イギリスの清への綿製品輸出はあまり伸びず、イギリスはさらなる開港場増加の機会をうかがっていた。1856年、イギリスは**アロー号事件**、フランスは宣教師殺害事件を口実に共同出兵し、**第2次アヘン戦争**(1856~60)（**アロー戦争**）が勃発した。英仏軍は広州占領後に天津に迫り、清と**天津条約**(1858)を結んだ。しかし、批准書交換に来た英仏使節の入京を清軍が武力で阻止したため戦争は再開し、英仏軍は北京を占領して**円明園**（北京郊外の離宮・庭園）を破壊し、天津条約を補強する**北京条約**(1860)を結んだ。これ以後、外国商品が清に大量に流入するようになり、清の社会・経済は大きな打撃を受けた。また、この頃**アヘン貿易**が公認された。

> ◯ **北京条約**（1860）
> - 11港の開港場：南京・天津など　●賠償金　●イギリスに**九竜半島先端部**割譲
> - **キリスト教布教の自由**　●**外国人の内地旅行の自由**
> - **外国公使（外交官）の北京駐在**　※清、外交事務官庁の**総理（各国事務）衙門**設置（1861）

✤ロシアの南下

ロシアの東シベリア総督ムラヴィヨフは、アロー戦争に乗じて清と**アイグン（愛琿）条約**(1858)を締結し、**アムール川（黒竜江）**以北をロシア領とした。その後、ロシアはアロー戦争の講和を仲介し、その代償として清と**北京条約**(1860)を結び、清との共同管理地であった**沿海州（ウスリー川以東）**を獲得し、同年**ウラジヴォストーク**の建設を開始して極東経営の拠点とした。また、新疆のイスラーム教徒の反乱に乗じて出兵しイリ地方

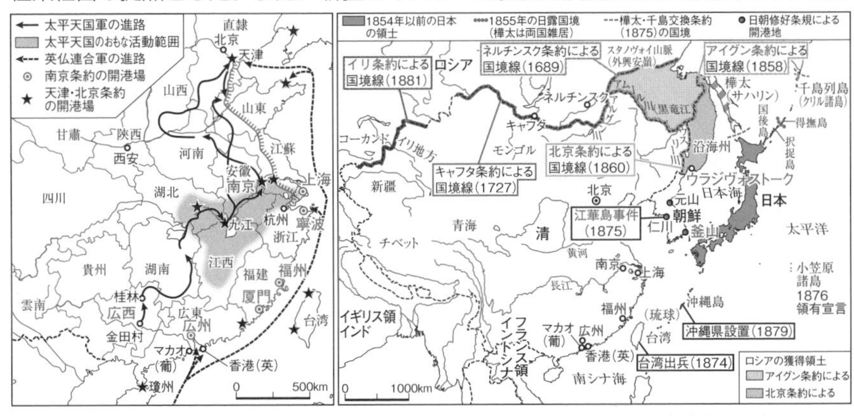

第2次アヘン戦争（アロー戦争）と太平天国　　19世紀後半のユーラシア東部

を占領した（イリ事件）。その後清とイリ条約を結んで、ロシアはイリ地方を清に返還したが、国境を有利に画定し、通商上の特権を得た。

✤太平天国の乱

アヘン戦争後、賠償金支払いなどによって銀が流出すると、清国内の銀価が高騰した。民衆は普段は銅貨を使用していたが納税の際に銀と交換しており、銀価の高騰は実質的な増税となり民衆は窮乏した。このような中、客家出身の**洪秀全**はキリスト教系宗教結社の**上帝会**を結成し、広西省で挙兵した（**太平天国の乱**）。反乱軍は**太平天国**を建て、南京を占領して**天京**と改称した。また同時期に、**捻軍**や**回民**も蜂起した。

太平天国の乱は**「滅満興漢」**を唱え、満洲人の風習である**辮髪**を廃止するなど民族主義的な性格をもっており、**纏足**やアヘン吸飲を禁止することなどにより清の悪習を廃止した。また、土地均分をめざす**天朝田畝制度**を制定したが、実施されなかった。

しかし太平天国は、**曽国藩**の**湘軍（湘勇）**や**李鴻章**の**淮軍（淮勇）**などの**郷勇**や、アメリカの**ウォード**やイギリスの**ゴードン**が指導した洋式装備の中国人部隊である**常勝軍**の攻撃を受け、1864年に天京が陥落して滅亡した。

✤洋務運動

アロー戦争と太平天国の乱ののち、清には一時的な平和が訪れた（**「同治中興」**、**同治帝**の母にあたる**西太后**が実権掌握）。

アロー戦争に敗北して近代化の必要性を痛感した清は、漢人官僚の**曽国藩**、**李鴻章**らを中心に富国強兵を図り、洋式軍隊の導入、鉱山開発、電信敷設などを推進した（**洋務運動**）。しかし**この運動は、中国の伝統的な道徳倫理を根本として西洋技術を利用するという「中体西用」の性格をもつものであり政治体制の変革は行われなかった**。その後、清が**清仏戦争**や**日清戦争**に敗北したことで、洋務運動の限界が露呈した。

3　朝鮮の開国・日清戦争

✤日本の開国

1853	〈米〉**ペリー**が浦賀に来航
1854	**日米和親条約**：〈日〉老中首座 阿部正弘 〈米〉ペリー ・**下田**・**箱館**の2港開港　・燃料・食料などの供給 ・アメリカ側にのみ最恵国待遇を認める
1855	**日露和親条約**（**日露通好条約**） ・下田・箱館・長崎を開港→長崎は最恵国待遇によってアメリカなどにも開港 ・千島…択捉・得撫島間を国境とする。樺太は国境を設けず雑居地とする
1858	**日米修好通商条約**…〈日〉大老 井伊直弼 〈米〉ハリス ・神奈川・長崎・新潟・兵庫の4港開港（実際は神奈川→**横浜**、兵庫→**神戸**） ・開港場に**居留地**設置、居留地での自由貿易 ・片務的最恵国待遇の継続 ・日本がアメリカに領事裁判権を認め、関税自主権を喪失

✤朝鮮の開国と日清戦争

清の宗主下にあり、朝鮮国王高宗の摂政であった大院君は、**鎖国・攘夷政策をとり、各国の開国要求を拒否した**。その後、高宗の妃である**閔妃**の一族（閔氏）が大院君にかわって政権を握った。1875年、朝鮮の漢城（現在のソウル）防衛の拠点に日本の軍艦が侵入して、両国が交戦した（江華島事件）。この事件をきっかけに日本が朝鮮に開国をせまった結果、翌年日朝修好条規が結ばれて朝鮮は開国し、釜山・仁川・元山の3港を開港した。また、この条約は朝鮮が日本に領事裁判権を認め、関税自主権を喪失するという不平等なものであった。

開国後、朝鮮国内では近代化政策が始まったが、これに不満をもつ兵士が大院君を擁立して閔氏一族と日本公使館を襲撃した（壬午軍乱）。これに対して日清両軍が出兵したが、先に出兵した清が大院君を捕らえて反乱を鎮圧し、朝鮮の宗主国としての影響力を強化した。これに対し、朝鮮国内では清への対応をめぐって意見が分かれ、閔氏を中心とする親清の事大党と金玉均を中心とする親日の**開化派**（独立党）が対立した。金玉均は日本の支援を受けクーデタを起こしたが、清軍が介入し失敗に終わった（甲申政変）。日清両国は、翌1885年に天津条約を結び、朝鮮からの撤兵と出兵の際の事前通告を約束した。

1894年、東学を信仰する農民が、全琫準の指導のもと反乱を起こした（甲午農民戦争〔東学の乱〕）。朝鮮政府は清に派兵を求め、清が出兵すると日本も朝鮮に居留する日本人の保護を名目に出兵し、両国が衝突して日清戦争が起こった。これに勝利した日本は、清との間に下関条約を結び、日本は清から遼東半島・台湾・澎湖諸島と賠償金を獲得した。また、清は朝鮮の宗主権を放棄した。

下関条約締結後、ロシアはフランス・ドイツとともに、日本に対して清への遼東半島返還をせまり（三国干渉）、日本は追加の賠償金と引き換えに清に遼東半島を返還した。この結果、日露間に対立が生じた。またロシアは、三国干渉の代償として清から東清鉄道の敷設権を獲得した。一方、日清戦争後、閔妃が親露派と結んで勢力を強めたため、日本の軍人は**閔妃**を殺害した。これを受けて、高宗はロシア公使館に逃れ、親露派政権が成立した。1897年、高宗は皇帝に即位し、国号を大韓帝国とした。

4 戊戌の変法と義和団戦争

1898年、清の光緒帝のもとで**公羊学派**の康有為と梁啓超が、**日本の明治維新を模範とし立憲君主制をめざす改革（戊戌の変法）を開始した**。しかし西太后ら保守派の反発を受け、康有為らは日本に亡命して運動は失敗した（戊戌の政変）。

列強の中国進出が加速すると、排外運動も激化した。山東で宗教的武装集団の義和団が「扶清滅洋」を唱えてキリスト教会や鉄道を破壊し、北京の外国公使館を包囲した。清の保守派は義和団を利用して列強に対抗しようとし、列強に宣戦を布告した。これに対し列強は共同出兵し、清側は敗北した（義和団戦争）。戦後、清は列強と北京議定書（辛丑和約）を結び、賠償金の支払いと列強の北京駐屯権を認めた。

5 日露戦争（1904～05）と韓国併合

義和団戦争に際し大軍を派遣したロシアは、中国東北地方から撤退せず、華北や朝鮮への進出を図ったため日本との対立が深まった。日本は、ロシアの南下を警戒したイギリスと**日英同盟**を結び、**日露戦争**が勃発した。日本は、日本海海戦などで勝利したが国力は消耗した。一方、ロシアも国内で第1次ロシア革命が起こり、戦争続行が困難となった。そのため両国は1905年に、アメリカ合衆国の仲介のもと**ポーツマス条約**を結んだ。この条約で日本はロシアから**遼東半島南部**（**旅順**・**大連**）の租借権、**南樺太**、長春・旅順間の東清鉄道（のちの**南満洲鉄道**）の利権を獲得し、韓国の保護権を得た。しかし、日本は賠償金を得られなかったため、国民の不満が募り、日比谷焼き打ち事件などの暴動が起こった。この**日露戦争**における日本の勝利は、アジアの民族運動を刺激した。

日露戦争後、朝鮮からロシアの影響を排除した日本は、1905年に**第2次日韓協約を結んで大韓帝国の外交権を奪い保護国化**し、**伊藤博文**を初代統監とする**統監府**を設置した。これに対して高宗は、ハーグ万国平和会議に密使を派遣して日本の暴挙を提訴しようとしたが失敗し（**ハーグ密使事件**）、日本によって退位させられた。反日武装闘争である**義兵運動**が行われる中、1909年に安重根によって**伊藤博文**がハルビンで暗殺されると、1910年に日本は**韓国を併合**して植民地として、その名称を朝鮮とし、**朝鮮総督府**を設置した。

6 中国の革命運動と清の滅亡

義和団戦争後、改革の必要にせまられた清は**光緒新政**と呼ばれる改革を開始し、**科挙**の廃止、**新軍**の整備、**憲法大綱**の発布や**国会開設**の公約を行った。しかし改革のための増税は、地方有力者や民衆の反発を招いた。

一方、清朝打倒をめざす革命運動も盛んになった。**孫文**は民族の独立・民権の伸張・民生の安定からなる**三民主義**を唱え、自身が結成した興中会などの革命諸団体を統合して、1905年には亡命先の東京で**中国同盟会**を結成した。

1911年、**清朝政府による幹線鉄道の国有化に対し、利権回収運動を推進していた民族資本家らが反発し、四川暴動が起こった**。これを機に革命派が蜂起し（**武昌蜂起**）、**辛亥革命**が開始された。多くの省が清からの独立を宣言し、1912年に孫文を臨時大総統とし、**南京**を都とする**中華民国**が成立した。清は、軍隊を有する**袁世凱**に革命側と交渉させたが、清を見限った袁世凱は**宣統帝（溥儀）**の退位と共和政の維持を条件に、孫文にかわって臨時大総統となった。その後袁世凱は孫文や**国民党**を弾圧し、**第二革命**鎮圧後正式に大総統に就任して独裁を確立した。一方、孫文は東京に亡命し**中華革命党**を結成した。

ここが共通テストのツボだ!!

ツボ ① 列強の中国分割について地図とともに押さえておこう！

日清戦争敗北後、清は日本に対する賠償金の調達に苦しみ、列強からの借金と引き換えに租借地や鉄道敷設権などの利権を提供したため、列強による中国分割が進んだ。

- ロシア……遼東半島南部（旅順・大連）を租借
  中国東北部を勢力圏
- ドイツ……膠州湾（青島）を租借
  山東半島を勢力圏
- イギリス…威海衛、九竜半島（新界）を租借
  長江流域を勢力圏
- 日本………福建を勢力圏
- フランス…広州湾を租借
  中国南部を勢力圏

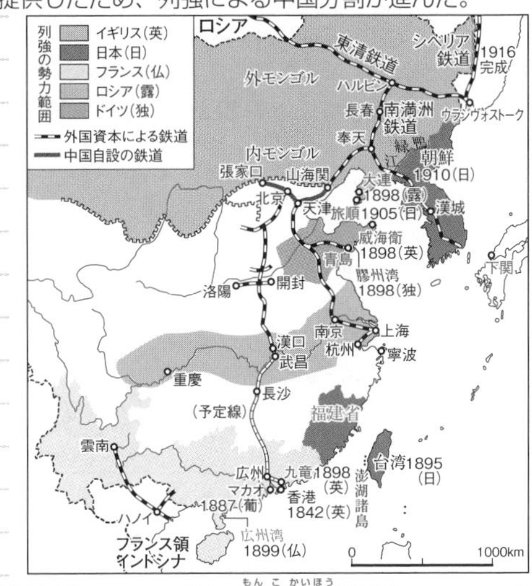

※中国分割に遅れたアメリカの国務長官ジョン＝ヘイは、門戸開放宣言（1899、1900）を出し、中国への経済的進出を図った。

ツボ ② 明治維新後の日本の周辺国との関係・国境画定のポイント

1871	日清修好条規：対等条約。互いに開港と領事裁判権を認め合う
1872	琉球藩を設置
1874	台湾出兵…琉球宮古島の島民が台湾の住民に殺害されたことに日本が抗議 ・日本、台湾に軍を派遣、清に対し日本の琉球領有を主張 →清、事実上の賠償金を支払う→日本、琉球が日本領になったとみなす
1875	樺太・千島交換条約…日本が千島列島、ロシアが樺太を領有 →樺太在住のアイヌを北海道に移住させる
1879	琉球藩・琉球王国を廃止→沖縄県設置（琉球処分）←
1895	下関条約…清から遼東半島・台湾・澎湖諸島を獲得
1905	ポーツマス条約…北緯50度以南の樺太をロシアから獲得
1910	韓国併合

チャレンジテスト（大学入学共通テスト実戦演習）

次の文章を読み、後の問いに答えよ。　　　　（2021年共テB第1日程〈改〉）

韓国を訪れた佐藤さんが、**写真**の石碑の前で観光ガイドに質問している。

写　真

佐　藤：この石碑には、何と書いてあるのですか。

ガイド：大きな文字で「洋夷が侵犯してくる時に、戦わないのは和であり、和を主張するのはすなわち売国である」と刻まれています。

佐　藤：最後の行の小さな文字は、どういう意味ですか。

ガイド：「丙寅作、辛未立」です。丙寅と辛未は共に干支です。つまり、1866年に作られ、1871年に立てられたことを表しています。実は、同じ石碑が各地に残っています。

佐　藤：1866年に何があったのですか。そう言えば、ⓐ <u>19世紀の朝鮮で起こった出来事の中には、干支を用いた呼び方をするものがほかにもありますね</u>。

ガイド：その年には、アメリカの武装商船が平壌に現れたり、フランス極東艦隊が江華島の一部を占領したりする事件が起こりました。

佐　藤：「洋夷」とは欧米列強のことですね。

ガイド：はい、そうです。この石碑を立てた［　ア　］という人物は、幼かった国王に代わり、当時の実権を握っていました。石碑の3行目には、「万年にわたって子孫を戒めるものである」と小さく刻まれています。この内容から［　ア　］が、［　イ　］を子孫代々にわたって伝える目的で、石碑を立てたと分かります。ちなみに、同じ時期には、朝鮮の知識人たちの間で「衛正斥邪」という思想が広がりました。衛るべき「正」とは宋学のことであり、斥けるべき「邪」とはキリスト教とそれを信仰する欧米列強を指しています。

佐　藤：当時の知識人たちの考えは、［　ア　］の主張に通じるところがありますね。

ガイド：そうですね。14世紀末の建国以来、朝鮮が重んじた宋学を正しい教えとし、欧米列強が信仰するキリスト教を邪教と呼んだわけです。

問1 左の会話文中の空欄 ア に入れる人物の名あ・いと、空欄 イ に入れる文X・Yとの組合せとして正しいものを、下の①～④のうちから一つ選べ。

ア に入れる人物の名
あ 西太后　**い** 大院君

イ に入れる文
X 民間人の海上貿易を許さず、政府が管理すること
Y 欧米列強に対して徹底的に抗戦すること

① **あ**－X　② **あ**－Y　③ **い**－X　④ **い**－Y

問2 下線部ⓐについて述べた次の文**う**～**お**が、年代の古いものから順に正しく配列されているものを、下の①～⑥のうちから一つ選べ。

う 壬午の年に、軍隊による反乱が起こった。
え 甲申の年に、急進改革派がクーデタを起こした。
お 甲午の年に、東学による農民戦争が起こった。

① **う → え → お**　② **う → お → え**　③ **え → う → お**
④ **え → お → う**　⑤ **お → う → え**　⑥ **お → え → う**

問1 [答] ④

ア：問題文の冒頭に「韓国を訪れた」とあり、会話文の8～9行目にこの石碑が「1866年に作られ、1871年に立てられた」、19～20行目に「この石碑を立てた ア という人物は、幼かった国王に代わり、当時の実権を握っていました」とあることから、19世紀後半の朝鮮で国王に代わって政治を行っていた人物であると分かるため、ア に入るのは**い**の**大院君**である。**あ**の**西太后**は清の同治帝の母であり、同治帝の摂政として実権を握った人物。また、1898年には変法派を弾圧する**戊戌の政変**を起こした。

イ：会話文の2～4行目に、石碑に「『洋夷が侵犯してくる時に、戦わないのは和であり、和を主張するのはすなわち売国である』と刻まれて」いるとあることから、イ に入るのはYであると判断できる。なおXは、会話文の中からは読み取れない。よって、**い**－Yの組合せの④が正答である。

問2 [答] ①

うは1882年の**壬午軍乱**、**え**は1884年の**甲申政変**、**お**は1894年の**甲午農民戦争**のことなので、①の**う→え→お**が正答である。

37 第一次世界大戦とロシア革命

年
ドイツ：1873 三帝同盟｜1882 三国同盟｜1887 再保障条約｜1890 ヴィルヘルム2世、再保障条約更新拒否→「世界政策」
第一次世界大戦（1914〜18）
英仏露：1891 露仏同盟（1894完成）→1904 英仏協商→1907 英露協商→三国協商｜1917 ロシア革命

1 第一次世界大戦に至るヨーロッパの国際関係 ★★☆

✤ビスマルク外交の時代（ビスマルク体制、1871〜90）

ドイツ統一後、**宰相ビスマルクは戦争を回避し国際関係を安定させるため、ドイツへの報復を掲げるフランスを孤立させる外交を展開した**［☞p.279 ツボ❶］。ビスマルクは1873年にオーストリア・ロシアと**三帝同盟**（1873）を結成し、1882年にはフランスによる**チュニジア**保護国化にイタリアが反発したことを背景に、オーストリア・イタリアと**三国同盟**（1882）を結成した。三帝同盟は、露土戦争後の**ベルリン会議**（1878）で南下政策を阻止されたロシアが反発したことから崩壊し、その後、一度復活したものの再び崩壊した。しかし、ビスマルクはロシアと**再保障条約**（1887）を結ぶことで、フランスの孤立状態を維持した。

✤ヴィルヘルム２世の親政開始と三国協商の成立 ［☞p.279 ツボ❷］

躍進した工業力を背景に積極的な対外政策（**「世界政策」**）をめざすドイツの新皇帝**ヴィルヘルム２世**（位1888〜1918）はビスマルクと対立して1890年に彼を辞職させた。ヴィルヘルム２世がバルカン進出のためロシアとの再保障条約更新を拒否すると、フランスとロシアが接近し**露仏同盟**（1891、1894完成）が結ばれ、ロシアはフランス資本を導入してシベリア鉄道を建設し、東方への進出を進めた。そのためロシアの進出を警戒するイギリスと日本の利害が一致して**日英同盟**（1902）が結ばれ、イギリスは**「光栄ある孤立」**政策を放棄した。

また、ヴィルヘルム２世が**バグダード鉄道**の敷設（ふせつ）権をオスマン帝国から獲得するなど**3B政策**（**ベルリン**・**ビザンティウム（イスタンブル）**・**バグダード**を結ぶ「世界政策」）を推進すると、**3C政策**を進めるイギリスはこれを警戒してフランスと**英仏協商**（1904）を結び、**イギリスのエジプト、フランスのモロッコでの優越権を相互に承認した**。これに対して、ドイツはフランスのモロッコ進出に反発したため、**モロッコ事件**（1905.11）が起こった。

◎ モロッコ事件

〈第１次〉**タンジール事件**（1905）
- ヴィルヘルム２世がタンジール港を訪問、フランスのモロッコ進出に反対
  →アルヘシラス国際会議（1906）：イギリスのフランス支持でドイツ譲歩

〈第２次〉**アガディール事件**（1911）
- モロッコで反乱→ドイツが軍艦派遣→フランスの**モロッコ保護国化**（1912）

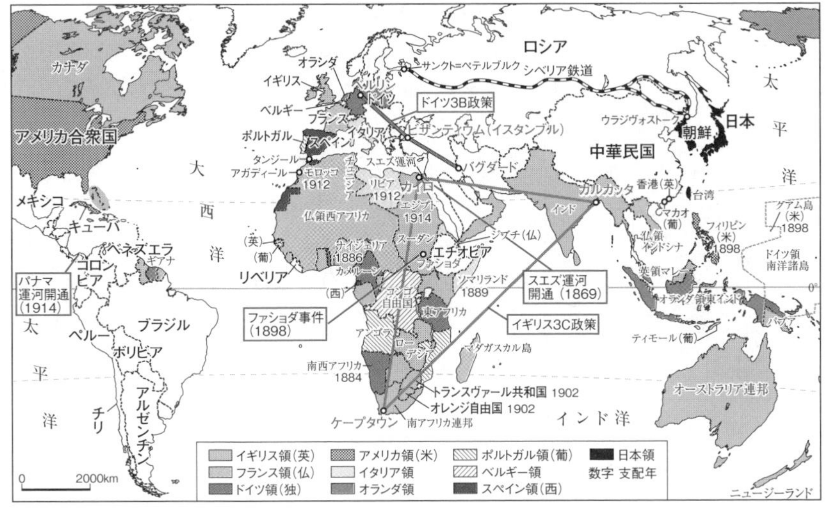

列強による世界分割

ロシアが日露戦争敗北後、再びバルカン半島への進出を図ると、ドイツ、オーストリア、オスマン帝国との対立が生じた。そのため、ロシアはイギリスと**英露協商**(1907)を結んだ。露仏同盟・英仏協商・英露協商を総称して**三国協商**と呼び、ドイツ包囲網が完成した。

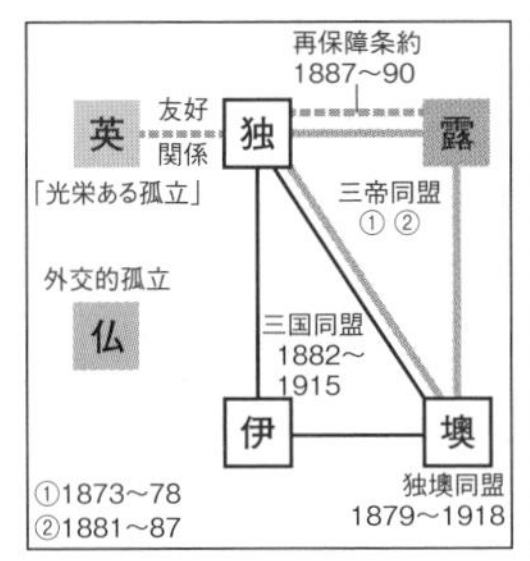

ビスマルク外交

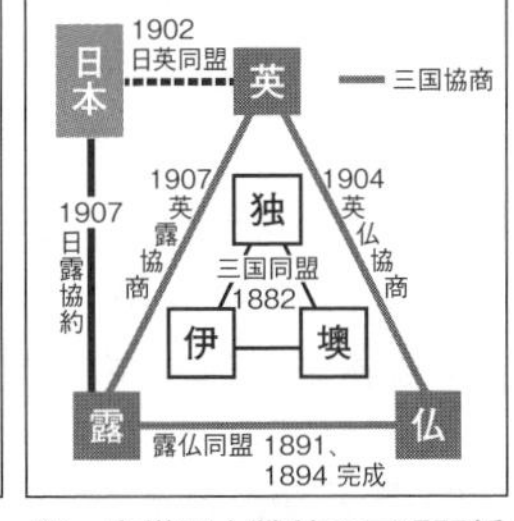

第一次世界大戦前の同盟関係

✤バルカン半島の危機の深化

バルカン半島は、**パン=スラヴ主義**と**パン=ゲルマン主義**が対立するなど、複雑な民族・宗教問題をかかえて常に不安定な状態にあり、**「ヨーロッパの火薬庫」**と呼ばれた。

> ◎ **パン=スラヴ主義とパン=ゲルマン主義**
>
> ● **パン=スラヴ主義**：スラヴ人の統一・連帯をめざす思想・運動。ロシアが支援
>
> ● **パン=ゲルマン主義**：ゲルマン人(ドイツ系諸民族)の統合を図り、スラヴ民族の進出に反対する運動。ドイツ・オーストリアが中心

1908年にオスマン帝国で起こった**青年トルコ革命**(1908)に乗じて、**ブルガリア**がオスマン帝国からの独立を宣言した。一方、オーストリアが**ボスニア・ヘルツェゴヴィナ**を併合すると、大セルビア主義を唱えスラヴ人地域の併合を狙っていた**セルビア**がオーストリアに反発し、両国間に対立が生じた。1912年、パン=スラヴ主義を支援するロシアの指導のもと、セルビア・モンテネグロ・ブルガリア・ギリシアは**バルカン同盟**を結成した。

第2次バルカン戦争終結後のバルカン諸国

バルカン同盟は、イタリア=トルコ戦争(1911~12)に乗じてオスマン帝国に対し開戦して勝利し、オスマン帝国からイスタンブルとその周辺を除いたバルカン半島の領土を得た(第1次バルカン戦争(1912~13))。しかし、獲得した領土の配分をめぐって同盟内で対立が生じ、孤立したブルガリアがセルビア・モンテネグロ・ギリシアに敗北した(第2次バルカン戦争(1913))。そして**第1次バルカン戦争に敗北したオスマン帝国と、第2次バルカン戦争に敗北したブルガリアはドイツ・オーストリアに接近した。**

2 第一次世界大戦(1914~18) 

1914年6月、**ボスニアのサライェヴォでセルビア人青年がオーストリア帝位継承者夫妻を暗殺すると(サライェヴォ事件(1914))、翌7月にオーストリアがセルビアに宣戦し、第一次世界大戦(1914~18)が勃発した。**これに対し、セルビアを支援するロシアが総動員令を発すると、オーストリアを支援するドイツはロシア・フランスに宣戦した。ドイツが短期決戦をもくろみ、中立国であるベルギーに侵入すると、これを根拠にイギリスはドイツに宣戦した。また、**日本は日英同盟を口実に連合国側で参戦し、ドイツ領南洋諸島や膠州湾(青島)を占領した。**

第一次世界大戦の陣営

○**同盟国側**:4カ国
- 1914年参戦…ドイツ・オーストリア・トルコ(オスマン帝国)
- 1915年参戦…ブルガリア

○**協商(連合)国**:27カ国
- 1914年参戦…セルビア・ロシア(ロシア革命で離脱)・フランス・イギリス・日本
- 1915年参戦…イタリア　● 1917年参戦…アメリカ・中国

ドイツの**ヒンデンブルク**将軍は、東部戦線での**タンネンベルクの戦い**でロシア軍を撃破したが、戦線は広大な範囲に広がり長期戦の様相を呈した。また、ドイツ軍は、西部戦線での**マルヌの戦い**でフランス軍に進撃を阻止された。第一次世界大戦は機関銃の発達により、兵士たちが戦場に壕を掘って身を隠しながら射撃し合う**塹壕戦**が中心となったため、膠着状態となった。1915年、イタリアは**ロンドン秘密条約**で協商国側に**「未回収のイタリア」**の割譲を約束されて協商国側で参戦した。**1917年には、ドイツの指定航路以外を航行する船を無警告で撃沈するとする無制限潜水艦作戦に反発したアメリカ合衆国が協商国側で参戦**し、大統領**ウィルソン**は1918年初めに**「十四カ条」**(十四カ条の平和原則）を発表し、平和構想を国際世論に訴えた。アメリカ合衆国の参戦によって戦局は協商国側優位に傾き、1918年になると苦境に立ったドイツは、ロシアのソヴィエト政権と**ブレスト＝リトフスク条約**を結んで単独講和し、西部戦線への大攻勢を行ったが失敗した。その後ブルガリア、オスマン帝国、オーストリアが次々と降伏し、1918年11月には、ドイツにおいて**キール軍港の水兵反乱**から**ドイツ革命**が始まり、反乱が全国に拡大して各地に**レーテ**（評議会）が成立した。その後、ドイツ皇帝**ヴィルヘルム２世**がオランダへ亡命して**ドイツ帝国**は滅亡し、ドイツの臨時政府は協商国と休戦条約を結んで第一次世界大戦が終了した。翌1919年、ドイツではローザ＝ルクセンブルク・カール＝リープクネヒトの指導で**スパルタクス団**が蜂起したが鎮圧された。

第一次世界大戦は帝国主義時代の世界戦争であり、両陣営の植民地・勢力圏諸国も参加する大規模なものとなった。各国は戦争を遂行するため国家の軍事・政治・経済の総力を結集する**総力戦**となり、**出征した男性にかわって女性が職場に進出した。**イギリス・フランスでは戦争を乗り切るために反対政党も加わって政府を支える**挙国一致内閣**が成立した。また、**毒ガス**・**戦車**・**飛行機**・**潜水艦**といった新兵器の登場によって破壊・人命の損失は甚大なものになった。

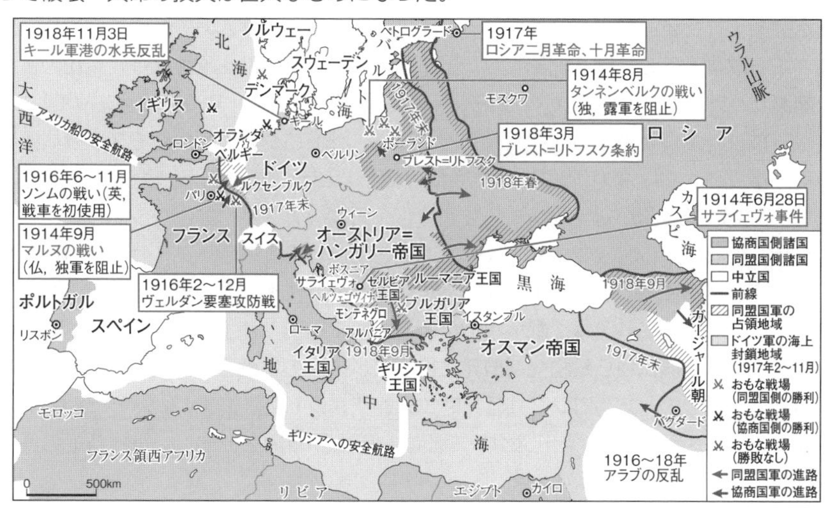

第一次世界大戦下のヨーロッパ

3　ロシア革命とソヴィエト政権 

✤ロシア革命

ロシアでは、第一次世界大戦が長期化すると物資・食料が欠乏し厭戦気分が広まった。1917年3月、政府に対する女性たちの「パンをよこせ」のデモとストライキが起こり、兵士もこれに加わった。反政府運動が拡大し各地で**ソヴィエト**（評議会）が成立すると、**ニコライ２世**が退位し**ロマノフ朝**は滅亡した（**ロシア二月革命**(1917)、三月革命）。

ロマノフ朝滅亡後に成立した**立憲民主党**を中心とする臨時政府は大戦を継続したため、民衆の不満は増大した。また、社会革命党・メンシェヴィキを中心とするソヴィエトは、領土併合などの帝国主義的な戦争を否定しつつも、祖国防衛のための戦争は認めた。こうしてロシアは臨時政府とソヴィエトが並び立つ二重権力状態となった。

その後、ボリシェヴィキのレーニンが亡命先のスイスから帰国し、「すべての権力をソヴィエトへ」と主張し、臨時政府の打倒、戦争の中止、社会主義政権の樹立を唱える四月テーゼを発表すると、労働者たちの支持を集めた。新たに臨時政府の指導者となった社会革命党のケレンスキーは、戦争を継続しボリシェヴィキを弾圧したが、各地のソヴィエトでボリシェヴィキは人々の支持を集め、ボリシェヴィキと社会革命党左派は協力してレーニンの指導で武装蜂起して臨時政府を打倒し、社会主義政権を成立させた(ロシア十月革命(1917)、十一月革命)。

✤ソヴィエト政権

レーニンを首班とするソヴィエト政権は、「平和に関する布告」を出して**無併合・無償金・民族自決に基づく第一次世界大戦の即時講和を全交戦国に提案した**が、ドイツ以外の各国は停戦交渉に応じず黙殺した。また、**ソヴィエト政権**は「土地に関する布告」を出して地主の土地を没収した。しかし、男女普通選挙によって成立した**憲法制定会議**で社会革命党が第一党になると、ボリシェヴィキは武力で会議を解散し、ソヴィエト政権内での独裁を開始した。翌1918年にソヴィエト政権は帝政時代の債務を破棄し、ブレスト=リトフスク条約(1918)でドイツと単独講和し、多くの領土を放棄した。そしてボリシェヴィキはロシア共産党と改称し、ペトログラードから**モスクワ**に遷都した。ボリシェヴィキ(ロシア共産党)に反発したロシア国内の各勢力は内戦を起こした。また、連合国が対ソ干渉戦争を開始し、日本・アメリカなどがシベリア出兵(1918〜22)を行った。これに対し、ソヴィエト政権は赤軍を派遣して抗戦し、チェカ(非常委員会)によって反革命運動の取り締まりを行ったが、ソヴィエト=ポーランド戦争(1920〜21)において敗北した。ソヴィエト政権は戦争を乗り切るために戦時共産主義によって**すべての私企業を禁止し、農民から穀物強制徴発を行うと、人々の生産意欲が低下したため生産は激減した**。その一方、ロシア共産党はコミンテルン(共産主義インターナショナル、第3インターナショナル)をモスクワで設立して世界革命を推進し、世界各地の民族運動・革命を支援した。

✤ソ連の成立

1922年、共産党が政権を握る**ロシア・ウクライナ・ベラルーシ(白ロシア)・ザカフカースの4共和国によって**ソヴィエト社会主義共和国連邦(ソ連)(1922〜91)**が成立**した。内戦や対ソ干渉戦争を乗り切ったソ連は、新経済政策(ネップ)を行い、**中小企業の私営を許可し(銀行・大工場などは国営)、穀物の強制徴発を廃止して余剰穀物の販売を自由とするなど、一定限度内の国内市場経済の復活を図った**。この結果、生産力は回復し、国内が安定すると対外関係も好転し、ラパロ条約(1922)でドイツとの国交が回復した。1924年にはイギリス・イタリア・フランスが、1925年には日本がソ連を承認した。

ここが共通テストのツボだ!!

ツボ 1 ビスマルクの外交について年表で整理する！

目的：ドイツへの報復を掲げるフランスを孤立化→戦争回避・国際関係を安定させる

1873	三帝同盟結成（独・墺・露）→ベルリン会議（1878）で崩壊→復活（1881）
1882	三国同盟成立（独・墺・伊） ・背景…フランスのチュニジア保護国化にイタリアが反発
1887	三帝同盟崩壊：背景…バルカン半島をめぐる墺・露の対立 再保障条約（1887～90）：ドイツ・ロシア間

ツボ 2 ヴィルヘルム２世の外交と日本の外交を年表で整理する！

目的（ドイツ）：躍進した工業力を背景に積極的な対外政策（「世界政策」）をめざす

1890	〈独〉再保障条約の更新を拒否
1891 （1894完成）	露仏同盟の結成 →ロシアがフランス資本を導入→シベリア鉄道建設、産業革命本格化
1898	〈独〉艦隊法：**海軍の大拡張**→イギリスとの建艦競争激化
1899	〈独〉バグダード鉄道の敷設権をオスマン帝国から獲得
1902	日英同盟 ・イギリス：ロシアの極東進出に対抗、「光栄ある孤立」政策を放棄
1904	日露戦争（～1905） 英仏協商：日露戦争中。ドイツへの対抗、ヨーロッパでの戦争回避目的 **・イギリスのエジプト、フランスのモロッコでの優越権を相互に承認 →モロッコ事件**
1905	**桂・タフト協定** ・日本の韓国、アメリカのフィリピンに対する優先・支配権を相互承認
1907	**日仏協約** ・フランスのインドシナ、日本の韓国などにおける相互の地位を承認 **日露協約** ・日本の朝鮮、ロシアの外モンゴルにおける特殊権益の尊重 英露協商：ドイツの3B政策に対抗するために締結 **・イラン東南部・アフガニスタンをイギリスの、イラン北部をロシアの勢力圏に→三国協商**の成立
1912	〈仏〉**モロッコ保護国化**：〈独〉ヴィルヘルム２世によるモロッコ事件後

チャレンジテスト（大学入学共通テスト実戦演習）

次の文章を読み、後の問いに答えよ。 （2021年共テA第1日程〈改〉）

次の資料は、1913年にギリシアの国王が出した宣言である。(引用文には、省略したり、改めたりしたところがある。)

我々の虐げられし兄弟たちを解放するために、ⓐキリスト教の諸国家とともに同盟を形成し、われらは幸運にも勝利し、専制政治を打ち破り、陸にも海にもギリシアの軍隊が意気揚々と勝利するのを見た。

ⓑ敗れ去った帝国は、解放された領土をわれらの同盟国にまとめて譲り渡した。しかし、同盟国の一つであったブルガリアは強欲にも、民族の権利や被った損害だけでなく、勢力均衡のためのあらゆる理性的な要求を認めず、いかなる議論も合意も拒否し、共闘し勝ち取った戦果の大部分を手にしようとした。

ギリシア臣民は、［ア］とモンテネグロと緊密に連携し、大義の神聖さを固く信じ、暖炉と祭壇を守るための新たな戦いに向けて再び武器をとろうとしている。この新しい闘争は、第1の戦争と同じくらい、神によって神聖なものとして是認されている。

問1 下線部ⓐの同盟はある国が仲介して結成させたものである。その国の当時の皇帝と、同盟の名称との組合せとして正しいものを、次の①～④のうちから一つ選べ。

① ヴィルヘルム1世－三国同盟　② ヴィルヘルム1世－バルカン同盟
③ ニコライ2世－三国同盟　④ ニコライ2世－バルカン同盟

問1 ［答］ ④

問題文に「次の資料は、1913年にギリシアの国王が出した宣言」とあり、資料の第2段落に「同盟国の一つであったブルガリアは強欲にも、民族の権利や被った損害だけでなく、勢力均衡のためのあらゆる理性的な要求を認めず、いかなる議論も合意も拒否し、共闘し勝ち取った戦果の大部分を手にしようとした」とある。よって、この資料はセルビア・モンテネグロ・ギリシア・ブルガリアがロシアの指導のもとで結成した**バルカン同盟**が、下線部ⓑの帝国（オスマン帝国〔トルコ〕）に勝利した第1次バルカン戦争後、オスマン帝国から割譲された領土の分配をめぐって内部対立を起こしたことを示した宣言であることが分かる。ニコライ2世（位1894～1917）はロマノフ朝最後の皇帝。以上のことから、正答は④と判断できる。①②ヴィルヘルム1世はプロイセン国王で、のちドイツ帝国初代皇帝となった人物である。①③三国同盟は、19世紀後半にドイツ（帝国）のビスマルクによってドイツ・オーストリア・イタリアが結成した同盟である。

問2 下線部ⓑの帝国の歴史について述べた文として正しいものを、次の①〜④のうちから一つ選べ。

① 第2次ウィーン包囲を実行した。
② 19世紀前半に、憲法が発布された。
③ 第一次世界大戦に、連合国側で参戦した。
④ セーヴル条約で、領土を拡大した。

問3 左の文章中の空欄 ア の国で起こった出来事について述べた文として正しいものを、次の①〜④のうちから一つ選べ。

① コソヴォ自治州で、独立を求める紛争が起こった。
② チョルノービリ（チェルノブイリ）で、原子力発電所の事故が起こった。
③ ワレサが、自主管理労組「連帯」を指導した。
④ ブラントが、首相に就任し、「東方外交」を展開した。

問2 [答] ①

問1の解説にあるように、下線部ⓑはオスマン帝国である。オスマン帝国は、17世紀後半に第2次ウィーン包囲を行ったが失敗してオーストリアの反撃を受け、**カルロヴィッツ条約**でハンガリーなどを失った。よって、①が正答。②オスマン帝国でアジア初の近代的憲法であるオスマン帝国憲法（ミドハト憲法）が発布されたのは、19世紀後半のことである。③オスマン帝国は、第一次世界大戦にイギリス・フランスなどの連合国側ではなくドイツ・オーストリアなどの**同盟国**側で参戦した。④オスマン帝国は第一次世界大戦で敗北した結果、講和条約のセーヴル条約で多くの領土を失った。

問3 [答] ①

問1の解説にあるように、**バルカン同盟**はセルビア・モンテネグロ・ギリシア・ブルガリアで構成されており、資料文に登場していないセルビアが空欄 ア に当てはまる。1990年代、セルビア内のコソヴォ自治州が、セルビアからの独立を求めて紛争を起こした。よって、①が正答。なお、コソヴォは2008年に独立を宣言した。②チョルノービリ（チェルノブイリ）原子力発電所事故は、1980年代にソ連（現ウクライナ）で起こった。③ワレサはポーランドの人物で、1980年代に自主管理労組「連帯」を指導した。④ブラントは西ドイツの首相で、1970年代に「東方外交」を展開して東側との緊張緩和を進めた。

38 ヴェルサイユ・ワシントン体制と第一次世界大戦後の欧米諸国

年	1919	1923	1925	1928	1929
	パリ講和会議→ヴェルサイユ条約など	ルール占領(～25)	ロカルノ条約→ドイツ、連盟加盟(26)	不戦条約(ブリアン・ケロッグ条約)	ヤング案
	1921 ワシントン会議(～22):四カ国条約・ワシントン海軍軍備制限条約・九カ国条約				

1 ヴェルサイユ体制 ★☆☆

✤パリ講和会議

1919年1月、第一次世界大戦の講和会議であるパリ講和会議(1919)が開催され、アメリカ合衆国のウィルソン(民主党、任1913～21)、イギリスのロイド=ジョージ(任1916～22)、フランスのクレマンソー(任1906～09、17～20)らが参加した。この会議にはドイツなどの敗戦国は招かれず、講和条約[☞p.286 ]を強制され、社会主義のソヴィエト政権は無視された。また**この会議ではウィルソンの「十四カ条」(十四カ条の平和原則)が基本方針とされたが、自国の利益を求める英仏による抵抗の結果、部分的にしか実現せず、ドイツの弱体化を図って講和条約を押しつけた。**

◎「十四カ条」(十四カ条の平和原則)

1. 秘密外交の禁止 2. 海洋の自由 3. **関税障壁の廃止** 4. **軍備縮小**
5. **植民地問題の公正な解決** 6.～13. 民族自決 14. 国際平和機構の設立

✤国際連盟とヴェルサイユ体制

1920年、集団安全保障に基づき、世界の平和をめざす史上初の大規模な国際機構である国際連盟が設立され、本部はスイスのジュネーヴにおかれた。最高議決機関の総会は全加盟国1国1票で全会一致を原則とし、理事会はイギリス・フランス・イタリア・日本を常任理事国とした。また、付属機関として**常設国際司法裁判所**(本部:オランダの**ハーグ**)と国際労働機関(ILO)が設立された。

しかし、**国際連盟は制裁規定が不明確で、違反国に対し事実上経済制裁しか実行できず、また、議決方法が総会の全会一致制であったため、実効力は弱体であった。さらに、アメリカなどの大国が不参加だったことが、国際連盟の影響力を弱めた。**

第一次世界大戦後の講和条約に基づくヴェルサイユ体制は国際協調をめざすものであり、この体制のもとで国際連盟の設立や軍縮の推進が行われた。しかし、ドイツなどの敗戦国を圧迫し、ソヴィエト政権を敵視するなどの矛盾をはらむもので、アメリカ合衆国は孤立主義をとり国際連盟に参加しないなど、不完全な体制であった。また、民族自決の原則が東欧にしか適用されず、敗戦国の植民地を委任統治領(いにん)として戦勝国が再分配したことは、アジア・アフリカの人々を失望させた。

2 ワシントン会議とワシントン体制 

第一次世界大戦期、軍備拡張により大戦参加各国の財政が悪化したため、軍事費の削減は不可欠となっていた。また、大戦中に日本は中国・太平洋へと進出したが、日本が袁世凱(えんせいがい)政権に認めさせた二十一カ条の要求(1915)は、五・四運動(1919)を引き起こすなど中国の民族運動を高揚させた。このような情勢に対処するため、アメリカ合衆国大統領ハーディング(共和党、任1921〜23)は、1921年にワシントン会議(1921〜22)を開催した。この会議では米英日仏間で四カ国条約(1921)が締結され、太平洋諸島の現状維持を約束し、この条約の締結にともない日英同盟が解消された。ワシントン海軍軍備制限条約(1922)では、主力艦(しゅりょくかん)の保有トン数の制限が行われ、保有比率は米：英：日：仏：伊で5：5：3：1.67：1.67とされた。そして、九カ国条約(1922)によって、中国の独立と主権の尊重、門戸開放(もんこかいほう)などが約束され、アメリカ合衆国の門戸開放宣言が国際的に承認され、実施されることになった。一方、九カ国条約交渉に並行して日中間の交渉が行われ、日本は山東省(さんとうしょう)の権益を中国に返還した。

こうして成立したアメリカ主導の国際秩序であるワシントン体制は、中国の民族運動高揚や社会主義運動に列強が共同で対処しようとするものであったが、**これによって日本の中国進出が抑制されたことは、のちの日米対立へとつながった。**

3 第一次世界大戦後の欧米諸国 

✤ドイツと第一次世界大戦後の国際関係

第一次世界大戦後のドイツは、国内で1919年に制定されたヴァイマル憲法にちなんでヴァイマル共和国(1919〜33)と呼ばれ、初代大統領にエーベルト(任1919〜25)が就任した。ヴァイマル憲法は当時最も民主的な憲法といわれ、主権在民、男女普通選挙権、社会権などが規定されていたが、大統領には非常立法権が認められていた(大統領緊急令)。

また、大戦後のドイツは過酷な賠償金(ばいしょうきん)に苦しみ、経済不振に陥(おちい)っていた。1922年、ドイツはソ連とラパロ条約(1922)を結んで相互承認を行い、ロマノフ朝の対独債務とドイツのソヴィエト政権への賠償を相殺した。一方、翌年、フランスとベルギーは、ドイツの賠償金支払い遅延を理由にドイツのルール工業地帯を占領した(ルール占領(1923〜25))。**これに対し、ドイツはルール地方でのゼネストなど消極的抵抗を行ったが、労働者の給与保障のために通貨を大量発行した結果、大インフレーションに陥った。**

大インフレーションは、シュトレーゼマン内閣がルール占領に対する抵抗をやめさせ、土地財産などを担保とするレンテンマルクを発行することで収束した。アメリカ合衆国はドイツに対してアメリカ資本のドイツへの導入、賠償支払い方法・期限の緩和を提案し(ドーズ案(1924))、ドイツがこれを受け入れると、フランスはルール地方から撤兵した。そして、ドイツのシュトレーゼマンとフランスのブリアン(ともに外相)の協調外交の結果、地域安全保障条約であるロカルノ条約(1925)が締結され、イギリス・フランス・ドイツなど欧州諸国間でラインラント非武装が再確認され、**翌年ドイツの国際連**

盟加入が実現した。さらに、フランスの外相**ブリアン**とアメリカ合衆国の国務長官**ケロッグ**の提唱によって、国際紛争を解決する手段としての戦争を放棄することなどを取り決めた**不戦条約**(1928)（**ブリアン・ケロッグ条約**）が結ばれるなど国際協調は頂点に達し、ヤング案(1929)でドイツの賠償金は約4分の1に減額された。

✤アメリカ合衆国

第一次世界大戦後、**ウィルソン**(民主党、任1913～21)大統領は**パリ講和会議**に参加し、国内では**禁酒法**(1919～33)を制定した。またウィルソン大統領は、1920年には**女性参政権**を実現させた。

第一次世界大戦中、アメリカ合衆国は協商国側に借款(しゃっかん)を提供して、戦後債務国から債権国に転換し、世界経済の中心がロンドンの**シティ**からニューヨークの**ウォール街**に移った。外交面では、3代にわたる**共和党政権**(1921～33)のもと**孤立主義**に回帰して現実的な外交政策を展開し、国際連盟には参加しなかった。国内では自由放任政策・高率保護関税によって**自動車**・**電化製品**など諸産業を発展させ、アメリカは「永遠の繁栄」と呼ばれる空前の経済的繁栄を現出したが、その一方で国内で生産される農産物の価格は下落した。

また、大戦後のアメリカ合衆国では、**大量生産・大量消費に基づくアメリカ的生活様式**が生み出された。**「組み立てライン」方式**で大量生産され低価格で販売されたフォード社の**自動車**や、洗濯機・冷蔵庫などの家電が労働者階級にも普及し、**映画**・**ラジオ**・**ジャズ**・スポーツなどの大衆文化が開花した。その一方、**ワスプ**（**WASP**、白人・アングロサクソン系でプロテスタント）がアメリカ社会の中核であるという気運が高まって社会は保守化し、人種差別的秘密結社の**KKK（クー＝クラックス＝クラン）**が活動を再開した。また1924年の**移民法**ではアジア諸国からの移民は事実上禁止され、東欧・南欧からの新移民も制限された。

✤イギリスとフランス

イギリスでは第一次世界大戦中の女性の職場進出の影響を受け、**ロイド＝ジョージ**(任1916～22)挙国一致内閣のもとで**第4回選挙法改正**(1918)が行われ、**21歳以上の男性と30歳以上の女性の参政権が認められた**。この選挙法改正で参政権が拡大したことを背景に、最初の労働党内閣である**第1次マクドナルド**(1924)内閣が成立し、ソ連を承認した。この内閣は自由党との連立であったが、**第5回選挙法改正**(1928)で**21歳以上の男女に参政権を付与し**、さらに参政権が拡大されると、労働党単独内閣である**第2次マクドナルド**(1929～31)内閣が成立し、自由党が衰退する中、政治は保守党と労働党の二大政党時代を迎えた。

また、アイルランドで独立運動が高揚し、イギリスとの独立闘争を経て、1922年に**アイルランド自由国**が成立した。しかしこれは独立国ではなくイギリスの自治領であり、さらに北東部のアルスター地方はイギリスに残ることになったため、国内の独立要求はやまず、1937年、アイルランドは国名を**エール**として、イギリスから独立を達成した。

第一次世界大戦後のフランスは、右派内閣のもとドイツの**ルール占領**(1923～25)を行い国際緊張を高めた。その後の左派連合政権(1924～26)は平和外交を展開して**ソ連を承認**(1924)し、ルール地方から撤兵した。また、外相**ブリアン**の協調外交の結果、ドイツなどとの間に**ロカルノ条約**(1925)が締結され、欧州諸国間の協調が進んだ。

✤イタリア

第一次世界大戦後のイタリアではパリ講和会議でアドリア海沿岸の**フィウメ**獲得要求が通らず、ヴェルサイユ体制への不満が高まっていた。また、インフレーションの発生によって国民の生活が困窮し、**労働者によるストライキ・工場占拠、農民の土地占拠が行われるなど社会不安が高まり、社会主義勢力が支持を拡大していった。**

このような中、農民運動や労働運動を暴力で攻撃する行動隊が現れ、**ムッソリーニ**がこれらをまとめて**ファシスト党**を組織した。ファシスト党は中間層や、社会主義の台頭を恐れる資本家・地主・軍部の支持を集めた。1922年にファシスト党が**「ローマ進軍」**(1922)を行うと、イタリア国王がムッソリーニを首相に任命し、ムッソリーニはファシスト党以外の全党を解散させて、一党独裁体制を成立させた。こうして、一党独裁、指導者の崇拝、極端なナショナリズム、批判勢力に対する暴力的封じ込め、議会制民主主義と社会主義の双方の否定などを特徴とする、**ファシズム体制**が成立した。

ムッソリーニは、内政面では社会事業・国内開発を推進する一方、検閲(けんえつ)・秘密警察による反対派抑圧を行った。また、余暇を楽しむ組織を設立して大衆の支持を得た。さらに、1929年には**ラテラノ(ラテラン)条約**(1929)で、対立していた教皇との和解を進め、**ヴァチカン市国**の独立を承認すると、教皇はムッソリーニ政権を承認した。また、対外面ではセルブ=クロアート=スロヴェーン王国から**フィウメ**を併合し、**アルバニア**を保護国化した。

✤東欧諸国

第一次世界大戦末期、ハンガリーでは共産党のソヴィエト政権が成立した(**ハンガリー革命**(1918~19))が、周辺諸国の干渉によって崩壊した。議会制民主主義の伝統をもたない東ヨーロッパでは、ポーランドの**ピウスツキ**、ハンガリーの**ホルティ**といった指導者が強権的な統治を行う権威主義体制が樹立された。一方、**チェコスロヴァキア**では議会制民主主義がとられた。

✤ソ連

1924年、**レーニン**が没すると後継者争いが起こり、**一国社会主義論**を唱える**スターリン**が**世界革命論**を唱える**トロツキー**に勝利し、後継者となった。ソ連では、スターリンのもと**第1次五カ年計画**(1928~32)で、重工業の振興と**農業の集団化**・機械化が行われ、集団農場の**コルホーズ**や国営農場の**ソフホーズ**が創設された。**農業集団化**に抵抗した農民たちは投獄・追放され、また、穀物の強制供出によって飢餓(きが)に陥り多数の餓死者が発生した。続く**第2次五カ年計画**(1933~37)では軽工業の振興や消費財の増産が行われ、世界恐慌の影響で各国の工業生産が低下する中、ソ連は世界第2の工業国となった。1936年に制定された**スターリン憲法**では市民の権利・自由がうたわれたが、その一方、スターリンは自身の支配を確実にするために多くの人々の逮捕・処刑を行い(**粛清**(しゅくせい))、国民に自身を崇拝させる傾向を強めた。

ここが共通テストのツボだ!!

ツボ　第一次世界大戦後の講和条約と東欧の独立のポイント

○**講和条約**

- **ヴェルサイユ条約**（1919）：対ドイツ
  - ・領土変更：**アルザス・ロレーヌ**をフランスに、**ポーランド回廊**をポーランドに割譲。オーストリアとの合併禁止
  - ・国際連盟の管理：**ザール地方**（15年後住民投票で帰属決定）
    ダンツィヒを自由市に（ポーランドが港湾使用権）
  - ・**全植民地の放棄**：連盟管理下の委任統治領に
  - ・**軍備制限**：徴兵制廃止、空軍・潜水艦（せんすいかん）保有禁止、陸海軍の制限
  - ・**ラインラント非武装**
  - ・その他：**賠償金**…1320億金マルク（1921年に決定）、**国際連盟**の設立
- **サン＝ジェルマン条約**（1919）：対オーストリア
  - ・**オーストリア＝ハンガリー（二重）帝国解体**
  - ・**南チロル**と**トリエステ**をイタリアに割譲。ドイツとの合併禁止
- **ヌイイ条約**（1919）：対ブルガリア
- **トリアノン条約**（1920）：対ハンガリー。オーストリアからの分離・独立
- **セーヴル条約**（1920）：対オスマン帝国
  - ・イラク・（トランス）ヨルダン・パレスチナをイギリスの、シリア・レバノンをフランスの委任統治領とする

○**東欧諸国の独立**

フィンランド、エストニア、ラトヴィア、リトアニア、**ポーランド**、**チェコスロヴァキア**、**ハンガリー**、**セルブ＝クロアート＝スロヴェーン王国（ユーゴスラヴィア）**

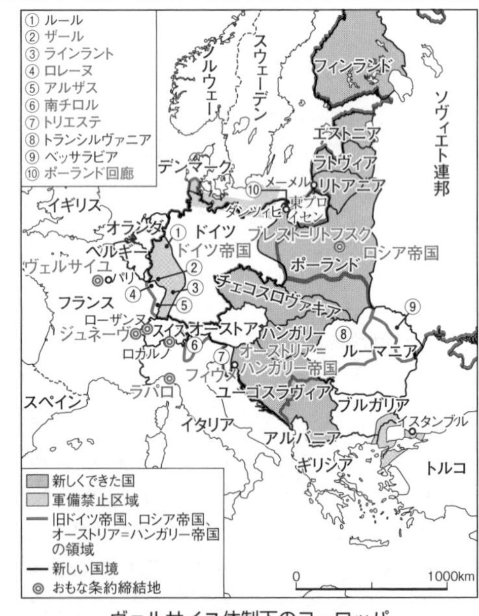

ヴェルサイユ体制下のヨーロッパ

チャレンジテスト（大学入学共通テスト実戦演習）

第一次世界大戦について述べた次の文章を読み、後の問いに答えよ。　(2017年試行調査)

ベルリンに住む高校生のトビアスとニコラスは、歴史の授業で文書館を訪れた。そこで第一次世界大戦中のベルリンに関する展示を見て、会話を交わした。

資料1

> 諸君、余が王宮のバルコニーから国民に対し告げたことを諸君は読んだであろう。余は繰り返して述べよう。余はもはや党派なるものを知らぬ、ただドイツ人あるのみである。(嵐のようなブラボー！)そして、諸君が、党派の違い、地位や宗派の違いなく、苦楽を共にし、生死を共にすることによって、余のもとに団結することを固く決意していることの証(あかし)として、各政党の党首が前に進み出て、余と握手して誓約するよう命じる。

資料2　1915年6月　ベルリン警察長官の「世情報告」

> マーガリンは、ますます品薄になり値上がりしています。野菜は、乾燥続きのため、また値上がりしました。その他の食料品は従来の高価格のままです。何らかの値下がりは期待できません。(中略) 世間はこのような物価高に苦しんでいるでしょう。とりわけ、戦争の終結が予測できないためです。

資料3

> 11月4日月曜日、水兵蜂起についてのより正確な知らせがベルリンに届いた。キールでは、11月3日に、反乱した者の投獄から、水兵の暴動が起こり、水兵協議会が結成された。この知らせは、労働者の闘争心を高めるのに非常に有益だった。

トビアス：係の人の説明では、**資料1**は、1914年8月に、第一次世界大戦の始まりに際して皇帝が呼びかけた言葉みたいだけど、「余はもはや党派なるものを知らぬ」ってどういう意味だろう。

ニコラス：［ア］みたいだね。人々は開戦を熱狂的に支持したんだね。

トビアス：だけど、**資料2**も読むと、その熱狂も、戦争が長期化するとだんだんと冷めてきていることが分かるね。

ニコラス：それでも、その後3年も戦争が続くんだ。途中でアメリカ合衆国も参戦しているよね。**資料3**の反乱が全国に広がって、最終的には［イ］、①戦争が終わるんだね。

トビアス：②この戦争で、それまで世界を支配してきたヨーロッパ諸国は大きな打撃を受けて、代わってアメリカ合衆国が発言力を増すようになったそうだね。

問1 会話文中の空欄 ア と イ に当てはまる文の組合せとして適当なものを、次の①〜④のうちから一つ選べ。

① **ア**－ナチ党による一党独裁が行われること　**イ**－ボリシェヴィキが権力を奪って
② **ア**－共産党による一党独裁が行われること　**イ**－14か条を受け入れて
③ **ア**－どの政党・団体も戦争を支持すること　**イ**－皇帝が亡命して
④ **ア**－政党というものが理解できないこと　**イ**－ヴァイマル憲法が制定されて

問2 下線部①に関連して、第一次世界大戦の結果として定まったヨーロッパの国境を表した地図として適当なものを、次の①〜④のうちから一つ選べ。

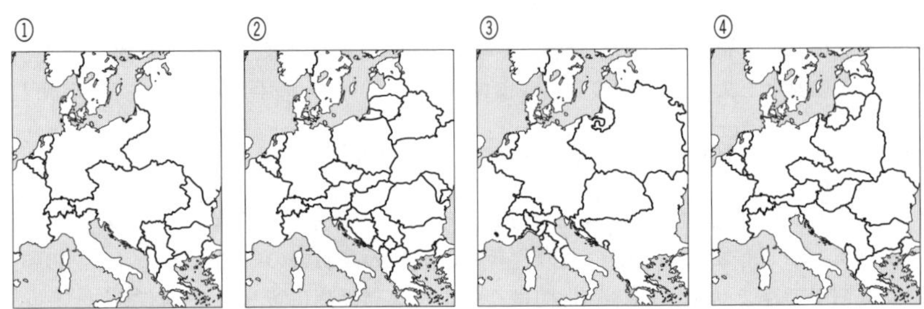

問1 [答] ③

③**ア**．**資料1**に「余はもはや党派なるものを知らぬ……諸君が、党派の違い、地位や宗派の違いなく、苦楽を共にし、生死を共にすることによって、余のもとに団結することを固く決意していることの証として、各政党の党首が前に進み出て、余と握手して誓約するよう命じる」とあることから、当時のドイツのどの政党・団体も戦争を支持していたことが推測できる。**イ**．**資料3**に「キールでは、……水兵の暴動が起こり」とあることから、この資料は第一次世界大戦末期のキール軍港の水兵反乱である。ここから始まった**ドイツ革命**で皇帝ヴィルヘルム２世が亡命してドイツ帝国は滅亡し、その後の臨時政府が休戦条約を結んで第一次世界大戦が終了した。①**ア**．1930年代前半からのドイツのこと。**イ**．**ボリシェヴィキ**はロシアの政党。以上より不適当。②**ア**．ドイツでは共産党の一党独裁は行われていないので不適当。④**イ**．**ヴァイマル憲法**の制定は第一次世界大戦終了の翌年のことなので不適当。

問2 [答] ④

第一次世界大戦後、東欧諸国が独立していることから考えて、東欧に多くの国が成立している④が正答と判断できる。なお②は、チェコとスロヴァキアが分離し、ユーゴスラヴィアが解体していることから、冷戦終結後の地図であると判断できるので不適当。

問3 下線部②に関連して、当時のアメリカ社会について述べた文a・bと、その様子を表した写真あ・いとの組合せとして正しいものを、下の①～④のうちから一つ選べ。

a　アウトバーン(自動車専用道路)建設といった公共事業や軍需工業拡張によって、失業者を減らす政策を行った。

b　自動車や家電製品の大量生産が可能になり、労働者に普及することで、大量生産・大量消費の時代が到来した。

あ

い

①　a－あ　　②　a－い　　③　b－あ　　④　b－い

問3 [答] ③

b. 第一次世界大戦後のアメリカ合衆国では自動車や家電製品の大量生産が行われた。**あ**の写真はフォード社による自動車の大量生産の様子を表している。よって、b－**あ**の組合せの③が正答と判断できる。a. ドイツのヒトラー政権の政策である。**い**. 戦間期のドイツの大インフレーション時の写真である。

39 世界恐慌とナチス＝ドイツの台頭

年	1923	1933	1936	1938	1939
	ミュンヘン一揆	ヒトラー内閣成立 →国際連盟脱退	ラインラント進駐	オーストリア併合 ミュンヘン会談 →ズデーテン地方併合	チェコスロヴァキア解体 独ソ不可侵条約 第二次世界大戦勃発

▲1929 世界恐慌　▲1936 スペイン内戦(～39)

1 世界恐慌と各国の対応

✤世界恐慌の発生

1920年代、アメリカ経済は生産過剰の状態になった一方、国民の購買力は低下し、過度の株式投機熱も生じていた。この状況が、1929年10月の**ニューヨーク株式市場**（**ウォール街**）の株価大暴落（**暗黒の木曜日**）を引き起こし、多くの銀行・企業が倒産して失業者が激増した。この恐慌を受け、アメリカ合衆国の輸入が減少したため、アメリカへの輸出に依存していた国家は打撃を受け、さらにアメリカの金融界はこうむった損害を補塡するためにヨーロッパに投資していた資本の多くを引き上げた。そのため、恐慌はヨーロッパに拡大して**世界恐慌**となった。

✤世界恐慌へのアメリカ合衆国の対応

世界恐慌発生後、アメリカ合衆国の**フーヴァー**(共和党、任1929～33)大統領は**フーヴァー＝モラトリアム**(1931)を出し、該当諸国に対して賠償・戦債支払いの1年間猶予を宣言したが、効果は上がらなかった。

続いて大統領となった**フランクリン＝ローズヴェルト**(民主党、任1933～45)は、「新規まき直し」を意味する**ニューディール**と呼ばれる積極的な経済政策を行った。また、対外的には市場の拡大を狙って中南米諸国に**「善隣外交」**を行って、**キューバの独立**を認めるなど関係改善に努め、**1933年にソ連を承認し、翌年ソ連は国際連盟に加盟した。また1934年にフィリピンの独立を約束した。**

> **◯ フランクリン＝ローズヴェルトのニューディールと内政**
>
> - **農業調整法**（**AAA**、1933）：農業生産制限→生産物価格引き上げを図る
> - **全国産業復興法**（**NIRA**、1933）：政府統制による企業間の工業生産制限・価格の規制
> - **テネシー川流域開発公社**（**TVA**、1933）
>   - ・公共事業（テネシー渓谷の開発）により雇用促進を図る
> - 金本位制停止（1933）：管理通貨制へ移行
> - **ワグナー法**（1935）：全国産業復興法が違憲とされたため制定される
>   - ・労働者の団結権・団体交渉権を承認
>   - →産業別組合（組織）会議（CIO）がアメリカ労働総同盟（AFL）から分離

✤世界恐慌へのイギリスの対応とブロック経済

世界恐慌の波及を受け、イギリスの**第2次マクドナルド内閣**(労働党、1929〜31)**が失業保険削減を提案すると労働党と対立し、内閣は崩壊した**。その後マクドナルドは保守党・自由党の協力を得て**マクドナルド挙国一致内閣**(1931〜35)を成立させ、**金本位制を停止**(1931)し、**ウェストミンスター憲章**(1931)で本国と自治領を同等の地位として**イギリス連邦**を正式に成立させた。そして、1932年の**オタワ連邦会議(イギリス連邦経済会議)**(1932)で、**スターリング(ポンド)=ブロック**を形成した。

これに対抗して、アメリカ合衆国は南北アメリカ大陸に**ドル=ブロック**を形成し、フランスも自国の植民地を囲い込み、**フラン=ブロック**を形成した。このように、**世界恐慌に際し、アメリカ合衆国・イギリス・フランスなどのように多くの植民地や自治領を持つ、いわゆる「持てる国」は、自国と植民地などを高関税障壁で囲い、他国の製品を排除して自国産業を保護するブロック経済体制をとった。一方、工業力は高いものの、広大な植民地を保有しないドイツ・イタリア・日本などの「持たざる国」は、軍需産業の育成や対外侵略などに活路を見いだそうとしたため、国際対立が生じた。**

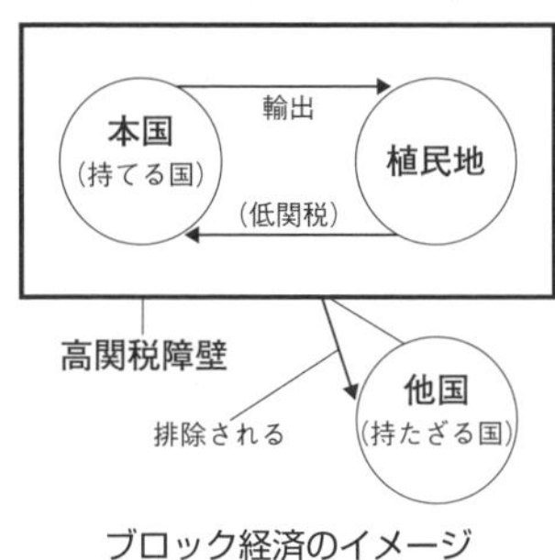

ブロック経済のイメージ

2 ナチス=ドイツの台頭 

✤ヒトラー政権の成立とヴァイマル共和国の崩壊

1921年、ドイツでは、**ヒトラー**が**ナチ党(国民社会主義ドイツ労働者党)**の党首となり、ヴェルサイユ体制の打破、反共・反ユダヤ主義を主張した。1923年、政権獲得を狙ってヒトラーらは**ミュンヘン一揆**(1923)を起こしたが、失敗した。

ドイツに世界恐慌が波及し政治的・社会的不安が高まると、ナチ党は中間層・農民の、共産党は労働者の支持を獲得して勢力を伸ばした。そして、**共産党の進出に危機感を抱いた資本家・軍部がナチ党を支持すると、1932年の選挙でナチ党は第一党となった**。翌1933年1月に、ヒトラーは**ヒンデンブルク**大統領により首相に任命され、**ヒトラー内閣**(1933〜45)が成立した。ヒトラーは、翌2月の**国会議事堂放火事件**(1933.2)を口実に共産党を非合法化して選挙に勝利し、3月には**全権委任法**(1933.3)によって内閣に立法権を委譲した。そして、**ナチ党以外の政党・団体を解散して一党独裁を確立した**。

ナチ党体制下のドイツは、神聖ローマ帝国(第一帝国)、ドイツ帝国(第二帝国)に次ぐ新しい帝国という意味で第三帝国と呼ばれた。そして、ヒンデンブルク大統領が死去すると、ヒトラーは大統領と首相の権限をあわせもつ**総統(フューラー)**の地位についた。

ナチス=ドイツは土木事業(**アウトバーン**など)や**四カ年計画**(経済計画)に際し失業者を吸収して失業問題を克服し、団体旅行などのレクリエーションを用意するなど国民の娯楽にも配慮した。その一方で、**親衛隊（SS）**や**秘密警察（ゲシュタポ）**を創設して敵対勢力の摘発を行った。また、市民権の剝奪など**ユダヤ人を迫害したため、物理学者のアインシュタイン、精神病理学者のフロイトらは亡命した**。その後、第二次世界大戦下に創設された**アウシュヴィッツ強制収容所**などでは、ユダヤ人の大虐殺（**ホロコースト**）が行われた。

✤ヴェルサイユ体制の崩壊と第二次世界大戦への道

ヒトラー政権は国際連盟に対して、他国と同様の軍備平等権を主張したが、これが認められないと国際連盟を脱退した(1933.10)。1935年の1月には**ザール地方**が住民投票でドイツ帰属となり、同年3月には**再軍備宣言**を行って**徴兵制**を復活させ、ヴェルサイユ条約の軍備制限条項を破棄した。このような状況に際し、フランスはソ連と**仏ソ相互援助条約**を結んで対抗したが、イギリスは**英独海軍協定**(1935)を結んで、ドイツにイギリス海軍の35%までの軍艦、45%までの潜水艦保有を承認するなど、ドイツの再軍備を容認した。

またイタリアは、世界恐慌から国民の目をそらすために**エチオピアに侵攻**(1935~36)したが、国際連盟から経済制裁を受けるなど国際的孤立を深めたためドイツに接近し、1937年には国際連盟を脱退した。一方、モスクワで開かれた**コミンテルン第7回大会**(1935.7~8)では、各国共産党に民主主義勢力との協力による反ファシズム「**人民戦線**」形成を求める方針が採択され、フランスには社会党の**ブルム**を首相とする**人民戦線内閣**(1936~38)が成立し、スペインにも**人民戦線内閣**(1936~39)が成立した。1936年3月、ドイツはロカルノ条約を破棄して**ラインラントに進駐**したが、英仏はドイツに対する**宥和政策**をとり宣戦布告を避けた。

✤スペイン内戦（1936~39）

1936年、スペインでは人民戦線内閣に対し、軍人の**フランコ**がモロッコで反乱を起こし、**スペイン内戦**(1936~39)が開始された。これに際し、ドイツとイタリアはフランコ側を支援し、これを機に両国が接近して**ベルリン＝ローマ枢軸**(1936)が形成された。また、ソ連や**国際義勇軍**（〈米〉**ヘミングウェー**〈英〉オーウェル）は人民戦線内閣側を支援したが、ドイツを刺激したくない英仏は不干渉の姿勢をとった。

スペイン内戦はファシズムと反ファシズムの国際紛争となったが、最終的に1939年、マドリードが陥落してフランコが勝利し、フランコによる独裁(1939~75)が開始された。また、この戦争中の1937年、ドイツ・イタリア空軍が小都市**ゲルニカ**を爆撃したが、これに対し**ピカソ**は**『ゲルニカ』**を描いて抗議した。

> ◎ **全体主義国家（日・独・伊）の提携：三国枢軸を構成**
>
> 1936 **ベルリン＝ローマ枢軸**
> 1936 **日独防共協定**
> 1937 **三国防共協定**
> 1940 **日独伊三国同盟**

ここが共通テストのツボだ!!

ツボ　第二次世界大戦に至るドイツの拡大・対外侵略を整理する！

1933.10	**国際連盟**脱退（←軍備平等権主張）
1935.1 .3	ザール地方のドイツ帰属決定（住民投票にて） 再軍備宣言：徴兵制の復活。ヴェルサイユ条約の軍備制限条項を破棄
1936.3	ラインラント進駐：**ロカルノ条約**破棄
1938.3 .9	オーストリア**併合**：**ヴェルサイユ条約**・**サン＝ジェルマン条約**無視 ミュンヘン会談←ヒトラーがズデーテン地方（チェコスロヴァキア領）併合を要求 ・参加者：〈独〉**ヒトラー**〈伊〉**ムッソリーニ**〈英〉ネヴィル＝チェンバレン〈仏〉**ダラディエ**　※チェコスロヴァキア、ソ連は除外 ・結果：ドイツのズデーテン地方併合承認（英仏の宥和政策の頂点）※ソ連の英仏への不信が高まる
1939.3 .8 .9.1	チェコスロヴァキア解体 ・チェコを保護領・スロヴァキアを保護国化 ドイツがポーランド圧迫：ダンツィヒ**返還**・ポーランド回廊（かいろう）の特権的通行権を要求→ポーランド、応じず 独ソ不可侵条約：ナチ党と社会主義の提携 ・秘密議定書：独ソによるポーランド東西分割　フィンランド・バルト3国におけるソ連の政治的優位 ドイツのポーランド侵攻：**第二次世界大戦**勃発

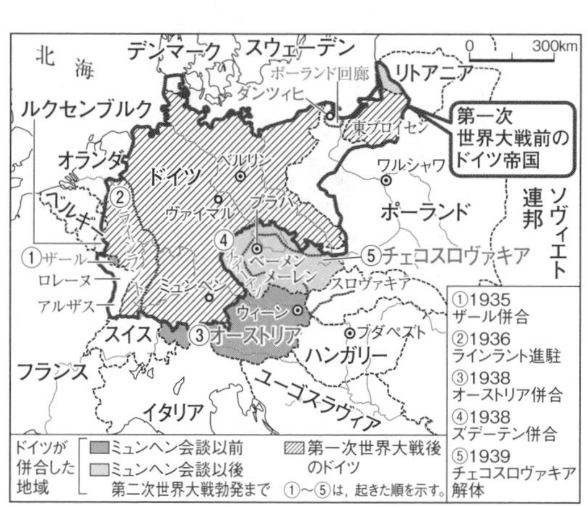

ナチス＝ドイツの領土拡大

①イギリスが対ソ連の防波堤（ぼうはてい）としてドイツに対し宥和政策をとったこと、②イギリス・フランスとソ連の挟撃を避けたいドイツのヒトラーとイギリス・フランスの宥和政策に反発したソ連のスターリンが独ソ不可侵条約を結んだこと、を押さえておこう。

チャレンジテスト（大学入学共通テスト実戦演習）

次の文章を読み、後の問いに答えよ。　(2021年共テB第2日程)

あるクラスで、20世紀の国際関係についての授業が行われている。

先生：「欧州情勢は複雑怪奇」という言葉を聞いたことがありますか。この言葉は、独ソ不可侵条約が締結された時、日本の内閣が総辞職した際に出てきたものです。この条約は、世界中を驚かせました。なぜでしょうか。まずは、独ソ不可侵条約締結以前のヨーロッパで、どんなことが起こっていたかを考えてみましょう。

吉川：はい。例えば、［　ア　］。

先生：そのとおりです。この時代、ヨーロッパ情勢は大きく変化していました。そうしたなかで独ソ不可侵条約が締結されたことに、なぜ世界は驚いたのでしょうか。

吉川：この条約は、それ以前に締結されていた日独伊三国防共協定と矛盾しているからだと思います。

先生：そうですね。次の**略図**は、日独伊三国防共協定を示したものです。太線で描かれているのが、ユーラシア大陸です。

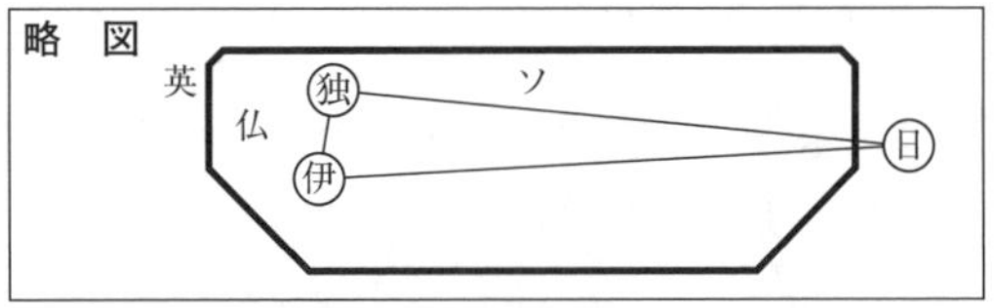

先生：この状況で、なぜソ連はドイツとの条約締結を決断したのでしょう。ヒントは、次の**挿絵**です。

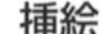
挿絵

先生：これは何の場面か分かりますか。はい、森口さん。

森口：ドイツが、［　イ　］のズデーテン地方の割譲を要求したことを契機に開かれたミュンヘン会談の挿絵です。この会談では、ソ連抜きで話し合いが行われた上、［　イ　］に救いの手は差し伸べられませんでした。

先生：そのとおりです。この前の授業で習いましたね。［　ウ　］。

清水：あ！　だからソ連は、イギリスやフランスが信用できなくなったんだ！

先生：そう考えられますね。さらに、ⓐ<u>対ソ干渉戦争</u>を経験したソ連からすれば、英仏と○で囲んだ国々が手を結ぶ最悪の事態を避けたかったのでしょう。

清水：様々な利害が絡んだ国際情勢においては、思想や主義よりも、国益や国の安全が優先されることがあるのですね。

問1 上の会話文中の［ア］に入れる文として正しいものを、次の①～④のうちから一つ選べ。

① イタリアでは、独裁体制の下で、議会制民主主義が否定されていました
② イギリスは、上院の反対で、国際連盟に参加しませんでした
③ ドイツでは、ベルリンの壁が開放されました
④ フランスでは、ド＝ゴールが大統領に就任しました

問2 左の会話文中の空欄［イ］に入れる語あ～うと、空欄［ウ］に入れる文X・Yとの組合せとして正しいものを、下の①～⑥のうちから一つ選べ。

［イ］に入れる語
あ ベルギー　**い** チェコスロヴァキア　**う** オーストリア

［ウ］に入れる文
X この時イギリスは、初めて「光栄ある孤立」政策を捨てたのです
Y この時のイギリスとフランスの姿勢は、宥和政策と呼ばれています

① **あ**－X　② **あ**－Y　③ **い**－X　④ **い**－Y　⑤ **う**－X　⑥ **う**－Y

問3 下線部ⓐの戦争を乗り切るために、ソヴィエト政権が採った政策について述べた文として正しいものを、次の①～④のうちから一つ選べ。

① 人民公社を解体した。　② 戦時共産主義を実施した。
③ 第1次五か年計画を実施した。　④ 親衛隊（SS）を組織した。

問1 ［答］ ①

①イタリアでは、1920年代からムッソリーニ率いるファシスト党による独裁が行われていた。②イギリスは設立当初から**国際連盟**に参加している。上院の反対で国際連盟に参加しなかったのはアメリカ合衆国である。③④**独ソ不可侵条約**の締結は1939年8月。ドイツでベルリンの壁が開放されたのは1989年、フランスでド＝ゴールが大統領に就任したのは1959年であり、いずれも独ソ不可侵条約よりもあとの出来事である。

問2 ［答］ ④

い. **ミュンヘン会談**は、ドイツがチェコスロヴァキアのズデーテン地方の割譲を要求したことに対して開催された。Y. ミュンヘン会談の結果、イギリス・フランスがドイツのズデーテン地方の割譲要求を認めたことは、**宥和政策**と呼ばれた。よって、**い**－Yの組合せの④が正答。X. イギリスは1902年に日英同盟を結び、「光栄ある孤立」政策を放棄した。「この時」（ミュンヘン会談開催時）ではない。

問3 ［答］ ②

②ソヴィエト政権は、対ソ干渉戦争を乗り切るため、戦時共産主義を行った。①人民公社は、1980年代の中国で解体された。③第1次五カ年計画は、対ソ干渉戦争終了後の1928年から実施された。④親衛隊（SS）は、1925年にドイツのヒトラーによって組織された。

40 戦間期のアジア①
西アジア・南アジア・東南アジア

年	1919	1930	1935
インド帝国(英)	1919年インド統治法、ローラット法	英印円卓会議(〜32)	1935年インド統治法
インドの民族運動	第1次非暴力・不服従運動(〜22)	第2次非暴力・不服従運動(〜34)	州選挙→国民会議派躍進、全インド＝ムスリム連盟不振(1937)

1 戦間期の西アジア 

✤トルコの近代化

1919年、ギリシアがオスマン帝国領に侵入してイズミル(スミルナ)を占領し、ギリシア＝トルコ戦争が開始された。翌1920年、オスマン帝国は連合国側と第一次世界大戦の講和条約である**セーヴル条約**(1920)を締結したが、この条約でオスマン帝国は多くの領土を割譲し、また治外法権(ちがいほうけん)存続を認めさせられるなど屈辱的なものであった。

このような状況に際し、**ムスタファ＝ケマル(ケマル＝パシャ)**は**アンカラ**で**トルコ大国民議会**を開催し、臨時政府を成立させた。**1922年に、ムスタファ＝ケマルはギリシア軍をトルコから撃退してイズミルを回復し、さらにスルタン制を廃止(1922)してオスマン帝国を滅亡させた**。そして、翌1923年にはセーヴル条約にかえて連合国側と**ローザンヌ条約**(1923)を結んで新たに国境線を定め、治外法権を撤廃させるなど主権を回復し、**トルコ共和国**を成立させて初代大統領に就任した(**トルコ革命**)。その後、ムスタファ＝ケマルは大国民議会より「**アタテュルク**」(「トルコの父」の意)の尊称を授与され、トルコの近代化を推進した[☞p.299 ツボ❶]。

✤パレスチナとアラビア半島

第一次世界大戦中、イギリスは戦争を有利に進めるため、西アジアに関して相矛盾する秘密条約を結んだ[☞p.299 ツボ❷]。1915年には、アラブ民族運動の指導者**フセイン(フサイン)**に対し、戦争協力の見返りにオスマン帝国からのアラブ人国家独立の支持を約束する**フセイン(フサイン)・マクマホン協定**(1915)を結んだ。その一方、イギリスは1916年にフランス・ロシアと、戦後のオスマン帝国分割とパレスチナの国際管理を定めた**サイクス・ピコ協定**(1916)を結んだ。さらに1917年には、ユダヤ人から戦争協力を得るためにユダヤ人のパレスチナでの国家建国運動(**シオニズム運動**)を支持する**バルフォア宣言**(1917)を出した。

フセインはアラビア半島西岸に王国を建設し、独立を宣言したが、ネジド王**イブン＝サウード**がフセインの王国を滅ぼし、アラビア半島全域を支配して1932年に**サウジアラビア王国**を建設した。

第一次世界大戦後、イギリスはパレスチナを委任(いにん)統治領とし、ユダヤ人の入植を認めると、ユダヤ人の移住が進み、現地のアラブ人(パレスチナ人)との対立が生じた。

✤エジプト

ウ(オ)ラービー運動(1881～82)が鎮圧されたのち、エジプトは事実上イギリスの保護国とされていたが、第一次世界大戦勃発を機に正式に保護国化された(1914)。1918年頃、ワフド党が結成されて反英独立運動を展開した結果、1922年に**エジプト王国**(1922～53)の独立が実現したが、独立は形式的なものであった。1936年、エジプトの完全独立がイギリスによって承認されたが、**その後もイギリスはスエズ運河地帯の駐屯(ちゅうとん)権を維持し続けた**。

✤イラン

イランの**ガージャール朝**(1796～1925)は第一次世界大戦で中立を宣言したが、イギリスとロシアはこれを無視してイランを占領した。ロシア革命勃発後、ロシア軍は撤退したが、イギリスは占領を続けてイランを保護国化した。これに対して軍人の**レザー=ハーン**がクーデタを起こして実権を握り、1925年にガージャール朝を廃して**パフレヴィー朝**を創始し、イギリスとの不平等条約を破棄して独立した。レザー=ハーンはシャー(王)を称し、国号をペルシアから「アーリヤ人の国」を意味する**イラン**に改めて、立憲君主制のもとで近代化を推進したが、国内の石油利権はイギリスが握り続けた。

✤西アジア諸国の独立

1919　**アフガニスタン王国の独立**:**第3次アフガン戦争**→イギリスより独立
1932　**イラク王国の独立**:イギリスより独立。フセインの息子が国王
1943　レバノン共和国独立:シリアから分離、フランスより独立
1946　シリア共和国独立:フランスより独立
1946　**(トランス)ヨルダン王国**の独立:イギリスより独立。フセインの息子が国王

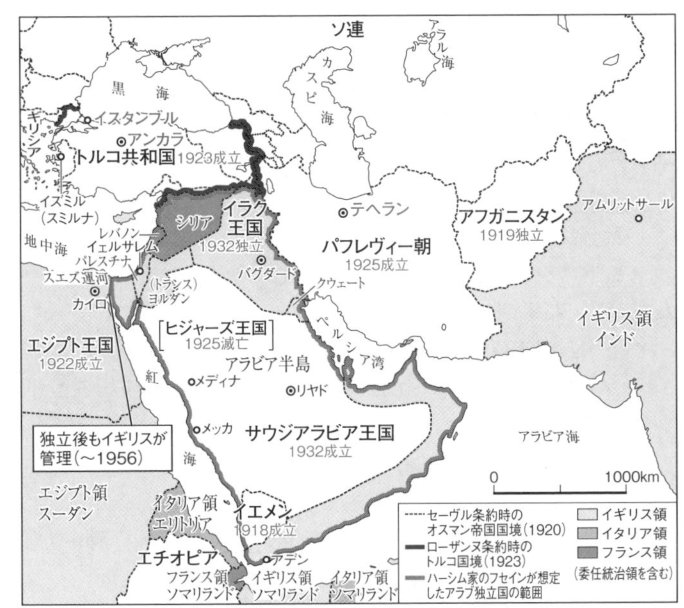

第一次世界大戦後の西アジア

2 戦間期の南アジア・東南アジア 

✤戦間期のインド

第一次世界大戦中、イギリスはインドに対して戦争協力の見返りに戦後の自治を約束した。しかし、大戦後にイギリスによって出された**1919年インド統治法**では、インド人は部分的な自治しか認められなかった。さらにイギリスは治安維持のため令状なしの逮捕、裁判なしの投獄を可能とする**ローラット法**(1919)を制定し、これに反対するインド人の集会を武力で弾圧し、多くの死傷者を出した(アムリットサール事件(1919))。

1919年頃から、国民会議派の**ガンディー**は**第1次非暴力・不服従運動**(1919~22)を開始した。この運動は大衆を動員して全国展開し、ヒラーファト運動(カリフ擁護(ようご)運動)を行っていたムスリムの協力も得たが、警官殺害事件が起こるとガンディーは運動を中止した。

その後再び民族運動が高揚し、1929年に国民会議派の**ネルー**は**プールナ=スワラージ**(完全独立)を決議した。また、ガンディーも第2次非暴力・不服従運動(1930~34)を指導し、イギリスの塩の専売に対して**「塩の行進」**(1930)を行った。このような状況に対しイギリスは、和解を目的とした**英印円卓会議**(えいいんえんたく)(1930~32)を開催したが不調に終わり、**1935年インド統治法**を制定して連邦制と各州の責任自治制を認め、**ビルマ**をインドから分離した(1937)。

1937年、州選挙が行われると国民会議派は多くの州で勝利して政権を担うことになった。その一方で**全インド=ムスリム連盟**は不振に終わった。そのため、全インド=ムスリム連盟の**ジンナー**は、ムスリム国家である**パキスタン**のインドからの分離独立を主張し、イギリスもこれを支援した。第二次世界大戦が起こると、イギリスは再びインドに協力を求めたが、国民会議派は非協力の姿勢をとった。また、国民会議派のチャンドラ=ボースは、イギリスと戦う日本・ドイツの支援で独立運動を展開した。

✤戦間期の東南アジア

①**インドネシア**(オランダ領東インド)

1920　**インドネシア共産党**:アジア最初の共産党
　　→武装蜂起→鎮圧され解散

1927　**インドネシア国民党**:**スカルノ**が中心

②**ベトナム**(フランス領インドシナ連邦)

1925　**ベトナム青年革命同志会**:**ホー=チ=ミン**が結成

1930　**インドシナ共産党**(ベトナム共産党を改称):**ホー=チ=ミン**が結成

③**ビルマ**(イギリス領ビルマ)

1930　**タキン党**:指導者**アウン=サン**…即時完全独立要求

④**タイ**

1932　**タイ立憲革命**:**ラタナコーシン(チャクリ)朝**の専制打倒→立憲君主制

⑤**フィリピン**(アメリカ領フィリピン)

1934　**フィリピン独立法**:アメリカが独立を約束→**フィリピン独立準備政府**発足

ここが共通テストのツボだ!!

ツボ ① トルコの近代化についてのポイント

- **スルタン制廃止**（1922）：大統領制導入
- **カリフ制廃止**（1924）：政教分離
- 女性解放：**一夫多妻制廃止、女性参政権実現、チャドル廃止**
- 文字改革：アラビア文字**廃止→ローマ字採用**
- **太陽暦**採用：イスラーム暦廃止

ツボ ② 第一次世界大戦中のイギリスの西アジアにおける秘密外交

①**フセイン（フサイン）・マクマホン協定**（1915）
- アラブ独立運動の指導者**フセイン（フサイン）**に、戦後アラブ人のオスマン帝国（トルコ）からの独立を約束

②**サイクス・ピコ協定**（1916）
- イギリス・フランス・ロシアでオスマン帝国（トルコ）領分割、パレスチナの国際管理を定める　※のちにソヴィエト政権が暴露

③**バルフォア宣言**（1917）
- ユダヤ人に対し、パレスチナにおけるユダヤ人の建国運動（**シオニズム運動**）への支持を宣言

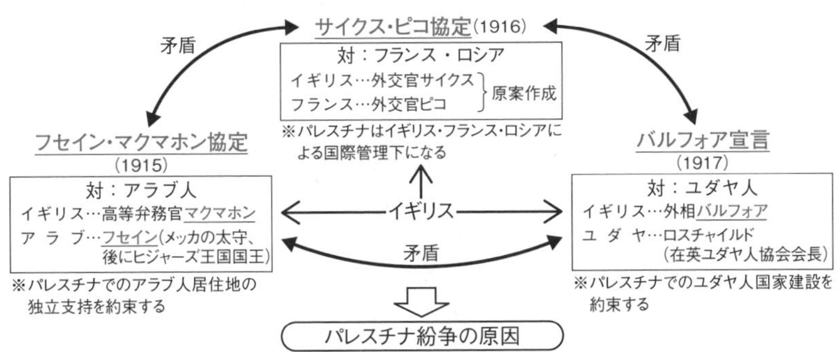

それぞれの協定・宣言が、何（誰）を対象にしたものなのかを覚えないと点に結びつかないので注意すること！

チャレンジテスト（大学入学共通テスト実戦演習）

次の資料は、いずれも第一次世界大戦中の外交に関するものである。これを読み、以下の問いに答えよ。

（2017年試行調査）

資料1

1. イギリスは一定の修正を加えて、メッカのシャリーフによって要求されている範囲内すべての地域におけるアラブ人の独立を認め、それを支援する用意がある。
2. イギリスは外国からのすべての侵略に対して聖地を保全し、その不可侵性を承認する。
3. 状況が許せば、イギリスはアラブに助言を与え、これらのさまざまな地域におけるもっとも適切と思われる統治形態を設立する援助を行う。
4. 他方、アラブ側はイギリスだけの助言と指導を仰ぐことを決定し、健全なる統治形態の確立に必要なヨーロッパ人の顧問および官吏はイギリス人であることを承認する。
5. バグダードおよびバスラの両州に関しては、現地住民の福利の促進と相互の経済的利益を保護するために当該地域を外国の侵略から守るべく、イギリスの地位と利益の観点から特別の行政措置を必要としていることをアラブ側は承認する。（後略）

資料2

「国王陛下の政府はパレスチナにおいて①ユダヤ人のため民族的郷土（ナショナルホーム）を設立することを好ましいと考えており、この目的の達成を円滑にするために最善の努力を行うつもりです。また、パレスチナに現存する非ユダヤ人諸コミュニティーの市民および信仰者としての諸権利、ならびに他のあらゆる国でユダヤ人が享受している諸権利および政治的地位が侵害されることは決してなされることはないと理解されています。」

貴下がこの宣言をシオニスト連盟にお知らせいただけましたならば光栄に存じます。

アーサー＝ジェームズ＝バルフォア

問1 (1) **資料1と資料2は、相互に矛盾があるため、紛争の原因となったものである。資料1または資料2について述べた文として適当なものを、次の①～⑥のうちから一つ選べ。なお、適当なものは複数あるが、解答は一つでよい。**

① **資料1**は、イギリスとオスマン帝国の間の協定であり、トルコ人の保護を取り決めている。

② **資料1**は、イギリスとアラブ人勢力の間の協定であり、アラブ人国家の独立を認めている。

③ **資料1**は、イギリスとフランスが、戦後のオスマン帝国領の処理からロシアを排除しようとしたものである。

④ **資料2**は、イギリスとアメリカ合衆国が共同で発表した宣言である。

⑤ **資料2**は、フランス政府がユダヤ人に対して行った宣言である。
⑥ **資料2**は、イギリス政府がユダヤ人に対して行った宣言である。

(2) (1)で選んだ答えと最も関連が深い事柄について述べた文を、次の①～⑥のうちから一つ選べ。

① イスラーム同盟（サレカット＝イスラム）が結成された。
② イスラエルが建国された。　③マラヤ連邦が独立した。
④ スエズ運河の国有化を宣言した。　⑤ イラク王国が独立した。
⑥ レザー＝ハーンが、パフレヴィー朝を開いた。

問2 **下線部①に関連して、ユダヤ教について述べた文として適当なものを、次の①～④のうちから一つ選べ。**

① 火を尊び、善悪二元論を唱えた。
② 『旧約聖書』と『新約聖書』を聖典としている。
③ 輪廻転生の考え方に立ち、そこからの解脱を説いた。
④ 神によって選ばれた民として救済されるという、選民思想を持つ。

問1 (1) **[答]** ② もしくは ⑥

②**資料1**は、1～2行目に「メッカのシャリーフによって要求されている範囲内すべての地域におけるアラブ人の独立を認め」とあることから、イギリスがアラブ民族運動の指導者と結んだ**フセイン（フサイン）・マクマホン協定**であることが分かる。⑥**資料2**は、1～2行目に「国王陛下の政府はパレスチナにおいてユダヤ人のため民族的郷土を設立することを好ましいと考えており」とあり、さらに最後に「アーサー＝ジェームズ＝バルフォア」とあることから、イギリスがユダヤ人に対して出した**バルフォア宣言**であることが分かる。

(2) **[答]** (1)で ② を選んだ場合… ⑤
(1)で ⑥ を選んだ場合… ②

⑤イラク王国は1932年にイギリスから独立し、フセイン（フサイン）の息子が国王となった。②第一次世界大戦後、パレスチナへのユダヤ人の入植が進んだ結果、現地のアラブ人との対立が生じた。第二次世界大戦後、パレスチナ分割案によってパレスチナはアラブ・ユダヤ両地域に分割され、ユダヤ人はイスラエルの建国を宣言した。

問2 **[答]** ④

④ユダヤ教は、唯一神ヤハウェを信仰し、選民思想やメシア信仰を特色とする。①ゾロアスター教の説明なので不適当。②キリスト教の説明なので不適当。③インドのウパニシャッド哲学や仏教、ジャイナ教における考え方なので不適当。

41 戦間期のアジア② 中国・朝鮮・モンゴル・チベット

年	1915		
中華民国	袁世凱政府	軍閥政権 国共合作(第1次)→北伐開始→北伐完成	南京国民政府(蒋介石) 西安事件→国共合作(第2次)
日本	二十一カ条要求		柳条湖事件→満洲事変 | 盧溝橋事件→日中戦争

1 戦間期の中国

✤日本の中国侵略と五・四運動

日本は日英同盟を口実に第一次世界大戦に協商(連合)国側で参戦し、**ドイツ領南洋諸島**と山東半島のドイツ租借地(**膠州湾**・**青島**)を占領した。1915年、日本は中国の**袁世凱**政府に対し、山東省の旧ドイツ利権の継承などを内容とする**二十一カ条の要求**を出した。袁世凱がこれを受諾すると中国で排日気運が増大し、袁世凱の病死後、安徽派(段祺瑞)・**奉天派**(**張作霖**)などの**軍閥**が抗争する時代となった。

一方、戦間期の中国では、第一次世界大戦中の民族資本の成長、労働者の増加、知識人・学生の増加などを背景に、知識人・学生らによる啓蒙運動である**新文化運動**が起こった。この運動は北京大学を中心とし、儒教道徳や古い家族制度を批判して「民主と科学」の積極的な導入を主張した。また、文語体の文学を否定する**文学革命**が起こり、口語による文学を提唱する**白話(口語)文学**が成立した。

> ◎ **新文化運動で活躍した人物**
>
> ●**陳独秀**:雑誌『**新青年**』発行…儒教思想批判。初代共産党委員長
> ●**胡適**　:**白話文学**提唱…**文学革命**の開始
> ●**魯迅**　:白話文学を実践。『**狂人日記**』(1918) 『**阿Q正伝**』(1921〜22)
> ●**李大釗**:マルクス主義の研究、中国への紹介

中国は**パリ講和会議**に参加し、**二十一カ条の要求**の廃棄を求めたが列強によって拒否され、ヴェルサイユ条約で山東省における旧ドイツ利権は日本に譲渡されることになった。これを受けて北京大学の学生たちによる抗議デモが起こり、学生・市民・労働者による反帝国主義・反封建主義・反軍閥の大衆運動に発展した(**五・四運動**)。そのため、**パリ講和会議の北京代表団はヴェルサイユ条約の調印を拒否した**。

✤第1次国共合作〜北伐

五・四運動の影響を受け、**孫文**は大衆の支持を求めて、秘密結社の中華革命党を大衆政党の**中国国民党**へと改組した。また、コミンテルンの指導のもと、**陳独秀**を委員長とする**中国共産党**が上海で結成された。

1923年、孫文はソ連との提携を表明し、ソ連の外交官ヨッフェと会談して「**連ソ・**

容共・扶助工農」の政策を確認した。そして、1924年の中国国民党一全大会で**国共合作**（**第1次**）が成立し、共産党員であっても個人として国民党に加入することが許可された。この結果、国民党と共産党はソ連の援助のもとで勢力を拡大した。

1925年、孫文が死去すると、**蔣介石**が国民革命の指導者となった。同年、上海の日本人が経営する工場で中国人労働者がストを起こし、イギリス人警官がこれに発砲すると、全国的反帝国主義運動に発展し（**五・三〇運動**）、反帝国主義を掲げる国民党の追い風となった。この年には**広州国民政府**が樹立され、国民革命軍が編制された。翌1926年には、国民党右派の**蔣介石**を総司令官として**北伐**が開始され、国民革命軍は広州を出発し武漢・上海・南京を占領した。1927年には**汪兆銘**ら国民党左派と共産党が中心となって国民政府を移転し、武漢国民政府を成立させた。一方、共産党勢力の台頭を恐れる**浙江財閥**や列強の支持を受け、**蔣介石**は**上海クーデタ**を起こし、多数の共産党員と労働者を虐殺した。これによって第1次国共合作は解消され、蔣介石は国民党右派勢力をまとめて**南京国民政府**を樹立し、やがて国民党左派も合流した。

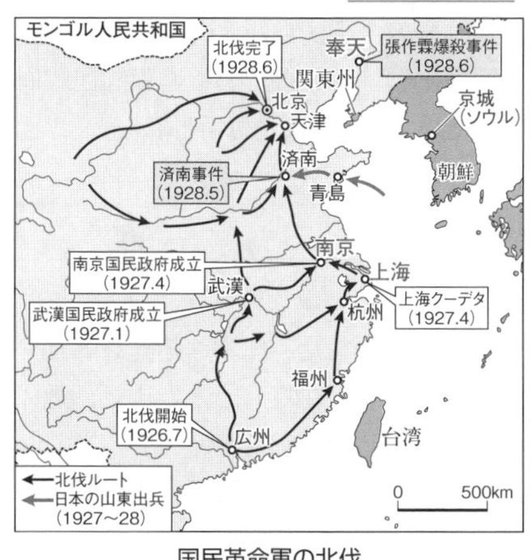

国民革命軍の北伐

1928年、国民党は単独で北伐を再開すると、**山東出兵**を行っていた日本軍と国民革命軍の衝突が起こった（済南事件）。国民革命軍は済南を迂回して北上し、奉天派の**張作霖**が支配する北京を占領して北伐が完成した。張作霖は、北京を脱出して列車で奉天に向かったが、中国東北地方の直接支配を狙う日本の**関東軍**により列車は爆破され、張作霖は暗殺された（**張作霖爆殺事件**〔**奉天事件**〕）。しかしこの謀略は失敗し、張作霖の息子の**張学良**が蔣介石に帰順し、**国民政府による中国統一が達成された**。

✤満洲事変と日中戦争

1931年、奉天郊外で日本の**関東軍**は南満洲鉄道を爆破し、これを**張学良**の仕業として軍事行動を開始し（**柳条湖事件**）、中国東北地方に**溥儀**（清の**宣統帝**）を執政（34年より皇帝）とする**満洲国**を建設した。この一連の日本の侵略行為を**満洲事変**という。また、1932年には上海で日中両軍が武力衝突した（**上海事変**）。

1932年2月、国際連盟は満洲事変の調査のため**リットン調査団**を派遣した。**リットン調査団は満洲事変を日本の侵略行為と断定し、連盟総会が日本の満洲撤兵などの勧告案を採択すると、日本はこれを不服として、国際連盟を脱退した（1933.3）**。

一方、中国共産党は**紅軍**（中国共産党の軍隊）を成立させ、1931年には**瑞金**を首都とし、**毛沢東**を主席とする**中華ソヴィエト共和国臨時政府**を成立させた。蔣介石は日本への対応よりも共産党への攻撃を優先し、共産党軍を瑞金から撤退させたが、共産党軍は陝西省**延安**まで移動し、根拠地を設けた（**長征**）。この間、国民政府は幣制改革を行って統一通貨の紙幣（法幣）を発行した。

また日本は、中国北部に傀儡政権の**冀東防共自治政府**を成立させて華北を国民政府から分離させようとし、これを受けて共産党は国民党に対して、内戦停止・抗日民族統一戦線の結成を提唱した（**八・一宣言**）。これに共鳴した**張学良**は**蔣介石**を監禁し、内戦停止・抗日戦を要求したが拒否された。しかし、共産党の**周恩来**が仲介に乗り出すと蔣介石はその説得に応じ、釈放された（**西安事件**）。

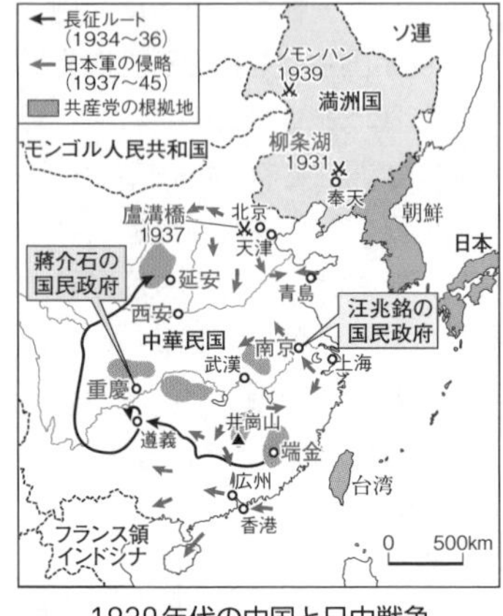

1930年代の中国と日中戦争

1937年7月、日中両軍が北京郊外で武力衝突を起こし（**盧溝橋事件**）、**日中戦争**が始まると、9月に**国共合作（第2次）**が成立した。12月、日本は南京の占領の際に一般人を虐殺し（**南京事件**）、翌年には臨時の首都となっていた武漢を占領した。しかし蔣介石は首都を**重慶**に移し、米英の支援を受けて抗戦した。一方、国民党左派の**汪兆銘**は、重慶を脱出して日本の傀儡政権である南京国民政府の主席となったが、民衆の支持は得られなかった。

2 戦間期の朝鮮・モンゴル・チベット 

✤朝鮮

1910年、韓国は日本に併合され、**朝鮮総督府**が設置された。日本は朝鮮を憲兵による**武断政治**で統治し、国民から言論・出版・集会などの自由を奪った。また、近代的土地所有制度の導入である**土地調査事業**を通じて安定した税収を確保した。

1919年、「十四カ条」の民族自決の理念に期待し、ソウルで宗教界の代表らが朝鮮の独立宣言を発表し、各地で「独立万歳」を叫ぶデモ・集会が行われた。この**三・一独立運動**は鎮圧されたが、日本は言論・集会・結社に対する取締りを緩和する**「文化政治」**に転換した。またこの運動後、**大韓民国臨時政府**が上海で設立された。

日中戦争勃発後、日本は朝鮮に対して神社参拝の強制、学校での日本語強制、**創氏改名**といった同化政策である**皇民化政策**を実施して、朝鮮の人々の戦争への精神的な動員を強化した。また労働力不足を補うため朝鮮人を強制連行し、**徴兵制**を施行した。

✤モンゴルとチベット

1911年、モンゴルは辛亥革命を契機として清からの独立を宣言し、チベット仏教の活仏を君主とした。1920年、**モンゴル人民革命党**が**チョイバルサン**らによって結成され、外モンゴル人民政府を成立させた。活仏の死を経て1924年に**モンゴル人民共和国**が成立し、ソ連に次ぐ第二の社会主義国となった。

またチベットは、1913年に**ダライ=ラマ13世**が独立宣言を出した。しかし、中国はこの宣言を認めず、イギリス・チベット間のみでの承認となった。

チャレンジテスト（大学入学共通テスト実戦演習）

次の文章は、中国の軍事制度と周辺民族との関係について述べた論文（雷海宗「中国の兵」）の、結論部分の概要である。これを読み、下の問いに答えよ。 (2021年共テA第1日程)

中国は常に周辺民族の兵を雇い、周辺民族もまた常に気ままに行動してきた。宋は名目的には中国を統一したが、一部の領土は回復できなかった。明はどうにか中国本土を完全に統一したものの、外敵に対処する力があったのは、建国当初の極めて短期間のみである。その後の200余年間は、外からの侮辱に対する反撃をどうにか保っていくのがほとんど常態となっていて、豊臣秀吉が朝鮮に出兵した後、半世紀ほどで滅びた。やがて中国は西洋に併呑(へいどん)される危険を感じるようになった。自らの力が足りないので、清末からは西洋の力を借りたが、そのやり方は時代によってやや変化した。結局のところ2000年来、中国は一部ないしは全部が周辺民族によって統治されるか、あるいは何とか自立しつつ外からの侮辱に耐え忍ぶかのいずれかで、完全に自立して周辺民族に対抗できたり、彼らを服属させたりしたのは、きわめて例外的なのである。人類史上の政治集団は、大小を問わず、侵略する側でなければ侵略される側だ。後漢以降、中国人は侵略する側にはなれなかったが、さりとて侵略されることは望まなかった。だがその実、大半の時代は他人の好き勝手にされてきたのである。

問1 次の文章は、上で紹介した論文を収めた書籍の、序文の一節である。次の文章中の空欄［ア］に入れる地名あ・いと、そこで起こった事件がもたらした事態X～Zとの組合せとして正しいものを、下の①～⑥のうちから一つ選べ。（引用文には、省略したり、改めたりしたところがある。）

本書に収められた幾つかの論文は、清華大学[注]で発表したものである。最も新しいものは民国26年7月1日の出版で、その1週間後の夜に、静かな清華園にいた私は、［ア］の砲声で夢から起こされた。

（注）清華大学－北京に設置された大学。

［ア］に入れる地名
あ 盧溝橋　**い** 柳条湖

もたらした事態
X 満州国（満洲国）が建てられた。　Y 日中両軍が全面戦争に突入した。
Z 北伐が完了した。

① あ－X　② あ－Y　③ あ－Z　④ い－X　⑤ い－Y　⑥ い－Z

問1 ［答］ ②

あ. Y. 文章中に「民国26年7月1日の出版で、その1週間後の夜に、静かな清華園にいた私は、［ア］の砲声で夢から起こされた」とあることから、辛亥革命が起こった1911年と「民国26年」を合計すると1937年となるため、この年に起こった、日中戦争のきっかけとなった盧溝橋事件が正しい。**い**. X. の柳条湖事件は、1931年に起こった、満洲事変のきっかけとなった事件で、このの ち満洲国が建てられた。

RANK 

42 第二次世界大戦（1939～45）

年	1939	40	41	42	43	44	45
ヨーロッパ	〈独〉ポーランド侵攻	〈独〉パリ占領	独ソ戦開始	→ソ連軍反撃	イタリア降伏	〈連〉ノルマンディー上陸作戦	ドイツ降伏
日本の動向			真珠湾攻撃	ミッドウェー海戦	ガダルカナル島撤退	サイパン島陥落	日本降伏

1 第二次世界大戦（ヨーロッパ） 

✤1939～1941年

1939年8月に**独ソ不可侵条約**が結ばれると、翌9月にドイツがポーランドに侵攻し、これに対してイギリス・フランスが対独宣戦して**第二次世界大戦**が始まった。ドイツはヨーロッパ諸国を次々と占領し、ドイツに対抗するのはイギリスだけとなった。しかしドイツがバルカン半島に侵攻すると、ルーマニアの油田地帯を確保していたソ連は反発し、1941年から**独ソ戦**が開始された。

1939.9.1	〈独〉**ポーランド**侵攻
.9.3	〈英仏〉対独宣戦布告
.9.17	〈ソ〉**ポーランド侵攻**→ドイツ・ソ連でポーランド分割
.11	〈ソ〉**ソ連＝フィンランド戦争**（**冬戦争**、～40.3）→**国際連盟除名**（1939.12）
1940.4	〈独〉**デンマーク**・**ノルウェー**侵攻→占領
.5	〈独〉**オランダ**・**ベルギー**侵攻→占領
.5	〈英〉**チャーチル内閣**（保守党、～45）成立（←**宥和政策**の破綻、明確に）
.6	〈伊〉**イタリア参戦**：イギリス・フランスに宣戦布告
.6	〈独〉**パリ占領**：第三共和政崩壊 ・北部：ドイツが占領・支配 ・中南部：**ヴィシー政府**（**ペタン内閣**）…対独協力
	〈仏〉**自由フランス政府**：**ド＝ゴール**がロンドンに樹立→**レジスタンス**指導
.6	〈ソ〉ルーマニアからベッサラビア獲得
.8	〈ソ〉**バルト3国**併合
.9	〈独〉イギリス空襲（～翌41年5月）
	〈枢軸国〉**日独伊三国同盟**結成
1941.3	〈米〉**武器貸与法**成立：〈米〉**フランクリン＝ローズヴェルト** →アメリカ合衆国、事実上の連合国の一員に
.4	〈独〉**バルカン制圧**（～6月）：独ソ関係悪化→**日ソ中立条約**（4月） ・**ティトー**（ユーゴスラヴィア）…**パルチザン**展開
.6	〈独〉**独ソ戦**開始：イタリア・ルーマニア・フィンランド・ハンガリーなどもドイツ側で参戦
.7	〈英ソ〉英ソ軍事同盟

.8	〈米英〉**大西洋上会談**［☞p.309 ツボ］

✤1941〜45年

独ソ戦開始後、米・英とソ連の提携が進み、日本の**真珠湾攻撃**（1941.12）を機にアメリカ合衆国が参戦し、独・伊・日などの枢軸国と、英・米・ソ・中などの連合国の対立構図が成立した。**スターリングラードの戦い**（1942〜43）の敗北後ドイツは劣勢となり、ソ連は反撃に転じた。また1943年にイタリアが降伏し、1944年の**ノルマンディー上陸作戦**後パリが解放された。1945年の**ヤルタ会談**でソ連の対日参戦が決定し、同年4月にヒトラーが自殺し、翌5月にドイツは降伏した。

1942.1	**連合国共同宣言**
	・連合国26カ国（米・英・ソ・中など）が反ファシズムを宣言
.7頃	〈独ソ〉**スターリングラードの戦い**（〜43.2）：ドイツ軍敗北…ソ連軍反撃
1943.5	〈ソ〉**コミンテルン解散**：ソ連、米・英との協調を深めようとする
.7	〈連合軍〉**シチリア島上陸**→国王が**ムッソリーニ**を解任
	→**バドリオ政権樹立・無条件降伏（9月）**
.11	〈米英ソ〉**テヘラン会談**（〜12月）［☞p.309 ツボ］
1944.6	〈連合軍〉**ノルマンディー上陸作戦**開始：最高司令官**アイゼンハワー**
	→**パリ解放**（8月）…〈仏〉**ド=ゴール**が臨時政府組織
.8	〈ソ〉ルーマニア・ブルガリアがソ連に降伏
1945.2	〈米英ソ〉**ヤルタ会談**［☞p.309 ツボ］
.5	〈独〉**ベルリン陥落・無条件降伏**（←ヒトラー自殺（4月））

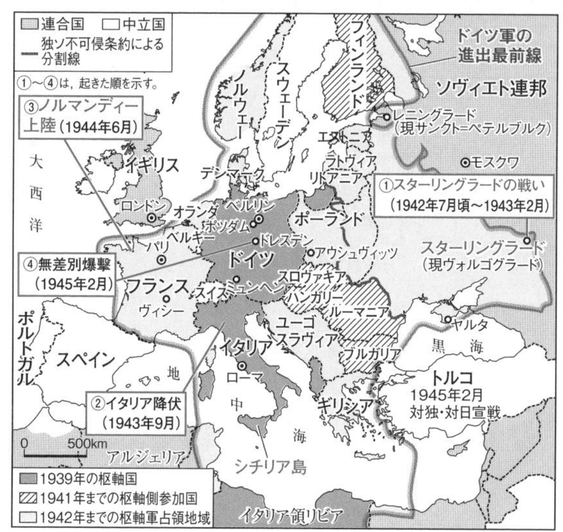

ヨーロッパ戦線

2 第二次世界大戦（アジア・太平洋）

1941年12月の**真珠湾攻撃**から**太平洋戦争**が開始された。開戦当初は日本が優勢だったものの**ミッドウェー海戦**(1942)敗北後劣勢となり、1945年の**広島**・**長崎**への原爆投下後**ポツダム宣言**を受諾し、日本は**無条件降伏**した。

1939.5	〈日〉ノモンハン事件（〜9月）：日本軍がソ連・モンゴル軍に敗北
1940.7 .9 .9	〈日〉**「大東亜共栄圏」**の構想を発表 〈日〉**北部フランス領インドシナに進駐**：フランス降伏が背景　援蔣ルート遮断、南方資源獲得を目的 **日独伊三国同盟**：アメリカ・イギリスとの対立決定的
1941.4 .4 .7 夏頃 .11 .12.8	〈日〉**日ソ中立条約**：北方の安全を確保　※独ソ戦開始（6月） 〈日米〉**日米交渉**開始：中国からの日本軍撤兵、三国同盟からの脱退など 〈日〉**南部フランス領インドシナに進駐**→アメリカ、対日石油全面禁輸 **「ABCDライン」**：米・英・中・蘭の対日包囲体制 〈米〉「ハル＝ノート」：日本軍への中国・仏領インドシナ連邦からの撤退要求 〈日〉**真珠湾攻撃**：**太平洋戦争**（アジア・太平洋戦争）開始 〈日〉東南アジア占領 ・**マレー**・**シンガポール**・**フィリピン**・ビルマ・**ジャワ**・**スマトラ**
1942.6	〈日米〉**ミッドウェー海戦**：日本軍敗退
1943.2 .11	〈日〉**ガダルカナル島**から撤退 〈米英中〉**カイロ会談**［☞p.309 ツボ］
1944.7	〈日〉**サイパン島**陥落・東条英機内閣総辞職
1945.2 .4 .7 .8.6 .8.14	〈米〉硫黄島上陸 〈米〉**沖縄本島**上陸 〈米英ソ〉**ポツダム会談**［☞p.309 ツボ］ 〈米〉**広島に原爆投下**　.8.8〈ソ〉**対日宣戦**　.8.9〈米〉**長崎に原爆投下** 〈日〉**ポツダム宣言**受諾・**無条件降伏**→翌15日に国民にラジオ放送

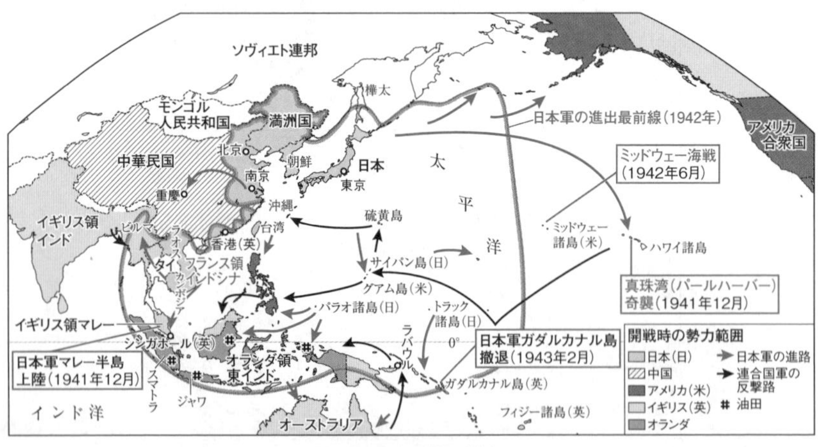

アジア・太平洋の戦争

ここが共通テストのツボだ!!

ツボ　第二次世界大戦中の会談の出席者と内容は狙われる！

会談	出席者	内容
大西洋上会談 (1941)	〈米〉**フランクリン＝ローズヴェルト** 〈英〉**チャーチル**	● 大西洋憲章 ・領土不拡大、領土不変更、民族自決、貿易の機会均等、労働・生活環境改善、軍備縮小、海洋の自由、国際安全保障の確立
カイロ会談 (1943)	〈米〉**フランクリン＝ローズヴェルト** 〈英〉**チャーチル** 〈中〉**蔣介石**(しょうかいせき)	● 対日処理方針の決定 ● カイロ宣言 ・日本…無条件降伏、1914年以降獲得した太平洋上の全島の剝奪(はくだつ)、満洲(まんしゅう)・台湾(たいわん)・澎湖(ほうこ)諸島の中国への返還、朝鮮の独立
テヘラン会談 (1943)	〈米〉**フランクリン＝ローズヴェルト** 〈英〉**チャーチル** 〈ソ〉**スターリン**	● 米・英、北フランス上陸作戦実行を約束
ヤルタ会談 (1945)	〈米〉**フランクリン＝ローズヴェルト** 〈英〉**チャーチル** 〈ソ〉**スターリン**	● ヤルタ協定 ・ドイツ無条件降伏と英・米・仏・ソの4カ国占領管理、ドイツ戦犯の裁判 ・**秘密協定…ドイツ降伏後3カ月以内のソ連の対日参戦、南樺太(みなみからふと)・千島(ちしま)のソ連取得**
ポツダム会談 (1945)	〈米〉**トルーマン** 〈英〉**チャーチル** →途中から**アトリー** 〈ソ〉**スターリン**	● ドイツの戦後処理の最終決定 ● ポツダム宣言 ・日本の無条件降伏、領土の制限、連合国による占領、軍国主義の除去、戦犯(せんぱん)の処罰、民主主義の確立

どの会議に誰が参加したのか、何が取り決められたかを覚えておくこと。特に蔣介石とトルーマンはそれぞれ一度ずつしか参加していないことを押さえておこう。

チャレンジテスト（大学入学共通テスト実戦演習）

次の文章を読み、後の問いに答えよ。（2021年共テB第2日程）

次の**資料1**は、1995年に当時のフランス大統領シラクが行った演説である。あるクラスで、この資料を基に授業が行われている。（引用文には、省略したり、改めたりしたところがある。）

資料1

> 一国の歴史には、記憶を傷つけ、その国について抱かれていた考えを傷つける瞬間があるものです。そうした瞬間を思い起こすことは、容易ではありません。なぜなら、悲劇を経験した人々の恐怖や苦しみを表現するのにふさわしい言葉が見つかるとは限らないからです。それら暗黒の時代が我々の歴史を永遠に汚し、我々の過去や伝統を侮辱しているからでもあります。そうです。フランス人が、フランス国が、占領者の狂気の犯罪に手を貸したのです。53年前の1942年7月16日、多数のフランスの警察官及び憲兵が上官の命令に従い、ナチスの要求に応えました。啓蒙と人権の祖国フランス、人々を迎え入れ保護してきた国フランスが、その日、取り返しのつかないことをしました。自らの言葉に背き、フランスは保護すべき人々を死刑執行人に引き渡してしまったのです。
>
> ユダヤの人々の記憶を伝えること、その苦しみや収容所の記憶を語り継ぐこと。繰り返し証言すること。国家によってなされた過去の過ちを認めること。我々の歴史の暗黒の時代について、何も隠し立てしないこと。それはまさに、人間の思想を、その自由と尊厳を守ろうとすることなのです。

先生：**資料1**から読み取れるように、第二次世界大戦中フランスはドイツ軍に占領されていました。独仏2国の歴史上の関係について、何か知っていることはありますか。

中山：この2国を含む地域を分裂させ、それぞれの国を形成する出発点となった条約が、9世紀に結ばれています。

小川：19世紀初頭には、フランス革命前の政治秩序への復帰が目指されて、この2国ではブルボン家による支配が復活しました。

平井：第一次世界大戦でこの2国は交戦し、敗れたドイツは、両国国境地帯の二つの地方をフランスに割譲しました。

問1 三人の生徒の発言の正誤について述べた文として最も適当なものを、次の①～④のうちから一つ選べ。

① 中山さんのみ正しい。　② 中山さんと平井さんの二人が正しい。
③ 三人とも正しい。　④ 三人とも間違っている。

問2 次の資料2は、資料1の続きの部分である。資料2の空欄 ア に入れる都市の名あ・いと、資料1・2で示されたシラクの演説の趣旨として考えられる説明X・Yとの組合せとして正しいものを、下の①～④のうちから一つ選べ。

資料2

確かに過ちを犯しました。その過ちは複数の過ちであり、また一つの集団的な過ちだったとも言えます。しかし、自らの伝統や本質に忠実なフランスの姿があったことも確かです。そうしたフランスは決して ア にはありませんでした。長らく、パリにも存在していませんでした。それは、自由フランスが戦いを展開した場所にありました。一にして不可分のフランスは、それら「国民の中の義人たち」の心の中に存在していたのです。

ア に入れる都市の名

あ ロンドン　　**い** ヴィシー

演説の趣旨として考えられる説明

X 自国の「過去の過ち」を認めると同時に、人権の祖国としての「自らの伝統」に忠実だった人々が当時も存在したことに注意を促し、フランス人としての誇りを守ろうとしている。

Y フランスは「占領者の狂気の犯罪に手を貸した」だけなのだから、フランスの輝かしい未来のために、「我々の歴史の暗黒の時代」については早く忘却すべきだと主張している。

① **あ**－X　② **あ**－Y　③ **い**－X　④ **い**－Y

問1 [答] ②

9世紀に結ばれた**ヴェルダン条約**と**メルセン条約**でフランク王国は3分裂し、現在のフランス・ドイツ・イタリアの原型が成立したことから、中山さんの発言は正しい。ウィーン会議後のウィーン議定書の結果、ブルボン朝が復活したのはフランス・スペイン・ナポリであるため、小川さんの発言は間違っている。第一次世界大戦の敗戦国となったドイツは、ヴェルサイユ条約でフランスに西側国境地域の**アルザス**・**ロレーヌ**を割譲したことから、平井さんの発言は正しい。よって②が正答である。

問2 [答] ③

あ.**い**.**資料1**にある「1942年7月16日」は第二次世界大戦中である。この時点で、フランスはナチス＝ドイツに占領されており、ペタンを首班とするドイツの傀儡（かいらい）政権であるヴィシー政府がフランス中南部を統治していた。その一方、ド＝ゴールを首班とする亡命政権であるロンドンの自由フランス政府はナチスに抵抗していた。**資料2**には「自らの伝統や本質に忠実なフランス…は決して ア にはありませんでした」とあり、「それは、自由フランスが戦いを展開した場所」(ロンドン)にあったと述べられていることから、空欄 ア にはナチスの傀儡政権があった**い**のヴィシーが入る。X.Y.**資料1**の第2段落と**資料2**の内容から、Xの内容のほうが適切だと考えられる。よって、正答は③**い**－Xである。

43 第二次世界大戦後の世界①

年	1947	48	49	50	53
西側	トルーマン=ドクトリン、マーシャル=プラン		NATO結成		〈米〉アイゼンハワー大統領
		⚔ベルリン封鎖→	封鎖解除	⚔朝鮮戦争→	朝鮮休戦協定
東側	コミンフォルム結成		コメコン結成		〈ソ〉スターリン死去

1 戦後世界の再建

✤国際連合の成立

1941	**大西洋憲章**：国際平和機構の再建など
1944	**ダンバートン=オークス会議**：国連憲章原案を作成
1945.4～	サンフランシスコ会議(～45.6)：**国際連合憲章**採択(50カ国)
1945.10	国際連合が正式に発足(51カ国)
1948	世界人権宣言を採択

✤国際連合

- 本部(事務局)：**ニューヨーク**
- 総会：加盟各国1票の投票による**多数決制**
- 安全保障理事会：国連最大の権限を保有…経済制裁・**軍事制裁が可能**
  →常任理事国：**米・英・仏・中(中華民国、のち中華人民共和国)・ソ**(→**ロシア**)の五大国(拒否権保有)
- その他の機関
  - **経済社会理事会**　・国際司法裁判所(ハーグ)
  - ユネスコ(国際連合教育科学文化機関)　・国際労働機関(ILO)
  - 国際通貨基金(IMF)
  - 国際復興開発銀行(IBRD、世界銀行)　・世界保健機関(WHO)
  - 国連貿易開発会議(UNCTAD(アンクタッド)、1964)：南北問題の解決をめざす

✤国際経済体制

○ブレトン=ウッズ国際経済体制：**ブレトン=ウッズ会議**(1944)で成立

- **米ドル(金と連動)を基軸(きじく)通貨(国際通貨として広く使用される通貨)とする固定為替(かわせ)相場制(金・ドル本位制)**
- 中心機構
  - 国際通貨基金(IMF)：国際通貨体制の確立と為替の安定をめざす
  - 国際復興開発銀行(IBRD、世界銀行)：戦後復興と発展途上国への融資

● 「関税と貿易に関する一般協定」(GATT、1947)

・自由貿易の原則：関税の引下げ、貿易障壁の除去

・現在は世界貿易機関(WTO、1995)に改組

✣戦後処理

第二次世界大戦後、ドイツと日本では戦争指導者を裁く国際軍事裁判が連合国により行われた。**ドイツとオーストリアは英・米・仏・ソ4カ国による分割占領**が、**日本はアメリカ合衆国による事実上の単独占領**が行われ、日本は**連合国軍総司令部(GHQ)**のもと、民主化と非軍事化が進められた。しかし、朝鮮戦争(1950~53)が勃発すると、アメリカは日本の再軍備を進め、日本を独立させるとともに日米安全保障条約(1951)を結んで日本での米軍駐留を認めさせ、**日本は西側**[☞p.314]**に組み込まれることになった。**

○国際軍事裁判

● ドイツ…ニュルンベルク裁判(1945~46)

● 日本…東京裁判(極東国際軍事裁判、1946~48)

○ドイツ：米・英・仏・ソによる分割占領(ベルリンも4カ国の分割占領)。非ナチ化

○オーストリア：米・英・仏・ソによる分割占領

→**オーストリア国家条約**(1955)…独立回復、永世中立国に

○パリ講和条約(1947)

● 枢軸国のイタリア・ルーマニア・ブルガリア・ハンガリー・フィンランドと連合国の間で締結。領土変更・賠償など

○日本の独立回復

● サンフランシスコ講和会議(1951)：朝鮮戦争勃発が背景

● サンフランシスコ平和条約(1951)

→日本と連合国が締結…東側諸国(中・ソなど)・インド・ビルマなどを含まず

・日本：主権回復。海外領土放棄(朝鮮・台湾・南樺太・千島列島など)

沖縄・小笠原諸島などはアメリカ施政下

● 日米安全保障条約(1951)

・サンフランシスコ平和条約と同時に発効。米軍の日本駐留を定める

ドイツ・オーストリアの分割占領

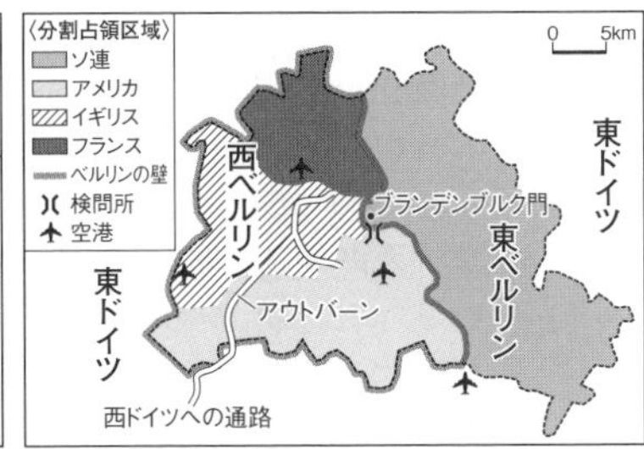

分割占領されたベルリン

2 「冷戦」 

✤冷戦の開始と展開

第二次世界大戦中、ソ連が東欧諸国をナチス＝ドイツの支配から解放すると、東欧諸国はソ連の衛星国となり、共産化が進んだ。アメリカ合衆国が、これを警戒して**トルーマン＝ドクトリン**のもと対ソ**「封じ込め政策」**を開始すると、東側はこれに対抗して**コミンフォルム**を結成した。こうして、**西側と東側の間で、冷戦と呼ばれる緊張状態が高まっていき、両陣営は経済協力を進め軍事同盟を結成した。**また、冷戦はアジアに飛び火し、**インドシナ戦争**・**朝鮮戦争**が行われた。しかし、**1953年に米・ソの首脳が交替すると、両戦争の休戦協定が結ばれるなど冷戦は緩和に向かった。**

○**西側**：資本主義諸国 〈中心〉アメリカ合衆国…世界最強の軍事力・圧倒的な経済力	○**東側**：社会主義諸国 〈中心〉ソ連…ナチス＝ドイツの支配から東欧を解放 東欧…**人民民主主義政権** →共産党一党独裁へ
1946.3 **「鉄のカーテン」演説**：**チャーチル**（前イギリス首相）	
インドシナ戦争（1946〜54）	
1947.3 〈米〉**トルーマン＝ドクトリン**：**ギリシア、トルコに援助** →**「封じ込め政策」**開始	
.6 〈米〉**マーシャル＝プラン**：ヨーロッパの経済復興計画 →ヨーロッパ経済協力機構（OEEC、1948）	→ .9 〈ソ〉**コミンフォルム（共産党情報局）**：ソ連・東欧諸国とフランス・イタリアの共産党が加盟 →ユーゴスラヴィア除名（1948.6）
1948.3 **西ヨーロッパ連合条約（ブリュッセル条約）** ← ・イギリス・フランス・ベネルクス3国の反共軍事同盟	.2 〈ソ〉**チェコスロヴァキア＝クーデタ**：共産党政権樹立 →東欧諸国が共産党一党独裁体制へ
.6 **西側占領地区の通貨改革** 西側：ベルリン封鎖に物資の空輸で対抗	→ .6 **ベルリン封鎖**（〜49）：ソ連、西ベルリンへの交通路遮断
1949.4 **北大西洋条約機構（NATO）**：西側最大の反共軍事機構。米・英・仏・伊など	.1 **経済相互援助会議（COMECON）**：ソ連と東欧諸国の経済協力機構
.5 ベルリン封鎖解除→ドイツの東西分断 西ドイツ（**ドイツ連邦共和国**）：首都ボン〈首相〉**アデナウアー**	.5 ベルリン封鎖解除→ドイツの東西分断 東ドイツ（**ドイツ民主共和国**）：首都ベルリン

1949		.10 〈中〉**中華人民共和国**の成立 国家主席：**毛沢東**（もうたくとう） 首相：**周恩来**（しゅうおんらい）
1950		.2 **中ソ友好同盟相互援助条約**締結
	朝鮮戦争（1950〜53）	
1953.1	〈米〉**アイゼンハワー**がアメリカ合衆国大統領に就任（任1953〜61）	.3 〈ソ〉**スターリン死去**：集団指導体制へ。東西緊張緩和を促進
.7	**朝鮮休戦協定**（**板門店**（はんもんてん））…**北緯38度線**（ほくい）付近に軍事境界線 →南北分断	
1954.7	**ジュネーヴ休戦協定**…北緯17度線でベトナムの南北分割、2年後の南北統一選挙実施 ※アメリカ・南ベトナムは調印せず	
.10	**パリ協定**：西ドイツの主権回復・再軍備・NATO加盟（55年に正式加盟）を承認	
1955		**.5** **ワルシャワ条約機構**：ソ連と東欧諸国の軍事同盟 →東ドイツ、主権回復・ワルシャワ条約機構加盟

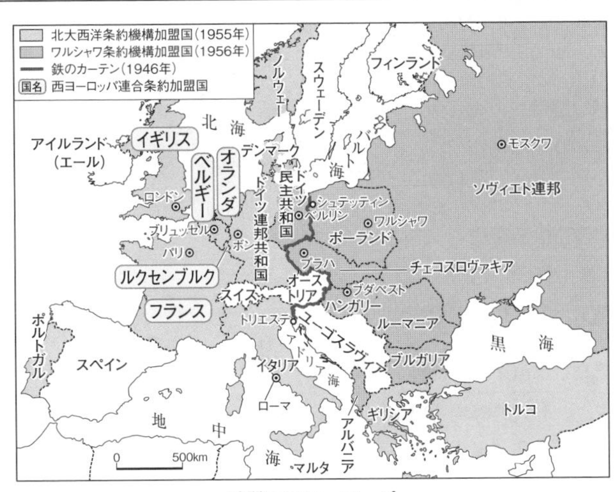

冷戦下のヨーロッパ

✤集団防衛体制

冷戦が世界各地に広まると、アメリカ合衆国は東側陣営を包囲するように各地に反共軍事同盟を結成し、これを補完する二国間条約を多くの国と締結した。また中東では、イギリスを中心とした国々による反共軍事同盟が成立した[☞p.316地図]。

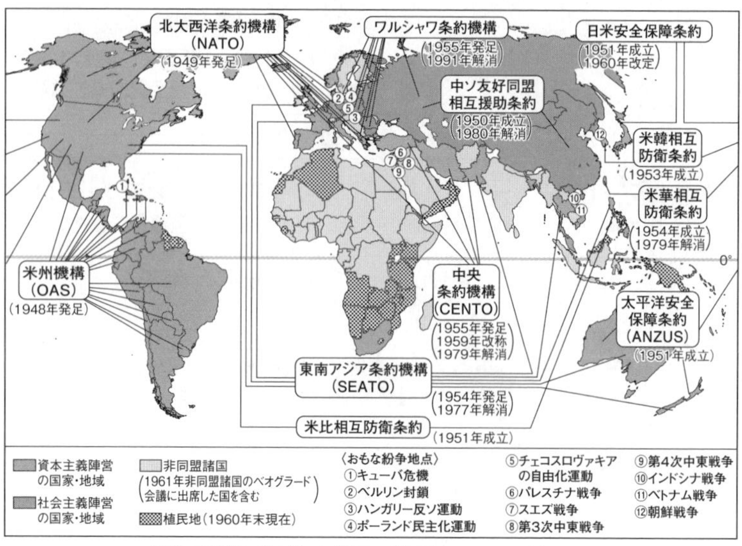

冷戦の時代に結ばれた世界の諸同盟とおもな紛争地点

○西側

1948	米州機構(OAS):南北アメリカ21カ国で結成 西ヨーロッパ連合条約(ブリュッセル条約) ・イギリス・フランス・ベネルクス3国の反共軍事同盟
1949	北大西洋条約機構(NATO):西側最大の反共軍事機構。12カ国で結成 ・アメリカ合衆国・イギリス・フランス・イタリア・ベネルクス3国・ポルトガル・ノルウェー・アイスランド・カナダ・デンマーク ・**パリ協定**(1954)で西ドイツ加盟を承認
1951	米比相互防衛条約　※比:フィリピン 太平洋安全保障条約(ANZUS) ・オーストラリア・ニュージーランド・アメリカ合衆国 日米安全保障条約
1953	米韓相互防衛条約
1954	東南アジア条約機構(SEATO) ・豪・ニュージーランド・タイ・フィリピン・パキスタン・米・英・仏 米華相互防衛条約　※華:中華民国
1955	バグダード条約機構(中東条約機構、METO) ・トルコ・イラク・イラン・パキスタン・英→イラク脱退(1958年のイラク革命の結果)
1959	**中央条約機構(CENTO)**:バグダード条約機構からイラクが脱退したあとの安全保障機構→イラン脱退(1979年のイラン=イスラーム革命の結果)で解消

○東側

1950	中ソ友好同盟相互援助条約:日・米が仮想敵国
1955	ワルシャワ条約機構:NATOに対抗

ここが共通テストのツボだ!!

ツボ　冷戦初期のアジアにおける「熱い戦争」についてのポイント

○ベトナム

- 日本の支配下：第二次世界大戦中
  - ・ベトナム独立同盟会（ベトミン、ホー＝チ＝ミンの指導）の抗日運動
- **ベトナム民主共和国**（1945〜76）：大統領**ホー＝チ＝ミン**、首都ハノイ
- **インドシナ戦争**（1946〜54）
  - ・フランスがベトナムの再植民地化を企図し開戦
  - ・フランスが南部に**ベトナム国**樹立（1949〜55）：首都サイゴン、元首**バオダイ**
  - ・**ディエンビエンフーの戦い**（1954）：フランス軍敗北
  - ・**ジュネーヴ休戦協定**

    →**北緯（ほくい）17度線**を暫定（ざんてい）軍事境界線、2年後の南北統一選挙実施を規定（実施されず）

○朝鮮

- **カイロ宣言**（1943）で第二次世界大戦後の独立が決定

  →独立、認められず→米・ソの進駐：**北緯38度線**を境に米・ソで分割占領

  →南北分裂（1948）：〈北〉**朝鮮民主主義人民共和国（北朝鮮）**…首相**金日成（キムイルソン）**

  〈南〉**大韓民国（韓国）**…大統領**李承晩（イスンマン）**
- **朝鮮戦争**（1950〜53）
  - ・北朝鮮が韓国に進撃→**ソウル**陥落→韓国、**釜山（ふざん（プサン））**まで後退
  - ・国連安保理事会、北朝鮮側の行動を侵略と断定、**国連軍**の派遣を決議（総司令官マッカーサー）→国連軍の**仁川（インチョン）**上陸→**北緯38度線**突破→中国国境に迫る
  - ・中国が人民義勇軍派遣→国連軍と激突→**北緯38度線**突破→国連軍反撃→戦線膠着（こうちゃく）
  - ・**朝鮮休戦協定**（**板門店**、1953）…**北緯38度線**付近に軍事境界線…南北分断

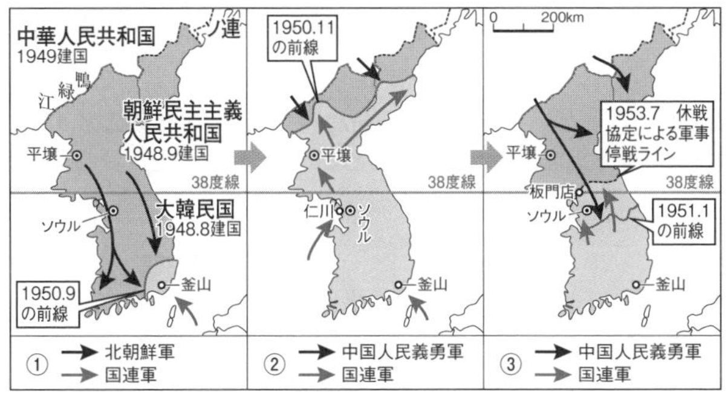

朝鮮戦争の経過

チャレンジテスト（大学入学共通テスト実戦演習）

次の文章を読み、後の問いに答えよ。（2024年共テ本試B）

次の**資料**は、朝鮮戦争における休戦交渉に先立って、スターリンが毛沢東に宛てて発した電報の一部である。（引用文には、省略したり、改めたりしたところがある。）

資料

> 我々の見解では、休戦交渉を行うため、［ア］の代表らと会うのに同意するということを、その最高司令官に早く回答する必要がある。この回答は、［イ］の司令官及び朝鮮民主主義人民共和国軍の最高司令官によって署名されなければならない。もし、［イ］の司令官が署名しなければ、アメリカは、我々の回答文に対して、いかなる意義も付与しないであろう。会談場所については、38度線上で行われるべきことを主張しなければならない。現在、我々が休戦問題で主導権を取っているのをいかして、会談場所の問題に関して、［ア］側が譲歩するように仕向けるべきであろう。

この戦争は、［イ］が派遣されて戦闘に加わることとなった結果、実質的に中国とアメリカ合衆国との間の「熱い戦争」へとその性格が変わっていった。開始される休戦交渉が実質を伴う協議であることを、まずは敵にきちんと示すべきだとして、スターリンは、**資料**の前半に見えるような指示を毛沢東に与えたと理解される。

ヨーロッパでくすぶりだした東西勢力の対立は、1948年2月に［ウ］で共産党のクーデタが起こって同党が政権を掌握したこと、及び同年にソ連がベルリンを封鎖したことなどによって決定的となった。そして朝鮮戦争をきっかけに、それはついに世界化してしまったのである。こうした状況を受けて、アメリカ合衆国は、アジア圏で社会主義国がさらに増加することを阻止しようとして、ⓐアジア・太平洋地域においても安全保障体制の構築を目指したのである。

一方、この戦争は中国の社会主義化を加速させる契機ともなった。毛沢東は中華人民共和国建国当初から「ソ連一辺倒」の外交方針を打ち出していたが、内政面においてもソ連に倣って社会主義国家の建設を急ぐようになった。経済政策においては、ソ連をモデルにして、第1次五か年計画が立案され、朝鮮戦争の休戦協定が成立した年に実行された。

問1 文章中の空欄［ア］と［イ］に入れる語と、下線部ⓐのためにアメリカ合衆国も参加して結成された国際組織の名との組合せとして正しいものを、次の①～④のうちから一つ選べ。

	ア	イ	国際組織
①	国連軍	人民義勇軍	東南アジア諸国連合（ASEAN）
②	国連軍	人民義勇軍	東南アジア条約機構（SEATO）
③	人民義勇軍	国連軍	東南アジア諸国連合（ASEAN）
④	人民義勇軍	国連軍	東南アジア条約機構（SEATO）

問2 文章中の空欄 ウ の国の歴史について述べた文として最も適当なものを、次の①〜④のうちから一つ選べ。

① スターリン批判が伝わると、ポズナニで暴動が起こった。
② 独裁体制を敷いていたチャウシェスクが処刑された。
③ 社会党のブルムを首相とする人民戦線政府が成立した。
④ ドプチェクの指導の下、自由化(民主化)を推進する運動が展開した。

第2部 世界史探究 10 現代の世界(1)

問1 [答] ②

資料の下の説明文の文頭に「この戦争は、 イ が派遣されて戦闘に加わることとなった結果、実質的に中国とアメリカ合衆国との間の『熱い戦争』へとその性格が変わっていった」とある。朝鮮戦争は北朝鮮が韓国に侵攻後、アメリカ軍中心の**国連軍**が派遣されて北朝鮮軍と戦い、その後中国が**人民義勇軍**を派遣して国連軍と戦った。このことから、 イ にはあとから参戦し、北朝鮮側を支援した**人民義勇軍**が入り、 ア には人民義勇軍と戦った**国連軍**が当てはまる。朝鮮戦争休戦後の1954年に、アメリカは英・仏や東南アジア諸国とともに、**東南アジア条約機構(SEATO)**を結成した。よって組合せは②が正しい。東南アジア諸国連合(ASEAN)は、1967年にマレーシア・フィリピン・タイ・シンガポール・インドネシアの5カ国によって結成され、その後加盟国は増加したが、アメリカ合衆国は加盟していない。

問2 [答] ④

空欄 ウ には、説明文中に「1948年2月に ウ で共産党のクーデタが起こって同党が政権を掌握したこと」とあることから、チェコスロヴァキアが当てはまる。④はチェコスロヴァキアで1968年に行われた自由化運動の「**プラハの春**」のことなので、これが正答。①1956年にポーランドで起こったポーランド反政府・反ソ暴動(ポズナニ暴動)のことなので不適当。②1989年の東欧革命でのルーマニアのことなので不適当。③1930年代のフランスでのことなので不適当。

44 第二次世界大戦後の世界②

1947	50年代	60年代	70年代	80年代	89
冷戦の開始	「雪どけ」	再燃→多極化	デタント	新冷戦開始	冷戦の終結
トルーマン＝ドクトリン	スターリンの死〈ソ〉フルシチョフ訪米	キューバ危機	〈米〉ニクソン訪中	〈ソ〉アフガニスタン侵攻	マルタ会談

1 アジアの緊張緩和と「雪どけ」

✣アジアの緊張緩和

1950年代に入ると、新興のアジア・アフリカ諸国が東西両陣営のどちらにも属さず、第三勢力を形成して反植民地主義・平和共存を主張し、国際社会における存在感をしだいに強めていった。

1954.4	コロンボ会議：インド・パキスタン・セイロン・ビルマ・インドネシア ・インドシナ戦争の早期解決、アジア＝アフリカ会議開催を宣言
.6	ネルー・周恩来(しゅうおんらい)会談 ・平和五原則：1.領土保全と主権の尊重　2.相互不侵略 3.内政不干渉　4.平等と互恵(ごけい)　5.平和的共存
1955.4	アジア＝アフリカ会議（バンドン会議） ・アジア・アフリカ各国の代表が参加 ・〈インドネシア〉**スカルノ**　〈印〉**ネルー**　〈エジプト〉**ナセル**の指導 ・反植民地主義・平和共存を理念とする ・平和十原則を発表 →基本的人権と国連憲章の尊重、主権と領土の保全、内政不干渉、集団防衛の排除、武力侵略の否定、国際紛争の平和的解決など 《意義》 ・アジア・アフリカ諸国の国際政治に対する主張 ・非同盟主義の原点 ・「雪どけ」と平和共存に貢献
1961.9	**第1回**非同盟諸国首脳会議：ベオグラード（ユーゴスラヴィア）で開催 ・ヨーロッパ・アジア・アフリカ・ラテンアメリカ各国の代表が参加 ・〈ユーゴスラヴィア〉**ティトー**　〈印〉**ネルー**　〈エジプト〉**ナセル**が中心 ・平和共存、新旧植民地主義反対などを宣言
1963.5	アフリカ統一機構（OAU） ・アフリカ諸国の連帯・独立の確保などが目的 ・アフリカ連合（AU）(2002)：アフリカ統一機構が発展・改組

✤「雪どけ」～再燃

1953年に米・ソの指導者が交替すると、東西両陣営の関係は改善し（「雪どけ」）、ソ連のフルシチョフの訪米も実現した。その後キューバ危機で核戦争の危機が訪れて緊張は頂点に達したが、危機回避後に平和共存が進展し、米・ソは部分的核実験禁止条約や核拡散防止条約で核の拡散防止を進めた。しかし、仏・中はこれらに調印せず独自路線を歩み、世界は多極化へと向かった。また、1956年のソ連のスターリン批判を受けて、ポーランドやハンガリーで自由化を求める運動が起こった。

1953.1 .3	西　アイゼンハワーがアメリカ合衆国大統領に就任（任1953～61） 東　〈ソ〉スターリン死去：集団指導体制へ。東西緊張緩和を促進
1955.7	東西　ジュネーヴ4巨頭（きょとう）会談：戦後10年ぶりの米ソ首脳会談 ・米（アイゼンハワー）・英・仏・ソ4国の首脳会談
1956.2 .6 .10	東　ソ連共産党第20回大会 ・平和共存政策 ・第一書記フルシチョフのスターリン批判：個人崇拝（すうはい）・粛清（しゅくせい）を批判 ※コミンフォルム解散（4月） 東　ポーランド反政府・反ソ暴動（ポズナニ暴動） ・ゴムウカ（ゴムルカ）が収拾 東　ハンガリー反ソ運動（ハンガリー事件）：首都ブダペストで暴動 ・ナジ＝イムレ：一党独裁廃止・ワルシャワ条約機構脱退を声明 →ソ連軍介入→ナジ＝イムレ処刑
1957.10	東　ソ連のスプートニク1号打ち上げ：世界初の人工衛星打ち上げ成功
1959.9	東西　〈ソ〉フルシチョフ訪米：〈米〉アイゼンハワーと会談
1961.8	東　東ドイツがベルリンの壁建設
1962.10	東西　キューバ危機：米ソ核戦争の危機 背景：キューバ革命（1959.1） ・カストロ、ゲバラが親米のバティスタ政権を打倒 →アメリカ、キューバと断交→キューバの社会主義宣言 経過：ソ連がキューバでのミサイル基地建設に着手 →〈米〉ケネディがミサイル基地撤去要求・海上封鎖（ふうさ） 結果：〈ソ〉フルシチョフがミサイル撤去 →米ソの平和共存進展（直通通信〔ホットライン〕協定）
1963.8	東西　部分的核実験禁止条約調印：米・英・ソが調印…地下以外の核実験禁止 ※フランス・中国は不参加
1968.7	東西　核拡散防止条約（NPT、1970.3発効） ・非核保有国の核保有を禁止。米・英・ソなどが調印 ※フランス・中国は当初不参加（1992年加盟）

2 世界の多極化（1960年代～）

✤西側諸国の多極化

● フランスの独自外交：大統領ド＝ゴール（任1959～69）…「フランスの栄光」

・核保有（1960）　・部分的核実験禁止条約（1963）に反対

・中華人民共和国承認（1964）　・NATO（ナトー）の軍事機構より脱退（1966）

✤東側諸国の多極化

● ルーマニア：チャウシェスク大統領…自主外交路線

● チェコスロヴァキア

・「プラハの春」（1968）：ドプチェク第一書記の自由化政策

→ソ連の軍事介入（ワルシャワ条約機構加盟軍の侵攻）→ドプチェク失脚

※〈ソ〉ブレジネフ書記長の「制限主権論」（ブレジネフ＝ドクトリン）

・社会主義諸国全体の利益は、各国の個別的な利益に優先する

→「プラハの春」への軍事介入の正当化

● **中ソ対立**：スターリン批判・平和共存政策以降

・中印国境紛争（1959～62）：ソ連がインド支持→中ソ論争の公然化

・中ソ国境紛争（1960年代）：ダマンスキー島（珍宝島（ちんぽう））の武力衝突（1969）

3 デタント（緊張緩和、1970年代～）

アメリカ合衆国がベトナム戦争［☞p.324 ツボ］に軍事介入すると、これに反対する運動が世界中に広まった。またベトナム戦争での膨大な戦費によって国際収支が悪化したため、アメリカはドルと金の交換停止に踏み切り（ドル＝ショック〔ドル危機〕、1971）、この結果ブレトン＝ウッズ国際経済体制は崩壊した。一方、ソ連ではブレジネフ政権の長期化や技術革新の遅滞により経済が低迷するなど、米・ソの威信は低下した。このような状況の中、アメリカは中国、次いでソ連に接近し、東西間の緊張は緩和へと向かった。

1971.7	東西　アメリカ合衆国大統領補佐官キッシンジャー訪中：米中関係改善
.10	東　**中華人民共和国が国際連合での中国代表権を獲得**
1972.2	東西　ニクソン訪中
.5	東西　ニクソン訪ソ ・SALT（ソルト） I（第1次戦略兵器制限交渉）調印：戦略ミサイル数量制限など
1973.1	東西　ベトナム（パリ）和平協定：アメリカ、ベトナムから撤退　※ベトナム戦争は継続
1975.8	東西　ヘルシンキ宣言の採択
.11	西　サミット開催：先進国首脳会議（フランスの提唱）
1979.1	東西　米中国交正常化（〈米〉カーター大統領）
1979.6	東西　SALT II（第2次戦略兵器制限交渉）調印

4 新冷戦の開始と終結〜ソ連崩壊 

ソ連が親ソ派政権支援のため**アフガニスタン**に侵攻すると、これにアメリカ合衆国が反発し**新冷戦**が開始された。**レーガン**大統領は、ソ連を敵視し軍備を増強したが財政難に陥り、ソ連もアフガニスタン侵攻によって財政が悪化した。このような中、ソ連の**ゴルバチョフ**が緊張緩和外交を行うことで、新冷戦は緩和へと向かった。

1989年、**東欧社会主義圏の消滅**（**東欧革命**）が進む中、**米・ソがマルタ会談で冷戦終結を宣言した**。1991年、ソ連共産党保守派が反ゴルバチョフ＝クーデタを起こしたが失敗し、その後ソ連を構成していたロシアやウクライナがソ連の消滅を宣言して**独立国家共同体（CIS）**を結成し、ソ連構成国の多くがこれに加入した結果、ソ連は崩壊した。

✤新冷戦の開始と終結

1979.12	東　〈ソ〉**アフガニスタン**侵攻：**ブレジネフ**政権…軍事費増大 ※アメリカ議会、SALT IIを批准せず→条約未発効
1981.1	西　〈米〉**レーガン**大統領就任（共和党、任1981〜89） ・**「強いアメリカ」**提唱：軍備増強→軍事費増大→財政窮乏（きゅうぼう）
1985.3	東　〈ソ〉**ゴルバチョフ**が書記長に就任 ・**ペレストロイカ**（**改革**）：経済の再建、自由化・民主化の実現 ・**グラスノスチ**（**情報公開**） →**チョルノービリ（チェルノブイリ）原子力発電所**事故（1986）以後推進 ・**「新思考外交」**：緊張緩和外交への転換
1987.12	東西　**中距離核戦力（INF）全廃条約**：〈米〉**レーガン**　〈ソ〉**ゴルバチョフ**
1988.5	東　〈ソ〉**アフガニスタン**からの撤退開始（〜89完了）
1989 .5 .12	東　**東欧社会主義圏の消滅**（**東欧革命**） 東　〈ソ〉**ゴルバチョフ**訪中→中ソ関係正常化 東西　**マルタ会談**：〈米〉**ブッシュ（父）**　〈ソ〉**ゴルバチョフ**…冷戦終結を宣言

✤ソ連の崩壊

1990.3	東　〈ソ〉**大統領制**導入：**ゴルバチョフ**、大統領就任 東　**バルト3国**の独立宣言→翌年承認される
1991.6 .7 .8 .12	東　**コメコン**の解消 東　**ワルシャワ条約機構**の解消：東欧社会主義圏の消滅 東西　**START I**（スタート）（**第1次戦略兵器削減条約**）：米ソ間で調印 東　〈ソ〉**共産党保守派の反ゴルバチョフ＝クーデタ**→**エリツィン**が鎮圧 →**ソ連共産党**解散 東　**独立国家共同体（CIS）**成立→ソ連消滅 →**ロシア連邦**（**エリツィン**大統領）が国連安保理の常任理事国に
2000	東　〈ロ〉**プーチン**、ロシア大統領に就任（任2000〜08、2012〜）

第2部　世界史探究　10 現代の世界(2)

ここが共通テストのツボだ!!

ツボ　ベトナム戦争とその後のベトナム史のポイントを整理する！

●**ベトナム民主共和国**（1945～76）：初代大統領**ホー＝チ＝ミン**、首都ハノイ

・**インドシナ戦争**（1946～54）：対フランス戦

→**ジュネーヴ休戦協定**［☞p.317］にアメリカ合衆国が調印せず

1955　ベトナム南部に**ベトナム共和国成立**（～75）

・大統領**ゴ＝ディン＝ジエム**：アメリカの支援を受け圧政

1960　**南ベトナム解放民族戦線結成**：ゴ＝ディン＝ジエム政権打倒を目的、北ベトナムが支援→南ベトナム内戦勃発

1965　**北ベトナム爆撃（北爆）**開始：〈米〉ジョンソン大統領→**ベトナム戦争本格化**

1973　**ベトナム（パリ）和平協定**

・アメリカ軍のベトナムからの撤退（〈米〉**ニクソン**大統領）

※南ベトナム政府と北ベトナム・南ベトナム解放民族戦線との戦争は継続

1975　**サイゴン**陥落：南ベトナム政府壊滅…戦争終結→ベトナム難民発生

●**ベトナム社会主義共和国**成立（1976～）：南北統一実現（首都ハノイ）

1978　**ベトナム軍のカンボジア侵攻**

→翌年、カンボジアの**ポル＝ポト**政権崩壊

1979　**中越戦争**：中国軍の侵攻

→ベトナムが撃退

1986　**「ドイモイ」**（刷新）開始：開放経済政策…経済発展を目指す

1995　**東南アジア諸国連合（ASEAN）**に加盟←アメリカとの国交正常化

ベトナム戦争

1965年の北ベトナム爆撃（北爆）からベトナム戦争が本格化したことと、ベトナム（パリ）和平協定後もベトナム戦争は継続したことを覚えておくこと。

チャレンジテスト（大学入学共通テスト実戦演習）

次の文章を読み、後の問いに答えよ。　　（2022年共テ追試A〈改〉）

あるクラスで、現代の国際問題についての授業が行われている。

先生：アメリカ合衆国の科学誌『原子力科学者会報』が「終末時計」というものを公表しています。終末時計は、人類滅亡を時計の午前零時とし、時計の針の進み具合によって人類に残された時間を象徴的に表現したものです。これを基に、時計が示す午前零時までの残り時間の推移を示すと**グラフ**のようになります。棒グラフの棒が短いほど、終末すなわち午前零時に近づいたことを意味しています。

グラフ　終末時計が示す残り時間の推移

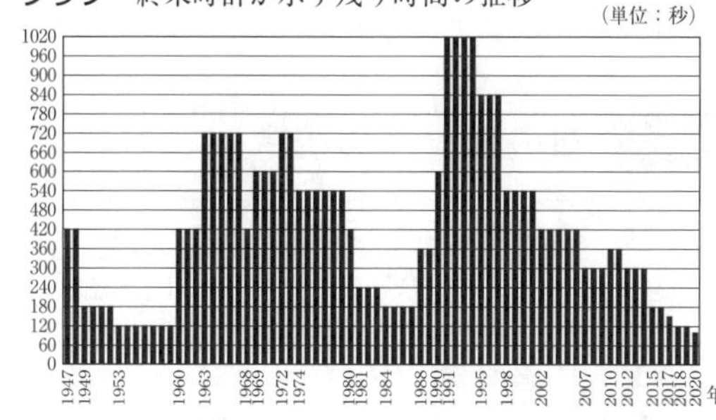

大島：えっ、じゃあ2020年は最も時計の針が進んで、終末に近づいているということですか。

先生：残念ながら、そういうことですね。ⓐ 原子力や核兵器の開発が進むなかで、この終末時計は、核戦争などによる人類滅亡の危機を警告するために、1947年に初めて発表され、随時更新されてきました。近年は、気候変動による環境破壊や生物化学兵器、核廃棄物の問題等も考慮して終末時計の時刻が決定されています。

大島：この**グラフ**からは、20世紀において核戦争の危機が迫り人類の終末が近づいた時期もあれば、人類の努力で危機が回避されてきた時期もあることが分かるんですね。これから先、私たちは、終末時計の針を午前零時から遠ざける努力をしていかなくてはなりませんね。

問1 下線部ⓐに関連する出来事について述べた文として**誤っているもの**を、次の①～④のうちから一つ選べ。

① 第五福竜丸が、「死の灰」を浴びた。
② 第二次世界大戦中に、広島と長崎で原爆が投下された。
③ チョルノービリ（チェルノブイリ）で、原子力発電所の事故が起こった。
④ 中華人民共和国が、中距離核戦力（INF）全廃条約に参加した。

問1 ［答］ ④

④1987年に中距離核戦力（INF）全廃条約を締結したのはアメリカ合衆国とソ連であり、中華人民共和国は参加していない。よって、④が誤りであり、正答である。

45 第二次世界大戦後の欧米

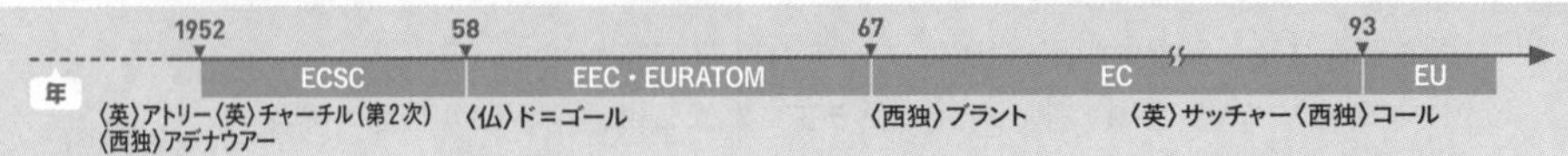

1 ヨーロッパの統合 ★☆☆

1950	**シューマン＝プラン**：フランス外相、西欧諸国の経済協力機構の構想を提唱
1952	ヨーロッパ石炭鉄鋼(てっこう)共同体(ECSC) ・西ドイツ・フランス・イタリア・ベネルクス3国(ベルギー・オランダ・ルクセンブルク)の6カ国間の石炭・鉄鋼の共同管理
1958	ヨーロッパ経済共同体(EEC) ・ECSC加盟6カ国間の経済的統合 ・商品・資本・労働力の自由移転、域内関税撤廃・対外共通関税の設定 ヨーロッパ原子力共同体(EURATOM(ユーラトム)) ・ECSC加盟6カ国で構成：原子力資源の共同管理
1960	ヨーロッパ自由貿易連合(EFTA(エフタ)) ・イギリス・ノルウェー・オーストリア・スイス・ポルトガルなど
1967	ヨーロッパ共同体(EC)：ECSC・EEC・EURATOMを統合
1973	**拡大EC**：**イギリス**・デンマーク・アイルランドが加盟
1992	マーストリヒト条約：統一通貨実現・共通の外交政策をめざす
1993	ヨーロッパ連合(EU)発足：共同の外交・軍事・通貨をめざす
2002	統一通貨ユーロの流通開始：イギリスなどは参加せず

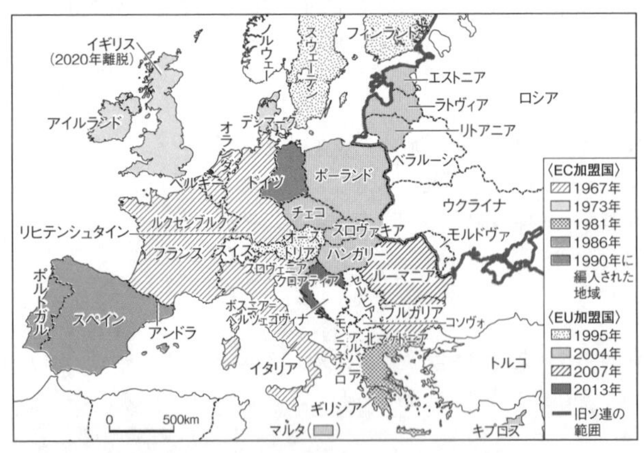

ヨーロッパ統合の歩み

2 戦後ヨーロッパの重要な指導者・人物 ★★★

✤イギリス

〈労働党〉アトリー(任1945～51)

- 重要産業国有化、社会保障制度充実…「ゆりかごから墓場(はかば)まで」
- インド・パキスタンの独立を承認(1947)
- 中華人民共和国の承認(1950)

〈保守党〉チャーチル(第2次、任1951～55)

- 核保有(1952)

〈保守党〉サッチャー(任1979～90)

- 新自由主義的改革：福祉縮小・国有企業民営化…「小さな政府」
- フォークランド戦争(1982)：アルゼンチン軍に勝利
- 香港(ホンコン)返還協定(1984)

✤フランス

○ド=ゴール(任1959～69)：「フランスの栄光」をめざす

- 核保有(1960)
- アルジェリアの独立を承認(1962)
- 部分的核実験禁止条約(1963)に反対
- 中華人民共和国承認(1964)
- NATO(ナトー)の軍事機構より脱退(1966)
- 五月危機(五月革命、1968)：学生・労働者らの反体制運動
  →ド=ゴール辞任(1969)

✤西ドイツ・統一ドイツ

○アデナウアー(キリスト教民主同盟、任1949～63)

- 「経済の奇跡」
- パリ協定(1954)
  ・西ドイツの主権回復・再軍備・NATO加盟を承認→NATO加盟(1955)

○ブラント(社会民主党、任1969～74)

- 東方外交：東西ドイツ・ソ連・東欧諸国との関係改善をめざす
  ・ソ連=西ドイツ武力不行使条約(1970)
  ・西ドイツ=ポーランド国交正常化(1970)
  ・東西ドイツ基本条約(1972)：東西ドイツの相互承認
  →東西ドイツ国連同時加盟(1973)

○コール(キリスト教民主同盟、任1982～98)

- ベルリンの壁解放(1989)
- 東西ドイツ統一(1990)

第2部 世界史探究 10 現代の世界(3)

✤**東欧諸国**

①ユーゴスラヴィア

- ティトー
  - ・第二次世界大戦中に**パルチザン**（ナチスへの抵抗運動）を指導
  - ・**第1回**非同盟諸国首脳会議を開催（ベオグラード、1961）

②ポーランド

- ゴムウカ（ゴムルカ）
  - ・**ポーランド反政府・反ソ暴動（ポズナニ暴動）**（1956）を収拾
- ワレサ
  - ・1980年成立の自主管理労組「連帯」を主導→非合法化

③ハンガリー

- ナジ＝イムレ
  - ・**ハンガリー反ソ運動**（ハンガリー事件、1956）の際、一党独裁廃止・ワルシャワ条約機構脱退を声明→ソ連軍介入・処刑される

④チェコスロヴァキア

- ドプチェク：民主化・自由化政策（「プラハの春」、1968）→ソ連軍介入・失脚

✤**東欧社会主義圏の消滅（東欧革命）**

○東欧革命：東欧諸国の民主化運動→社会主義体制崩壊・自由主義経済へ

①ポーランド

1989　　東欧初の自由選挙→「連帯」圧勝・統一労働者党（共産党）解散

②東ドイツ

1989.10　　ホネカー（社会主義統一党）退陣

.11　　ベルリンの壁**開放**

1990　　東西ドイツ統一（ドイツ連邦共和国）

③ルーマニア

1989　　チャウシェスク大統領処刑

3　第二次世界大戦後のラテンアメリカの指導者・人物 ★☆☆

- ペロン：アルゼンチン大統領（任1946～55、73～74）…民族主義的な独裁政治
- バティスタ：キューバ大統領（任1940～44、52～58）…親米独裁政権
  →キューバ革命でカストロ・ゲバラに打倒される
- カストロ：キューバ首相（任1959～2008）
- アジェンデ：チリ大統領（任1970～73）…**初の選挙による社会主義政権樹立**
  →チリ軍部クーデタ（1973）の際に死亡し、ピノチェトが大統領となる

ここが共通テストのツボだ!!

ツボ 第二次世界大戦後の歴代アメリカ合衆国大統領の事績

（※ ▭ は何代目かを指す）

33 トルーマン（民主党、任1945～53）

- **封じ込め政策**：**トルーマン＝ドクトリン、マーシャル＝プラン**
- **朝鮮戦争参戦**（1950）：国連軍の中心
- **マッカーシズム**（「赤狩り」、1950年代前半）：共和党上院議員**マッカーシー**が中心

34 アイゼンハワー（共和党、任1953～61）

- 第二次世界大戦中の**ノルマンディー上陸作戦**（1944）を指揮
- **朝鮮休戦協定**（1953）：**板門店**で調印
- **ジュネーヴ4巨頭会談**（1955）に参加
- 訪米したソ連の**フルシチョフ**と会談

35 ケネディ（民主党、任1961～63）

- **ニューフロンティア政策**：国内の貧困問題・人種問題の解決
- **キューバ危機**（1962）→**部分的核実験禁止条約**（1963）
- **公民権運動**：**キング牧師**らが黒人差別撤廃を要求
- テキサス州ダラスで暗殺される（1963）

36 ジョンソン（民主党、任1963～69）

- **公民権法**（1964）：人種差別の撤廃
- **「偉大な社会」計画**（1965）：貧困と差別のない社会をめざす
- **北爆**（北ベトナム爆撃）開始（1965）：ベトナム戦争本格化
  →国内で**ベトナム反戦運動**高揚
- **カウンター＝カルチャー**（「対抗文化」）の高揚
  ・ロック・フォーク・ヒッピー…反戦運動・黒人解放運動と連動
- **キング牧師暗殺**（1968）

37 ニクソン（共和党、任1969～74）

- **アポロ11号**、初の有人月面着陸（1969）
- **ドル＝ショック**（1971）：金・ドルの交換停止
- キッシンジャー訪中（1971）→**ニクソン訪中**（1972）
- **ニクソン訪ソ**（1972）：**SALT I**（**第1次戦略兵器制限交渉**）
- **ベトナム（パリ）和平協定**（1973）：ベトナムから撤兵
- **ウォーターゲート事件**（1972）→辞任（1974）

38 フォード（共和党、任1974～77）

39 **カーター**（民主党、任1977～81）

- 「人権外交」推進
- パナマ運河地帯の1999年末までの返還を約束（1999年末に返還）
- エジプトとイスラエルの和平を仲介（1978）
- **米中国交正常化**（1979）
- **スリーマイル島原子力発電所事故**（1979）

40 **レーガン**（共和党、任1981～89）

- **「強いアメリカ」**を提唱：軍備拡張
- **プラザ合意**（1985）：ドル安を先進国が容認
- 新冷戦緩和：**中距離核戦力（INF）全廃条約**（1987）

41 **ブッシュ（父）**（共和党、任1989～93）

- **マルタ会談**（1989）：ゴルバチョフとともに、冷戦終結を宣言
- **湾岸戦争**（1991）：イラクをクウェートから撤退させる

42 **クリントン**（民主党、任1993～2001）

- **北米自由貿易協定（NAFTA（ナフタ））**発効（1994）：アメリカ・カナダ・メキシコ
- **パレスチナ暫定（ざんてい）自治協定（オスロ合意**、1993）を仲介
- ベトナムとの国交正常化（1995）

43 **ブッシュ（子）**（共和党、任2001～09）

- **同時多発テロ事件**（2001）→**「対テロ戦争」（アフガニスタン攻撃）**（2001）…**ターリバーン政権崩壊**
- **イラク戦争**（2003）：**サダム＝フセイン政権を崩壊させる**
- **2008年国際金融危機（リーマン＝ショック**、2008）

44 **オバマ**（民主党、任2009～17）

- **核兵器廃絶演説（プラハ演説**、2009）→ノーベル平和賞受賞
- キューバと国交正常化（2015）

45 **トランプ**（共和党、任2017～21）

46 **バイデン**（民主党、任2021～）

43［☞p.312～］・**44**［☞p.320～］で学習した事項と重複する内容も改めてまとめ直している。戦後のアメリカ合衆国大統領の事績は頻出事項なので押さえておこう。特に、**43**・**44**で触れていない、アメリカ合衆国内の動きをしっかり理解しておくこと。

チャレンジテスト（大学入学共通テスト実戦演習）

次の文章は、イギリスにおける福祉制度の改革の歴史について述べたものである。（引用文には、省略したり、改めたりしたところがある。）これを読み、後の問いに答えよ。

（2024年共テ本試B）

19世紀後半に入りイギリスでは、公的な年金制度の導入が本格的に議論されるようになった。その際、重要な先例と考えられたのが、ドイツの老齢年金制度であった。ドイツでは、後に「世界政策」の名の下に海軍を増強した皇帝の治世下で、同制度が導入されている。

こうしたドイツの先例を踏まえて、イギリスでは1908年に老齢年金法が成立した。このことによって、公的な年金制度が開始された。この年金制度の導入を主導したのは、かつて首相グラッドストンが率いた政党であった。

第二次世界大戦以降も、イギリスではその時々の経済的、社会的状況に鑑みて、年金制度を含めた福祉制度に対して様々な改革が行われた。次の**資料**は、20世紀に国営企業の民営化を推し進めた首相が、社会保障費などに関わる福祉制度の改革を行った後に、インタビューに答えた時のものである。

資料

> あまりにも多くの子どもや大人たちが、自分たちの問題を社会に転嫁しています。でも社会とは誰のことを指すのでしょうか。社会などというものは存在しないのです。存在するのは、個々の男と女ですし、家族です。そして、最初に人々が自分たちの面倒を見ようとしない限りは、どんな政府だって何もできはしないのです。自分で自分の世話をするのは私たちの義務です。それから、自分たちの隣人の面倒を見ようとするのも同じように義務です。最初に義務を果たさないならば、権利などというものは存在しないのです。

問1 下線部に関連して、前の文章を参考にしつつ、次の年表に示したa～dの時期のうち、ドイツでの老齢年金制度の導入時期として正しいものを、後の①～④のうちから一つ選べ。

a
1834年　ドイツ関税同盟が発足した。
b
1871年　ビスマルクが文化闘争を開始した。
c
1912年　ドイツ社会民主党が、帝国議会選挙で第一党に躍進した。
d

①　a　　②　b　　③　c　　④　d

問2 前の文章を参考にしつつ、イギリスで公的な年金制度の導入を主導した政党について述べた文として最も適当なものを、次の①～④のうちから一つ選べ。

①　アイルランド自治法案を議会に提出した。
②　マクドナルドが率いる保守党とともに、連立政権を成立させた。
③　スエズ運河会社の株を買収した。
④　フェビアン協会を基盤の一つとして結成された。

問1　[答]　③

文中の下線部の直後に、「ドイツでは、後に『世界政策』の名の下に海軍を増強した皇帝の治世下で、同制度が導入されている」とあることから、この皇帝はドイツ帝国の**ヴィルヘルム2世**(位1888～1918)であると判断できる。さらに文章の第2段落の1行目に、「イギリスでは1908年に老齢年金法が成立した」とあり、これはドイツの老齢年金制度を踏まえて成立したのであるから、ドイツの老齢年金制度は1908年より前に成立していることになる。そのため、ドイツの老齢年金制度は1888～1908年の間に成立していることになるため、cの③が正答と判断できる。

問2　[答]　①

文章の第2段落に「この年金制度の導入を主導したのは、かつて首相グラッドストンが率いた政党であった」とあることから、この政党は**自由党**である。①グラッドストン自由党内閣はアイルランド自治法案を2度議会に提出したので、これが正答。なお、自治法案はいずれも成立しなかった。②マクドナルドは保守党ではなく労働党の政治家なので不適当。③1875年にスエズ運河会社の株を買収したのは、ディズレーリ保守党内閣。④フェビアン協会を基盤の一つとして結成されたのは、自由党ではなく労働党なので不適当。

問3 前の文章を参考にしつつ、インタビューで**資料**のように答えた首相の名あ・いと、その人物が行った改革の内容として推測できることについて述べた文X～Zとの組合せとして正しいものを、後の①～⑥のうちから一つ選べ。

首相の名

あ　アトリー　　**い**　サッチャー

改革の内容

X　「ゆりかごから墓場まで」と言われた福祉制度を充実させた。

Y　貧民を救済するための救貧法を制定した。

Z　「小さな政府」を実現すべく、社会保障費を見直した。

①　**あ**－X　②　**あ**－Y　③　**あ**－Z

④　**い**－X　⑤　**い**－Y　⑥　**い**－Z

問3　［答］　⑥

文中の第3段落に「次の**資料**は、20世紀に国営企業の民営化を推し進めた首相」とあり、また**資料**の中に「最初に人々が自分たちの面倒を見ようとしない限りは、どんな政府だって何もできはしないのです。自分で自分の世話をするのは私たちの義務です」とあることなどから、この首相の福祉制度の改革は、「小さな政府」(福祉の縮小)であると考えられる。これらのことから首相は**い**のサッチャーであり、改革の内容は**Z**である。よって⑥が正答。なお、**あ**のアトリーは**X**にあるように「ゆりかごから墓場まで」といわれた福祉制度を充実させ、重要産業を国有化した。**Y**の救貧法(きゅうひん)は、テューダー朝のエリザベス1世(位1558～1603)が制定したものが有名である。

46 第二次世界大戦後の西アジア・アフリカ

1948 第1次中東戦争(～49) / 56 第2次中東戦争(～57) / 67 第3次中東戦争 / 73 第4次中東戦争 / 79 〈ソ〉アフガニスタン侵攻、イラン＝イスラーム革命 / 80 イラン＝イラク戦争(～88) / 91 湾岸戦争 / 01 〈米〉アフガニスタン攻撃 / 03 イラク戦争

年

1 第二次世界大戦後の西アジア

✤イスラエル・エジプトと中東戦争

- パレスチナ：**イギリスの秘密外交の結果、ユダヤ人が大量流入**
  →アラブ人との対立激化
- アラブ(諸国)連盟(1945)：エジプト・シリア・イラク・(トランス)ヨルダンなど
- パレスチナ分割案(1947)
  ・国連総会で決議、イギリスの委任統治終了後、ユダヤ・アラブ両地域に分割

- イスラエル(1948)：イギリスの委任統治終了→ユダヤ人が建国

1948 第1次中東戦争(パレスチナ戦争、～49)
　経過：アラブ連盟諸国がイスラエルの建国に反対→開戦→アラブ連盟諸国大敗
　結果 ・イスラエル…当初の分割案の約1.5倍の面積の領土確保
　　→アラブ人難民(パレスチナ難民)発生
　・(トランス)ヨルダン：ヨルダン川西岸併合
　・エジプト：ガザ管理

1956 第2次中東戦争(スエズ戦争、～57)
　背景：エジプト革命(1952)：ナセルらによる王政打倒
　→エジプト共和国成立→ナセル、大統領に就任(任1956～70)
　経過：アスワン＝ハイダム建設費援助を米・英が拒否
　→ナセルがスエズ運河国有化を宣言(1956)
　→英・仏・イスラエルが出兵
　→国連の即時停戦決議とアメリカ・ソ連の批判で撤兵
　結果：ナセルの威信高揚、アラブ民族主義の高揚

1964 パレスチナ解放機構(PLO)成立：パレスチナ人の土地・権利の回復を目的

1967 第3次中東戦争(6日戦争)
　経過：イスラエルがエジプト・シリア・ヨルダンに先制攻撃し圧勝
　結果：イスラエルが**ガザ地区**・シナイ半島をエジプトから、ゴラン高原をシリアから、ヨルダン川西岸をヨルダンから奪い占領

分割案（1947年）

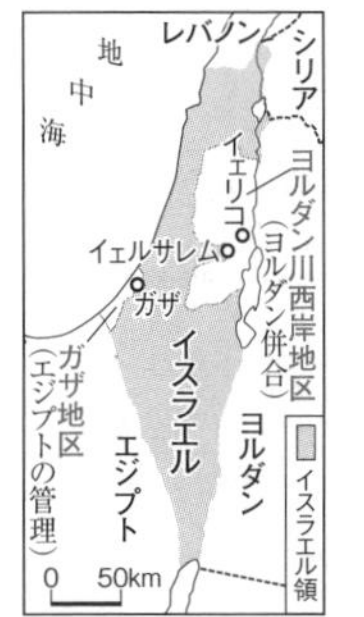

第1次中東戦争後（1949年）

第3次中東戦争後（1967年）

1973　**第4次中東戦争**

　経過：アラブ側がイスラエルに先制攻撃→イスラエル反撃

- **アラブ石油輸出国機構（OAPEC）**：石油戦略実施
- **石油輸出国機構（OPEC）**が石油価格引き上げ→**第1次石油危機**

1979　**エジプト＝イスラエル平和条約**

- イスラエル（ベギン首相）とエジプト（**サダト**大統領）が、国交正常化・シナイ半島の返還で合意

※エジプト：アラブ連盟脱退（のち復帰）　※**シナイ半島**をエジプトに返還（1982）

1987　**インティファーダ**：イスラエル占領地でのパレスチナ住民の抵抗

1993　**パレスチナ暫定自治協定（オスロ合意）**：〈米〉**クリントン**の仲介

- 〈イスラエル〉**ラビン**　〈PLO〉**アラファト**
- イスラエル占領地（ガザ地区、イェリコなど）のパレスチナ人自治承認

1995　ラビン暗殺

2004　アラファト死去

✤イラン

●**パフレヴィー朝**（1925〜79）

○**モサッデグ（モサデグ）**（首相、任1951〜53）

- **石油国有化**（1951）：イギリスの石油会社の施設を接収

〜イラン＝クーデタ（国王派のクーデタ、1953）：モサッデグ政権崩壊

○**パフレヴィー2世**（位1941〜79）：イラン国王

- 「白色革命」：国王による上からの近代化政策
- **バグダード条約機構（METO）**加盟→**中央条約機構（CENTO）**加盟

〜**イラン＝イスラーム革命**（**1979**）：**ホメイニ**（シーア派のウラマー）指導

→**第2次石油危機**

●**イラン＝イスラーム共和国**（1979〜）

○**ホメイニ**：最高指導者

- **イラン＝イラク戦争**（1980〜88）：イラク（大統領**サダム＝フセイン**）が侵攻

　※アメリカ・アラブ諸国はイラク支持

✤**イラク**

- イラク王国：イギリスより独立（1932）
  - **バグダード条約機構（METO）**加盟（1955）
- 〜イラク革命（1958）：カセムによる王政打倒
- イラク共和国（1958〜）
  - **バグダード条約機構（METO）**脱退（1959）
  - **サダム＝フセイン**大統領（任1979〜2003、バース党）

1980　**イラン＝イラク戦争**（〜88）：イラン＝イスラーム革命の影響波及を恐れて侵攻

1990　**クウェート**侵攻→併合
→国際連合の安全保障理事会が対イラク武力行使容認を決議

1991　**湾岸戦争**（わんがん）：多国籍軍勝利（〈米〉**ブッシュ（父）**大統領）
→イラク、クウェートより撤退

2003　**イラク戦争**
・アメリカ（〈米〉**ブッシュ〔子〕**大統領）中心の軍隊が攻撃（大量破壊兵器保有が口実）→サダム＝フセイン政権崩壊

✤**アフガニスタン**

○ソ連の侵攻（**ブレジネフ**政権、1979）
→ソ連が撤退開始（**ゴルバチョフ**政権、1988（翌年撤退完了））

○**ターリバーン**政権成立（1996）
- アメリカ合衆国の「対テロ戦争」（アフガニスタン攻撃）（2001）
  ・**同時多発テロ事件**（2001）の首謀者ビン＝ラーディンをターリバーン政権がかくまっているとして、アメリカ合衆国の大統領**ブッシュ（子）**が攻撃→**ターリバーン**政権崩壊

✤**「アラブの春」**
- 2010〜12年に、中東で起こった民主化運動
  ・チュニジア・エジプト・リビアの独裁政権崩壊、**シリア内戦**

2　第二次世界大戦後のアフリカ 

✤**「アフリカの年」以前の独立**

1956　**モロッコ**独立（←フランス）　**チュニジア**独立（←フランス）

1957　**ガーナ**独立（←イギリス）：**サハラ砂漠以南のブラック＝アフリカ初の独立**
- 初代大統領**エンクルマ（ンクルマ）**

✤**「アフリカの年」（17カ国が独立、1960）の独立国**

1960　**コンゴ**独立（←ベルギー）
- **コンゴ動乱**（〜65）→モブツ独裁政権成立

マダガスカル独立（←フランス）　セネガル独立（←フランス）

✤「アフリカの年」以後の独立国

1962　**アルジェリア**独立（←フランス）

- **民族解放戦線**（FLN）の独立闘争→〈仏〉**ド＝ゴール**大統領が独立承認

1975　**モザンビーク**独立（←ポルトガル）　**アンゴラ**独立（←ポルトガル）

✤アフリカの内戦

- **ソマリア内戦**（1988〜）：国連PKO派遣→治安を回復できず撤退
- **ルワンダ内戦**（1990〜94）：多数派のフツ人が少数派のツチ人を大量虐殺（ぎゃくさつ）

✤南アフリカ連邦・南アフリカ共和国

- **南アフリカ連邦**（1910）：ケープ・トランスヴァール・オレンジなど4州で成立
  - **ANC**（**アフリカ民族会議**、1912）：反人種主義・アフリカ人の権利擁護
  - **アパルトヘイト**（人種隔離（かくり）政策）：人種差別法を体系化
- **南アフリカ共和国**（1961）：アパルトヘイト批判に反発し、イギリス連邦から離脱
  - **アパルトヘイト諸法の廃止**（1991）：デクラーク大統領
  - **ANC**議長の**マンデラ**が大統領に：南アフリカ初の黒人大統領（任1994〜99）

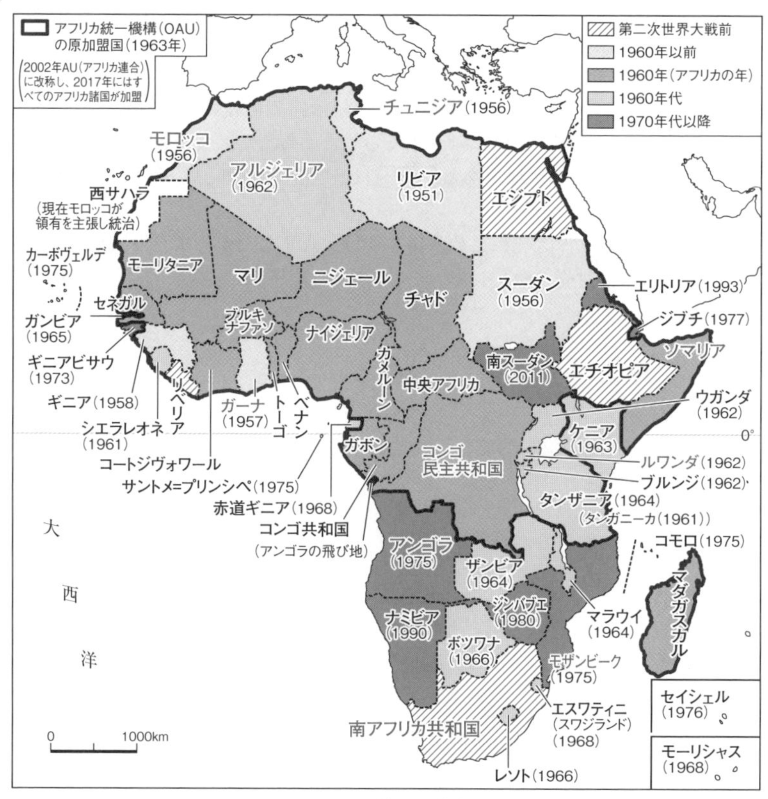

アフリカ諸国の独立

チャレンジテスト（大学入学共通テスト実戦演習）

次の文章を読み、後の問いに答えよ。　(2021年共テB第2日程〈改〉)

1947年、国際連合の総会で、パレスチナ分割に関わる決議が採択された。この決議について調査した大学生の岸本さんが、授業で発表をした。(引用文には、省略したり、改めたりしたところがある。)

岸本：この時に採択された決議は、パレスチナの委任統治を、1948年8月までに終結させることを求めていました。次のパネルは、その決議の一部です。

> 2．(前略)委任統治を行っている国は、海港と、相当数の移民に施設を提供するのに十分な後背地を含むユダヤ人国家の領土に位置する地域から、できるだけ早く撤退する。いかなる場合も、1948年2月1日よりも遅れることがないようにする。
> 3．独立のアラブ人国家、ユダヤ人国家、および［ア］市のための特別国際管理体制は、委任統治を行っている国の軍隊の撤退が完了してから2か月で実現されるものとする。いかなる場合も、1948年10月1日よりも遅れることがないようにする。

先生：この分割案は、そのとおりには実現されませんでしたね。なぜだと思いますか。

岸本：この分割案には問題がありました。委任統治領の面積の約56%が、推計人口では33%にすぎないユダヤ人側に割り当てられたからです。また、ユダヤ教・キリスト教・イスラーム教の聖地である［ア］は、アラブ人側とユダヤ人側の双方が自分のものにしたかったのです。

先生：そうですね。ユダヤ人側はこの決議を受け入れましたが、アラブ人側は受け入れることができず、対立が激化していくのです。

問1 この決議以降、中東地域では多くの戦争が繰り返されてきた。そのうちの三つについて述べた次の文あ～うが、年代の古いものから順に正しく配列されているものを、下の①～⑥のうちから一つ選べ。

あ イスラエルとアラブ諸国の戦争に際して、石油危機が起こった。
い スエズ運河国有化宣言をめぐる戦争に、イスラエルが参加した。
う イスラエルが、シナイ半島・ヨルダン川西岸地区などを占領した。

① あ→い→う　② あ→う→い　③ い→あ→う
④ い→う→あ　⑤ う→あ→い　⑥ う→い→あ

問2 左の会話文中の空欄 ア の都市の歴史について述べた文として正しいものを、次の①～④のうちから一つ選べ。

① 後ウマイヤ朝が、首都を置いた。
② ファーティマ朝が、首都を置いた。
③ 岩のドームが建設された。
④ カーバ聖殿が建設された。

問1 [答] ④

あ. 1973年に起こった**第4次中東戦争**の説明。**い**. 1956年に起こった**第2次中東戦争**(スエズ戦争)の説明。**う**. 1967年に起こった**第3次中東戦争**の説明。よって、**い→う→あ**の順の④が正答である。

問2 [答] ③

空欄 ア の都市は、会話文の空欄直前の「ユダヤ教・キリスト教・イスラーム教の聖地である」から考えて**イェルサレム**である。③岩のドームが建設されたのはイェルサレムなので、これが正答。①後ウマイヤ朝の都は、イベリア半島のコルドバである。②ファーティマ朝は現在のチュニジアに建国され、のちエジプトを支配してカイロを都とした。④カーバ聖殿は、イスラーム教の聖地であるメッカにある。

47 第二次世界大戦後の東アジア・南アジア・東南アジア

年
1949 中華民国 国共内戦 | 中華人民共和国：毛沢東→劉少奇→毛沢東、権力奪取→毛沢東の死→鄧小平
58「大躍進」の失敗　66（プロレタリア）文化大革命　77 →文化大革命終結　89（第2次）天安門事件

1 第二次世界大戦後の中国・台湾

✤第二次世界大戦後の中国

①**中華民国**（1912〜49）

- 国民党（蔣介石）と共産党（毛沢東）が対立→**国共内戦**（1946〜49）
  →人民解放軍（共産党の軍隊）が連勝

②**中華人民共和国**（1949.10〜）：首都北京

○〈国家主席〉毛沢東（任1949〜59）〈首相〉周恩来（任1949〜76）

外交：各国の承認…（1949）ソ連・東欧諸国・インド（1950）イギリス

- 中ソ友好同盟相互援助条約（1950）：日・米が仮想敵国→東側諸国の一員に
- **朝鮮戦争（1950〜53）で北朝鮮支援：人民義勇軍を派遣**
- ネルー・周恩来会談（1954）：平和五原則発表
- アジア＝アフリカ会議（1955）に参加
- 中ソ論争の開始（1956）：**ソ連のスターリン批判・平和共存政策が契機**
- チベットの反中国運動（1959）を鎮圧→ダライ＝ラマ14世、インドへ亡命
  →中印関係悪化・中印国境紛争（〜62）…**ソ連がインド支持**

内政

- 土地改革（法）（1950）：大地主から土地没収→農民に土地分配
- **第1次五カ年計画**（1953〜57）：重工業化と農業集団化、急速な社会主義化
- 第2次五カ年計画（1958〜62）
  ・「大躍進」：農業・工業の同時発展を目標とする
  ・人民公社設立：農業集団化のための新社会組織
  →第2次五カ年計画失敗…毛沢東、国家主席を辞任
  →劉少奇、国家主席に就任（任1959〜68）→経済の立て直しをはかる

○（プロレタリア）文化大革命（1966〜77）：**毛沢東**による奪権闘争

- **毛沢東**が劉少奇・鄧小平を**実権派**（走資派）として批判
  →紅衛兵（大衆運動に動員された毛沢東に忠誠を誓う学生・青年たち）が破壊活動を行う→社会混乱→**劉少奇・鄧小平**失脚
  →**毛沢東**が権力奪取→林彪（軍人）が**毛沢東**の後継者に指名される

→**林彪**の**毛沢東**暗殺計画発覚：林彪、逃亡中死亡→**「四人組」**（**江青**ら）台頭

- 第１次天安門事件（1976）：**周恩来**首相の死を悼む民衆の花輪を「四人組」が撤去→騒乱→「四人組」が鎮圧→復権していた**鄧小平**が失脚
- **毛沢東**死去（1976）→**華国鋒**首相が「四人組」を逮捕…文化大革命終結

○**鄧小平**が復権：事実上の最高指導者に

内政：**社会主義市場経済**をめざす

- **「四つの現代化」**の推進：国防・農業・工業・科学技術の近代化を目標
- **改革開放政策**
  - ・経済特区の指定、**人民公社**解体（1985）→農業生産の請負制（生産責任制）の実施

◎ 1970年代の外交・対外関係：国際社会への復帰、親米・親日へ転換

1971　キッシンジャー訪中：米中関係改善→**国連中国代表権交替**（**台湾より**）

1972　**ニクソン**訪中→**田中角栄**首相訪中…**日中共同声明**（**日中国交正常化**）

1978　**日中平和友好条約**（〈日〉福田赳夫首相）

1979　**米中国交正常化**（〈米〉**カーター**）

　　　中越戦争：中国・ベトナム国境の武力紛争→中国軍撤退

- **（第２次）天安門事件**（1989）：**民主化要求運動を人民解放軍が弾圧**

○その後の中華人民共和国

- **江沢民**（国家主席、任1993～2002）
  - ・憲法修正（1993、市場経済導入）
  - ・**香港**返還（1997、イギリスより）一国二制度
  - ・**マカオ**返還（1999、ポルトガルより）　一国二制度
- **胡錦濤**（国家主席、任2002～12）
- **習近平**（国家主席、任2013～）
  - ・**「一帯一路」**構想

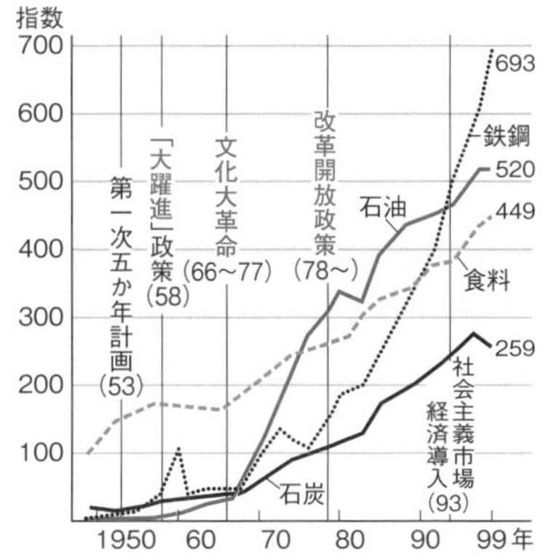

※食料は1949年、石油・鉄工は1970年、石炭は1975年を100とした生産指数

出典：『中国年鑑 2000 年版』ほか

中国の分野別経済成長指数の推移

✤第二次世界大戦後の台湾

- 第二次世界大戦後、日本が撤退→大陸から中国人が台湾に移住（外省人）
- 本省人（第二次世界大戦終戦以前からの台湾在住者）と外省人（それ以後の移住者）の対立→**二・二八事件**（1947）…本省人が外省人による統制に反発→大陸から中華民国国民政府が派兵、戒厳令を出し弾圧
- 国民党が共産党に敗北（1949）→**蔣介石**が台湾に逃れる（**中華民国政府**、1949～）…「大陸反攻」をめざす

● 李登輝、総統に就任（国民党、任1988〜2000）

・**初の台湾出身（本省人）の総統、初の国民投票による総統選挙（1996）で当選**

● その後の総統：**陳水扁**（**民進党**、任2000〜08）→馬英九（国民党、任2008〜16）→蔡英文（民進党、任2016〜24。初の女性総統）

2 第二次世界大戦後の朝鮮・日本 

✤韓国のおもな指導者と事績

● 李承晩大統領（任1948〜60）

・朝鮮戦争（1950〜53）

● 朴正熙大統領（任1963〜79）

・日韓基本条約（1965）：日本と国交正常化

・**開発独裁**

・暗殺される（1979）

※光州事件（1980）：民主化要求運動を政府が弾圧

● 盧泰愚大統領（任1988〜93）：選挙で大統領に就任

・ソウルオリンピック（1988）

・ソ連と国交樹立（1990）

・北朝鮮**と同時に国連加盟**（1991）

・中国と国交樹立（1992）

● **金泳三**大統領（任1993〜98）

・32年ぶりの文民大統領

● 金大中大統領（任1998〜2003）

・金正日と**南北首脳会談**（2000、平壌）

✤北朝鮮のおもな指導者と事績

● 金日成体制（1948〜72）、国家主席（1972〜94）

・日本の支配に対し武装闘争を行う

● 金正日体制（1994〜2011）：党総書記に就任（1997）

・**核実験**（2006）

● **金正恩**体制（2011〜）

✤日本のおもな首相と事績

● 吉田茂（任1946〜47、48〜54）：サンフランシスコ平和条約（1951）

● 池田勇人（任1960〜64）：所得倍増計画

● 田中角栄（任1972〜74）：日中共同声明（1972、**日中国交正常化**）

● **中曽根康弘**（任1982〜87）：電電公社（現NTT）、専売公社（現JT）、国鉄（現JR）を民営化

ここが共通テストのツボだ!!

ツボ　第二次世界大戦後の南アジア・東南アジアの重要人物

○南アジア

①インド

- **ネルー**：インドの初代首相（任1947〜64）
  - ・**ネルー・周恩来会談**（1954）
  - ・**アジア＝アフリカ会議（バンドン会議）**（1955）の中心

②パキスタン

- **ジンナー**：パキスタン初代総督（任1947〜48）

○東南アジア

①ベトナム

- **ホー＝チ＝ミン**
  - ・**ベトナム独立同盟会**（ベトミン、1941）指導→抗日（こうにち）武装闘争の中心に
  - ・ベトナム民主共和国大統領（任1945〜69）

②ビルマ

- **アウン＝サン**：タキン党書記長
  - ・第二次世界大戦中に抗日運動を展開
  - ・死後ビルマがイギリスから独立（1948）

③インドネシア

- **スカルノ**：大統領（任1945〜67）
  - ・独立戦争を経てオランダから独立
  - ・**アジア＝アフリカ会議（バンドン会議）**（1955）開催
  - ・**九・三〇事件**（1965、国軍内左派のクーデタ）後に失脚
- **スハルト**：大統領（任1968〜98）
  - ・開発独裁 [☞p.348]
  - ・アジア通貨危機（1997）→失脚

④フィリピン

- **マルコス**：大統領（任1965〜86）
  - ・開発独裁

⑤シンガポール

- リー＝クアンユー：シンガポール首相（任1965〜90）
  - ・**マレーシアからシンガポールを分離独立させる**（1965）
  - ・開発独裁

チャレンジテスト（大学入学共通テスト実戦演習）

次の文章を読み、後の問いに答えよ。 （2021年共テB第1日程）

山田さんと川口さんが、上野動物園で話をしている。

山田：あっ、パンダだ。そう言えば、この動物園は日本で初めてパンダを公開したと聞いているよ。

川口：そうだね。1972年の共同声明による日中国交正常化を記念して中華人民共和国から贈られたんだ。

山田：戦争が終わってから、随分たっての国交正常化のように思えるけど。

川口：戦後、［ア］を中心とした連合国軍によって占領された日本は、サンフランシスコ講和会議で、［ア］をはじめとするかつての交戦国と平和条約を結んだんだ。この条約で戦争状態の終結と日本の主権の回復が確認されたんだけど、中華人民共和国はこの会議には招かれていなかったし、［イ］は、参加したけど条約には署名しなかったんだよ。

山田：中華人民共和国が招かれなかったのは、どうしてかな。

川口：それは、当時の中華人民共和国を取り巻く国際環境が理由の一つだったと考えられるね。日本と［イ］とは、1956年に共同宣言を出して、戦争状態の終結と国交回復を宣言しているよ。

問1 次の資料X～Zは、中華人民共和国と、［ア］、［イ］及び日本との間の条約・共同声明の文言の一部である。資料X～Zを参考にしながら、会話文中及び資料中の空欄［ア］と［イ］に入れる国名の組合せとして正しいものを、後の①～④のうちから一つ選べ。（引用文には、省略したり、改めたりしたところがある。）

資料X 中華人民共和国と［ア］との共同声明

> ［ア］のリチャード＝ニクソン大統領は、中華人民共和国の周恩来総理の招きにより、中華人民共和国を訪問した。
> ［ア］側は、以下のように述べた。［ア］は、インドシナ各国の民族自決という目標に沿うような形で、最終的にすべての［ア］軍を同地域から撤退させることになるであろうことを強調した。中華人民共和国と［ア］の間には、その社会体制と対外政策に本質的な相違が存在する。しかし、双方は、各国が、社会体制のいかんにかかわらず、平和共存の原則にのっとって、関係を処理すべきであるという点で合意した。

資料Y　中華人民共和国と［イ］との条約

> 中華人民共和国と［イ］の間の友好と協力を強化し、日本帝国主義の再起、および日本の、あるいはいかなる形式にせよ侵略行為において日本と結託するその他の国家による新たな侵略を共同で防止する決意を持ち、極東と世界の恒久平和と普遍的安全を強固にしたいと念願し、あわせて中華人民共和国と［イ］の間の親善なる国の交わりと友誼(ゆうぎ)を強固にすることは、両国人民の根本的利益に合致すると深く信じる。

資料Z　中華人民共和国と日本との共同声明

> 両国は、長い伝統的友好の歴史を有する。両国国民は、両国間にこれまで存在していた不正常な状態に終止符を打つことを切望している。戦争状態の終結と国交の正常化という両国国民の願望の実現は、両国関係の歴史に新たな一頁(ページ)を開くこととなろう。

① **ア**－アメリカ合衆国　**イ**－ソ連
② **ア**－アメリカ合衆国　**イ**－インド
③ **ア**－フランス　**イ**－ソ連
④ **ア**－フランス　**イ**－インド

問2 左の資料X～Zが年代の古いものから順に正しく配列されているものを、次の①～⑥のうちから一つ選べ。

① X→Y→Z　② X→Z→Y　③ Y→X→Z
④ Y→Z→X　⑤ Z→X→Y　⑥ Z→Y→X

問1 ［答］　①

ア．第二次世界大戦後、日本はほぼアメリカ合衆国の単独占領下におかれた。**イ**．また、日本は1956年にソ連と**日ソ共同宣言**を出し、同年国際連合に加盟した。よって、①が正答。

問2 ［答］　③

資料Xは、アメリカ合衆国のリチャード＝ニクソン大統領が中国を訪問したとあることから、1972年の資料であることが分かる。**資料Y**は、中華人民共和国とソ連が結び、日本を仮想敵国としている内容から考えて1950年に結ばれた**中ソ友好同盟相互援助条約**であることが分かる。**資料Z**は、**資料X**のニクソンの訪中後、日本の田中角栄首相が訪中した結果出された**日中共同声明**である。以上より、Y→X→Zの順の③が正答である。

48 戦後世界の重要テーマと現代の文化

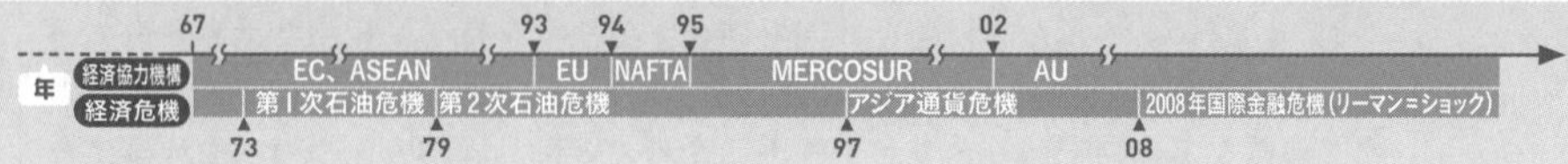

1 戦後世界の重要テーマ

✤核問題

①各国の核保有

- **アメリカ**　：**原爆**実験(**1945**)→水爆実験(1952)
- **ソ連**　：**原爆**実験(**1949**)→水爆実験(1953)
- **イギリス**　：**原爆**実験(**1952**)→水爆実験(1957)
- **フランス**　：**原爆**実験(**1960**)→水爆実験(1968)
- **中国**　：**原爆**実験(**1964**)→水爆実験(1967)
- **インド**　：**原爆**実験(**1974**)
- **パキスタン**：**原爆**実験(**1998**)
- **北朝鮮**　：**原爆**実験(**2006**)

②核管理・核軍縮の努力

- **部分的核実験禁止条約(PTBT)**(1963)
  - ・地下実験を除く大気圏内、宇宙空間と水中における核実験を禁止
  - ・米・英・ソが調印。フランスと中国は調印せず
- **核拡散防止条約(NPT)**(1968)：国連総会で採択→発効(1970)
  - ・非核保有国の核保有、核保有国の非核保有国に対する核兵器譲渡を禁止
  - ・フランスと中国は調印せず(1992年にNPT加盟)
- 米ソが**SALT Ⅰ**(**第1次戦略兵器制限交渉**)に調印(1972)
- 米ソが**SALT Ⅱ**(**第2次戦略兵器制限交渉**)に調印(1979)
  →アメリカ、批准せず
- 米ソが**中距離核戦力(INF)全廃条約**に調印(1987)：初の核兵器削減
- 米ソが**START Ⅰ(第1次戦略兵器削減条約)**に調印(1991)
- 米ソがSTART Ⅱ(第2次戦略兵器削減条約)に調印(1993)
- **包括的核実験禁止条約(CTBT)**、国連総会で採択(1996)　※未発効
  - ・あらゆる核兵器の爆発実験とその他の核爆発を禁止する条約
- 〈米〉**オバマ**大統領の**核兵器廃絶演説**(**プラハ演説**、2009)

③反核・平和運動

- **第五福竜丸事件**(1954)

・マーシャル諸島のビキニ環礁(かんしょう)で、アメリカが水爆実験→日本漁船の第五福竜丸が被曝、のち船員が死亡→世界各地で原水爆(核兵器)禁止運動が高まる→第1回原水爆禁止世界大会(1955)

● ラッセル・アインシュタイン宣言(1955)

・**バートランド=ラッセル**(英)と**アインシュタイン**(独)の共同宣言

・核戦争の惨劇(さんげき)と反人間性、人類滅亡の危機を警告

● **パグウォッシュ会議**(1957)

・ラッセルとアインシュタインの提唱によりカナダで開催された国際会議

・科学者たちによる核兵器禁止運動

✤地域紛争

①インド=パキスタン戦争(印パ戦争)

● 第1次(1947)・第2次(1965):**カシミール**(インド北西部)の帰属問題から発生

● 第3次(1971)

・インドが東パキスタンのパキスタンからの独立を支援→東パキスタンが**バングラデシュ**として独立達成

②ユーゴスラヴィアの解体:**ティトー**死後

● **クロアティア**・**スロヴェニア**の独立宣言(1991)→内戦を経て独立達成

● **ボスニア=ヘルツェゴヴィナ**の独立宣言(1992)

→**ボスニア**内戦(1992~95):内戦激化(大量虐殺(ぎゃくさつ)の横行)→独立達成

● **コソヴォ紛争**(1998~99)

・セルビア内の**コソヴォ自治州**の独立問題から発生→独立達成(2008)

③**チェチェン紛争**(1994~96、99~2009)

・ロシア内のイスラーム系チェチェン共和国の独立をめぐる紛争

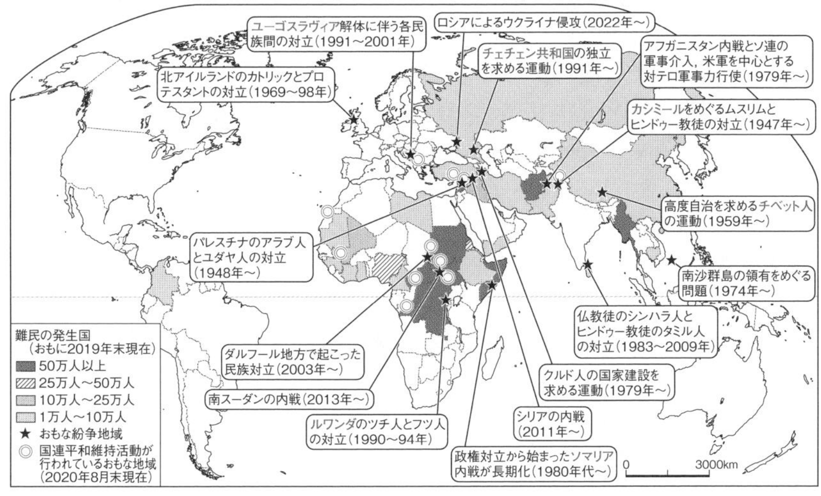

第二次世界大戦以降の主な地域紛争

✤経済協力機構

- ヨーロッパ共同体(EC)・ヨーロッパ連合(EU) [☞p.326]
- **東南アジア諸国連合**(**ASEAN**(アセアン)、1967発足)
  - ・当初は反共的性格→経済協力機構へ
- **北米自由貿易協定**(**NAFTA**(ナフタ)、1994発効):アメリカ・カナダ・メキシコ
  →現在はアメリカ・メキシコ・カナダ協定(USMCA)に(2020)
- 南米南部共同市場(MERCOSUR(メルコスール)、1995発足):アルゼンチン・ブラジルなど
- **アフリカ連合(AU)**(2002発足):アフリカ統一機構(OAU)が発展・改組

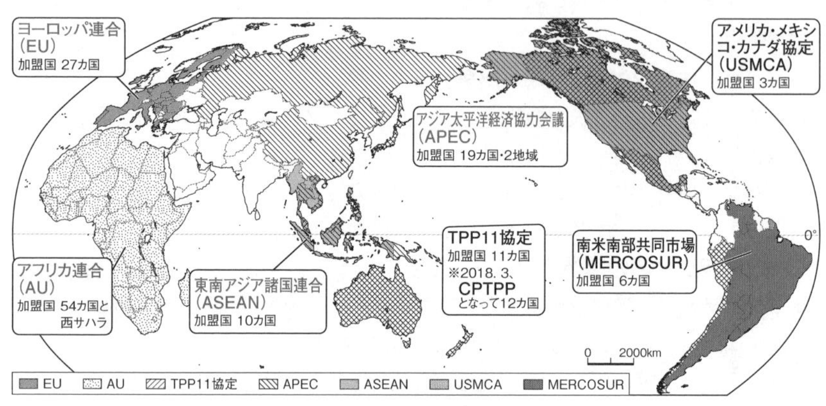

※加盟国・参加国数は2023年現在。

地域統合

✤新興国の台頭

○**開発独裁**:経済発展を進めるため、独裁を正当化する体制

- 朴正熙(パクチョンヒ)(韓国)、スハルト(インドネシア)、リー=クアンユー(シンガポール)、マルコス(フィリピン)など

○**新興工業経済地域**(**NIES**(ニーズ))の台頭:1970年代〜

- 発展途上国の中で急速な工業化・経済成長を達成した国家・地域
- 香港・台湾・韓国・シンガポール・ブラジル・メキシコ・アルゼンチンなど

○BRICs(ブリックス):2000年代以降、経済発展が顕著な国々

- ブラジル・ロシア・インド・中国　※南アフリカ共和国も含める→BRICS

✤経済危機

○石油危機

- **第1次**(1973、**第4次中東戦争が背景**)・**第2次**(1979、**イラン=イスラーム革命が背景**)

○**アジア通貨危機**(1997):タイの通貨バーツの暴落から発生

○**2008年国際金融危機(リーマン=ショック)**

- アメリカの証券会社リーマン=ブラザーズの経営破綻(はたん)から発生

✤環境問題

○**国連人間環境会議**（1972）：ストックホルム。環境をテーマとした初めての会議
- ●「人間環境宣言」を採択

○「持続可能な開発」：「国連環境と開発に関する世界委員会」（1987）で提起
- ●環境保全と開発を両立させようとする

○**「環境と開発に関する国連会議」**（**地球サミット**、1992）：リオデジャネイロ
- ●リオ宣言：環境保全の原則を示す。「持続可能な開発」をめざす

○**京都議定書**（1997）
- ●二酸化炭素などの温室効果ガス削減の数値目標と、取り組みに関する法的拘束を決定

○**パリ協定**（2015）
- ●21世紀後半に温室効果ガスの排出量を実質ゼロにする目標を掲げる
- ●主要排出国を含むすべての参加国が、削減目標を5年ごとに更新

2 現代の文化

✤文学

トーマス＝マン	独	『魔の山』。ナチスを批判→アメリカに亡命
ヘミングウェー	米	『誰がために鐘は鳴る』（スペイン内戦がテーマ）
魯迅	中	**『狂人日記』『阿Q正伝』**

✤絵画

ピカソ	西	キュビスム（立体派）。**「ゲルニカ」**
ダリ	西	シュルレアリスム（超現実主義）

✤思想など

サルトル	仏	実存主義哲学
デューイ	米	**プラグマティズム**。『民主主義と教育』
フロイト	墺	**精神分析学**。ナチス統治下のドイツからイギリスに亡命
マックス＝ヴェーバー	独	社会学。『プロテスタンティズムの倫理と資本主義の精神』

✤自然科学

アインシュタイン	独	**相対性理論**。ラッセル・アインシュタイン宣言
フレミング	英	**抗生物質**のペニシリンを発見
生命工学（遺伝子工学、バイオテクノロジー）	**ヒトゲノム**の解析。**クローン**技術	

✤その他

コンピュータ	世界初のコンピュータ（アメリカ、1946） **インターネット**の普及（20世紀末）→IT革命

チャレンジテスト（大学入学共通テスト実戦演習）

次の文章を読み、後の問いに答えよ。　（2021年共テB第2日程）

シンガポールは、イギリス人ラッフルズによって開港された。次の文章は、彼の書記アブドゥッラーが、シンガポールに運ばれた奴隷について1823年に述べたものである。（引用文には、省略したり、改めたりしたところがある。）

男の奴隷は、まるで猿のように腰のところを縛られ、一人一人の縄は船の舷にくくりつけられていた。これが当時シンガポールで奴隷を売っていたやり方で、それはまるで人が動物でも売るようであった。私は岸に戻って、翌日、その様子をラッフルズ氏に話した。彼は答えた。

「あのようなことは長く続くまい。イギリスは廃止しようとしている。沢山の人があのことについて英国議会に報告し、奴隷売買を禁止するよう要求しているのだ。」

ラッフルズ氏はさらにつけ加えた。「あのような邪悪な商売が行われているのは、ここだけではないのだ。イギリスにも、他の国々から人間が船で運ばれて来るのだ。」

問1 上の文章から読み取れるラッフルズの考えについて述べた文**あ**・**い**と、大西洋地域における奴隷制の拡大をもたらした出来事X・Yとの組合せとして正しいものを、下の①～④のうちから一つ選べ。

ラッフルズの考え

あ　奴隷売買を継続すべきだと考えている。

い　奴隷売買に否定的である。

奴隷制の拡大をもたらした出来事

X　クー＝クラックス＝クラン（KKK）が組織された。

Y　アメリカ・ヨーロッパ・アフリカを結ぶ三角貿易が成立した。

①　**あ**－X　②　**あ**－Y　③　**い**－X　④　**い**－Y

問1 ［答］ ④

ラッフルズの考えは、引用文の第3段落で彼が奴隷（どれい）貿易について「あのような邪悪な商売」と述べていることから、**い**の「奴隷売買に否定的」が正しい。奴隷制の拡大をもたらした出来事としては、Yにある、大西洋地域で行われた、ヨーロッパから西アフリカに日用品や武器を、西アフリカからアメリカに黒人奴隷を、アメリカからヨーロッパに砂糖・タバコ・綿花などを運ぶ三角貿易が行われていたことが正しい。よって、**い**－Yの組合せの④が正答である。なお、Xのクー＝クラックス＝クランは、1861～65年に行われた南北戦争後に、南部の兵士たちが中心となって成立した組織であり、この文章が1823年に述べられたことからも誤りと判断できる。

問2 シンガポールの歴史について述べた文として最も適当なものを、次の①～④のうちから一つ選べ。

① 第二次世界大戦前に、マラヤ連邦に加わった。
② 新興工業経済地域(NIES)の一つに数えられるようになった。
③ インド系住民を中心として、マレーシアから独立した。
④ 20世紀に、海峡植民地として成立した。

問2 [答] ②

①シンガポールは、マラヤ連邦に含まれていないため不適当。③シンガポールは、インド系住民ではなく中国系住民が中心となって独立した。④海峡(かいきょう)植民地は、ペナン・シンガポール・マラッカによって、20世紀ではなく19世紀前半に成立したため不適当。

索引

い

う

え

お

か

き

く

し

す

せ

そ

た

な

に

ぬ

ね

ひ

へ

ほ

ま

み

む

め

も

り

る

れ

ろ

わ

メモ

引用元 出典一覧

26 資料3　歴史学研究会 編『世界史史料10　20世紀の世界I』（岩波書店）

34 資料1　梶村 秀樹 訳注『東学史——朝鮮民衆運動の記録』（平凡社）

34 資料2、資料3　歴史学研究会 編『世界史史料8　帝国主義と各地の抵抗I』（岩波書店）

40 資料1、資料2　歴史学研究会 編『世界史史料10　20世紀の世界I』（岩波書店）

別　冊

大学入学
共通テスト

世界史 集中講義
［歴史総合，世界史探究］

必携

一問一答問題集

旺文社

本書の利用法 ✤ もくじ

ページの左段に問題文、右段に解答・解説がある形の「第2部 世界史探究」に対応した一問一答問題集です。赤セルシートで解答・解説を隠すことができるので、何度も繰り返し学習することが可能です。

第2部 世界史探究

1 先史時代と古代オリエント世界

本冊 P.36

1 カルタゴを建設した人々の名称を答えよ。
(2008年センター本試B)

1 フェニキア人

2 ヘブライ人は、＿ア＿に導かれてエジプトを脱出したという伝承を持つ。前1000年ごろ、ヘブライ人は、パレスチナに王国を建て、＿イ＿の時代に栄えたが、彼の死後、王国は分裂した。 (2009年センター追試B〈改〉)

2 ア モーセ
イ ソロモン

3 正誤 スペインのラスコーで、洞穴絵画(洞窟絵画)が発見された。 (2019年センター本試B)

3 ×
ラスコー→アルタミラ。ラスコーはフランスにある。

4 正誤 エジプトでは、古王国時代の末期に、ヒクソスが流入し国内を混乱させた。 (2020年センター本試B)

4 ×
古王国時代の末期→中王国時代の末期。

5 正誤 クフ王のもとで、アマルナ美術が栄えた。
(2017年センター本試B)

5 ×
クフ王→アメンヘテプ4世。

6 正誤 『ギルガメシュ叙事詩』(『ギルガメシュ物語』)は、古代エジプトで成立した。 (2018年センター本試B)

6 ×
古代エジプト→古代メソポタミア。

7 正誤 アッカド人の発明した楔形文字が、古代オリエントで使用された。 (2020年センター本試B)

7 ×
アッカド人→シュメール人。

8 正誤 インド＝ヨーロッパ語系のアッカド人は、鉄製武器を初めて本格的に用いた。 (2017年センター本試B)

8 ×
アッカド人→ヒッタイト人。

9 正誤 アラム人は、海上交易で活躍した。
(2015年センター本試B)

9 ×
海上交易→内陸交易。

10 正誤 モーセは、ユダヤ教の戒律主義(律法主義、形式主義)を批判した。 (2018年センター本試B)

10 ×
モーセ→イエス。

11 正誤 ヘブライ人は、ミタンニ王国によってバビロンに強制移住させられた。 (2020年センター本試B)

11 ×
ミタンニ王国→新バビロニア(カルデア)。

12 貨幣の鋳造は、アナトリア(小アジア)の＿＿＿で始まったとされる。 (2010年センター本試B)

12 リディア

13 正誤 アッシリアは、テーベを首都とした。 (2018年センター本試B)

13 ×
テーベ→ニネヴェ。テーベを首都としたのは、エジプト中王国と新王国。

14 正誤 ペルセポリスに、コロッセウムが造られた。 (2015年センター本試B)

14 ×
ペルセポリス→ローマ。

15 四択 フェニキア人について述べた文として最も適当なものを一つ選べ。 (2024年共テ本試A)
① 植民市であるカルタゴがローマと戦った。
② 六十進法を考案した。
③ ヴァルナと呼ばれる身分制度を形成した。
④ トウモロコシを栽培する農耕文化を発展させた。

15 ①
②シュメール人についての記述。③古代インドについての記述。④古代アメリカ文明についての記述。

16 地図 スサ～サルデス間の「王の道」を示したものとして正しいものを選べ。 (1992年センター本試B〈改〉)

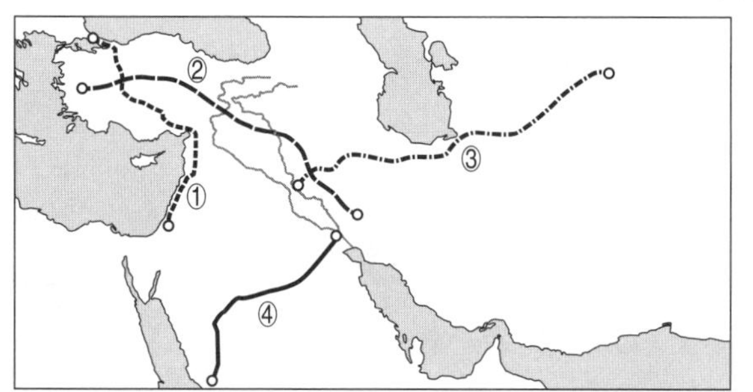

16 ②
スサはイラン西部の都市で、アケメネス朝の都。サルデスはアナトリア(小アジア)の都市でリディアの旧都。

2 古代ギリシアとヘレニズム世界

本冊 P.42

1 古代ギリシアの都市で市場や集会が開かれた広場の名を答えよ。 (2006年センター本試B)

1 アゴラ

2 正誤 ギリシア人は、異民族をバルバロイ(聞き苦しい、訳の分からない言葉を話す者)と呼んだ。 (2012年センター本試B)

2 ○

3 正誤 ギリシア人は、イタリア半島南部にも植民市を建設した。 (2015年センター本試B)

3 ○
タレントゥムなどを建設した。

☐**4** 正誤 スパルタの重装歩兵軍は、マラトンの戦いで勝利した。 (2017年センター本試B)

4 ✕
スパルタ→アテネ。

☐**5** 正誤 アテネでは、古代にリュクルゴスの下で、民主政が完成した。 (2015年センター本試B〈改〉)

5 ✕
リュクルゴス→ペリクレス。

☐**6** 組合せ バルカン半島南部について述べた次の文aとbの正誤の組合せとして正しいものを一つ選べ。 (2016年センター本試B)

a テミストクレスが、サラミスの海戦で、アケメネス朝を破った。

b フィリッポス2世が、カイロネイアの戦いで、スパルタを破った。

① a－正 b－正 ② a－正 b－誤
③ a－誤 b－正 ④ a－誤 b－誤

6 ②
bスパルタ→アテネ・テーベの連合軍。

☐**7** 四択 古代のギリシア世界について述べた文として最も適当なものを一つ選べ。 (2020年センター本試B)

① ギリシア人によって、ミケーネ文明が築かれた。
② 扇動(せんどう)政治家(デマゴーゴス)出現防止のため、陶片追放の制度が定められた。
③ アイスキュロス・フェイディアス・エウリピデスは、三大悲劇詩人と呼ばれる。
④ スパルタは、イオニア人のポリスである。

7 ①
②扇動政治家(デマゴーゴス)→僭主。③フェイディアス→ソフォクレス。④イオニア人→ドーリア人。

☐**8** 四択 ペルシア戦争について述べた文として最も適当なものを一つ選べ。 (2023年共テ本試B〈改〉)

① イオニア地方のギリシア人の反乱が、この戦争のきっかけとなった。
② この戦争でギリシア人と戦った王朝は、エフタルを滅ぼした。
③ この戦争の後に、アテネを盟主としてコリントス同盟(ヘラス同盟)が結成された。
④ ギリシア軍が、この戦争中にプラタイアの戦いで敗北した。

8 ①
②ペルシア戦争でギリシア人と戦ったのはアケメネス朝。エフタルは、ササン朝と突厥の連合軍によって滅ぼされた。③コリントス同盟(ヘラス同盟)→デロス同盟。④敗北した→勝利した。

3 古代ローマ史とキリスト教

本冊 P.48

1 共和政末期から帝政初期には、大量の＿ア＿を使役したラティフンディアが盛んであったが、のちには、それに代わって、＿イ＿に土地を貸す小作制がしだいに広まっていった。
（2011年センター本試B）

1 ア 奴隷
イ コロヌス

2 凱旋門（がいせんもん）は、ローマ市内に今も残る4世紀の＿＿＿帝のものが有名だが、近代にも国威発揚のため、ヨーロッパ各地で建造された。 （2005年センター本試B）

2 コンスタンティヌス

3 正誤 王政期には、エトルリア人の王が存在した。
（2017年センターー本試B）

3 ○

4 正誤 古代ローマの貴族は、プレブスと呼ばれた。
（2019年センター本試B）

4 ×
プレブス→パトリキ。

5 正誤 ハンニバルは、イッソスの戦いでローマに敗れた。
（2018年センター本試B〈改〉）

5 ×
イッソスの戦い→ザマの戦い。

6 正誤 コロナートゥス（コロナトゥス）は、共和政ローマで広まった。 （2017年センター本試B）

6 ×
共和政ローマ→帝政ローマの3世紀以降。

7 正誤 アクティウムの海戦で、アントニウスが勝利した。
（2017年センター本試B）

7 ×
アクティウムの海戦では、アントニウス・クレオパトラ連合軍がオクタウィアヌスに敗北した。

8 正誤 オクタウィアヌスは、元老院からアウグストゥスの称号を授けられた。 （2020年センター本試A）

8 ○

9 正誤 ユスティニアヌス帝の死後、帝国が東西に分裂した。
（2017年センター本試B）

9 ×
ユスティニアヌス帝→テオドシウス帝。

10 正誤 ディオクレティアヌス帝は、キリスト教徒の迫害を命じた。 （2021年共テ第2日程B）

10 ○

11 正誤 コンスタンティヌス帝は、勢力を増したキリスト教徒を統治に取り込むために、統一法を発布した。
（2023年共テ本試B）

11 ×
統一法→ミラノ勅令。

12 四択 古代ローマの政治や政治制度について述べた文として正しいものを一つ選べ。 (2005年センター追試B〈改〉)

① リキニウス・セクスティウス法により、平民会の決議が国法とされた。
② グラックス兄弟は、大地主の土地所有を奨励する政策を採った。
③ カエサルは、レピドゥス、クラッススと共に第1回三頭政治を始めた。
④ ネルウァ帝から始まる5人の皇帝の治世は、五賢帝(ごけんてい)の時代と呼ばれる。

12 ④
①リキニウス・セクスティウス法→ホルテンシウス法。②奨励→制限。③レピドゥス→ポンペイウス。

13 四択 キリスト教について述べた文として正しいものを一つ選べ。 (2016年センター本試B)

① ネロ帝は、キリスト教徒を保護した。
② マニ教は、キリスト教の誕生に影響を与えた。
③『新約聖書』は、最初はアラビア語で記された。
④ カタコンベは、キリスト教徒によって礼拝に用いられた。

13 ④
①保護→迫害。②マニ教の成立はキリスト教の成立より後の3世紀のこと。③アラビア語→コイネー(共通ギリシア語)。

14 地図 2世紀初めのローマ帝国の領域を示す地図として正しいものを一つ選べ。 (1994年センター本試B)

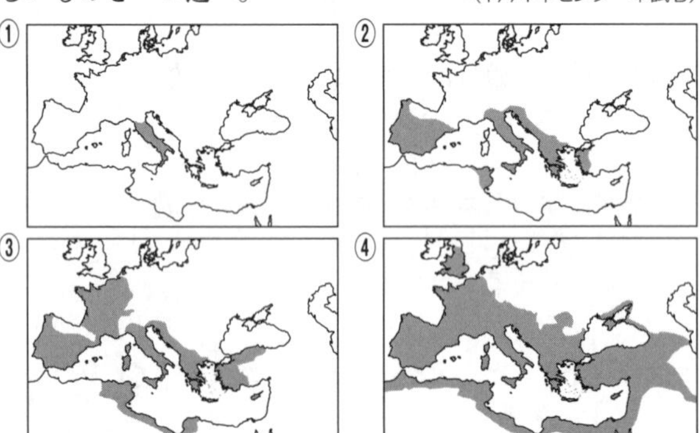

14 ④

15 並べ替え ローマの共和政期に起こった出来事について述べた次の文a～cについて、古いものから年代順に正しく配列せよ。 (2008年センター本試B)

a オクタウィアヌスが、アクティウムの海戦で勝利した。
b グラックス兄弟が、土地改革を行った。
c 第1回三頭政治が成立した。

15 b→c→a
aのアクティウムの海戦は前31年、bのグラックス兄弟の改革は前2世紀後半、cの第1回三頭政治は前1世紀前半。

4 古代ギリシア・ローマ文化

本冊 P.56

1 アテネで活躍した悲劇詩人エウリピデスの代表作は何か。
(2006年センター追試B〈改〉)

1 『メデイア』

2 古代ギリシアにおける三大悲劇詩人の名を全て挙げよ。
(2005年センター追試B)

2 アイスキュロス
ソフォクレス
エウリピデス
(順不同)

3 正誤 古代ギリシアで、スコラ学が発展した。
(2022年共テ本試A)

3 ×
古代ギリシア→中世ヨーロッパ。

4 正誤 ヘロドトスは、ササン朝との戦争を扱った歴史書を著した。
(2019年センター本試B)

4 ×
ササン朝→アケメネス朝。

5 正誤 ヘシオドスは、政治を風刺する喜劇を作った。
(2019年センター本試B)

5 ×
ヘシオドス→アリストファネス。

6 正誤 アレクサンドリアに、アズハル学院(アズハル大学)が設けられた。
(2015年センター本試B)

6 ×
アズハル学院→ムセイオン。

7 正誤 カエサルが、『ガリア戦記』を著した。
(2019年センター本試B)

7 ○

8 正誤 古代ローマ帝国では、剣闘士の闘技場として、アクロポリスが建設された。
(2023年共テ本試A)

8 ×
アクロポリス→コロッセウム。

9 組合せ パルテノン神殿について述べた次の文aとbの正誤の組合せとして正しいものを一つ選べ。 (2009年センター本試A)

a パルテノン神殿の建つ丘は、アクロポリスと呼ばれている。

b パルテノン神殿は、ヘレニズム文化の影響下で建設された。

① a－正 b－正 ② a－正 b－誤
③ a－誤 b－正 ④ a－誤 b－誤

9 ②
bパルテノン神殿は、ヘレニズム文化成立以前の前5世紀のアテネで建設された。

☐10 四択 プトレマイオスの事業について述べた文として最も適当なものを一つ選べ。 (2010年センター追試B)
① 地球の自転と公転を唱えた。
②『博物誌』を著した。
③ 天動説を唱えた。
④ 万物(ばんぶつ)の根源を水と考える説を唱えた。

10 ③
①アリスタルコスなどの事績。②プリニウスの事績。④タレスの事績。

5 イラン世界とインド世界

本冊 P.62

☐1 古代インドで成立した＿ア＿制度は四つの身分から成り、支配者は王侯・戦士身分である＿イ＿の家系でなければならなかった。 (2014年センター本試B〈改〉)

1 ア ヴァルナ
イ クシャトリヤ

☐2 正誤 『ラーマーヤナ』は、ペルシアで成立した。 (2018年センター本試B)

2 ✕
ペルシア→インド。

☐3 正誤 インダス文字は、20世紀に解読された。 (2012年センター本試B)

3 ✕
インダス文字は未解読である。

☐4 正誤 アショーカ王の石柱碑が、ガンジス川流域の各地に建てられた。 (2019年センター本試B)

4 ○

☐5 正誤 ガンダーラ美術は、古代ギリシアの美術(ヘレニズム美術)に影響を与えた。 (2020年センター本試B)

5 ✕
古代ギリシアの美術がガンダーラ美術に影響を与えた。

☐6 正誤 『マヌ法典』には、ヴァルナごとの生活規範が収められている。 (2020年センター本試B)

6 ○

☐7 正誤 玄奘(げんじょう)は、海路でインドに赴いた。(2012年センター本試A)

7 ✕
玄奘は往路・復路ともに陸路。

☐8 正誤 ヴァルダナ朝は、南インドを統一した。 (2018年センター本試B)

8 ✕
ヴァルダナ朝は北インドの王朝。

☐9 正誤 仏図澄(ぶっとちょう)が、『南海寄帰内法伝(なんかいききないほうでん)』を著した。 (2015年センター本試B)

9 ✕
仏図澄→義浄(ぎじょう)。

☐10 正誤 サータヴァーハナ朝が、デカン高原におこり、海上交易で繁栄した。 (2020年センター本試B)

10 ○

11 正誤 南インドで、マレー語による文芸活動が盛んになった。 (2020年センター本試B)

11 ×
マレー語→タミル語。

12 正誤 チョーラ朝は、清に使節を派遣した。 (2019年センター本試B)

12 ×
清は17世紀に建国され、チョーラ朝は13世紀に滅亡しているため、時期が合わない。

13 四択 ササン朝ペルシアの歴史について述べた文として正しいものを一つ選べ。 (2013年センター本試B)

① アケメネス朝ペルシアを倒して、建国した。
② 東方では、ガンジス川までをその領土とした。
③ ニハーヴァンドの戦いで、イスラーム勢力（アラブ軍）に敗れた。
④ シャープール1世は、ローマ皇帝ネルウァを捕虜とした。

13 ③
①アケメネス朝ペルシア→パルティア。②ガンジス川→インダス川。④ネルウァ→ウァレリアヌス。

14 四択 ガンジス川の流域の歴史について述べた文として最も適当なものを一つ選べ。 (2023年共テ本試A)

① モエンジョ＝ダーロ（モヘンジョ＝ダロ）の遺跡に代表される古代文明が栄えた。
② アーリヤ人が進出してきた後、都市国家（王国）が形成された。
③ マウリヤ朝が成立し、アクバルのときに支配を拡大した。
④ 下流域に、扶南が建国された。

14 ②
①インダス文明のこと。③アクバルはムガル帝国の皇帝。④扶南が建国されたのは、ガンジス川ではなくメコン川下流域。

15 四択 グプタ朝時代の文化について述べた文として誤っているものを一つ選べ。 (2014年センター本試B)

① アジャンター石窟（せっくつ）寺院の壁画が描かれた。
②『ラーマーヤナ』が、現在の形にまとめられた。
③ ウパニシャッド哲学が生まれた。
④『シャクンタラー』が書かれた。

15 ③
グプタ朝は4世紀～6世紀の王朝。ウパニシャッド哲学は前7～前4世紀頃に成立したとされる。

6 東南アジア史（前近代）

本冊 P.70

1 南越（なんえつ）を滅ぼした中国の皇帝は誰か。 (2008年センター追試B)

1 前漢の武帝（ぶてい）

2 アルメニア人は、18世紀後半までタイを支配した＿＿＿朝の都など、アジア各地の港市にも進出した。 (2006年センター追試B〈改〉)

2 アユタヤ

☐3 正誤 黎朝(れいちょう)は、漢から儒教を導入した。(2016年センター本試B)

3 ×
漢→明。

☐4 正誤 ベトナムで、西山(せいざん)(タイソン)の乱が起こった。(2018年センター本試B)

4 ○

☐5 正誤 アンコール＝ワットは、クメール人によって建てられた。(2019年センター本試B)

5 ○

☐6 正誤 スコータイ朝が、ジャワで成立した。(2020年センター本試A)

6 ×
ジャワ→タイ。

☐7 正誤 パガン朝は、モンゴル人によって建てられた。(2020年センター本試A)

7 ×
建てられた→滅亡に追い込まれた。

☐8 正誤 アユタヤ朝で、上座部(じょうざぶ)仏教が信仰された。(2016年センター本試B)

8 ○

☐9 正誤 チャンパー(林邑)は、チャム人によって建てられた。(2020年センター本試A)

9 ○

☐10 正誤 ジャワで、ワヤン(ワヤン＝クリ)と呼ばれる人形影絵劇(影絵芝居)が発達した。(2020年センター本試B)

10 ○

☐11 正誤 シュリーヴィジャヤで、仏教が栄えた。(2016年センター本試B)

11 ○

☐12 四択 東南アジアの歴史について述べた文として正しいものを一つ選べ。(2010年センター本試B)
① オケオは、ピューの港であった。
② パガン朝では、上座部仏教が広まった。
③ シュリーヴィジャヤは、前漢に使節を派遣した。
④ シャイレンドラ朝の下で、マレー半島にボロブドゥールが建てられた。

12 ②
①ピュー→扶南(ふなん)。③前漢→唐など。④マレー半島→ジャワ島。

☐13 地図 2世紀に成立し、インド文化の影響を受けた国家の名と、その位置を示す次の地図中のaまたはbとの組合せとして正しいものを一つ選べ。(2017年センター本試B)

13 ①
チャンパーはaのベトナム中南部に2世紀に成立し、インド文化の影響を受けた。マタラム王国はbのジャワ東部に16世紀末に成立したイスラーム教国。

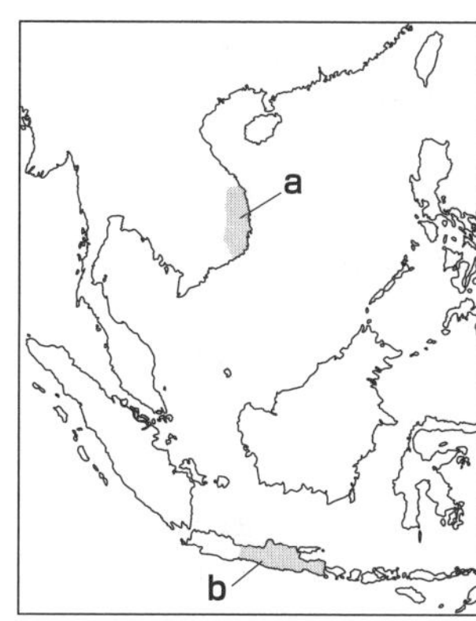

①チャンパー－a
②チャンパー－b
③マタラム王国－a
④マタラム王国－b

14 地図 扶南の港(港市)の名称と、その位置を示す次の地図中のaまたはbとの組合せとして正しいものを一つ選べ。

(2013年センター本試B)

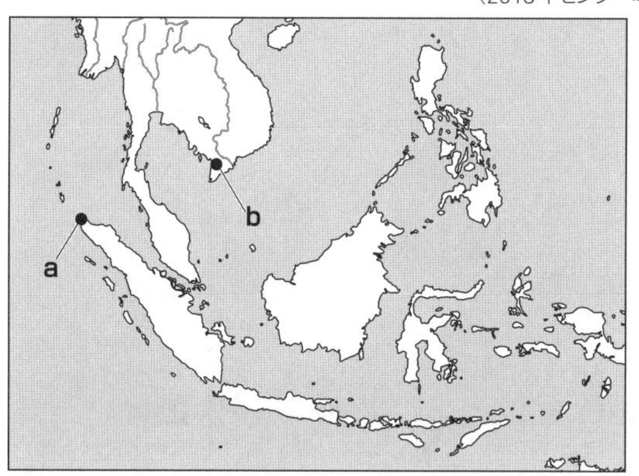

①アチェ－a　②アチェ－b
③オケオ－a　④オケオ－b

14 ④
bのオケオは扶南の港(港市)として発展し、ローマ金貨、漢の鏡、インドの神像が出土している。aのアチェにはイスラーム教国のアチェ王国が建てられたが、オランダに滅ぼされた。

7 中国史①　黄河文明～殷・周、秦・漢

本冊 P.76

1 秦の始皇帝(しこうてい)は、法家の______を登用して、全国統一と支配確立を進めた。

(2013年センターー本試B)

1 李斯(りし)

2 秦の始皇帝の時代に発行された貨幣の______には文字のみが記され、中央に方形の孔(あな)があけられていた。

(2010年センター本試B)

2 半両銭(はんりょうせん)

☐3 正誤 殷墟から、甲骨文字を刻んだ大量の亀甲・獣骨が出土した。（2020年センター本試B）

3 ○

☐4 正誤 周の都は、王室の内紛を経て、建康に遷った。（2020年センター本試B）

4 ×
建康→洛邑。

☐5 正誤 春秋時代の有力諸侯は、覇者と呼ばれた。（2018年センター本試B）

5 ○

☐6 正誤 周は、郡国制をしいた。（2020年センター本試A）

6 ×
郡国制→封建制。

☐7 正誤 曹操は、焚書・坑儒を行い、儒者を弾圧した。（2017年センター本試B）

7 ×
曹操→始皇帝。

☐8 正誤 秦の始皇帝陵の近くで、兵馬俑が出土した。（2019年センター本試B）

8 ○

☐9 正誤 趙匡胤が、漢を建てた。（2020年センター本試A）

9 ×
趙匡胤→劉邦。

☐10 正誤 漢の高祖は、郡国制を採用した。（2017年センター本試B）

10 ○

☐11 正誤 漢で、陳勝・呉広の乱が起こった。（2018年センター本試B）

11 ×
漢→秦。

☐12 正誤 白蓮教徒の乱が、漢代に起こった。（2020年センター本試A）

12 ×
漢代→元代や清代。漢では後漢の時代に農民反乱の黄巾の乱が起こった。

☐13 正誤 漢の武帝は、砂糖の専売を行った。（2016年センター本試B）

13 ×
砂糖→塩・鉄・酒。

☐14 正誤 鎬京は、光武帝によって、都とされた。（2016年センター本試B）

14 ×
鎬京→洛陽。鎬京を都としたのは西周。

☐15 正誤 光武帝は、勘合貿易を開始した。（2012年センター本試A）

15 ×
光武帝→明の永楽帝。

☐16 正誤 班超が、部下の甘英をプトレマイオス朝に派遣した。（2020年センター本試B）

16 ×
プトレマイオス朝→ローマ帝国。

17 正誤 ローマ皇帝の使者を名乗る者が、後漢の楽浪郡(らくろうぐん)に到来した。 (2020年センター本試B)

17 ×
楽浪郡→日南郡(にちなん)。

18 正誤 紅巾(こうきん)の乱が、後漢で起こった。 (2019年センター本試B)

18 ×
紅巾の乱→黄巾の乱。紅巾の乱は元末の農民反乱。

19 正誤 漢代の江南地方で、綿織物業が発展した。 (2015年センター本試B)

19 ×
江南地方で綿織物業が発展するのは、明代以降のこと。

20 四択 秦の制度や政策について述べた文として正しいものを一つ選べ。 (2009年センター追試B〈改〉)
① 三省・六部が置かれた。
② 郡県制が施行された。
③ 均輸・平準法が行われた。
④ 六諭(りくゆ)が定められた。

20 ②
①唐代のこと。③前漢の武帝の事績。④明代のこと。

21 四択 前漢の武帝の治世について述べた文として正しいものを一つ選べ。 (2020年センター本試B)
① 南越(なんえつ)を滅ぼして、ベトナム北部を支配した。
② 党錮(とうこ)の禁が起こり、官僚・学者が弾圧された。
③ 府兵制により、農民を徴兵した。
④ 茶の専売を行い、国家収入を増やした。

21 ①
②党錮の禁は2世紀後半の後漢での出来事。③府兵制は、南北朝時代の西魏や隋・唐で行われた。④武帝は塩・鉄・酒の専売を行った。

22 四択 漢代に起こった出来事について述べた文として正しいものを一つ選べ。 (2019年センター本試B)
① 呉楚七国(ごそしちこく)の乱が起こった。
② 三省・六部が設けられた。
③ 土木の変が起こった。
④ 八王の乱が起こった。

22 ①
②唐代のこと。③明代のこと。④晋(西晋)でのこと。

8 中国史② 魏晋南北朝時代～隋・唐

本冊 P.82

1 唐代には律令が整備されたが、そのうち律は、今日の＿＿＿法に相当する。 (2013年センター本試B)

1 刑

2 唐の支配体制は、755年に勃発した＿＿＿の乱により、大きく動揺することになる。 (2012年センター本試A)

2 安史(あんし)

3 唐が政権を保ち得たのは、両税法と塩の専売制が定着して財政が持ち直し、中央の軍隊が強化拡充されたことによる。しかし、＿ア＿が起こると、唐の支配体制は根底から揺り動かされた。反乱軍から唐に降(くだ)った節度使の＿イ＿により、907年、唐は滅ぼされた。 (2014年センター本試B)

3 ア 黄巣(こうそう)の乱
イ 朱全忠(しゅぜんちゅう)

4 正誤 魏で、屯田(とんでん)制が実施された。 (2020年センター本試B)

4 ○

5 正誤 3世紀に卑弥呼(ひみこ)が、魏に朝貢使節を送った。 (2012年センター本試B)

5 ○

6 正誤 司馬炎(しばえん)は、蜀を建てた。 (2018年センター本試B)

6 ×
蜀→晋(西晋)。

7 正誤 五胡(ごこ)と呼ばれる諸民族が、江南に王朝を建てた。 (2021年共テ第1日程A)

7 ×
江南→華北。

8 正誤 北魏は、ウイグルによって建国された。 (2021年共テ第1日程A)

8 ×
ウイグル→鮮卑。

9 正誤 北魏では、交鈔(こうしょう)と呼ばれる紙幣が発行された。 (2017年センター本試B)

9 ×
北魏→金や元。

10 正誤 隋で、白蓮教徒(びゃくれんきょうと)の乱が起こった。(2018年センター本試B)

10 ×
隋→元、清。

11 正誤 隋で、安史の乱が起こった。 (2020年センター本試A)

11 ×
隋→唐。

12 正誤 隋の煬帝(ようだい)は、新羅(しんら(しらぎ))に遠征したが失敗した。 (2021年共テ第1日程A)

12 ×
新羅→高句麗。

13 正誤 隋や唐では、主に仏教の理解を問う科挙が整備された。 (2021年共テ第1日程B)

13 ×
仏教→儒教。

14 正誤 唐は、征服地に都護府を置いた。(2016年センター本試B)

14 ○

15 正誤 唐の都には、マニ教の寺院が建てられた。 (2020年センター本試B)

15 ○

16 正誤 唐代の両税法では、土地を支給された成人男性に税が課された。 (2018年センター本試B)

16 ×
両税法→租調庸(そちょうよう)制。

17 正誤 則天武后は、国号を新と称した。(2016年センター本試B)

17 ✕
新→周。

18 組合せ 両税法について述べた次の文aとbの正誤の組合せとして正しいものを一つ選べ。(2014年センター本試B〈改〉)

a 租調庸制に代わって施行された。
b 提案したのは、宰相の司馬光である。

① a－正 b－正　② a－正 b－誤
③ a－誤 b－正　④ a－誤 b－誤

18 ②
b司馬光→楊炎。司馬光は北宋の旧法党の政治家。

19 四択 唐代中後期に起こった出来事として正しいものを一つ選べ。(2017年センター本試B)

① 五胡と総称される諸民族が、華北で勢力を広げた。
② 傭兵を用いる募兵制が導入された。
③ 康熙帝が、ジュンガルと戦った。
④ ロシアが、沿海州を獲得した。

19 ②
①4世紀前半～5世紀前半の魏晋南北朝時代のこと。③④清代のこと。

20 四択 安史の乱以後の唐国内の政治・社会・文化の変化や、国際関係の変動について述べた文として正しいものを一つ選べ。(2006年センター追試B)

① 唐王朝の権威が失墜し、則天武后が新たな王朝を建てた。
② 五代十国時代にかけて、新興地主層が勢力を伸ばした。
③ 新羅が朝鮮半島を統一した。
④ 清談が流行し、貴族文化が栄えた。

20 ②
①則天武后が周を建てたのは安史の乱以前のこと。③新羅の朝鮮半島統一は7世紀後半のこと。④魏晋南北朝時代のこと。

9 中国周辺地域史① モンゴル高原・中央アジア・チベット・雲南

本冊 P.88

1 正誤 冒頓単于の下、柔然が全盛期を迎えた。(2018年センター本試B)

1 ✕
柔然→匈奴。

2 正誤 突厥は、劉邦を破って、漢を圧迫した。(2016年センター本試B)

2 ✕
突厥→匈奴の冒頓単于。

3 正誤 ウイグルが、キルギスを滅ぼした。(2012年センター本試B)

3 ✕
キルギスがウイグルを滅ぼした。

4 正誤 ヒッタイト人は、戦車の使用によって、モンゴル高原に勢力を広げた。(2015年センター本試B)

4 ✕
ヒッタイトは古代オリエント世界のアナトリア(小アジア)を中心に活躍した。

☐5 正誤 ポタラ宮は、ジャイナ教の中心(大本山)である。
(2018年センター本試B)

5 ×
ポタラ宮は、チベット仏教の教主ダライ＝ラマの宮殿。

10 中国史③　宋

本冊 P.92

☐1 唐の滅亡から宋の建国までの、短命な王朝が交代し、小国が分立した時代を何というか。
(2007年センター本試B)

1 五代十国時代

☐2 趙匡胤によって建国された宋の都である＿＿＿は、大運河と黄河の接点近くに位置し、物資が集積する交通や経済の要地であった。
(2013年センター本試B)

2 開封

☐3 正誤 遼(キタイ)は、澶淵の盟により、毎年多額の銀や絹を宋に贈ることになった。
(2020年センター本試B〈改〉)

3 ×
澶淵の盟により、宋は毎年多額の銀や絹を遼(キタイ)に贈ることになった。

☐4 正誤 北宋では、賦役黄冊が作成された。
(2015年センター本試B)

4 ×
北宋→明。

☐5 正誤 北宋の都は、西夏によって占領された。
(2020年センター本試B)

5 ×
西夏→金。この出来事が靖康の変である。

☐6 正誤 宋代に、士大夫にかわって貴族が台頭した。
(2019年センター本試B)

6 ×
宋代には、貴族にかわって士大夫が台頭した。

☐7 正誤 南宋は、クビライによって滅ぼされた。
(2021年共テ第1日程A〈改〉)

7 ○

☐8 正誤 宋代の農民は、租調庸制の下で税を負担した。
(2020年センター本試A〈改〉)

8 ×
宋代→隋・唐代。

☐9 正誤 キタイ(契丹)は、燕雲十六州の領有をめぐって、秦と争った。
(2017年センター本試B〈改〉)

9 ×
秦→宋。

☐10 正誤 キタイ(契丹)は、キリル文字を作った。
(2016年センター本試B〈改〉)

10 ×
キリル文字→契丹文字。

☐11 正誤 金で、猛安・謀克という制度が用いられた。
(2018年センター本試B)

11 ○

☐12 正誤 景徳鎮は、漆器の代表的生産地であった。
(2020年センター本試A)

12 ×
漆器→陶磁器。

☐13 四択 宋代の新法について述べた文として正しいものを一つ選べ。 (2018年センター本試B)
① 司馬光が推進した。
② 地主や大商人の利益を抑えようとした。
③ 西遼に対する防備の強化を目指した。
④ 東林派と非東林派との党争を招いた。

13 ②
①司馬光は新法に反対した旧法党の人物。③西遼(カラキタイ)の建国は12世紀前半で、この時には新法の実施者である王安石は死去している。④明代の出来事。

11 中国史④ モンゴル帝国・元

本冊 P.98

☐1 13世紀後半、東南アジア方面への交易権拡大を目指すモンゴルは、＿ア＿が支配するビルマ(ミャンマー)に進出した。一方、ベトナムにも出兵したが、＿イ＿により撃退された。 (2009年センター追試A)

1 ア パガン朝
イ 陳朝

☐2 ＿ア＿出身の商人マルコ＝ポーロの話を基に作成されたと言われる『世界の記述(東方見聞録)』や、＿イ＿によりモンゴルに派遣されたルブルックの報告は、ヨーロッパに東方世界の情報をもたらした。 (2010年センター追試B)

2 ア ヴェネツィア
イ ルイ9世

☐3 正誤 モンゴル軍が、ウィーンを包囲した。
(2016年センター本試B)

3 ×
モンゴル軍→オスマン帝国。

☐4 正誤 イル＝ハン国のガザン＝ハンが、ユダヤ教を国教とした。 (2019年センター本試B)

4 ×
ユダヤ教→イスラーム教。

☐5 正誤 ラシード＝アッディーン(ラシード＝ウッディーン)が、イル＝ハン国で、『集史』を著した。(2018年センター本試B)

5 ○

☐6 正誤 元の都でプラノ＝カルピニがカトリックの布教を行った。 (2020年センター本試B)

6 ×
プラノ＝カルピニ→モンテ＝コルヴィノ。

7 四択 チンギス＝カン(ハン)の事績として正しいものを一つ選べ。 (2019年センター本試B〈改〉)

① ホラズム＝シャー朝(ホラズム朝)を倒した。
② ワールシュタットの戦いで、ドイツ・ポーランドの諸侯の連合軍を破った。
③ 大都を都に定めた。
④ チャハル(チャハル部)を従えた。

7 ①
②バトゥの事績。③クビライ(フビライ)の事績。④清(後金)のホンタイジの事績。

12 中国史⑤ 明・清

本冊 P.104

1 明の太祖洪武帝は民衆を統治するため、村落行政制度である＿ア＿制を実施し、また民衆教化のため、「父母によく仕えて孝行しなさい。目上を敬いなさい。近隣と仲良くしなさい。」といった内容の＿イ＿を定めた。 (2005年センター本試B〈改〉)

1 ア 里甲
イ 六諭

2 明代中期から、長江下流域では絹織物や綿織物などの手工業が発展する一方、穀倉地帯は長江中流域に広がり、「＿ア＿熟すれば天下足る」という言葉が生まれた。山西商人や新安商人が活躍し、各地の都市に互助組織である会館や＿イ＿が置かれた。 (2009年センター本試B)

2 ア 湖広
イ 公所

3 正誤 朱元璋が、明代の中国で、紅巾の乱を指導した。 (2020年センター本試B)

3 ✕
明代→元代。
朱元璋は、元代末期に起こった紅巾の乱に参加して台頭した。

4 正誤 明の洪武帝は、長安に都を置いた。 (2015年センター本試B〈改〉)

4 ✕
長安→南京。

5 正誤 明は、柔然との戦いに備えて、長城を改修した。 (2016年センター本試B)

5 ✕
柔然は、すでに6世紀に突厥によって滅ぼされている。長城は対モンゴル(諸部族)のために改修。

6 正誤 ロシアが、明との間にアイグン条約を結んだ。 (2017年センター本試B)

6 ✕
明→清。

7 正誤 清で、満州人(満洲人)からなる緑営が編制された。 (2018年センター本試B)

7 ✕
満州人(満洲人)→漢人。

8 正誤 乾隆帝は、ヨーロッパ船の来航を泉州に限定した。 (2018年センター本試B)

8 ✕
泉州→広州。

☐9 正誤 朱全忠は、文字の獄で、反清思想を弾圧した。（2017年センター本試B）

9 ✕
朱全忠は唐を滅ぼして後梁を建てた人物。

☐10 正誤 乾隆帝は、「改革開放」を提唱した。（2012年センター本試A）

10 ✕
乾隆帝→鄧小平。

☐11 正誤 清は、モンゴルを藩部とした。（2016年センター本試B）

11 ○

☐12 正誤 行商（公行）は、特許商人の組合である。（2016年センター本試B〈改〉）

12 ○

☐13 四択 明代の出来事について述べた文として最も適当なものを一つ選べ。（2009年センター本試B）
① 中国で日本銀が流通した。
② 禅宗と呼ばれる仏教の一派が生まれた。
③ 戯曲『西廂記』が生まれた。
④ 臨安（現在の杭州）に都が置かれた。

13 ①
②北魏末のこと。③元代のこと。④南宋でのこと。

☐14 四択 清（金、後金、アイシン）の歴史について述べた文として最も適当なものを一つ選べ。（2023年共テ追試B〈改〉）
① ヌルハチによって建てられた。
② 骨品制という身分制度を敷いた。
③ パスパ文字（パクパ文字）を作った。
④ 渤海を滅ぼした。

14 ①
②新羅のこと。③元のこと。④キタイ（遼）のこと。

☐15 地図 15世紀前半の明の領域を示す地図として正しいものを一つ選べ。（2020年センター本試A）

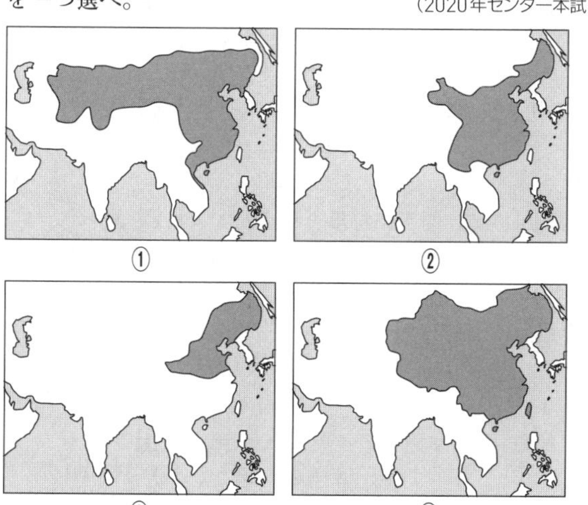

15 ②
①唐、③金、④清の領域。

16 並べ替え 中国の税制のうち次のa～cについて、導入された時期の古いものから時代順に正しく配列せよ。

（2012年センター本試B）

a 地丁銀制　b 両税法　c 一条鞭法

16 b→c→a
a地丁銀制は清代から、b両税法は唐代から、c一条鞭法は明代後期から。

13 中国周辺地域史② 朝鮮・中国東北地方・琉球・日本

本冊 P.110

1 1392年建国の朝鮮(李朝)は、都を高麗の__ア__から__イ__へ移した。（2010年センター本試B）

1 ア 開城
イ 漢城

2 正誤 中国から亡命した衛満が、渤海を建てた。（2018年センター本試B）

2 ×
渤海→衛氏朝鮮。渤海を建てたのは大祚栄。

3 正誤 高句麗・新羅(しらぎ)・百済(くだら)が並び立った時代は、三国時代と呼ばれる。（2019年センター本試B）

3 ○

4 正誤 慶州の仏国寺は、新羅で創建された。（2018年センター本試B）

4 ○

5 正誤 高麗は、大祚栄によって建国された。（2019年センター本試B）

5 ×
大祚栄→王建。

6 正誤 高麗で、骨品制がとられた。（2018年センター本試A）

6 ×
高麗→新羅。

7 正誤 李自成が、朝鮮王朝(李朝)を建国した。（2020年センター本試A）

7 ×
李自成→李成桂。

8 正誤 朝鮮(李朝、朝鮮王朝)は、朱子学を重んじた。（2016年センター本試B）

8 ○

9 正誤 李舜臣は、亀甲船を用いて、明軍に打撃を与えた。（2020年センター本試B）

9 ×
明軍→日本軍。

10 正誤 琉球は、亀甲船を用いて交易した。（2017年センター本試B）

10 ×
亀甲船は、李舜臣が豊臣秀吉の軍と戦った際に用いた。

11 正誤 琉球は島津氏に支配されると、中国への朝貢を断絶した。（2012年センター本試B）

11 ×
朝貢を断絶したのではなく、その後も朝貢を続けた。

12 正誤 古代の日本は、漢の律令制を取り入れて、国家体制の整備を行った。 (2020年センター本試A)

12 ✕
漢→唐。

13 正誤 朱印船貿易を通して、アフリカ東海岸に日本町がつくられた。 (2020年センター本試A)

13 ✕
アフリカ東海岸→東南アジア。

14 四択 高句麗について述べた文として誤っているものを一つ選べ。 (2009年センター本試B)

① 4世紀に、楽浪郡を滅ぼした。
② 5世紀に、百済や新羅と対立した。
③ 6世紀に、百済を滅ぼした。
④ 7世紀に、唐と戦った。

14 ③
百済を滅ぼしたのは、唐・新羅連合軍。また、6世紀ではなく7世紀である。

15 四択 唐の滅亡後に東アジア世界で起こった出来事について述べた文として正しいものを一つ選べ。 (2012年センター本試A〈改〉)

① キタイ(契丹)が、遼を建国した。
② 新羅が、朝鮮半島を統一した。
③ 雲南で、南詔が建国された。
④ 日本が、遣隋使を派遣した。

15 ①
唐の滅亡は10世紀初め。②新羅の朝鮮半島統一は7世紀後半。③南詔→大理。④遣隋使の派遣は、唐の建国前のこと。

16 四択 中国とその周辺諸国との関係の歴史について述べた文として最も適当なものを一つ選べ。 (2023年共テ本試A)

① 新羅が、隋と結んで百済と高句麗を滅ぼした。
② 琉球が、清に朝貢した。
③ 邪馬台国の卑弥呼が、漢に使いを送った。
④ 豊臣秀吉の朝鮮侵略の際、元が朝鮮に援軍を送った。

16 ②
①隋→唐。③漢→魏。④元→明。

14 中国の文化

本冊 P.116

1 唐の太宗は＿＿＿らに命じて五経の注釈書である『五経正義』を編纂させた。 (2005年センター本試B)

1 孔穎達

2 大蔵経とは、仏教聖典を集成したもので、中国では木版印刷の普及した＿ア＿の時代に刊行されている。同じころ、朝鮮半島を支配した＿イ＿でも、11世紀には大蔵経の版木が作られた。 (2004年センター追試B)

2 ア 宋
イ 高麗

□3 カスティリオーネが設計にかかわった清朝の離宮・庭園の名を答えよ。 (2008年センター追試B〈改〉)

3 円明園

□4 正誤 墨家は、強大な権力を持つ君主が、法により統治を行うべきだと主張した。 (2019年センター本試B)

4 ×
墨家→法家。

□5 正誤 司馬遷は、『史記』を著した。 (2019年センター本試B)

5 ○

□6 正誤 班固が、編年体で、『漢書』を著した。 (2018年センター本試B)

6 ×
編年体→紀伝体。

□7 正誤 漢代に、朱子学が始まった。 (2020年センター本試A)

7 ×
漢代→宋代。

□8 正誤 王羲之は、宮廷の女性の心得を説いた文章を基に「女史箴図」を描いた。 (2020年センター本試B)

8 ×
王羲之→顧愷之。

□9 正誤 西域から来た鳩摩羅什は、仏典を翻訳した。 (2020年センター本試B)

9 ○

□10 正誤 韓愈が、四六駢儷体の復興を唱えた。 (2019年センター本試B)

10 ×
四六駢儷体の復興→古文の復興。

□11 正誤 雲崗に、道教の石窟寺院が築かれた。 (2019年センター本試B)

11 ×
道教→仏教。

□12 正誤 竜門では、ジャイナ教の石窟寺院が造営された。 (2016年センター本試B)

12 ×
ジャイナ教→仏教。

□13 正誤 隋代に、音曲(楽曲)にあわせてうたう詞が流行した。 (2020年センター本試B)

13 ×
隋→宋。

□14 正誤 孔穎達が、『仏国記』を著した。 (2015年センター本試B)

14 ×
孔穎達→法顕。

□15 正誤 四書が、朱子学で重んじられた。(2019年センター本試B)

15 ○

□16 正誤 玄奘が、モンゴルから仏典を持ち帰った。 (2016年センター本試B)

16 ×
モンゴル→インド。

□17 正誤 宋学は、宇宙の原理や人間の本質などを探究した。 (2015年センター本試B)

17 ○

18 正誤 四六駢儷体の復興が、柳宗元によって主張された。
(2021年共テ第2日程B)

18 ✕
四六駢儷体→古文。

19 正誤 景徳鎮は、石炭の代表的な生産地であった。
(2021年共テ第2日程B)

19 ✕
石炭→陶磁器。

20 正誤 『古今図書集成』は、元代に編纂された。
(2020年センター本試B)

20 ✕
元代→清代。

21 正誤 李時珍は、エウクレイデスの幾何学の書を翻訳した。
(2020年センター本試B)

21 ✕
李時珍→徐光啓。

22 正誤 宋応星が、『本草綱目』を著した。
(2017年センター本試B)

22 ✕
宋応星→李時珍。宋応星は『天工開物』を著した。

23 正誤 顧炎武が、陽明学の基礎を築いた。
(2019年センター本試B)

23 ✕
顧炎武は、黄宗羲とともに考証学の基礎を築いた。

24 正誤 『四庫全書』が、明朝で編纂された。
(2019年センター本試B)

24 ✕
『四庫全書』は、清の乾隆帝の命で編纂された。

25 正誤 白蓮教は、明代末期に消滅した。(2016年センター本試B)

25 ✕
清代に白蓮教徒の乱が起こっていることから、誤文と判断できる。

26 正誤 朝鮮が、明で創始された科挙を導入した。
(2022年共テ本試B)

26 ✕
明→隋。

27 正誤 授時暦は、イエズス会士の指導によって作成された。
(2021年共テ第2日程B)

27 ✕
授時暦は、イエズス会士の訪中の前に、元の郭守敬が作成した。

28 組合せ 唐代の文化について述べた次の文aとbの正誤の組合せとして正しいものを一つ選べ。(2012年センター本試A)
a 杜甫が詩人として活躍した。
b 雲崗に石窟が開かれた。
① a－正　b－正　② a－正　b－誤
③ a－誤　b－正　④ a－誤　b－誤

28 ②
b 魏晋南北朝時代のこと。

29 組合せ 歴史上の地図について述べた次の文aとbの正誤の組合せとして正しいものを一つ選べ。

(2010年センター追試B)

a『坤輿万国全図』は、明代に作成された。
b『皇輿全覧図』は、中国全図である。

① a－正　b－正　② a－正　b－誤
③ a－誤　b－正　④ a－誤　b－誤

29 ①
abともに正しい。

30 四択 魏晋南北朝時代の文化について述べた文として正しいものを一つ選べ。(2010年センター本試B)

① 韓愈が、古文の復興を唱えた。
② 書の分野では、王羲之が著名である。
③ 顧炎武が、「女史箴図」を描いた。
④ 梁の昭明太子が、『斉民要術』を編纂した。

30 ②
①唐代のこと。③顧炎武→顧愷之。④『斉民要術』→『文選』。

31 四択 宋学(朱子学)について述べた文として最も適当なものを一つ選べ。(2023年共テ本試B)

① 科挙が創設された時代に、書院を中心に新しい学問として興った。
② 金の支配下で、儒教・仏教・道教の三教の調和を説いた。
③ 臨安が都とされた時代に大成され、儒学の経典の中で、特に四書を重視した。
④ 実践を重んじる王守仁が、知行合一の説を唱えた。

31 ③
宋学は北宋の周敦頤が創始したとされ、南宋の朱熹によって大成された。①科挙が創設されたのは隋代のこと。②全真教のこと。④陽明学のこと。

32 四択 明清時代の編纂事業や言論・思想統制について述べた文として誤っているものを一つ選べ。

(2009年センター追試B)

① 明朝は、『永楽大典』を編纂した。
② 明朝は、『四庫全書』を編纂した。
③ 清朝は、『康熙字典』を編纂した。
④ 清朝は禁書を定め、反清的な言論や思想を弾圧した。

32 ②
『四庫全書』は清の乾隆帝期に編纂された。

15 イスラーム世界の成立とイスラーム独立王朝

本冊 P.124

1 イスラーム神秘主義をカタカナで何というか。

(2014年センター本試B〈改〉)

1 スーフィズム

2 ＿＿＿派は、ムハンマドの従弟アリーとその子孫を、イスラーム世界の正統な支配者とみなす。(2005年センター本試B)

2 シーア

3 イスラーム世界では、＿＿＿と呼ばれる機関で法学を中心とした教育が行われた。（2009年センター本試B）

3 マドラサ

4 法学などイスラーム諸学を修めた＿＿＿は、教師、宗教指導者、裁判官、行政官僚などとして活動し、社会を一つに結び付ける役割を果たした。（1997年センター本試B）

4 ウラマー

5 正誤 アッバース朝のカリフを、正統カリフと呼ぶ。（2016年センター本試B）

5 ✕
アッバース朝→正統カリフ時代。

6 正誤 イスラーム世界で、隊商宿（キャラヴァンサライ、キャラバンサライ）が整備された。（2018年センター本試B）

6 ○

7 正誤 バグダードは、ウマイヤ朝の都とされた。（2020年センター本試A）

7 ✕
バグダード→ダマスクス（ダマスカス）。

8 正誤 ムスリムは、アケメネス朝時代に、スンナ派とシーア派に分かれた。（2020年センター本試A）

8 ✕
アケメネス朝→ウマイヤ朝。

9 正誤 ファーティマ朝は、アッバース朝の権威を否定して、カリフの称号を用いた。（2019年センター本試B）

9 ○

10 正誤 スルタンという称号は、マムルーク朝によって初めて用いられた。（2016年センター本試B）

10 ✕
マムルーク朝→セルジューク朝。

11 正誤 イクター制は、ブワイフ朝で初めて実施された。（2017年センター本試B）

11 ○

12 正誤 カラハン朝が、サーマーン朝を滅ぼした。（2012年センター本試B〈改〉）

12 ○

13 正誤 アイバクが、ガージャール朝を創始した。（2017年センター本試B〈改〉）

13 ✕
ガージャール朝→奴隷王朝。

14 正誤 ヴィジャヤナガル王国は、インド洋交易で大量の馬を輸出した。（2019年センター本試B）

14 ✕
輸出→輸入。

15 正誤 サラディンが、アイユーブ朝を建てた。（2020年センター本試A）

15 ○

16 正誤 アルハンブラ宮殿は、セルジューク朝によって建てられた。 (2019年センター本試B)

16 ×
セルジューク朝→ナスル朝。

17 正誤 ムワッヒド朝が、アナトリアに進出した。 (2017年センター本試B)

17 ×
ムワッヒド朝は北アフリカの王朝で、アナトリア(小アジア)までは進出していない。

18 正誤 ガーナ王国は、金と塩(岩塩)を交換する交易を行った。 (2015年センター本試B)

18 ○

19 正誤 ソンガイ王国のマンサ＝ムーサは、巡礼の途上で、大量の金を使用した。 (2019年センター本試B)

19 ×
ソンガイ王国→マリ王国。

20 正誤 トンブクトゥが、アクスム王国の下で栄えた。 (2020年センター本試A)

20 ×
アクスム王国→マリ王国やソンガイ王国。

21 正誤 アフリカ東岸の港市(海港都市、海港)で、共通語としてスワヒリ語が用いられるようになった。 (2020年センター本試B)

21 ○

22 正誤 ニジェール川流域で、モノモタパ王国が栄えた。 (2017年センター本試B)

22 ×
ニジェール川→ザンベジ川。

23 組合せ イスラーム教について述べた次の文aとbの正誤の組合せとして正しいものを一つ選べ。 (2013年センター本試B)

a『コーラン(クルアーン)』は、イスラーム教の聖典である。
b ムハンマドは、メッカにヒジュラ(聖遷)を行った。

① a－正　b－正　② a－正　b－誤
③ a－誤　b－正　④ a－誤　b－誤

23 ②
bメッカ→メディナ。

24 四択 マムルーク朝の対外関係について述べた文として正しいものを一つ選べ。 (2019年センター本試B)

① シリアで、モンゴル軍を撃退した。
② 十字軍を破り、イェルサレムを奪回した。
③ 北インドへの侵略を繰り返した。
④ アナトリアに進出して、ビザンツ帝国を圧迫した。

24 ①
②アイユーブ朝のサラディンの業績。③アフガニスタンのガズナ朝やゴール朝のこと。④セルジューク朝など。

25 地図 次の地図中に示されたa～dのうち、迫害を逃れたムハンマドがイスラーム教徒(ムスリム)の共同体(ウンマ)を建設した都市の位置として正しいものを一つ選べ。

(2014年センター本試B)

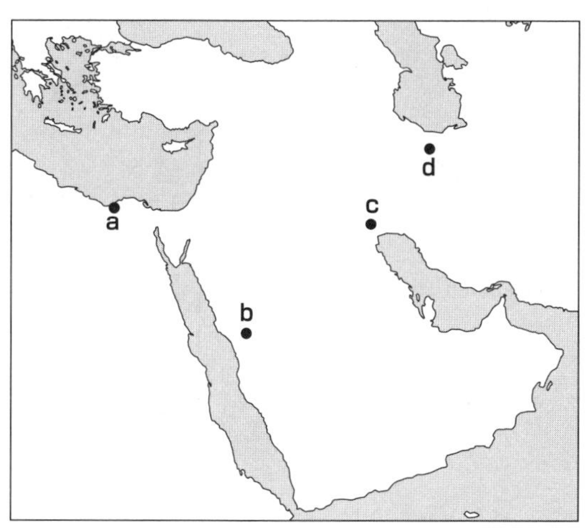

25 b

bはメディナである。
aはアレクサンドリアで、プトレマイオス朝の都となり、王立研究所のムセイオンが置かれた。cはイラクのバスラ。dはイランのテヘランで、今日のイランの首都。

26 地図 下の文の空欄に入る王朝の名と、その王朝の西進の経路を示した次の地図中の矢印aとbとの組合せとして正しいものを一つ選べ。

(2009年センター本試B)

イスラーム化したトルコ系の［　　　］は、11世紀に西方へ進出し、ビザンツ帝国を脅かすようになった。

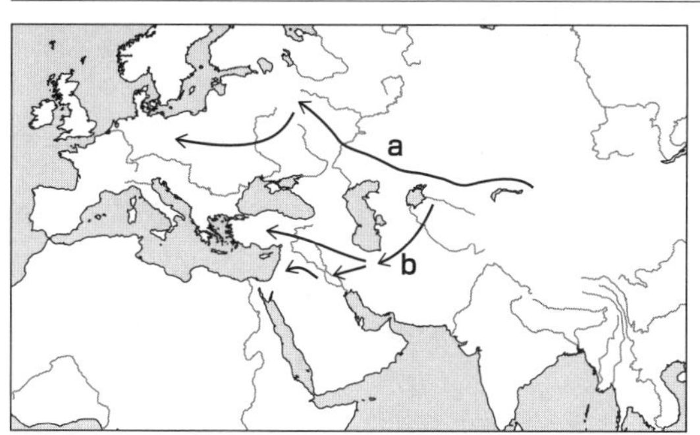

① アイユーブ朝－a　② アイユーブ朝－b
③ セルジューク朝－a　④ セルジューク朝－b

26 ④

アイユーブ朝はエジプトの王朝。aはモンゴルのバトゥが行ったヨーロッパ遠征の経路。

16 イスラームの文化

本冊 P.134

1 イル＝ハン国のガザン＝ハンの宰相＿ア＿は、モンゴルを中心とした世界史である＿イ＿を著した。
（2009年センター追試B）

1 ア　ラシード＝アッディーン（ラシード＝ウッディーン）
イ　『集史』

2 正誤 アッバース朝で、ギリシアの書物がトルコ語に翻訳された。（2020年センター本試B）

2 ✕
トルコ語→アラビア語。

3 正誤 イブン＝ハルドゥーンは、『世界史序説』（『歴史序説』）を著した。（2019年センター本試B）

3 ○

4 正誤 アルハンブラ宮殿は、イスラーム文化の代表的建築物の一つとされる。（2021年共テ第2日程A）

4 ○

5 正誤 巡礼の旅をしたイブン＝バットゥータは、『大旅行記』（『三大陸周遊記』）を残した。（2019年センター本試B）

5 ○

17 イスラーム専制王朝

本冊 P.140

1 サファヴィー朝のアッバース1世が都とした＿＿＿には17世紀からアルメニア人の居住区が存在した。
（2006年センター追試B〈改〉）

1 イスファハーン

2 デカン地域を中心にしてムガル政権に対抗した勢力の名を答えよ。（2004年センター追試B）

2 マラーター同盟（王国）

3 正誤 ティムール朝で、マンサブダール制が整えられた。
（2018年センター本試B）

3 ✕
ティムール朝→ムガル帝国。

4 正誤 サファヴィー朝で、スンナ派が国教とされた。
（2021年共テ第2日程B）

4 ✕
スンナ派→シーア派。

5 正誤 プレヴェザの海戦で、オスマン帝国が勝利した。
（2017年センター本試B）

5 ○

6 正誤 スレイマン＝モスクは、タブリーズに建てられた。 (2019年センター本試B)

6 ✕
タブリーズ→イスタンブル。

7 正誤 オスマン帝国は、カルロヴィッツ条約で、エジプトを失った。 (2019年センター本試B)

7 ✕
エジプト→ハンガリー。

8 正誤 オスマン帝国は、カピチュレーションと呼ばれる通商特権を、ムスリム商人に与えた。 (2019年センター本試B)

8 ✕
ムスリム商人→フランスなどヨーロッパ諸国。

9 正誤 オスマン帝国では、軍管区制(テマ制)で、軍人に土地からの徴税権が与えられた。 (2019年センター本試B)

9 ✕
オスマン帝国→ビザンツ帝国。

10 正誤 ムガル帝国では、ペルシア語が公用語として用いられた。 (2015年センター本試B)

10 ○

11 正誤 ムガル帝国は、アクバルの時代に領土が最大となった。 (2019年センター本試B)

11 ✕
アクバル→アウラングゼーブ。

12 四択 ティムール朝の人物について述べた文として最も適当なものを一つ選べ。 (2023年共テ追試A)
① キプチャク＝ハン国の支配から脱した。
② サマルカンドを都とした。
③ マムルーク朝を滅ぼした。
④ フランスにカピチュレーションと呼ばれる特権を与えた。

12 ②
①キプチャク＝ハン国→西チャガタイ＝ハン国。③マムルーク朝は、オスマン帝国によって滅ぼされた。④オスマン帝国のこと。

13 四択 16世紀のオスマン帝国について述べた文として正しいものを一つ選べ。 (2009年センター追試B)
① フランスと同盟した。
② ニコポリスの戦いに勝利した。
③ レパントの海戦に勝利した。
④ イベリア半島を征服した。

13 ①
②ニコポリスの戦いは14世紀末の戦いで、オスマン帝国はこれに勝利した。③勝利→敗北。④イベリア半島には進出していない。

14 四択 レパントの海戦に敗れた国の歴史について述べた文として最も適当なものを一つ選べ。 (2024年共テ本試A)
① 北方戦争で、スウェーデンを破った。
② 首都イスファハーンは、「世界の半分」と言われた。
③ マムルーク朝を滅ぼした。
④ ジズヤを廃止して、ヒンドゥー教徒との融和をはかった。

14 ③
レパントの海戦で敗れた国はオスマン帝国。①ロシアのこと。②サファヴィー朝のこと。④ムガル帝国のアクバルの業績。

☐15 地図 ティムールが本拠とした都市の名と、その位置を示す地図中のaまたはbとの組合せとして正しいものを一つ選べ。 (2016年センター本試B)

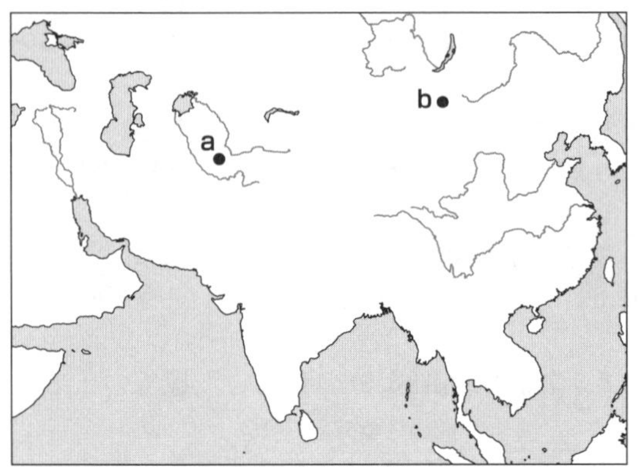

① サマルカンドーa　② サマルカンドーb
③ カラコルムーa　④ カラコルムーb

15 ①
ティムールは14世紀後半に中央アジア西部のaのサマルカンドを都とするティムール朝を建てた。bのカラコルムは、オゴデイ(オゴタイ)が都とした大モンゴル国(モンゴル帝国)の都。

18 中世ヨーロッパ世界の形成と発展

本冊 P.146

☐1 正誤 イベリア半島は、東ゴート王国の支配下に置かれた。 (2018年センター本試B〈改〉)

1 ✕
東ゴート王国→西ゴート王国。

☐2 正誤 イタリアに、ランゴバルド王国が成立した。 (2015年センター本試B)

2 ○

☐3 正誤 傭兵(ようへい)隊長オドアケルは、フランク国王を退位させた。 (2017年センター本試B)

3 ✕
フランク国王→西ローマ皇帝。

☐4 正誤 クローヴィスは、ヴァンダル人を統一した。 (2018年センター本試B)

4 ✕
ヴァンダル人→フランク人。

☐5 正誤 クローヴィスの改宗によって、フランク王国は、先住のノルマン人の支持を得ることができた。 (2023年共テ本試B)

5 ✕
ノルマン人→ローマ系住民。

☐6 正誤 トゥール・ポワティエ間の戦いで、フランク王国が、イスラーム勢力を撃退した。 (2021年共テ第2日程A〈改〉)

6 ○

7 正誤 カール＝マルテルの子であるピピンは、メロヴィング朝を開いた。（2023年共テ追試B）

8 正誤 イングランド出身のクヌート（カヌート）は、デンマーク王となった。（2019年センター本試B）

9 正誤 アルフレッド大王は、侵入したアヴァール人と戦った。（2015年センター本試B）

10 正誤 シチリア王国は、アヴァール人によって建国された。（2017年センター本試B）

11 正誤 バルト3国は、カルマル同盟を結んだ。（2018年センター本試B）

12 正誤 カタリ派に対し、アルビジョワ十字軍が組織された。（2017年センター本試B）

13 正誤 バイユーの刺繡画（タペストリ）には、マジャール人によるイングランド征服の様子が描かれている。（2019年センター本試B）

14 四択 オットー1世について述べた文として最も適当なものを一つ選べ。（2024年共テ本試B）

① メロヴィング家の王を廃位した。
② レオ３世によって戴冠された。
③ カタラウヌムの戦いに勝利した。
④ マジャール人を撃退した。

15 四択 ローマ教皇について述べた文として正しいものを一つ選べ。（2013年センター本試B）

① インノケンティウス3世の時、教皇権は絶頂に達した。
② レオ3世は、フィリップ4世に捕らえられた。
③ ウルバヌス2世は、第4回十字軍の派遣を提唱した。
④ レオ10世は、贖宥状（しょくゆうじょう）の販売を禁止した。

7 ✕
メロヴィング朝→カロリング朝。

8 ✕
クヌートはデンマーク出身。

9 ✕
アヴァール人→デーン人。

10 ✕
アヴァール人→ノルマン人。

11 ✕
バルト3国→デンマーク・スウェーデン・ノルウェー。

12 ○

13 ✕
マジャール人→ノルマン人。この作品にはノルマン＝コンクェストの様子が描かれている。

14 ④
①ピピンのこと。②カール大帝（シャルルマーニュ）のこと。③オットー１世は10世紀の人物。カタラウヌムの戦いは、５世紀半ばにフン人のアッティラと西ローマ帝国・西ゴート王国などの連合軍の間で行われた戦い。

15 ①
②レオ３世→ボニファティウス８世。③第４回十字軍→第１回十字軍。④禁止→承認。

16 四択 修道院・修道会について述べた文として最も適当なものを一つ選べ。 (2021年共テ第1日程B)

① インノケンティウス3世は、モンテ＝カッシーノ(モンテ＝カシノ)に修道院を作った。

② シトー修道会(シトー派修道会、シトー会)は、森林の開墾(かいこん)に取り組んだ。

③ クローヴィスの下で、クリュニー修道院が中心となって改革運動が起こった。

④ ヘンリ3世は、修道院を解散し、その財産を没収した。

16 ②

①インノケンティウス3世→ベネディクトゥス。③クローヴィスは5世紀～6世紀の人物で、クリュニー修道院の設立は10世紀のこと。④ヘンリ3世→ヘンリ8世。

17 並べ替え フランク王国やその後の東フランク王国の王について述べた次の文a～cについて、古いものから年代順に正しく配列せよ。 (2007年センター本試B)

a オットー1世が、ローマ皇帝位を授けられた。

b クローヴィスが、アタナシウス派(カトリック)に改宗した。

c ピピンが、王位についた。

17 b→c→a

aオットー1世が神聖ローマ皇帝になったのは10世紀後半。bクローヴィスのアタナシウス派への改宗は5世紀末。cピピンがカロリング朝を創始して王になったのは8世紀半ば。

18 年表 次の年表に示したa～dの時期のうち、「ピピンの寄進」が行われた時期として正しいものを一つ選べ。

(2019年センター本試B)

a

568年 ランゴバルド王国建国

b

711年 西ゴート王国滅亡

c

804年 アルクイン没

d

18 c

ピピンは教皇の支持を得てメロヴィング朝を廃して751年にカロリング朝を建て、その後ランゴバルド王国から奪ったラヴェンナ地方を教皇に寄進した。

19 東ヨーロッパ世界と中世ヨーロッパ世界の変容

本冊 P.156

1 ロシアは、15世紀に______の治世下でモンゴルの支配から脱すると、急速に領土を拡大した。 (2008年センターー本試B)

1 イヴァン3世

2 13世紀、ヴェネツィアに導かれた第4回十字軍は、ビザンツ帝国の首都__ア__を占領し、__イ__を建設した。

(2011年センター本試A)

2 ア コンスタンティノープル

イ ラテン帝国

3 教会大分裂は15世紀前半の＿＿＿で一応の決着を見た。
(2006年センター本試B)

3 コンスタンツ公会議

4 正誤 ビザンツ帝国で、領邦教会制が成立した。
(2018年センター本試B)

4 ×
ビザンツ帝国→神聖ローマ帝国(ドイツ)。

5 正誤 ビザンツ帝国では、公用語がギリシア語からラテン語となった。
(2015年センター本試B)

5 ×
ビザンツ帝国では、7世紀に公用語がラテン語からギリシア語となった。

6 正誤 レオン3世が、聖像禁止令(聖像崇拝禁止令)を発布した。
(2019年センター本試B)

6 ○

7 正誤 ビザンツ帝国は、征服地に軍営都市(ミスル)を設けた。
(2016年センター本試B)

7 ×
ビザンツ帝国→イスラーム勢力。

8 正誤 オットー1世が、ビザンツ皇帝から帝冠を受けた。
(2021年共テ第2日程A)

8 ×
ビザンツ皇帝→ローマ教皇。

9 正誤 イヴァン3世は、ツァーリ(皇帝)の称号を用いた。
(2019年センター本試B)

9 ○

10 正誤 西スラヴ人は、フン人の移動をうけて、イベリア半島に入り建国した。
(2020年センター本試B)

10 ×
西スラヴ人→西ゴート人。

11 正誤 ハンガリー王国は、チェック人によって建てられた。
(2018年センター本試B)

11 ×
チェック人→マジャール人。

12 正誤 ボニファティウス8世の提唱した第1回十字軍に、ヨーロッパ各地の諸侯や騎士が参加した。 (2023年共テ本試B)

12 ×
ボニファティウス8世→ウルバヌス2世。

13 正誤 12世紀以降、ドイツ人の東方植民が進んだ。
(2020年センター本試B)

13 ○

14 正誤 同職ギルドには、親方のほか、徒弟や職人も加入した。
(2016年センター本試B)

14 ×
同職ギルドには、親方のみが参加した。

15 正誤 中世のシャンパーニュ地方は、海運で繁栄した。
(2020年センター本試B)

15 ×
シャンパーニュ地方は、フランス北東で、内陸にある。

16 正誤 フランドル地方の都市は、イングランドから羊毛を輸入した。 (2019年センター本試B)

16 ○

17 正誤 リューベックは、ロンバルディア同盟の盟主であった。 (2018年センター本試B)

17 ×
ロンバルディア同盟→ハンザ同盟。

18 正誤 ヴェネツィアは、香辛料などを扱う東方貿易で繁栄した。 (2015年センター本試B)

18 ○

19 正誤 フス派は、トリエント公会議で異端とされた。 (2017年センター本試B)

19 ×
トリエント公会議→コンスタンツ公会議。

20 正誤 イギリスで、ジャックリーの乱が起こった。 (2018年センター本試B)

20 ×
イギリス→フランス。イギリスではワット＝タイラーの乱が起こった。

21 正誤 聖職者(司祭)のジョン＝ボールが、「アダムが耕しイヴが紡いだとき、だれが貴族(領主)であったか」と説教し、農民一揆を指導した。 (2023年共テ本試B)

21 ○

22 四択 ユスティニアヌスの業績について述べた文として誤っているものを一つ選べ。 (2009年センター本試B)
① 聖ソフィア(ハギア＝ソフィア)聖堂を建設した。
② 北アフリカのヴァンダル王国を滅ぼした。
③ イタリア半島の領土をすべて失った。
④『ローマ法大全』を編纂させた。

22 ③
ユスティニアヌスは東ゴート王国を滅ぼしてイタリア半島を領有した。

23 四択 十字軍やその影響について述べた文として正しいものを一つ選べ。 (2020年センター本試A)
① セレウコス朝の勢力拡大が契機となった。
② カリフが十字軍を提唱した。
③ 東方貿易が盛んになった。
④ デリーの奪還を目指した。

23 ③
①セレウコス朝→セルジューク朝。②カリフ→ローマ教皇。④デリー→イェルサレム。

24 四択 フィレンツェについて述べた文として正しいものを一つ選べ。 (2012年センター本試B)
① 毛織物業で、富を蓄積した。
② 14世紀には、教皇庁が置かれた。
③ フッガー家の庇護(ひご)の下、芸術が栄えた。
④ ブルネレスキが、ハギア＝ソフィア(聖ソフィア)聖堂を建てた。

24 ①
②フランスのアヴィニョンのこと。③フッガー家→メディチ家。④ハギア＝ソフィア聖堂→サンタ＝マリア聖堂の大円蓋(えんがい)(ドーム)。ハギア＝ソフィア聖堂はコンスタンティノープルに建立された。

25 四択 中世ヨーロッパについて述べた文として誤っているものを一つ選べ。 (2021年共テ第2日程A)

① 商人が、ギルド(同業組合)を作って活動した。
② 農村に、三圃(さんぽ)制が普及した。
③ 遠隔地交易によって、多くの都市が発展した。
④ 火砲(火器)の使用が広まった結果、騎士が台頭した。

25 ④
騎士が台頭した→騎士が没落した。

26 地図 リューベックの位置を示す次の地図中のaまたはbと、この都市の歴史について述べた下の文アまたはイとの組合せとして正しいものを一つ選べ。 (2013年センター本試B)

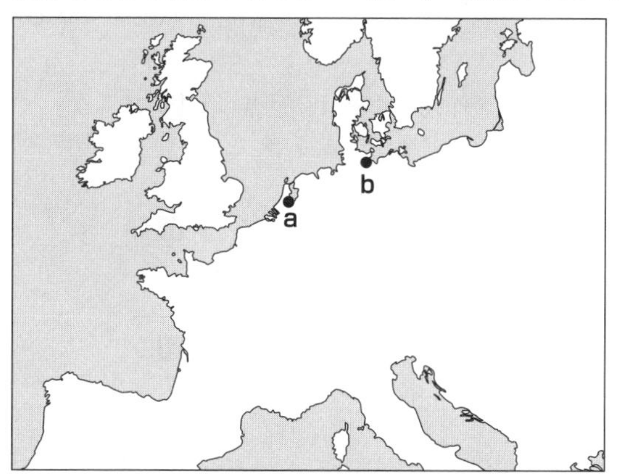

ア ハンザ同盟の盟主として、バルト海交易に従事した。
イ 17世紀に、国際金融の中心となった。

① a－ア　② a－イ　③ b－ア　④ b－イ

26 ③
bのリューベックはバルト海に面し、ハンザ同盟の盟主としてバルト海交易に従事した。aのアムステルダムは、オランダ独立戦争以降、貿易・金融の中心地として栄えた。

20 中世ヨーロッパ各国史と中世ヨーロッパ文化

本冊 P.166

1 正誤 ヘンリ2世は、プランタジネット朝を開いた。 (2015年センター本試B)

1 ○

2 正誤 ジョン王は、フィリップ4世と争って敗れ、フランスにおける領地の大半を失った。 (2024年共テ本試B)

2 ×
フィリップ4世→フィリップ2世。

3 正誤 フィリップ2世は、カペー朝を創始した。 (2018年センター本試B)

3 ×
フィリップ2世→ユーグ＝カペー。

4 正誤 フランスで、模範議会が開催された。 (2017年センター本試B)

4 ×
フランス→イギリス。

5 正誤 ウィリアム1世は、フランス王位継承権を主張して百年戦争を始めた。（2020年センター本試B）

5 ✕
ウィリアム1世→エドワード3世。

6 正誤 フランスは、クレシーの戦いで、イギリス軍に勝利した。（2015年センター本試B）

6 ✕
勝利した→敗北した。

7 正誤 百年戦争の結果、イギリス王は、ボルドー以外の大陸の所領を失った。（2012年センター本試B）

7 ✕
ボルドー→カレー。

8 正誤 神聖ローマ帝国で、ミトラ教が流行した。（2019年センター本試B）

8 ✕
神聖ローマ帝国→ローマ帝国。

9 正誤 神聖ローマ皇帝カール4世が金印勅書（ちょくしょ）を発し、皇帝選挙の手続きを廃止した。（2023年共テ追試B）

9 ✕
廃止した→明確化した。

10 正誤 イタリアでは、ギベリン（皇帝党、皇帝派）とゲルフ（教皇党、教皇派）とが争った。（2020年センター本試B）

10 ○

11 正誤 アラゴン王国とカスティリャ王国が統合され、ポルトガル王国が成立した。（2017年センター本試B）

11 ✕
ポルトガル王国→スペイン王国。

12 正誤 ポルトガルなどが、カルマル同盟を結成した。（2015年センター本試B）

12 ✕
カルマル同盟は、デンマーク・スウェーデン・ノルウェーが結成した。

13 正誤 中世ヨーロッパの宮廷で、吟遊（ぎんゆう）詩人が恋愛をテーマとした叙情詩をうたった。（2020年センター本試B）

13 ○

14 正誤 『ローランの歌』は、カール大帝の時代を題材としている。（2018年センター本試B）

14 ○

15 正誤 アラビア語に翻訳されたアリストテレスの著作が、中世のイベリア半島で、ラテン語に翻訳された。（2023年共テ本試A）

15 ○

16 四択 イングランド王ヘンリ2世について述べた文として正しいものを一つ選べ。（2018年センター本試B）
① アングロ＝サクソン七王国を統一した。
② プランタジネット朝を開いた。
③ 大憲章（マグナ＝カルタ）を認めた。
④ シモン＝ド＝モンフォールによる反乱を招いた。

16 ②
①エグバートの業績。③ジョン王の時代の出来事。④ヘンリ3世の時代の出来事。

17 並べ替え 14・15世紀のヨーロッパについて述べた次の文a～cについて、古いものから年代順に正しく配列せよ。
（2007年センター追試B）

a カール4世が金印勅書を出し、皇帝選挙制を定めた。
b バラ戦争が終結し、テューダー朝が開かれた。
c 百年戦争で、ジャンヌ＝ダルクがオルレアンの包囲を破った。

17 a→c→b
a 14世紀半ばのこと。b 15世紀後半のこと。c 15世紀前半のこと。

21 大航海時代

本冊 P.172

1 正誤 マヤ文明は、二十進法や精密な暦法を発達させた。
（2020年センター本試B）

1 ○

2 正誤 アステカ王国で、記録・伝達手段としてキープ（結縄）が用いられた。
（2020年センター本試B）

2 ×
アステカ王国→インカ帝国。

3 正誤 インカ帝国で、皇帝は太陽の化身（太陽の子）とされた。
（2019年センター本試B）

3 ○

4 正誤 インカ帝国で、記録・伝達手段として、キープ（結縄）が用いられた。
（2018年センター本試B）

4 ○

5 正誤 アステカ王国は、テノチティトランを首都とした。
（2018年センター本試B）

5 ○

6 正誤 マチュ＝ピチュは、インカ帝国の都市である。
（2016年センター本試B）

6 ○

7 正誤 中南米の先住民は、スペイン人が持ち込んだ疫病に苦しめられた。
（2020年センター本試A）

7 ○

8 正誤 バルトロメウ＝ディアスは、アフリカ南端の喜望峰（きぼうほう）に到達した。
（2020年センター本試B）

8 ○

9 正誤 ヴァスコ＝ダ＝ガマは、インドのカリカットに到達した。
（2021年共テ第2日程A）

9 ○

10 正誤 ポルトガルは、トルデシリャス条約を締結した。
（2015年センター本試B）

10 ○

11 正誤 イサベル女王は、カブラルを援助した。
(2015年センター本試B)

11 ✕
カブラル→コロンブス。

12 正誤 大航海時代には、ヨーロッパの商業の中心が大西洋沿岸から地中海沿岸に移った。 (2023年共テ追試A)

12 ✕
大西洋沿岸と地中海沿岸が逆。

13 地図 インカ帝国の位置を示す次の地図中のaまたはbと、その征服者との組合せとして正しいものを一つ選べ。
(2017年センター本試B)

a
b

① a－コルテス
② a－ピサロ
③ b－コルテス
④ b－ピサロ

13 ④
インカ帝国は、南米大陸のbのアンデス地方に栄えたが、スペイン人のピサロに滅ぼされた。aのメキシコではアステカ王国が栄えたが、王国はスペイン人のコルテスに滅ぼされた。

22 ルネサンスと宗教改革

本冊 P.176

1 ルネサンス最大の人文主義者とされるエラスムスは、__ア__を著して、堕落した教会の権威を風刺した。彼の肖像画「エラスムス像」を描いたドイツの画家__イ__は、彼の紹介でイギリスに渡り、後に宮廷画家となった。
(2016年センター本試B)

1 ア 『愚神礼賛(ぐしんらいさん)(愚神礼讃)』
イ ホルバイン

2 15世紀半ばにドイツの_____が始めたとされる活版印刷は、印刷業という職種を大いに発展させた。(2020年センター本試A)

2 グーテンベルク

3 正誤 大西洋三角貿易で蓄えた富により、イタリアの諸都市でルネサンスが始まった。 (2023年共テ本試A)

3 ✕
大西洋三角貿易→東方貿易(レヴァント貿易)。

4 正誤 フィレンツェのメディチ家が、芸術家を保護した。
(2015年センター本試B〈改〉)

4 〇

5 正誤 ダンテは、『神曲』をトスカナ語(トスカナ地方の口語)で著した。 (2024年共テ本試B)

5 〇

6 正誤 レオナルド＝ダ＝ヴィンチは、『神曲』を著した。 （2022年共テ本試A）

6 ×
レオナルド＝ダ＝ヴィンチ→ダンテ。

7 正誤 ボッティチェリは、「アテネの学堂」で、古代ギリシアの学者たちの姿を描いた。 （2023年共テ本試A）

7 ×
ボッティチェリ→ラファエロ。

8 正誤 ポーランドのコペルニクスは、天動説を唱えた。 （2019年センター本試B）

8 ×
天動説→地動説。

9 正誤 ピサ大聖堂の斜塔で、パスカルによる物体落下の実験（重力実験）が行われた。 （2018年センター本試B）

9 ×
パスカル→（ガリレオ＝）ガリレイ。

10 正誤 ルターは、『新約聖書』を英語に翻訳した。 （2020年センター本試B）

10 ×
英語→ドイツ語。

11 正誤 ツヴィングリは、プラハで宗教改革に着手した。 （2016年センター本試B）

11 ×
プラハ→チューリヒ。

12 正誤 ニケーア公会議で、教皇の至上権が再確認された。 （2019年センター本試B）

12 ×
ニケーア公会議→トリエント（トレント）公会議。

13 組合せ ドイツ農民戦争について述べた次の文aとbの正誤の組合せとして正しいものを一つ選べ。 （2010年センター本試B）

a ツヴィングリは、この反乱を指導した。
b シュマルカルデン同盟が、この反乱に対抗した。

① a－正 b－正　② a－正 b－誤
③ a－誤 b－正　④ a－誤 b－誤

13 ④
aツヴィングリ→ミュンツァー。bシュマルカルデン同盟は、神聖ローマ皇帝に反発した神聖ローマ帝国の諸侯たちによって成立した。

14 四択 16世紀のヨーロッパの宗教に関する事柄について述べた文として最も適当なものを一つ選べ。 （2024年共テ本試A）

① イグナティウス＝ロヨラが、予定説を唱えた。
② アウクスブルクの和議により、ルター派が容認された。
③ エラスムスが、95か条の論題を提示した。
④ チャールズ1世が、イギリス国王を首長とする国教会を成立させた。

14 ②
①イグナティウス＝ロヨラ→カルヴァン。③エラスムス→ルター。④チャールズ1世→ヘンリ8世。

15 並べ替え ルネサンス期の文学について述べた次の文a～cを古いものから年代順に正しく配列せよ。

（2012年センター本試B）

a エラスムスが『愚神礼讃』を書いた。
b ペトラルカが、叙情詩を作った。
c セルバンテスが、『ドン＝キホーテ』を著した。

15 b→a→c
a 16世紀初め、b 14世紀、c 17世紀初め。

23 絶対主義諸国の盛衰① スペイン・オランダ・イギリス・フランス

本冊 P.182

1 スペインは、1556年に即位した＿＿＿の下、カトー＝カンブレジ条約によりフランスとの対立を有利に終結させた。

（2014年センター本試B）

1 フェリペ2世

2 ネーデルラントの反乱を支援したイギリスの＿＿＿は、1588年にスペインの無敵艦隊を破った。

（2014年センター本試B〈改〉）

2 エリザベス1世

3 アンリ3世の暗殺で、＿ア＿朝が絶えると、1589年ブルボン家のアンリがアンリ4世としてブルボン朝を興した。彼は1598年の＿イ＿で新教徒にも大幅な信教の自由を与えるなどして、ブルボン朝の基礎を築いた。

（2004年センター本試B〈改〉）

3 ア ヴァロワ
イ ナントの王令

4 正誤 カルロス1世は、神聖ローマ皇帝に選出された。

（2018年センター本試B）

4 ○
神聖ローマ皇帝としてはカール5世。

5 正誤 ネーデルラントで、球戯場（きゅうぎじょう）の誓いが行われた。

（2015年センター本試B）

5 ×
ネーデルラント→フランスのヴェルサイユ。

6 正誤 エリザベス1世は、フェリペ2世と結婚した。

（2024年共テ本試B）

6 ×
エリザベス1世→メアリ1世。エリザベス1世は生涯独身であった。

7 正誤 エリザベス1世は、農奴解放令を出した。

（2020年センター本試A）

7 ×
エリザベス1世→ロシアのアレクサンドル2世など。

8 正誤 17世紀に、チャールズ1世が処刑された。

（2019年センター本試B）

8 ○

9 正誤 ジェームズ1世は航海法を制定し、オランダの中継貿易に打撃を与えた。 (2019年センター本試B)

9 ✕
航海法は、共和政(コモンウェルス)期に出された。

10 正誤 ジェームズ2世は、バラ戦争によって亡命した。 (2018年センター本試B)

10 ✕
バラ戦争→名誉革命。

11 正誤 イギリスでは、審査法によって、不当な逮捕や投獄が禁止された。 (2016年センター本試B)

11 ✕
審査法→人身保護法。審査法はイギリス国教徒以外の公職就任を禁止したもの。

12 正誤 「権利の章典(権利章典)」では、議会の承認なしでも、国王による課税が可能となった。 (2015年センター本試B)

12 ✕
「権利の章典」によって、課税などにおいて議会の王に対する優位が確立した。

13 正誤 メアリ1世治世下で、イングランドとスコットランドが合同して、グレートブリテン王国が成立した。 (2019年センター本試B)

13 ✕
メアリ1世→アン女王。

14 正誤 エリザベス1世が、審査法を制定した。 (2018年センター本試B)

14 ✕
審査法は、チャールズ2世期に制定され、19世紀前半に廃止された。

15 正誤 ルイ16世は、ブルボン朝を開いた。 (2020年センター本試A)

15 ✕
ルイ16世→アンリ4世。

16 正誤 コルベールは、フランスで重商主義政策を推進した。 (2021年共テ第2日程A)

16 ○

17 四択 フランス絶対王政期の国王たちの治世に起こった出来事について述べた文として最も適当なものを一つ選べ。 (2023年共テ追試B)

① トゥール・ポワティエ間の戦いが行われた。
② フランス王が、第3回十字軍に参加した。
③ フランスが、三十年戦争に介入した。
④ 総裁政府が倒れ、統領政府が建てられた。

17 ③
①8世紀前半のフランク王国期のこと。②カペー朝期のこと。④18世紀末のフランス革命期のこと。

24 絶対主義諸国の盛衰② 三十年戦争・プロイセン・オーストリア・ロシア

本冊 P.192

1 中世末期から近世初期のヨーロッパ諸国において、軍隊の主力は、戦時に際し臨時に雇用される傭兵(ようへい)だった。三十年戦争時、神聖ローマ皇帝軍として、スウェーデン国王 ア と戦った イ の軍隊は、その代表例である。

(2015年センター本試B)

1 ア グスタフ=アドルフ
イ ヴァレンシュタイン

2 ヨーロッパの主権国家体制の形成において、三十年戦争は重要な画期となった。同戦争終結時に結ばれた ア 条約により、 イ の皇帝の権力は制限され、帝国内の諸領邦(諸侯)の主権が確認された。 (2009年センター本試A)

2 ア ウェストファリア
イ 神聖ローマ帝国

3 正誤 傭兵隊長ヴァレンシュタインは、三十年戦争の際にスウェーデン軍を指揮した。 (2017年センター本試B)

3 ✕
スウェーデン軍を指揮した→スウェーデン軍と戦った。

4 正誤 プロイセンの地主貴族(領主)は、ユンカーと呼ばれた。 (2019年センター本試B)

4 ○

5 正誤 オーストリアのマリア=テレジアは、シュレジエン奪回のために、長年敵対してきたプロイセンと同盟した。

(2020年センター本試B)

5 ✕
プロイセン→フランス。

6 正誤 イヴァン4世の治世下で、イェルマークのシベリア遠征が行われた。 (2012年センター本試B)

6 ○

7 正誤 ミハイル=ロマノフの下で、西欧化政策が進められた。 (2020年センター本試B)

7 ✕
ミハイル=ロマノフ→ピョートル1世。

8 正誤 ポーランドは、ハノーヴァー朝断絶後に、選挙王制(選挙王政)をとった。 (2018年センター本試B)

8 ✕
ハノーヴァー朝→ヤゲウォ(ヤゲロー)朝。

9 四択 ハプスブルク家の歴史について述べた文として正しいものを一つ選べ。 (2012年センター本試A)

① マリア=テレジアの娘が、フランス王妃となった。
② プロイセンやイギリスと結び、ポーランド分割を行った。
③ カール5世の時代に、第2次ウィーン包囲が行われた。
④ 17世紀に、オーストリア継承戦争が起こった。

9 ①
①マリア=テレジアの娘マリ=アントワネットは、ルイ16世の王妃となった。②イギリス→ロシア。③第2次ウィーン包囲→第1次ウィーン包囲。④17世紀→18世紀。

10 四択 七年戦争について述べた文として正しいものを一つ選べ。 (2010年センター本試B)

① この戦争の結果、カナダはデンマーク領となった。
② オーストリアは、フランスと同盟した。
③ パリ条約によって、スイスは永世中立国となった。
④ アウステルリッツの戦いで、ロシアが敗れた。

10 ②
①デンマーク領→イギリス領。③スイスは、ウィーン会議の結果永世中立国となった。④アウステルリッツの戦いは、ナポレオン戦争期の1805年のこと。七年戦争は1756〜63年なので時期が合わない。

11 四択 ピョートル1世の事績について述べた文として正しいものを一つ選べ。 (2012年センター本試A)

① デンマークとの北方戦争に勝利した。
② オスマン帝国からクリミア半島を奪った。
③ デカブリストの乱を鎮圧した。
④ サンクト=ペテルブルクを建設して首都とした。

11 ④
①デンマーク→スウェーデン。②エカチェリーナ2世の事績。③ニコライ1世の事績。

12 地図 エカチェリーナ2世の治世末期におけるロシアの版図を示した地図として正しいものを一つ選べ。 (1996年センター本試B)

①

②
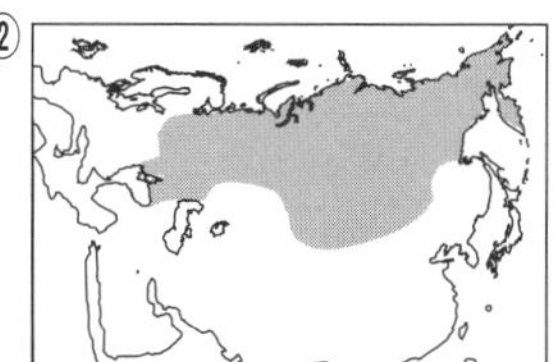
③
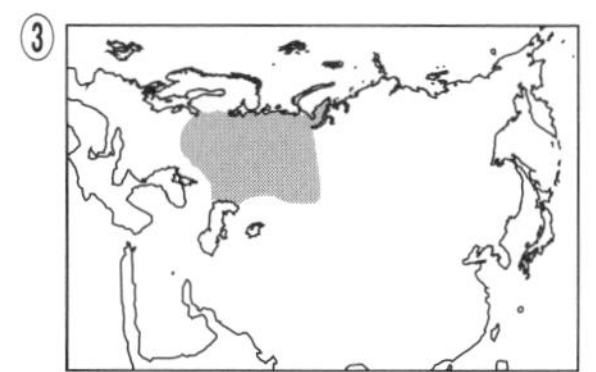
④

12 ②
エカチェリーナ2世の時代には、ロシアはクリミア半島を支配し、その版図はオホーツク海沿岸にまで達した。

25 ヨーロッパ諸国の海外進出と植民地戦争

本冊 P.198

1 カルカッタ(コルカタ)の近くにフランスが獲得した植民地の名を答えよ。 (2004年センター本試B)

1 シャンデルナゴル

2 正誤 スペインは、カルカッタをアジア貿易の根拠地とした。 (2020年センター本試B)

2 ×
スペイン→イギリス。
スペインは、フィリピンのマニラをアジア貿易の根拠地とした。

3 正誤 イギリス東インド会社は、マドラスに拠点を築いた。
(2019年センター本試B)

3 ○

4 正誤 西アフリカから大西洋を越えて、奴隷が輸出された。
(2012年センター本試B)

4 ○

5 四択 北アメリカの植民地について述べた文として正しいものを一つ選べ。
(2008年センター追試B)

① ドイツが、ケベックを建設した。
② オランダが、ニューアムステルダムを建設した。
③ ユトレヒト条約で、フランスがニューファンドランドを獲得した。
④ 七年戦争の結果、スペインがミシシッピ川以東のルイジアナを獲得した。

5 ②
①ドイツ→フランス。③フランス→イギリス。④スペイン→イギリス。

6 地図 ポルトガルがアジア進出の拠点とした都市の名と、その位置を示す次の地図中のaまたはbとの組合せとして正しいものを一つ選べ。
(2015年センター本試B)

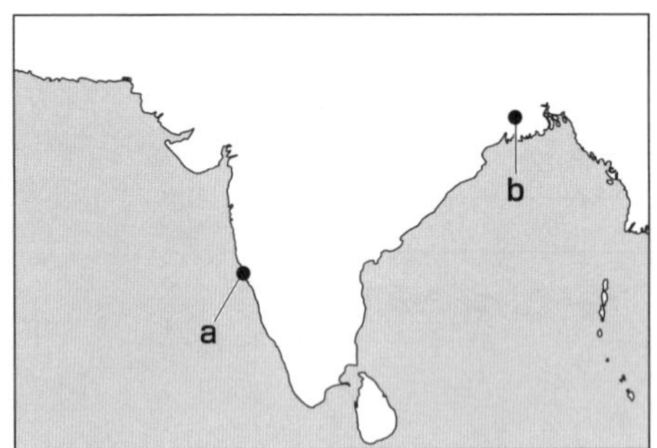

① ゴア－a
② ゴア－b
③ カルカッタ(コルカタ)－a
④ カルカッタ(コルカタ)－b

6 ①
aのゴアは16世紀前半にポルトガルが占領し拠点とした。bのカルカッタ(コルカタ)はイギリスが拠点とした。

7 地図 次の図中に示したa～dのうち、東南アジアにおけるオランダの拠点となった都市の位置として正しいものを一つ選べ。
(2022年共テ本試B)

7 b
bはジャワ島のバタヴィア(現ジャカルタ)で、オランダが拠点とした。aはベトナムのサイゴン(現ホーチミン)、cは広州、dはフィリピンのマニラで、スペインが拠点とした。

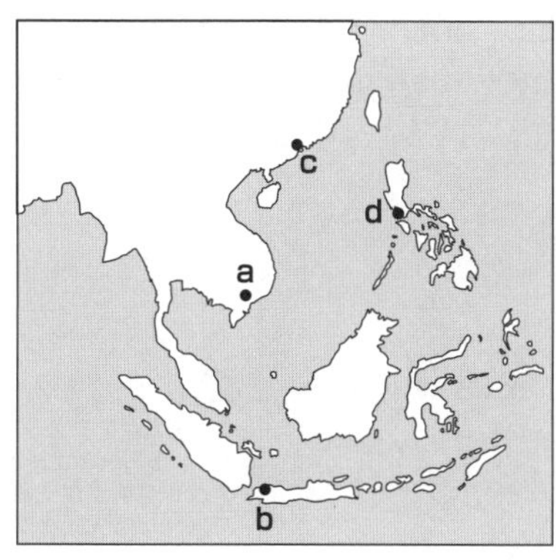

26 17・18世紀の文化

本冊 P.202

1 正誤 イタリアのグロティウスが、国際法について論じた。（2022年共テ本試A）

1 ✕ イタリア→オランダ。

2 正誤 ディドロの『百科全書』は、ドイツ啓蒙思想の集大成である。（2020年センター本試B）

2 ✕ ドイツ→フランス。

3 正誤 フランス古典主義の演劇作品が、モリエールによって作られた。（2020年センター本試B）

3 ○

4 正誤 スウィフトは『ガリヴァー旅行記』を著した。（2015年センター本試B）

4 ○

5 正誤 18世紀後半に、ナイロン（合成繊維、石油を原料とした人工繊維）が開発された。（2015年センター本試B）

5 ✕ 18世紀後半→20世紀前半。

6 正誤 ヴェルサイユ宮殿は、ロココ様式の代表的建築である。（2016年センター本試B）

6 ✕ ロココ様式→バロック様式。

7 正誤 サンスーシ宮殿は、ゴシック様式を代表する建築である。（2020年センター本試B）

7 ✕ ゴシック様式→ロココ様式。

8 四択 デフォーの事績について述べた文として正しいものを一つ選べ。（2010年センター本試B）

①「夜警」で市民の姿を描いた。

②『失楽園』を著した。

③ 万有引力の法則を発見した。

④『ロビンソン＝クルーソー』を著した。

8 ④

①レンブラントの事績。②ミルトンの事績。③ニュートンの事績。

9 四択 啓蒙思想家について述べた文として正しいものを一つ選べ。（2009年センター追試B）

① ルソーは、『人間不平等起源論』を著した。

② アダム＝スミスは、『経済表』を著した。

③ ディドロは、『第三身分とは何か』を著した。

④ テュルゴは、自由放任主義を批判した。

9 ①

②アダム＝スミス→ケネー。③ディドロ→シェイエス。④テュルゴは重農主義者であり、自由放任主義を主張した。

10 四択 18世紀の文化または思想について述べた文として正しいものを一つ選べ。（2012年センター本試A）

① マルクスが、資本主義社会を分析した。

② ガリレイが、地動説を唱えた。

③ グロティウスが、国際法の基礎を築いた。

④ アダム＝スミスが、経済活動の自由（自由放任）を主張した。

10 ④

①マルクスは19世紀の人物。②ガリレイはルネサンス期の人物。③グロティウスは16～17世紀の人物。

27 産業革命とアメリカ合衆国の独立

本冊 P.208

1 アメリカ合衆国憲法は、1787年に______で開催された憲法制定会議で作成され、翌年に発効した。（2002年センター本試B）

1 フィラデルフィア

2 アメリカ先住民とヨーロッパ人入植者との戦いは、イギリスがアメリカの独立を承認した1783年の______条約の後にも、北西インディアン戦争といった形で続いた。（2020年センター本試A）

2 パリ

3 正誤 ジョン＝ケイは紡績（ぼうせき）機の改良を行った。（2015年センター本試B）

3 ×

ジョン＝ケイが発明した飛び杼（梭）は、織布の機械。

4 正誤 17世紀に、ジェニー紡績機（多軸紡績機）が発明された。（2019年センター本試B）

4 ×

17世紀→18世紀。

□5 正誤 産業革命期には、蒸気機関が鉄道や船に応用されて、長距離かつ高速の輸送が大規模に行われるようになった。
(2023年共テ追試A)

5 ○

□6 正誤 産業革命期のマンチェスターでは、都市化が進行し、人口が増加した。 (2022年共テ本試A)

6 ○

□7 正誤 ピルグリム＝ファーザーズ(巡礼の父祖)と呼ばれるカトリック教徒の一団が、アメリカに渡った。
(2019年センター本試B)

7 ×
カトリック教徒→ピューリタン。

□8 正誤 イギリス領北アメリカ植民地の人々は、「代表なくして課税なし」を主張して、全権委任法を撤回させた。
(2019年センター本試B)

8 ×
全権委任法→印紙法。

□9 正誤 アメリカ合衆国憲法は、三権分立の原則を採用した。
(2017年センター本試B)

9 ○

□10 組合せ 18・19世紀のマンチェスターについて述べた次の文aとbの正誤の組合せとして正しいものを一つ選べ。
(2010年センター本試B)

a 綿工業が発展した。
b 19世紀前半に、リヴァプールと鉄道で結ばれた。
① a－正 b－正 ② a－正 b－誤
③ a－誤 b－正 ④ a－誤 b－誤

10 ①
a b ともに正しい。

□11 四択 アメリカ合衆国の独立に至る歴史について述べた文として正しいものを一つ選べ。 (2020年センター本試A)
① マカートニーが、独立宣言を起草した。
② フランクリン＝ローズヴェルトが、植民地軍総司令官に任命された。
③ イギリス本国に、印紙法を撤回させた。
④ フランスが、独立戦争でイギリスを支援した。

11 ③
①マカートニー→ジェファソンら。②フランクリン＝ローズヴェルト→ワシントン。④イギリスを支援→植民地側を支援。

28 フランス革命とナポレオン

本冊 P.214

1 1810年頃からナポレオンの支配に翳(かげ)りが生じ、1815年6月にナポレオンはワーテルローの戦いに敗れて＿ア＿島に流された。ナポレオン戦争後の政治体制は、オーストリア外相の＿イ＿を中心に各国の指導者が列席するウィーン会議で協議された。（2011年センター本試A〈改〉）

1 ア セントヘレナ　イ メッテルニヒ

2 正誤 アンシャン＝レジームでは、貴族は第一身分とされた。（2019年センター本試B）

2 ✕
第一身分→第二身分。

3 正誤 フランス革命において、ギルドが廃止された。（2016年センター本試B）

3 ○

4 正誤 フランス革命中に、メートル法が採用された。（2020年センター本試A）

4 ○

5 正誤 ロベスピエールは、ブリュメール18日のクーデタで処刑された。（2012年センター本試A）

5 ✕
ブリュメール18日のクーデタ→テルミドールの反動。

6 正誤 トラファルガーの海戦で、イギリス艦隊が敗北した。（2017年センター本試B）

6 ✕
トラファルガーの海戦では、ネルソン指揮のイギリス艦隊がフランス艦隊に勝利した。

7 正誤 ベルンシュタインが、プロイセンで農民解放を行った。（2020年センター本試B）

7 ✕
ベルンシュタイン→シュタインやハルデンベルク。

29 ウィーン体制とフランス政治体制の変遷

本冊 P.220

1 ロシアでは、ナポレオン戦争に参加して自国の後進性を痛感した青年貴族将校たちが、秘密結社を作り、皇帝の急死を機に＿＿＿の乱を起こした。（1998年センター本試B）

1 デカブリスト（十二月党員）

2 正誤 ウィーン会議は、「会議は踊る、されど進まず」と風刺された。（2019年センター本試B）

2 ○

3 正誤 メキシコで、トゥサン＝ルヴェルチュールが指導する独立運動が起こった。（2019年センター本試B）

3 ✕
トゥサン＝ルヴェルチュール→イダルゴ。

4 正誤 ギリシアが、オーストリアから独立した。
(2019年センター本試B)

5 正誤 フランクフルト国民議会で、メッテルニヒが失脚した。
(2017年センター本試B)

6 正誤 1848年革命の際に、ハンガリーではコシューシコの指導の下で独立政府が樹立された。
(2023年共テ追試B)

7 正誤 ルイ＝ナポレオンが、国民投票(人民投票)によって、フランス皇帝となった。
(2023年共テ追試B)

8 正誤 ナポレオン3世は、大陸封鎖令を発布した。
(2016年センター本試B)

9 正誤 オーストリア皇帝の弟マクシミリアンが、ブラジルの皇帝となった。
(2020年センター本試B)

10 四択 1848年革命について述べた文として正しいものを一つ選べ。
(2020年センター本試B)

① ニコライ2世が退位し、ロマノフ朝が倒れた。
② ドイツで、フランクフルト国民議会が開かれた。
③ ディアスの独裁政権が倒れた。
④ フランスで、七月王政が成立した。

11 四択 ナポレオン3世の治世におけるフランスの政策について述べた文として最も適当なものを一つ選べ。
(2023年共テ本試A〈改〉)

① バタヴィアを拠点に、植民地支配を広げた。
② メキシコ内乱への干渉のために出兵した。
③ オーストリア、イタリアと三国同盟を結んだ。
④ 失業者救済を目指して、国立作業場を設立した。

4 ✕
オーストリア→オスマン帝国。

5 ✕
フランクフルト国民議会→ウィーン三月革命。

6 ✕
コシューシコ→コシュート。

7 ○

8 ✕
ナポレオン3世→ナポレオン1世。

9 ✕
ブラジル→メキシコ。

10 ②
①1917年のロシア二月(三月)革命でのこと。③20世紀前半のメキシコ革命でのこと。④1830年の七月革命でのこと。

11 ②
①オランダのこと。③ドイツのこと。④第二共和政期のこと。

☐12 年表 次の年表に示したa～dの時期のうち、パリ＝コミューンの樹立が宣言された時期を一つ選べ。

（2014年センター本試B）

a

1852年　フランス第二帝政が成立する

b

1869年　スエズ運河が開通する

c

1894年　ドレフュス事件が起こる

d

12 c

パリ＝コミューンは、1871年のドイツ＝フランス（独仏）戦争（プロイセン＝フランス〔普仏〕戦争）の講和条約に反対したパリ市民が樹立した。

30 イギリス自由主義の発展とイタリア・ドイツの統一

本冊 P.228

☐1 正誤 イギリスは穀物法によって、輸入穀物に対する関税を撤廃した。（2012年センター本試B）

1 ✕

撤廃→導入。

☐2 正誤 19世紀のイギリスで、航海法が制定された。

（2020年センター本試A）

2 ✕

制定→廃止。

☐3 正誤 イギリスのグラッドストンは、自由党を率いた。

（2020年センター本試A）

3 ○

☐4 正誤 ヴィットーリオ＝エマヌエーレ2世は、ローマ進軍を組織した。（2015年センター本試B）

4 ✕

ヴィットーリオ＝エマヌエーレ2世→ムッソリーニ。

☐5 正誤 マッツィーニは、両シチリア王国を占領した。

（2020年センター本試B）

5 ✕

マッツィーニ→ガリバルディ。

☐6 正誤 デンマークは、プロイセンに、シュレスヴィヒを奪われた。（2018年センター本試B）

6 ○

☐7 正誤 アルザス・ロレーヌは、ウィーン会議の結果、ドイツ帝国領となった。（2012年センター本試B）

7 ✕

ウィーン会議→独仏（普仏）戦争。

☐8 正誤 ザクセン選帝侯は、プロイセン＝フランス戦争（普仏戦争）によって成立したドイツ帝国の皇帝位を兼ねた。

（2023年共テ追試B）

8 ✕

ザクセン選帝侯→プロイセン王。

9 四択 自由貿易や経済活動の自由に関わる思想や政策について述べた文として最も適当なものを一つ選べ。

（2010年センター本試B）

① アダム＝スミスは、経済活動の自由に反対した。
② リスト（フリードリヒ＝リスト）は、国家による経済の保護に反対した。
③ コブデンとブライトは、穀物法の廃止を主張した。
④ イギリス東インド会社は、インド帝国成立後に商業活動を停止した。

9 ③
①反対→賛成。②反対→賛成。④イギリス東インド会社はインド帝国成立前の1830年代に商業活動を停止した。

10 四択 ビスマルクの事績について述べた文として正しいものを一つ選べ。（2012年センター本試B）

① ロシアと再保障条約を結んだ。
② フランクフルト国民議会を開いた。
③ ユダヤ人に対する文化闘争を展開させた。
④ 積極的な海外進出を目指す「世界政策」を打ち出した。

10 ①
②フランクフルト国民議会は1848～49年に開催されており、ビスマルクがプロイセン宰相になる前のこと。③ユダヤ人→カトリック教徒。④ヴィルヘルム2世の事績。

11 地図 「未回収のイタリア」に含まれる地域の名と、その位置を示す地図中のaまたはbとの組合せとして正しいものを一つ選べ。（2012年センター本試B）

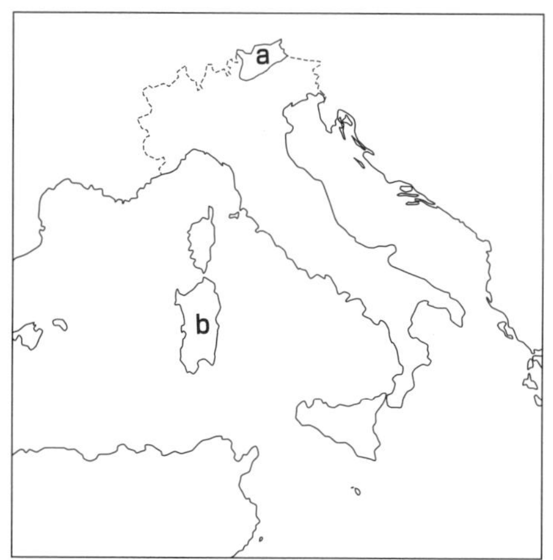

① 南チロル（南ティロル）－a
② 南チロル（南ティロル）－b
③ トリエステ－a
④ トリエステ－b

11 ①
aは「未回収のイタリア」と呼ばれた地域の一つである南チロル。bはサルデーニャ島。「未回収のイタリア」の一部であるトリエステは、南チロルの東南にある。

31 アメリカ合衆国の発展とロシアの南下政策

本冊 P.234

1 1852年に　ア　が著した『アンクル＝トムの小屋』には、競売によって引き裂かれる奴隷家族の悲劇が描写され、奴隷制廃止運動を活気づけた。この運動は、最終的には1863年の　イ　大統領による奴隷解放宣言として結実した。
（2014年センター本試B）

1 ア　ストウ
イ　リンカン

2 正誤 アメリカでは、アメリカ＝イギリス戦争（米英戦争）の影響で、工業化が抑制された。（2019年センター本試B）

2 ×
抑制→促進。

3 正誤 モンロー宣言で、アメリカ大陸とヨーロッパの相互不干渉が唱えられた。（2020年センター本試A）

3 ○

4 正誤 19世紀、カリフォルニアで金鉱が発見され、ゴールドラッシュが起こった。（2020年センター本試A）

4 ○

5 正誤 アメリカでは南北戦争前、大陸横断鉄道が開通した。
（2012年センター本試A）

5 ×
大陸横断鉄道の開通は1869年。南北戦争は1861～65年に行われた。

6 正誤 リンカンは、「人民の、人民による、人民のための政治」を訴えた。（2020年センター本試A）

6 ○

7 正誤 アレクサンドル1世は、ラクスマンを日本に派遣した。（2012年センター本試B）

7 ×
アレクサンドル1世→エカチェリーナ2世。

8 正誤 フランスは、クリミア戦争で、ロシア側で参戦した。
（2015年センター本試B）

8 ×
ロシア側→オスマン帝国側。

9 正誤 ナイティンゲールは、クリミア戦争で傷病兵を看護した。（2020年センター本試A）

9 ○

10 組合せ アメリカ合衆国の奴隷制について述べた次の文**あ**と**い**の正誤の組合せとして正しいものを一つ選べ。
（2024年共テ本試A）

あ 奴隷身分から解放された黒人の多くは自作農となった。
い 綿花の生産のために、黒人奴隷の労働力が利用された。

①**あ**－正　**い**－正　②**あ**－正　**い**－誤
③**あ**－誤　**い**－正　④**あ**－誤　**い**－誤

10 ③
あ．自作農→シェアクロッパー（小作人）。い．正しい。

⁄11 地図 アメリカ＝メキシコ戦争の結果、メキシコからアメリカ合衆国に新たに割譲された地域として正しいものを一つ選べ。 (2007年センター追試B)

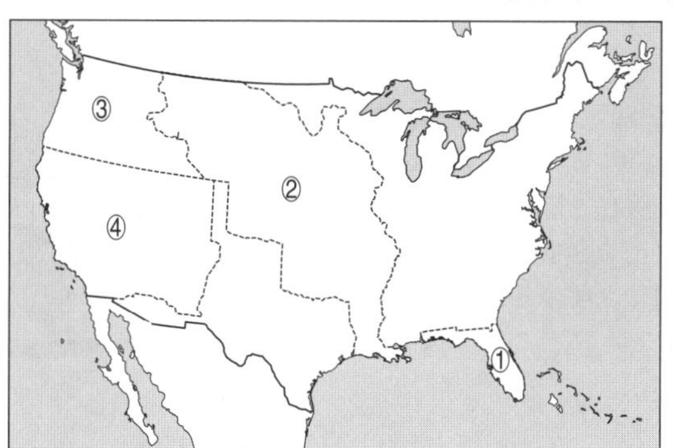

11 ④
④はカリフォルニア。①はフロリダで、アメリカはスペインから買収した。②はミシシッピ川以西のルイジアナで、フランスから買収した。③はオレゴンで、イギリスと分割した。

32 19世紀の文化

本冊 P.240

⁄1 スウェーデン人の ア は、18世紀に植物分類学を確立した。19世紀前半に『ファウスト』を著した作家 イ もまた、植物学や鉱物学の研究に携わっていた。 (2017年センター本試B)

1 ア リンネ
イ ゲーテ

⁄2 正誤 ゾラは、『レ＝ミゼラブル』を著した。 (2020年センター本試A)

2 ×
ゾラ→ヴィクトル＝ユゴー。

⁄3 正誤 ダヴィドは、「ナポレオンの戴冠式」を描いた。 (2019年センター本試B)

3 ○

⁄4 正誤 ロンドンで、第1インターナショナルが結成された。 (2015年センター本試B)

4 ○

⁄5 四択 19世紀の歴史学について述べた文として誤っているものを一つ選べ。 (2009年センター追試B)

① ロマン主義やナショナリズムの高揚の影響下に、歴史研究が発達した。
② 史料の厳密な検証や史料批判の重要性が提唱された。
③ ランケは、この時期のフランスの代表的な歴史家である。
④ マルクスは、史的唯物論(唯物史観)を提唱した。

5 ③
フランス→ドイツ。

6 四択 19世紀後半に設立された国際組織として正しいものを一つ選べ。 (2010年センター本試A)

① ユネスコ(UNESCO)　② 世界保健機関(WHO)
③ 国際赤十字(国際赤十字社)　④ 国際連盟

6 ③
①②④はすべて20世紀に設立された。

7 四択 科学の理論や技術について述べた文として正しいものを一つ選べ。 (2016年センター本試B)

① フォードが、飛行機を発明し、初飛行に成功した。
② ファラデーが、ダイナマイトを発明した。
③ アインシュタインが、相対性理論を発表した。
④ ヘルムホルツが、ガソリンエンジン(内燃機関)を発明した。

7 ③
①フォード→ライト兄弟。フォードは自動車の大量生産を実現した。②ファラデー→ノーベル。ファラデーは電磁気学の基礎を築いた。④ヘルムホルツ→ダイムラー。ヘルムホルツはマイヤーとともにエネルギー保存の法則を提唱した。

8 四択 19・20世紀の科学や技術について述べた文として正しいものを一つ選べ。 (2010年センター追試B)

① パストゥールは、X線を発見した。
② ダービーは、コークス製鉄法を開発した。
③ ファラデーは、蓄音機(ちくおんき)を発明した。
④ マイヤーとヘルムホルツは、エネルギー保存の法則を発見した。

8 ④
①パストゥール→レントゲン。②18世紀の出来事。③ファラデー→エディソン。

9 並べ替え アメリカ合衆国における技術の発展や普及について述べた次の文a～cについて、古いものから年代順に正しく配列せよ。 (2010年センター本試A)

a 電気冷蔵庫が普及した。
b フルトンが蒸気船を実用化した。
c ベルが電話を発明した。

9 b→c→a
a 20世紀の第一次世界大戦後、b 19世紀初め、c 19世紀後半。

33 帝国主義と帝国主義時代の欧米

本冊 P.246

1 20世紀前半にアイルランド独立を求めて活動した集団の名を何というか。 (2006年センター追試B)

1 シン＝フェイン党

2 正誤 19世紀後半のドイツでは、鉄鋼業や化学工業などの重化学工業が発展した。 (2023年共テ追試A)

2 ○

3 正誤 ドレフュス事件は、ユダヤ系軍人に対する冤罪(えんざい)事件である。 (2018年センター本試B)

3 ○

☐4 正誤 フランスでは、20世紀初めに政教分離法が成立した。 (2021年共テ第1日程B)

☐5 正誤 カーター大統領が、中米諸国に対して、棍棒外交を展開した。 (2020年センター本試B)

☐6 正誤 アメリカ合衆国では、革新主義の影響で、企業の独占が推進された。 (2019年センター本試B)

☐7 正誤 ロシア帝国で、アレクサンドル1世が、十月宣言(十月勅書)を出した。 (2018年センター本試B)

☐8 正誤 ハンガリーで、ドゥーマが開設された。 (2017年センター本試B)

☐9 正誤 19世紀に、ブレトンウッズ体制(ブレトン＝ウッズ体制)が成立した。 (2020年センター本試A)

☐10 並べ替え 1905年に始まる第一次ロシア革命前後の出来事について述べた次の文a～cについて、古いものから年代順に正しく配列せよ。 (2012年センター本試A〈改〉)

a 血の日曜日事件が起こった。
b ロシアで国会が開設された。
c ニコライ2世が即位した。

☐11 年表 パナマ運河が開通した時期として正しいものを一つ選べ。 (2011年センター本試A)

a
1897年 マッキンリー、アメリカ合衆国大統領就任
b
1917年 アメリカ合衆国、第一次世界大戦に参戦
c
1941年 太平洋戦争勃発
d
1951年 太平洋安全保障条約締結

4 ○

5 ×
カーター→セオドア＝ローズヴェルト。

6 ×
推進→抑制。

7 ×
アレクサンドル1世→ニコライ2世。

8 ×
ハンガリー→ロシア帝国。

9 ×
19世紀→20世紀半ば。

10 c→a→b
aの血の日曜日事件が起こったのは1905年、bの国会(ドゥーマ)開設は1906年、cニコライ2世の即位は1894年。

11 b
パナマ運河は1914年に開通した。

34 欧米列強のアジア・アフリカ進出① アフリカ・西アジア・中央アジア

本冊 P.252

□1 アフリカでは、1890年にイギリス領ケープ植民地首相となった＿＿＿が、帝国主義政策の一環としてケープタウンとカイロを鉄道で結ぼうとした。 (2012年センター本試A)

1 (セシル=)ローズ

□2 アラビア半島では、18世紀にイスラームの改革を唱える運動が起こった。神秘主義や聖者崇拝を堕落したものとみなして「預言者の教えに戻れ」と主張する＿ア＿派は、同半島の中央部に拠点を持つ＿イ＿家と同盟を組んで王国を建国した。 (2018年センター本試B)

2 ア ワッハーブ
イ サウード

□3 正誤 ソ連は、アフリカ横断政策を展開した。 (2020年センター本試A)

3 ×
ソ連→フランス。

□4 正誤 マダガスカルは、ドイツの植民地となった。 (2017年センター本試B)

4 ×
ドイツ→フランス。

□5 正誤 オランダは、2度にわたってモロッコ事件を起こした。 (2020年センター本試A)

5 ×
オランダ→ドイツ。

□6 正誤 ジョゼフ＝チェンバレンは、アメリカ合衆国の植民相(植民地相)となった。 (2015年センター本試B)

6 ×
アメリカ合衆国→イギリス。

□7 正誤 第一次世界大戦勃発までに、ナイジェリアとリベリアを除くアフリカ全土が列強の植民地となった。 (2020年センター本試A)

7 ×
ナイジェリア→エチオピア。

□8 正誤 オスマン帝国で、アブデュルハミト2世が、ギュルハネ勅令を出した。 (2018年センター本試B〈改〉)

8 ×
アブデュルハミト2世→アブデュルメジト1世。

□9 正誤 アフガーニーは、ヨーロッパ列強に抵抗するためムスリムの団結を訴えた。 (2024年共テ本試A)

9 ○

□10 正誤 イギリス支配下のエジプトで、ライヤットワーリー制が導入された。 (2016年センター本試B)

10 ×
エジプト→インド。

□11 正誤 ガージャール朝で、バーブ教徒が蜂起した。 (2018年センター本試B〈改〉)

11 ○

12 四択 アフリカ大陸の19世紀の状況や出来事について述べた文として誤っているものを一つ選べ。 (2010年センター本試B)
① ムハンマド＝アリーは、スーダン(東スーダン)を支配した。
② レセップスの指導で、スエズ運河が建設された。
③ イタリアは、エチオピアを併合した。
④ ドイツは、カメルーンを獲得した。

12 ③
イタリアのエチオピア併合は1930年代のこと。

13 四択 エチオピアの歴史について述べた文として最も適当なものを一つ選べ。 (2023年共テ追試A)
① この地域の領有をめぐって、ベルリンで国際会議が開催された。
② イギリスとフランスが、この国でファショダ事件を起こした。
③ 19世紀の列強のアフリカ進出に際しても、独立を保持した。
④ セシル＝ローズ(ローズ)にちなんだ地域名が使われた。

13 ③
①エチオピアではなくコンゴ。②エチオピアではなくスーダン(現南スーダン)。④エチオピアではなくローデシア。

14 四択 オスマン帝国の歴史について述べた文として最も適当なものを一つ選べ。 (2024年共テ本試A)
① カルロヴィッツ条約で、領土を失った。
② レザー＝ハーンがクーデタを起こして、政治の実権を握った。
③ コーカンド、ブハラ、ヒヴァの3ハン国を支配下に置いた。
④ イギリス人へのタバコ利権の売却(譲渡)に対して、ボイコット運動が起こった。

14 ①
②ガージャール朝でのこと。レザー＝ハーンはガージャール朝の実権を握り、のちにガージャール朝を倒してパフレヴィー朝を開いた。③ロマノフ朝についての記述。④ガージャール朝についての記述。

15 四択 オスマン帝国で、19世紀に起こった出来事について述べた文として最も適当なものを一つ選べ。 (2023年共テ本試A)
① ミドハト憲法が発布された。
② タバコ＝ボイコット運動が起こった。
③ ローザンヌ条約を結んだ。
④ トルコマンチャーイ条約を結んだ。

15 ①
②ガージャール朝期のイランで起こった。③オスマン帝国滅亡後に、ムスタファ＝ケマルが連合国側と結んだ。④19世紀前半に、ガージャール朝がロマノフ朝と結んだ。

35 欧米列強のアジア・アフリカ進出② 南アジア・東南アジア・太平洋

本冊 P.260

1 正誤 キャラコと呼ばれる綿織物(綿布)が、インドからイギリスに輸出された。 (2021年共テ第1日程A)

1 ○

□2 正誤 サレカット＝イスラム(イスラーム同盟)は、インドで独立運動を起こした。 (2022年共テ本試A)

2 ✕
インド→インドネシア。

□3 正誤 イギリスは、インドで仏教徒とヒンドゥー教徒の分離を図った。 (2020年センター本試A)

3 ✕
仏教徒→イスラーム教徒。

□4 正誤 バングラデシュで、イスラーム同盟(サレカット＝イスラーム)が、独立運動を展開した。 (2018年センター本試B)

4 ✕
バングラデシュ→インドネシア。

□5 正誤 タイで、日本への留学を促すドンズー(東遊)運動が進められた。 (2021年共テ第2日程A)

5 ✕
タイ→ベトナム。

□6 正誤 チュラロンコン(ラーマ5世)は、ラオスで近代化政策を進めた。 (2020年センター本試A)

6 ✕
ラオス→タイ。

□7 正誤 アギナルドは、革命軍を率いて、フィリピン共和国を樹立した。 (2020年センター本試B)

7 ○

□8 正誤 オーストラリアでは、先住民はアボリジニ(アボリジニー)と呼ばれている。 (2015年センター本試B)

8 ○

□9 正誤 オーストラリアの先住民は、ポルトガルの植民地化によって圧迫された。 (2020年センター本試A)

9 ✕
ポルトガル→イギリス。

□10 地図 ベンガル地方の位置を示す次の地図中の**a**または**b**と、その地域におけるイギリスの植民地拡大について述べた下の文**ア**または**イ**との組合せとして正しいものを一つ選べ。 (2013年センターー本試B〈改〉)

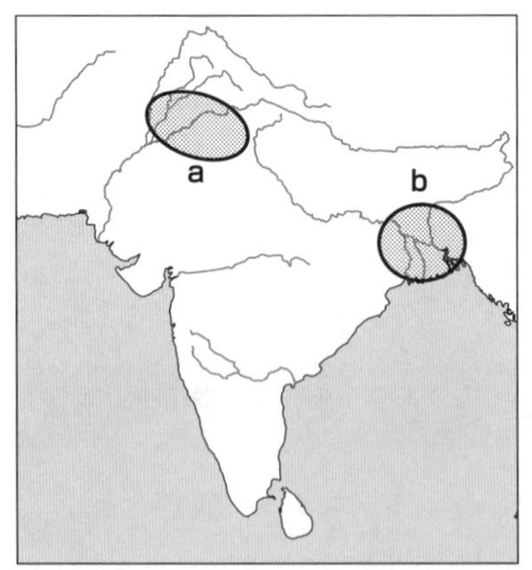

10 ③
ベンガル地方はbのガンジス川下流域で、ここで18世紀半ばに行われたプラッシーの戦いでイギリスがフランス・ベンガル太守連合軍を撃破した。aのパンジャーブ地方のシク教徒(シク王国)勢力は、19世紀半ばまでにイギリスに征服された。

ア プラッシーの戦いで勝利し、イギリス領インドの基礎を築いた。

イ シク教徒の勢力を破り、支配地域を拡大した。

① a－ア　② a－イ　③ b－ア　④ b－イ

☐11 並べ替え イギリスのインド進出について述べた次の文a～cについて、古いものから年代順に正しく配列せよ。

（2004年センター追試B）

a ムガル帝国を滅ぼした。
b マイソール戦争に勝利した。
c ボンベイを獲得した。

11 c→b→a

aムガル帝国を滅ぼしたのは1858年、bマイソール戦争に勝利したのは18世紀末、cのボンベイ獲得は17世紀後半。

☐12 年表 次の年表に示したa～dの時期のうち、全インド＝ムスリム連盟が結成された時期として正しいものを一つ選べ。

（2017年センター本試B）

a	
1905年	ベンガル分割令
b	
1924年	カリフ制廃止
c	
1947年	インド独立
d	

12 b

1905年にベンガル分割令が出されたことに反発し、インド国民会議がカルカッタ大会を開催すると、これに対してイギリスがイスラーム教徒を支援し1906年に全インド＝ムスリム連盟を結成させた。

36 欧米列強のアジア・アフリカ進出③　東アジア

本冊 P.266

☐1 捕虜の処遇に関する条約は、1899年と1907年の二度にわたって、＿ア＿で開催された万国平和会議で取り決められた。1907年の第2回会議には＿イ＿の皇帝である高宗が、密使を送り、日本による保護国化の不当性を訴えようとした。

（2015年センター本試B〈改〉）

1 ア ハーグ
イ 韓国（大韓帝国）

☐2 正誤 清は、南京（ナンキン）条約で朝鮮の独立を認めた。

（2022年共テ本試B）

2 ×

南京条約→下関（しものせき）条約。

☐3 正誤 清は黄埔（こうほ）条約によって、イギリスに対する関税自主権を失った。

（2012年センター本試B）

3 ×

イギリス→フランス。

☐4 正誤 第2次アヘン戦争(アロー戦争)の際、円明園が破壊・略奪された。 (2016年センター本試B〈改〉)

4 ○

☐5 正誤 19世紀に、ムラヴィヨフが東シベリア総督となった。 (2012年センター本試B)

5 ○

☐6 正誤 洪秀全(こうしゅうぜん)が挙兵し、太平天国を建てた。 (2020年センター本試A)

6 ○

☐7 正誤 日清戦争の結果、日清修好条規が締結された。 (2016年センター本試A)

7 ×
日清戦争の結果結ばれたのは、下関(しものせき)条約である。

☐8 正誤 光緒帝(こうしょてい)は、日本の二十一か条要求を受け入れた。 (2012年センター本試A)

8 ×
光緒帝→袁世凱(えんせいがい)。

☐9 正誤 1911年、山東で、鉄道国有化に反対する暴動が起こった。 (2018年センター本試B)

9 ×
山東→四川。

☐10 組合せ 第2次アヘン戦争(アロー戦争)について述べた次の文**あ**と**い**の正誤の組合せとして正しいものを一つ選べ。 (2023年共テ本試A)

あ フランスは、イギリスとともに出兵した。
い 北京条約によって、天津が開港された。

① **あ**－正 **い**－正　② **あ**－正 **い**－誤
③ **あ**－誤 **い**－正　④ **あ**－誤 **い**－誤

10 ①
あ・いともに正しい。

☐11 四択 日清戦争について述べた文として最も適当なものを一つ選べ。 (2024年共テ本試A)

① 琉球の住民が台湾で殺害されたことを理由に日本が出兵したことから、この戦争が始まった。
② 日本はドイツの租借地がある青島を占領した。
③ この戦争の講和条約によって、澎湖諸島が中国から日本に割譲された。
④ アメリカ合衆国の大統領の調停によって講和条約が結ばれた。

11 ③
日清戦争は1894～95年に行われた。①日本の台湾出兵は1874年に行われたので、時期が合わない。②1914～18年に行われた、第一次世界大戦中の出来事。④1904年～05年に行われた、日露戦争の講和条約についての記述である。

☐12 四択 西太后が実権を持ち始めて以降の時期に清朝が行った事柄について述べた文として最も適当なものを一つ選べ。 (2023年共テ追試B)

12 ②
①③雍正帝のこと。④清滅亡後の中華民国期のこと。

① キャフタ条約を結んだ。
② 憲法大綱を発布した。
③ 軍機処を設置した。
④ 関税自主権の回復に成功した。

13 地図 アヘン戦争後の南京条約によって開港された中国の港の名と、その位置を示す次の地図中のaまたはbとの組合せとして正しいものを一つ選べ。 (2011年センター本試A)

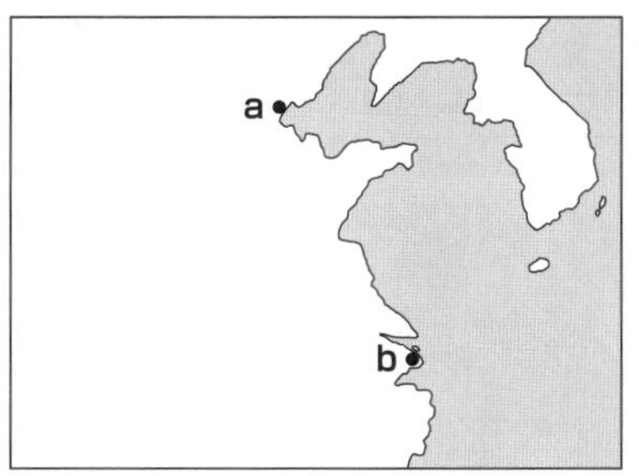

① 天津—a　② 天津—b
③ 上海—a　④ 上海—b

13 ④
アヘン戦争後の南京条約では、bの上海のほか、寧波・福州・厦門(アモイ)・広州の計5港が開港された。aの天津(てんしん)は、第2次アヘン戦争(アロー戦争)後の北京条約で開港された。

14 地図 次の地図に示した地域a～dについて述べた文として誤っているものを一つ選べ。 (2003年センター本試B〈改〉)

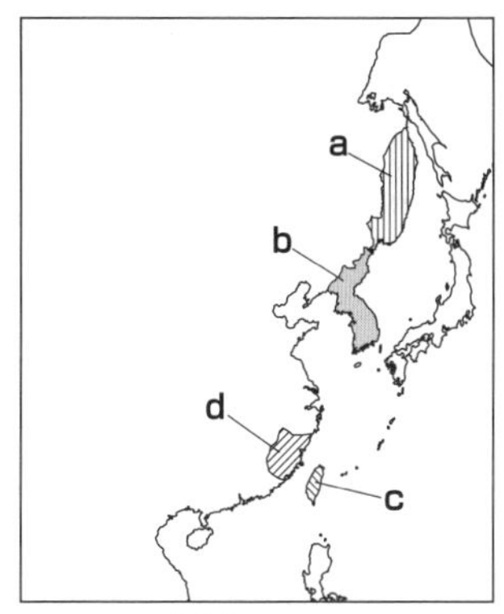

① 清は、北京(ペキン)条約によって、ロシアにaを割譲した。
② 清は、下関条約によって、bが独立国であることを確認した。
③ 清は、康熙帝(こうきてい)の治世下で、cを領有した。
④ 清は、19世紀末、dをイギリスの勢力圏とすることを認めた。

14 ④
dの福建は、19世紀末に日本の勢力圏となった。aは沿海州、bは朝鮮、cは台湾。

☐15 並べ替え ロシアの東方進出について述べた次の文a～cについて、古いものから年代順に正しく配列せよ。

(2008年センター本試B〈改〉)

a 清から旅順と大連を租借した。
b 日本との間で、樺太・千島交換条約を結んだ。
c 義和団戦争に際し、清に軍隊を派遣した。

15 b→a→c
aの旅順と大連を含む遼東半島南部の租借は1898年、bの樺太・千島交換条約は1875年、cの義和団戦争は1900～01年。

☐16 年表 次の年表に示したa～dの時期のうち、清朝が国会開設を約束する憲法大綱を公布した時期として正しいものを一つ選べ。 (2012年センター本試A〈改〉)

1885年	天津条約締結
a	
1901年	北京議定書調印
b	
1911年	武昌蜂起
c	
1925年	五・三〇事件勃発
d	

16 b
清が憲法大綱を発布したのは、光緒新政が行われていた1908年のことである。

37 第一次世界大戦とロシア革命

本冊 P.274

☐1 正誤 ドイツは、オスマン帝国からバグダード鉄道の敷設権を獲得した。 (2012年センター本試A)

1 ○

☐2 正誤 20世紀前半に、シベリア鉄道の建設が始まった。

(2012年センター本試B)

2 ✕
シベリア鉄道の建設は1890年代に開始された。

☐3 正誤 ボスニア・ヘルツェゴヴィナは、青年トルコ革命をきっかけに独立した。 (2015年センター本試B)

3 ✕
独立した→オーストリアに併合された。

☐4 正誤 オスマン帝国は、第一次世界大戦に同盟国側で参戦した。 (2019年センター本試B)

4 ○

☐5 正誤 第一次世界大戦では、新兵器として戦車(タンク)が用いられた。 (2015年センター本試B)

5 ○

☐6 正誤 イギリスは第一次世界大戦で、無制限潜水艦作戦を実行した。 (2020年センター本試A)

6 ✕
イギリス→ドイツ。

☐7 正誤 キール軍港での水兵の反乱を機に、ロシア革命が起こった。 (2020年センター本試A)

7 ✕
ロシア革命→ドイツ革命。

☐8 正誤 ブレジネフは、第一次世界大戦時に亡命先のスイスから帰国した。 (2020年センター本試B)

8 ✕
ブレジネフ→レーニン。

☐9 正誤 ケレンスキーは、ロシア二月革命(三月革命)後に成立した臨時政府を率いた。 (2019年センター本試B)

9 ○

☐10 正誤 ロシア革命後、日本を含む諸国により対ソ干渉戦争が行われた。 (2020年センター本試B)

10 ○

☐11 正誤 スターリンは五か年計画に代えて、新経済政策(ネップ)を導入した。 (2020年センター本試B〈改〉)

11 ✕
新経済政策(ネップ)に代えて、五カ年計画を導入した。

☐12 正誤 レーニンは、一国社会主義を唱えた。 (2019年センター本試B)

12 ✕
レーニン→スターリン。

☐13 四択 第一次世界大戦前の国際関係について述べた文として正しいものを一つ選べ。 (2006年センター追試B)

① 日露戦争後に、英露協商が結ばれた。
② モロッコ事件の後、英仏協商が結ばれた。
③ ドイツは、露仏同盟に対抗して、三帝同盟を結んだ。
④ イギリスは、バグダード鉄道の建設を推進し、ドイツとの対立を深めた。

13 ①
②英仏協商はモロッコ事件の前の1904年。③三帝同盟は露仏同盟よりも前に結ばれた。④イギリスとドイツが逆。

☐14 四択 第一次世界大戦中に起こった出来事として正しいものを一つ選べ。 (2012年センター本試B)

① フランスで、「平和に関する布告」が出された。
② ドイツ領南洋諸島が、日本によって占領された。
③ イタリアのキール軍港で、水兵が反乱を起こした。
④ 中国で、共産党が結成された。

14 ②
①フランス→ロシア。③イタリア→ドイツ。④中国共産党の結成は第一次世界大戦後の1921年。

☐15 四択 第一次世界大戦について述べた文として最も適当なものを一つ選べ。 (2023年共テ本試B)

① オスマン帝国が、協商国(連合国)側に立って参戦した。
② フランス軍が、タンネンベルクの戦いでドイツ軍の進撃を阻んだ。
③ イギリスが、インドから兵士を動員した。
④ レーニンが、十四か条の平和原則を発表した。

15 ③
①協商国(連合国)→同盟国。②タンネンベルクの戦い→マルヌの戦い。④レーニン→ウィルソン。

16 四択 対ソ干渉戦争を乗り切るために、ソヴィエト政権が採った政策について述べた文として正しいものを一つ選べ。 (2021年共テ第2日程B)
① 人民公社を解体した。
② 戦時共産主義を実施した。
③ 第1次五か年計画を実施した。
④ 親衛隊(ＳＳ)を組織した。

16 ②
①1980年代の中華人民共和国の政策。③対ソ干渉戦争後の1928年に開始された。④親衛隊(ＳＳ)はドイツのナチ党の組織。

38 ヴェルサイユ・ワシントン体制と第一次世界大戦後の欧米諸国

本冊 P.282

1 ソヴィエト連邦の＿ア＿と呼ばれる国営農場や、＿イ＿と呼ばれる集団農場に倣ったシステムがシベリアや中央アジアにも導入された。 (2009年センター追試B〈改〉)

1 ア ソフホーズ
イ コルホーズ

2 正誤 ハンガリーは第一次世界大戦の講和条約として、ヌイイ条約を結んだ。 (2023年共テ追試B)

2 ✕
ヌイイ条約→トリアノン条約。

3 正誤 国際連盟に、国際労働機関が付置(付設)された。 (2023年共テ追試B)

3 ○

4 正誤 ヴァイマル憲法は、男女平等の普通選挙を規定した。 (2017年センター本試B)

4 ○

5 正誤 フランスは、ドイツの賠償金支払い不履行を理由に、ルール占領を強行した。 (2018年センター本試B)

5 ○

6 正誤 ストルイピン内閣は、レンテンマルクを発行した。 (2017年センター本試B)

6 ✕
ストルイピン内閣→シュトレーゼマン内閣。

7 正誤 アメリカ合衆国は、第一次世界大戦の影響で、債権国から債務国に転じた。 (2019年センター本試B)

7 ✕
アメリカ合衆国は、第一次世界大戦の影響で、債務国から債権国に転換した。

8 正誤 フォード社は、流れ作業を導入し、自動車の大量生産を実現した。 (2020年センター本試A)

8 ○

9 正誤 ミラノ勅令によって、ヴァチカン市国(ヴァティカン市国)の独立が認められた。 (2020年センター本試B)

9 ✕
ミラノ勅令→ラテラノ(ラテラン)条約。

☐10 正誤 オーストリアが、ユーゴスラヴィアからフィウメを獲得した。 (2020年センター本試B)

10 ✕
オーストリア→イタリア。

☐11 正誤 第二次世界大戦前に、関税と貿易に関する一般協定(GATT)が結ばれた。 (2021年共テ第1日程A)

11 ✕
GATTは第二次世界大戦後の1947年に調印された。

☐12 組合せ パリ講和会議について述べた次の文aとbの正誤の組合せとして正しいものを一つ選べ。 (2012年センター本試A)

a この会議を主導したのは、オーストリアの外相メッテルニヒであった。

b この会議において、ヨーロッパの安全保障を目指すロカルノ条約が成立した。

① a－正 b－正 ② a－正 b－誤
③ a－誤 b－正 ④ a－誤 b－誤

12 ④
aオーストリアの外相メッテルニヒは、1814～15年のウィーン会議を主催した。bパリ講和会議は1919年、ロカルノ条約は1925年。このパリ講和会議を通してヴェルサイユ体制が成立した。

☐13 組合せ 戦間期のイタリアについて述べた次の文aとbの正誤の組合せとして正しいものを一つ選べ。 (2021年共テ第2日程A)

a 第一次世界大戦で敗戦国となり、戦後国際秩序への反発が高まっていた。

b スペイン内戦で、ソ連とともに反乱軍を支援した。

① a－正 b－正 ② a－正 b－誤
③ a－誤 b－正 ④ a－誤 b－誤

13 ④
aイタリアは戦勝国であったが、フィウメの併合が認められず戦後国際秩序への反発が強まった。bソ連ではなく、ドイツとともに反乱軍を支援した。

☐14 四択 第一次世界大戦の講和条約について述べた文として正しいものを一つ選べ。 (2014年センター本試B)

① ライン同盟が結成された。
② 第1回対仏大同盟が成立した。
③ ドイツの軍備が制限された。
④ スイスの独立が承認された。

14 ③
①19世紀初めにナポレオンによって結成された。②18世紀末にイギリスのピットが提唱し結成された。④1648年のウェストファリア条約の内容。

☐15 四択 両大戦間期のヨーロッパ各国の政治について述べた文として正しいものを一つ選べ。 (2012年センター本試A)

① イギリスでは、最初の自由党内閣が成立した。
② ドイツでは、ヴァイマル(ワイマール)憲法が制定された。
③ フランスでは、第三共和政が誕生した。
④ ユーゴスラヴィアでは、独自の社会主義路線が進められた。

15 ②
②ヴァイマル憲法の制定は1919年。①自由党→労働党。③第三共和政の成立は1871(1870)年。④ユーゴスラヴィアの社会主義化は第二次世界大戦後のこと。

16 地図 次の地図は、第二次世界大戦前のバルカン半島の宗教分布の概略を示したものである。この地図のaに当てはまる宗教名として正しいものを一つ選べ。

（1993年センター本試B）

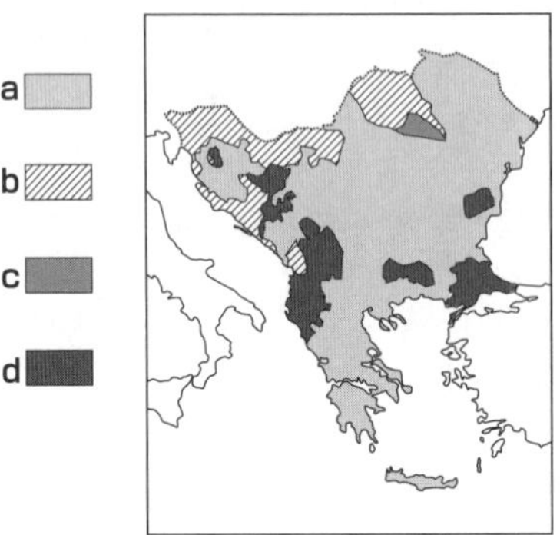

① カトリック　② プロテスタント
③ ギリシア正教　④ イスラーム教

16 ③
バルカン半島では、イスタンブル周辺やアルバニアにはイスラーム教徒が、クロアティアなどにカトリック教徒が分布したが、多くの地域にギリシア正教徒が居住した。

17 年表 次の年表に示したa～dの時期のうち、アメリカで女性参政権が認められた時期として正しいものを一つ選べ。

（2014年センター本試B）

a
1917年　アメリカが、第一次世界大戦に参戦した
b
1933年　ニューディール政策が始まった
c
1948年　国連が、世界人権宣言を採択した
d

17 b
アメリカでは第一次世界大戦後の1920年に女性参政権が認められた。

39 世界恐慌とナチス＝ドイツの台頭

本冊 P.290

1 正誤 アメリカ合衆国では、テネシー川流域開発公社（TVA）の設立で、雇用の拡大が図られた。

（2019年センターB〈改〉）

1 ○

2 正誤 イギリスでは、マクドナルド挙国一致内閣が金本位制を停止した。

（2008年センター本試A）

2 ○

3 正誤 ナチス＝ドイツは、自動車道路（アウトバーン）の整備を進めた。 （2012年センター本試A）

3 ○

4 正誤 人民戦線政府が、スペイン内戦に勝利した。 （2018年センター本試B）

4 ×
スペイン内戦で、人民戦線政府はフランコに敗北した。

5 正誤 オーストリアは、ソ連に併合された。 （2015年センター本試B）

5 ×
ソ連→ナチス＝ドイツ。

6 正誤 ミュンヘン会談の結果、ハンガリーのズデーテン地方がドイツに割譲された。 （2023年共テ追試B）

6 ×
ハンガリー→チェコスロヴァキア。

7 正誤 チェコスロヴァキアは、ミュンヘン会談を経て、解体された。 （2015年センター本試B）

7 ○

8 四択 ナチスについて述べた文として正しいものを一つ選べ。 （2012年センター本試A）

① 全権委任法を成立させ、一党独裁体制を築いた。
② エチオピア侵略を進めた。
③ ヴェルサイユ体制への支持を呼び掛けた。
④ ニューディールと呼ばれる恐慌対策を行った。

8 ①
②イタリアのムッソリーニ政権のこと。③支持を呼び掛けた→反発した。④アメリカ合衆国のフランクリン＝ローズヴェルトのこと。

9 年表 次の年表に示したa～dの時期のうち、ヒトラーの率いるナチ党が第一党になった時期として正しいものを一つ選べ。 （2023年共テ追試A）

a
1895年 フランスのリュミエール兄弟が、映画を上映した。
b
1920年 アメリカ合衆国で、ラジオの公共放送が開始された。
c
1936年 ベルリンで、オリンピックが開催された。
d

9 c
ナチ党は1932年の選挙で第一党となった。

40 戦間期のアジア① 西アジア・南アジア・東南アジア

本冊 P.296

1 イギリスは、＿ア＿によってアラブ人に独立を約束したが、ほぼ同じ時期に、それと矛盾する他の秘密協定を連合国などと結んだ。このような秘密外交は、アメリカ大統領ウィルソンの＿イ＿で廃止が訴えられた。（2016年センター本試B）

2 正誤 ムスタファ＝ケマルは文字改革を行い、アラビア文字を導入した。（2024年共テ本試A）

3 正誤 バルフォア宣言は、ユダヤ人のシオニズムを批判した。（2018年センター本試B）

4 正誤 アウラングゼーブは、サウジアラビア王国を建てた。（2020年センター本試A）

5 正誤 レザー＝ハーンはクーデタを起こして、ガージャール朝を開いた。（2020年センター本試A〈改〉）

6 正誤 フィリピンで、タキン党が、イギリス支配に対する独立運動を主導した。（2016年センター本試B）

7 正誤 アジェンデは、インドネシア国民党を結成した。（2022年共テ本試A）

8 正誤 ベトナム独立同盟会(ベトミン)は、イギリスへの抵抗運動を行った。（2020年センター本試A〈改〉）

9 地図 アラブ人の独立運動が無視された西アジアでは、第一次世界大戦後、イギリスとフランスの委任統治領が画定された。この両国の委任統治領を正しく図示したものを一つ選べ。（1993年センター本試B）

---

1 ア フセイン(フサイン)・マクマホン協定
イ 「十四カ条」(十四カ条の平和原則)

2 ✕
アラビア文字→ローマ字。

3 ✕
批判→支持。

4 ✕
アウラングゼーブ→イブン＝サウード。

5 ✕
ガージャール朝→パフレヴィー朝。

6 ✕
フィリピン→ビルマ(ミャンマー)。

7 ✕
アジェンデ→スカルノ。

8 ✕
イギリス→日本・フランス。

9 ④
イラク・(トランス)ヨルダン・パレスチナがイギリスの、シリア・レバノンがフランスの委任統治領となった。

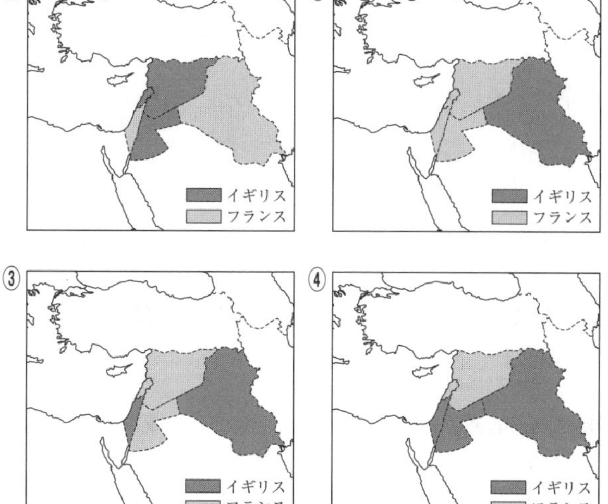

10 年表 次の年表に示したa～dの時期のうち、インドの民族運動の弾圧をねらったローラット法が公布された時期として正しいものを一つ選べ。 (2013年センター本試B)

a
1885年　インド国民会議の開催
b
1906年　国民会議派、カルカッタ大会を開催
c
1930年　第2次サティヤーグラハ(非暴力・不服従の抵抗運動)
d

10 c
ローラット法は、1919年に出された。

41 戦間期のアジア② 中国・朝鮮・モンゴル・チベット

本冊 P.302

1 中国で胡適(こせき(こてき))や魯迅(ろじん)などによって推進された白話(白話文学)運動は、知識や思想の革新を主張する[ア]を進展させた。しかし、朝鮮では[イ]によって、このような啓蒙運動の展開が著しく制限された。 (2012年センター本試B)

1 ア 新文化運動
イ 武断政治
(武断統治)

2 正誤 陳独秀(ちんどくしゅう)は『新青年』を刊行し、儒教道徳を批判した。 (2021年共テ第2日程B)

2 ○

3 正誤 長征を終えた中国共産党は、長安に根拠地を置いた。
(2015年センター本試B〈改〉)

3 ✕
長安→延安。

4 正誤 張学良(ちょうがくりょう)が西安で蔣介石(しょうかいせき)を捕らえ、抗日を強く迫る事件が起こった。 (2015年センター本試B〈改〉)

4 ○
西安事件の説明。

5 正誤 日中戦争の期間中、国民政府は西安に首都を移した。
(2015年センター本試B〈改〉)

5 ✕
西安→重慶(じゅうけい)。

6 正誤 日本では、治安維持法により、言論や社会運動の抑制が図られた。 (2017年センターー本試B)

6 ○

7 四択 五・四運動が起こった背景について述べた文として最も適当なものを一つ選べ。 (2023年共テ本試A)

① 五・三〇事件によって、反帝国主義運動(民族運動)が高まった。
② 第1次国共合作が成立した。
③ 抗日民族統一戦線の結成が呼び掛けられた。
④ 儒教思想を批判する新文化運動が展開された。

7 ④
五・四運動は1919年に起こった。①1925年のこと。②1924年のこと。③中国共産党が中国国民党に対して抗日民族統一戦線の結成を呼び掛ける八・一宣言を出したのは1935年。

8 四択 1928年に国民政府が統一した後の中国政治について述べた文として正しいものを一つ選べ。
(2017年センター本試B〈改〉)

① アメリカ合衆国・ソ連・中国の3国首脳によって、カイロ会談が行われた。
② 汪兆銘を首班とする親日政権(対日協力政権)が建てられた。
③ 重慶で、中華ソヴィエト共和国臨時政府が成立した。
④ 中国国民党が、八・一宣言を出した。

8 ②
①ソ連→イギリス。③重慶→瑞金(ずいきん)。④中国国民党→中国共産党。

9 四択 国民政府の外交政策について述べた文として正しいものを一つ選べ。 (2016年センター本試B)

① 二十一か条要求を受諾した。
② 関税自主権の回復を目指した。
③ 北京議定書に調印した。
④ 中ソ友好同盟相互援助条約を締結した。

9 ②
①袁世凱の北京政府。③清末の20世紀初めのこと。④中華人民共和国成立直後の1950年のこと。

10 年表 次の年表に示したa～dの時期のうち、三・一独立運動が起こった時期として正しいものを一つ選べ。
(2004年センター本試B〈改〉)

10 c
三・一独立運動は1919年に起こった。

1904年　日露戦争の開始
a
1910年　日本による韓国併合
b
1918年　第一次世界大戦の終結
c
1937年　日中戦争の開始
d
1945年　第二次世界大戦の終結

42 第二次世界大戦（1939〜45）

本冊 P.306

1 ドイツに降伏したフランスは、北部が占領下に置かれ、南部に成立したペタンの＿ア＿政府は、ドイツに協力する政策を採った。一方、＿イ＿は降伏を拒否し、ロンドンに自由フランス政府を組織して、徹底抗戦を呼び掛けた。
（2014年センター本試B〈改〉）

1 ア　ヴィシー
イ　ド＝ゴール

2 正誤 日ソ中立条約が結ばれた後、第二次世界大戦が始まった。
（2012年センター本試B）

2 ×
第二次世界大戦は1939年に開始された。日ソ中立条約は大戦中の1941年に締結された。

3 正誤 バルト3国は、第二次世界大戦が始まると、ソ連によって併合された。
（2012年センター本試B）

3 ○

4 正誤 スターリングラードで、ソ連軍とドイツ軍が戦った。
（2020年センター本試A）

4 ○

5 年表 次の年表に示したa～dの時期のうち、独ソ不可侵条約が結ばれた時期として正しいものを一つ選べ。（2010年センター本試A）

a
1934年9月　ソ連、国際連盟加入
b
1936年12月　スターリン憲法採択
c
1939年9月　第二次世界大戦勃発
d
1941年6月　独ソ戦勃発

5 c
独ソ不可侵条約の締結は1939年8月。

43 第二次世界大戦後の世界①

本冊 P.312

1 アウシュヴィッツ強制収容所は、＿ア＿と呼ばれるユダヤ人虐殺の舞台となった。ナチス＝ドイツの指導者らは、それらの責任を問われ、戦後に＿イ＿で開かれた国際軍事裁判で裁かれた。（2019年センター本試B）

1 ア　ホロコースト
イ　ニュルンベルク

2 正誤 保護貿易を促すために、関税と貿易に関する一般協定(GATT)が発足した。（2020年センター本試B）

2 ×
保護貿易→自由貿易。

3 正誤 カナダが、ラテンアメリカ諸国とともに、米州機構(OAS)を結成した。（2020年センター本試B）

3 ×
カナダ→アメリカ合衆国。
（カナダはのちに参加）

4 正誤 ソ連は、「封じ込め政策」に対抗して、コミンテルンを設立した。（2020年センター本試B）

4 ×
コミンテルン（共産主義インターナショナル、第3インターナショナル）→コミンフォルム（共産党情報局）。

5 正誤 ソ連によるベルリン封鎖に対抗して、物資の空輸が行われた。（2012年センター本試A）

5 ○

6 四択 冷戦期の出来事について述べた文として正しいものを一つ選べ。（2018年センター本試B）
① ブルガリアで、ドプチェクが、自由化を推進した。
② 東ドイツが、アデナウアーの下で、主権を回復した。
③ ソ連が、バグダード条約機構（中東条約機構）に参加した。
④ ニュージーランドが、太平洋安全保障条約（ANZUS）に参加した。

6 ④
①ブルガリア→チェコスロヴァキア。②東ドイツ→西ドイツ。③バグダード条約機構は西側の軍事同盟であり、ソ連は加盟していない。

7 四択 第二次世界大戦が終わってから1950年代までの時期に起こった出来事について述べた文として最も適当なものを一つ選べ。（2024年共テ本試A）

① コミンテルンが結成された。
② ロカルノ条約が結ばれた。
③ アメリカ合衆国、オーストラリア、ニュージーランドが、太平洋安全保障条約（ANZUS）を締結した。
④ 中央条約機構が、バグダード条約機構に再編（改称）された。

7 ③
第二次世界大戦は1945年に終了した。①1919年のこと。②1925年のこと。④中央条約機構がバグダード条約機構に再編されたのではなく、1959年にバグダード条約機構が中央条約機構に再編された。

8 四択 冷戦について述べた文として誤っているものを一つ選べ。（2015年センター本試B）

① 金日成（キムイルソン）を首相として、朝鮮民主主義人民共和国の成立が宣言された。
② 1949年に、ドイツ民主共和国の成立が宣言された。
③ ポツダム会談によって、冷戦が終結した。
④ アメリカ合衆国が、トルーマン＝ドクトリンを発表した。

8 ③
ポツダム会談→マルタ会談。

9 地図 次の地図中に示したa～dのうち、ソ連が第二次世界大戦後に占領していたベルリンの地区として正しいものを一つ選べ。（2014年センター本試B）

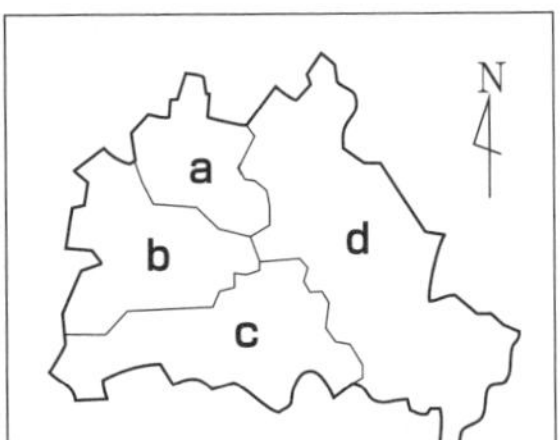

ベルリンの分割占領（1946年）

9 d
ソ連はベルリン東部を占領した。aはフランス、bはイギリス、cはアメリカの占領区域。

44 第二次世界大戦後の世界②

本冊 P.320

1 1961年には、アジア・アフリカなどの25か国の代表が＿＿＿に集まり、初めて非同盟諸国首脳会議を開き、平和的な国際秩序を作ろうと呼び掛けた。（2008年センター追試B）

1 ベオグラード

2 正誤 ドイツ民主共和国が建国された後、ベルリンの壁が構築された。（2023年共テ追試B）

2 ○

3 正誤 スターリン批判をきっかけに、ポーランドのポズナニで暴動が起こった。（2019年センター本試B）

3 ○

☐4 正誤 ハンガリーで、ドプチェクが自由化を推進した。

（2020年センター本試B）

☐5 正誤 西ドイツのブラント政権は、東欧諸国との関係改善を目指す東方外交を展開した。（2020年センター本試B）

☐6 正誤 ソ連は、フルシチョフ政権下で、アフガニスタンから撤退した。（2017年センター本試B）

☐7 正誤 ソ連のゴルバチョフは、グラスノスチを進めた。

（2019年センター本試B）

☐8 四択 1990年代に起こった出来事について述べた文として誤っているものを一つ選べ。（2014年センター本試B）

① ソ連が解体した。

② 湾岸戦争が起こった。

③ インドとパキスタンが、相次いで核実験を行った。

④ 朴正熙（パクチョンヒ）が、大韓民国大統領に就任した。

☐9 並べ替え 冷戦期の出来事について述べた次の文a～cについて、古いものから年代順に正しく配列せよ。

（2019年センター本試B）

a チェルノブイリ原子力発電所の事故が発生した。

b 日中平和友好条約が締結された。

c キューバ危機が発生した。

☐10 年表 次の年表に示したa～dの時期のうち、第1次石油危機が発生した時期として正しいものを一つ選べ。

（2010年センター本試A）

1951年	イラン、石油国有化宣言
a	
1967年	第3次中東戦争勃発
b	
1973年	第4次中東戦争
c	
1979年	イラン＝イスラーム革命
d	
1991年	湾岸戦争勃発

4 ✕
ハンガリー→チェコスロヴァキア。

5 ○

6 ✕
フルシチョフ→ゴルバチョフ。

7 ○

8 ④
朴正熙は1960年代～70年代の大韓民国（韓国）の大統領。①②1991年の出来事。③1998年の出来事。

9 c→b→a
aのチェルノブイリ（チョルノービリ）原子力発電所事故は1986年、bの日中平和友好条約は1978年、cのキューバ危機は1962年。

10 c
第1次石油危機は第4次中東戦争勃発を機に起こった。

45 第二次世界大戦後の欧米

本冊 P.326

1 北大西洋条約機構（NATO）に対抗してソ連と東欧諸国により1955年に結成された　ア　が1991年に解散した一方、2009年にアメリカ大統領に就任した　イ　により、冷戦の象徴であった核兵器の廃絶が主張された。（2023年共テ追試A）

1 ア　ワルシャワ条約機構　イ　オバマ

2 欧州連合（EU）で導入された共通通貨（統一通貨）の名を答えよ。（2014年センター本試B）

2 ユーロ

3 正誤 20世紀のアメリカ合衆国で、黒人差別の撤廃を求める公民権運動が展開された。（2021年共テ第1日程A）

3 ○

4 正誤 1984年のロサンゼルスオリンピックは、「強いアメリカ」を掲げたブレア政権の下で開催された。（2015年センター本試B）

4 ✕
ブレア→レーガン。

5 正誤 ポルトガルで、アトリー政権が社会福祉制度を充実させた。（2020年センター本試B）

5 ✕
ポルトガル→イギリス。

6 正誤 サッチャーが、イギリスの自由党を率いて、新自由主義的改革を提唱した。（2020年センター本試B）

6 ✕
自由党→保守党。

7 正誤 ブラジルは、フォークランド（マルビナス）諸島の領有をめぐってイギリスと戦った。（2019年センター本試B）

7 ✕
ブラジル→アルゼンチン。

8 正誤 ヨーロッパ石炭鉄鋼共同体（ECSC）を基に、ヨーロッパ自由貿易連合（EFTA）が結成された。（2019年センター本試B）

8 ✕
ヨーロッパ石炭鉄鋼共同体（ECSC）とヨーロッパ自由貿易連合（EFTA）は無関係。

9 正誤 冷戦期のポーランドでは、ピウスツキが政権を握った。（2019年センター本試B）

9 ✕
ピウスツキは戦間期の権威主義体制下で政権を握った。

10 組合せ ポーランドの歴史について述べた次の文aとbの正誤の組合せとして正しいものを一つ選べ。（2012年センター本試B）

a 社会主義体制下で、自主管理労組「連帯」が結成された。
b チャウシェスクによる独裁体制が崩壊した。

① a－正　b－正　② a－正　b－誤
③ a－誤　b－正　④ a－誤　b－誤

10 ②
bチャウシェスクはルーマニアの人物。

☐11 四択 セルビアで起こった出来事について述べた文として正しいものを一つ選べ。(2021年共テ第1日程A)

① コソヴォ自治州で、独立を求める紛争が起こった。
② チェルノブイリで、原子力発電所の事故が起こった。
③ ワレサが、自主管理労組「連帯」を指導した。
④ ブラントが、首相に就任し、「東方外交」を展開した。

11 ①
②ソ連(現ウクライナ)でのこと。③ポーランドでのこと。④西ドイツでのこと。

☐12 年表 次の年表に示したa〜dの時期のうち、ヨーロッパ共同体(EC)が発足した時期として正しいものを一つ選べ。

(2009年センター本試A)

1923年　『パン＝ヨーロッパ』公刊
a
1949年　ヨーロッパ審議会設立
b
1958年　ヨーロッパ経済共同体(EEC)発足
c
1992年　マーストリヒト条約調印
d
2002年　ユーロ流通開始

12 c
EC発足は1967年。

46 第二次世界大戦後の西アジア・アフリカ

本冊 P.334

☐1 1979年のイラン＝イスラーム革命を指導した人物は誰か。

(2012年センター本試A〈改〉)

1 ホメイニ

☐2 正誤 アラファトは、パレスチナ解放機構(PLO)を指導した。(2020年センター本試A)

2 ○

☐3 正誤 レーガン大統領の仲介で、パレスチナ暫定自治協定が締結された。(2020年センター本試B)

3 ✕
レーガン→クリントン。

☐4 正誤 イラン＝イスラーム革命(イラン革命)により、ガージャール朝が倒れた。(2016年センター本試B〈改〉)

4 ✕
ガージャール朝→パフレヴィー朝。

☐5 正誤 ターリバーン(タリバーン)は、チュニジアの政権を掌握した。(2016年センター本試B)

5 ✕
チュニジア→アフガニスタン。

6 正誤 エンクルマ(ンクルマ)は、南アフリカ共和国で、反アパルトヘイト運動を指導した。 (2020年センター本試B)

7 正誤 1970年は「アフリカの年」と呼ばれた。 (2012年センター本試B)

8 正誤 モザンビークは、イタリアから独立した。 (2019年センター本試B)

9 正誤 アフリカ連合(AU)は、アフリカ統一機構(OAU)に発展した。 (2012年センター本試B)

10 年表・地図 イラクの歴史を示した次の年表の空欄 ア と イ に入れる国の名とその位置を示す地図中のa〜cとの組合せとして正しいものを一つ選べ。 (2005年センターB本試)

1932年 イギリス委任統治から独立
1967年 第3次中東戦争に参加
1980年 ア との戦争を開始(〜88年)
1990年 イ へ侵攻
1991年 湾岸戦争

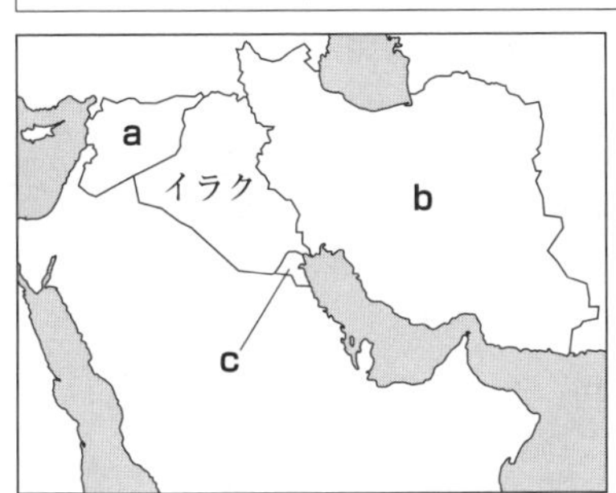

① ア−イラン−a　イ−クウェート−b
② ア−イラン−b　イ−クウェート−c
③ ア−イラン−c　イ−クウェート−a
④ ア−クウェート−a　イ−イラン−b
⑤ ア−クウェート−b　イ−イラン−c
⑥ ア−クウェート−c　イ−イラン−a

6 ×
エンクルマ(ンクルマ)→マンデラ。

7 ×
1970年→1960年。

8 ×
イタリア→ポルトガル。

9 ×
アフリカ統一機構が、アフリカ連合に発展した。

10 ②

47 第二次世界大戦後の東アジア・南アジア・東南アジア 本冊P.340

1 中ソ対立が激化し、ベトナム戦争が泥沼化するなか、アメリカ合衆国大統領＿ア＿が訪中し、米中関係は改善に向かった。ベトナムは1978年に、中国が支援していた＿イ＿に侵攻し、その結果、中越戦争が起こった。

(2020年センター本試B)

1 ア　ニクソン
イ　カンボジア

2 文化大革命の後、改革・開放政策による中国型社会主義の建設を推進した＿＿＿は1979年に、民衆生活の水準を「小康」まで引き上げるのが当面の目的だと述べた。

(2006年センター追試B)

2 鄧小平(とうしょうへい)

3 正誤 ダライ＝ラマ14世は、アメリカ合衆国に亡命した。

(2018年センター本試B)

3 ×
アメリカ合衆国→インド。

4 正誤 香港で、李登輝(りとうき)によって民主化が進められた。

(2022年共テ本試A)

4 ×
香港→台湾。

5 正誤 アメリカ合衆国は、北緯38度線を境として、朝鮮半島の北半部を占領下に置いた。

(2018年センター本試B)

5 ×
北半部→南半部。

6 正誤 李承晩(イスンマン)政権は、日韓基本条約を結んだ。

(2019年センター本試B)

6 ×
李承晩→朴正煕(パクチョンヒ)。

7 正誤 韓国では、朴正煕によって民主化が推進された。

(2017年センター本試B)

7 ×
民主化が推進された→開発独裁が行われた。

8 正誤 金正恩(キムジョンウン)は、金大中(キムデジュン)と南北首脳会談を行った。

(2020年センター本試A)

8 ×
金正恩→金正日(キムジョンイル)。

9 正誤 第二次世界大戦後の日本で、基本的人権を尊重する憲法が公布された。

(2023年共テ追試B〈改〉)

9 ○

10 正誤 日本国憲法は、主権在民(国民主権)をうたっている。

(2017年センター本試B)

10 ○

11 正誤 日ソ共同宣言が出された後、日本は国際連合に加盟した。

(2012年センター本試B)

11 ○

12 正誤 アウン＝サンは、マレーシアの独立運動を指導した。
（2020年センター本試A）

12 ✕
マレーシア→ビルマ（ミャンマー）。

13 正誤 シンガポールは、インドネシアから独立した。
（2019年センター本試B）

13 ✕
インドネシア→マレーシア。

14 正誤 フランスは、ディエンビエンフーの戦いで、敗北した。
（2015年センター本試B）

14 ○

15 正誤 アギナルドは、オランダに対する独立戦争を起こした。
（2022年共テ本試A）

15 ✕
アギナルド→スカルノ。

16 正誤 フィリピンで、スハルトの独裁政権が打倒された。
（2022年共テ本試A）

16 ✕
フィリピン→インドネシア。

17 正誤 シモン＝ボリバルは、カンボジアの独立運動を指導した。
（2021年共テ第1日程A）

17 ✕
シモン＝ボリバルは、19世紀にカンボジアではなくコロンビア、ベネズエラなどの独立運動を指導した。

18 四択 中華人民共和国について述べた文として正しいものを一つ選べ。
（2010年センター本試B）

① アメリカ合衆国と友好同盟相互援助条約を締結した。
② プロレタリア文化大革命が起こり、毛沢東（もうたくとう）は失脚した。
③ 日中平和友好条約により、日中の国交正常化が実現した。
④ 天安門事件（第2次天安門事件）で、民主化運動が鎮圧された。

18 ④
①アメリカ合衆国→ソ連。②毛沢東は失脚した→毛沢東は復権した。③日中平和友好条約→日中共同声明。

19 四択 文化大革命について述べた文として正しいものを一つ選べ。
（2008年センター本試B）

① この革命の終了後、中ソ論争が始まった。
② 劉少奇（りゅうしょうき）によって推進された。
③ 若い世代を中心に、紅衛兵が組織された。
④ この革命中、「四つの現代化」が推進された。

19 ③
①中ソ論争は1950年代から始まった。②劉少奇は、文化大革命によって失脚した。④「四つの現代化」は、文化大革命終了後に開始された。

□20 四択 ベトナム戦争について述べた文として正しいものを一つ選べ。 (2010年センター追試B〈改〉)
① 南ベトナム解放民族戦線は、ベトナム民主共和国に対してゲリラ戦を展開した。
② ソ連軍は、ベトナム民主共和国に大規模な爆撃を加えた。
③ アメリカ合衆国では、ベトナム反戦運動が起こった。
④ ジョンソン大統領の在任中に、パリ和平協定(ベトナム和平協定)が成立した。

20 ③
①ベトナム民主共和国→ベトナム共和国。②ソ連軍→アメリカ合衆国軍。④ジョンソン大統領→ニクソン大統領。

□21 年表 次の年表に示したa～dの時期のうち、国境を接する中華人民共和国とベトナムとの間で起こった中越戦争の時期として正しいものを一つ選べ。 (2012年センター本試B)

a
1962年　中印国境紛争
b
1969年　中ソ国境紛争
c
1975年　ベトナム戦争終結
d

21 d
中越戦争は1979年。

48 戦後世界の重要テーマと現代の文化

本冊 P.346

□1 正誤 フランスの水爆実験によって、日本の漁船第五福竜丸が被曝(ひばく)した。 (2020年センター本試B)

1 ×
フランス→アメリカ合衆国。

□2 正誤 ロシアは、21世紀に入ると、中国などとともにBRICS(BRICs)と呼ばれた。 (2023年共テ本試B)

2 ○

□3 正誤 アインシュタインは、ナチ党の支配から逃れて亡命した。 (2018年センター本試B)

3 ○

□4 正誤 ウッドストック＝ロックフェスティバル(ウッドストック＝フェスティバル、ウッドストック音楽祭)が、フランスで開催された。 (2020年センター本試A)

4 ×
フランス→アメリカ合衆国。

□5 正誤 20世紀後半から、インターネットや携帯電話などの情報通信技術が発達した。 (2023年共テ追試A)

5 ○